James Parton

Das Leben Horace Greeley's

James Parton

Das Leben Horace Greeley's

ISBN/EAN: 9783743300514

Hergestellt in Europa, USA, Kanada, Australien, Japan

Cover: Foto ©ninafisch / pixelio.de

Manufactured and distributed by brebook publishing software
(www.brebook.com)

James Parton

Das Leben Horace Greeley's

Das Leben

Horace Greeley's.

Nach dem Englischen des James Parton

von

Adolph Nahmer.

Boston.
James R. Osgood u. Comp.
1872.

Vorrede.

Von den verschiedenen Biographieen Horace Greeley's ist die von Herrn James Parton verfaßte zweifellos die beste, da sie sowohl durch Unparteilichkeit, als durch Vollständigkeit ausgezeichnet ist. Das vorliegende Buch enthält wesentlich das, was die kürzere, in diesem Jahre erschienene Ausgabe an Nachrichten über die Ereignisse eines vielbewegten Lebens berichtet.

Horace Greeley ist das naturwüchsige Produkt der modernen Gesellschaft im modernsten Staatenbau der Welt. Es ist ein so durchaus demokratisch (im edelsten Sinne des Wortes) und weltbürgerlich angelegter Charakter, daß es uns Europäern schwer fällt, ihn zu begreifen. Er ist ein echter Amerikaner, aber frei von den meisten, uns Eingewanderten widerstrebenden, engherzigen Ansichten, welche, eigenthümlichen, religiösen, klimatischen und gesellschaftlichen Verhältnissen entsprungen, bisher die wünschenswerthe, vollständige Harmonie zwischen Eingeborenen und Eingewanderten verhindert haben.

Möge dieses Buch dazu beitragen, daß diesem Manne diejenige Würdigung und Anerkennung Seitens meiner deutschen Landsleute zu Theil werde, die er als langjähriger, unerschrockener Kämpe für Reform als zuverlässiger Freund der Menschen ohne Rücksicht auf Geburtsland, Religion, Farbe und Stand verdient.

Boston im September 1872.

Adolph Rahmer.

Inhaltsverzeichniß.

Das Leben H. Greeley's.

Erstes Kapitel.

Horace Greeley's Kindheit.

Horace Greeley ist in Amherst, New Hamp=
shire, am 3. Februar 1811 geboren, also gegen=
wärtig (1872) einundsechszig Jahre alt. Er
war das dritte Kind von Zachäus Greeley und
Maria, geborne Woodburn, welche im Jahre
1807 auf dem Gute der Woodburns in London=
derry, New Hampshire getraut wurde. Zachäus
Greeley erbte gar nichts von seinem Vater und
Marie Woodburn erhielt nur die gewöhnliche
Ausstattung an Hausrath. Wie die Söhne
der Bauern in Neu England in jener Zeit zu
thun pflegten und auch jetzt noch thun, arbeitete
Zachäus als Knecht von dem Tage an, wo er
start genug war, einen ganzen Tag zu arbeiten.
Er sparte sorgsam seinen Verdienst und wurde
in seinem fünfundzwanzigsten Jahre Eigen=
thümer einer Farm in Amherst, New Hamp=
shire. Die Gemeinde Amherst enthält etwa
acht englische Quadratmeilen. Das Land ist
etwas besser, als man gewöhnlich in Neu Eng=
land findet. Weizen zu ziehen, zahlt hier nicht,
aber der Boden liefert gute Erndten von Rog=
gen, Hafer, Kartoffeln, Mais und auch von
jungen Männern und die Letztgenannten bilden
den hauptsächlichsten Ausfuhrartikel. Die Far=
mer haben einen hartnäckigen Kampf mit den
Bergen, Felsen, unzähligen den Boden be=
deckenden Steinen, mit Sümpfen und langen
und kalten Wintern zu kämpfen. Aber durch
eine hundertjährige Bewirthschaftung ist es
ihnen gelungen, die Hindernisse theilweise zu
bewältigen und im Allgemeinen erfreuen sich
die Farmer eines mäßigen Wohlstandes. Aber
ihre Arbeit ist äußerst anstrengend. Wer sie
an den steilen Abhängen dieser felsigen Hügel
pflügen sieht, wer den Pflug dann krachen und
die Ochsen keuchen hört, wer es mitansieht, wie
der die Letzteren leitende Knabe von einer
Scholle auf die andere springt, wie die Alpen=
jäger bei der Gemsenjagd von einem Felsen
auf den andern, wer dann dem zuhört, wie der
Pflüger und der Knabe in einem gemeinsamen,
durch die Berge gellenden Schrei ausbrechen,
um die Ochsen zum Stillstehen zu bringen,
sobald der Pflug unter dem Boden auf einen
Felsen stößt, der nicht nachgeben will, wenn
er die wahrhaft feierliche Langsamkeit beob=
achtet, mit der die Prozession einherschleicht, der
bekommt eine Vorstellung davon, was harte

Arbeit heißt und, ist er ein Städter, so wird er
Ursache finden, sich mit seinem Schicksal zu=
frieden zu erklären.

Die Farm, welche Zachäus Greeley besaß,
als sein Sohn Horace geboren wurde, lag etwa
vier oder fünf Meilen von dem Flecken Amherst.
Sie enthielt fünfzig Acker Land, welches feucht,
voller Steine und schwer zu bearbeiten war.
Sie war damals achthundert und ist jetzt zwei
Tausend Dollars werth. Das Haus, ein klei=
nes, nicht angestrichenes, aber solid und bequem
gebautes Farmhaus, stand und steht noch auf
einer Art felsiger Platform an dem halben Ab=
hange eines hohen, steilen und felsigen Hügels
und von ihm hat man eine weite Aussicht über
die ganze Umgebung. In welcher Richtung
der Knabe sich auch drehen mochte, überall sah
er Steine und Felsen. Steine sah er von den
Abhängen der Hügel, Felsen auf ihren Gipfeln,
Steine in den Thälern, Steine in den Wäldern,
Alles ist Fels und Stein und Stein und Fels.

Und dennoch sieht die Landschaft nicht un=
wirthlich aus. Sie trägt einen ernsten Charak=
ter, einen Charakter, der den ernsten Puritaner
und verbannten Rundkopfen, deren Nachkom=
men die Einwohner waren, zusagen mußte.
Selbst im Frühling sind die vorherrschenden
Farben dunkel. Die Fichtenwälder, die Felsen,
die Schatten der Hügel, die Farbe des Bodens,
Alles ist dunkel und ernst. Es ist eine einsame,
selten von Reisenden besuchte Gegend. Auf
dem Landwege, an dem das Haus steht, kann
man manche Meilen fahren, ohne einem einzi=
gen Wagen zu begegnen. Ohne Furcht vor
Wagenrädern schleichen die Schildkröten über
den Weg. Wenn Jemand den vollständigen
Contrast zwischen Stadt und Land sehen will,
so braucht er nur auf den felsgekrönten Hügel
zu gehen, wo Horace Greeley geboren wurde.

Und dennoch hört man die Stimme der
Stadt selbst hier. Sie dringt selbst in diese
abgelegenen Gegenden, denn wenn uns der
Leier hierherfolgen will, wird er in demselben
Zimmer, wo Horace Greeley geboren wurde,
auf dem Tisch, der da steht, wo früher das Bett
stand, einen großen Haufen Zeitungen finden,
und mit ihnen die wohlbekannte wöchentliche
Tribüne, das Lieblingsblatt der amerikanischen
Landwirthe.

Dies war der Charakter der Gegend, in
welcher Horace Greeley den größten Theil der
ersten sieben Jahre seines Lebens zubrachte.

Die Nachbarn seines Vaters waren lauter hart= arbeitende Farmer, Leute, die ihre eigenen Güter besaßen, die alle in ziemlich gleichen Ver= mögensumständen waren, und für welche der Begriff einer gesellschaftlichen Ungleichheit, auf Ungleichheit des Vermögens gegründet, selbst in der Theorie nicht existirte. Reichthum und Ar= muth waren beide gleichmäßig unbekannt. Es war eine Bevölkerung einfacher Leute, deren theoretische Kenntnisse aus der Distriktschule stammten und für welche das im benachbarten Flecke erscheinende Wochenblättchen die Quelle war, aus welcher sie schöpften, was sie von dem Treiben der Außenwelt wußten. Alle hatten ungefähr dieselben religiösen Ansichten. Sie waren entweder wirkliche Mitglieder der soge= nannten Orthodoxen=Kirche, oder besuchten we= nigstens regelmäßig den Gottesdienst, selbst wenn sie nicht zur eigentlichen Kirche gehörten.

Nachdem der Knabe den ersten Gefahren der Geburt und frühesten Kindheit entronnen war, wuchs er schnell heran und sein angeborner Gleichmuth wurde selten gestört. Er war, sagt sein Vater, ein ruhiges, friedfertiges Kind und, obgleich durchaus nicht sehr kräftig, litt er selten an ernstlichen Krankheiten.

Wenn wir sagen, daß Horace Greeley von frühester Kindheit auf ungewöhnliches Talent zeigte, so machen wir eine Angabe, welche, da sie fast jeder Biograph von seinem Hel= den macht, nicht viel zu bedeuten scheint. Und dennoch müssen wir die Wahrheit sagen. Als Kind schon gab Horace Greeley Zeichen von einem außerordentlich durchdringendem Ver= stande. Derselbe instinktartige, unverhaltbare Drang, der die jungen Enten nach dem Wasser treibt, trieb auch ihn an das Lernen. Seine erste Lehrerin war seine Mutter und niemals war eine Mutter fähiger, den Geist ihres Kin= des zu wecken und wach zu halten, als die Frau von Zachäus Greeley.

Schlank, muskulös und wohlgebildet mit der Stärke eines Mannes begabt, ohne das Rauhe, welches die sogenannten „Mannweiber" ge= wöhnlich charakterisirt, von Natur und durch Gewohnheit thätig, war sie nicht nur im Stande hart zu arbeiten, sondern sich daran zu ergötzen. Sie war immer gesund, fröhlich und guten Humors und hatte einen unerschöpflichen Schatz von Liedern, Balladen und Geschichten. Außerdem zeichnete sie sich aus durch eine unbe= schränkte Gutherzigkeit, mit der sie alle lebende Wesen behandelte. Frau Greeley war das Leben des Hauses, der Liebling der Nachbar= schaft, eine Freundin und Verbündete aller Kinder. Was sie that, geschah mit aller Ener= gie. Sie las gern und sehr viel und vergaß nichts, was sie gelesen hatte. „Sie arbeitete," sagte mir ein Gewährsmann, „im Hause und auf dem Felde, handhabte den Rechen so gut wie irgend ein Mann." Im Garten schwang sie die Hacke, verrichtete andere Arbeit auf dem Felde und während sie mehr Arbeit verrichtete, als gewöhnlich ein Mann und eine Frau zu=

sammen, konnte sie den ganzen Tag lachen und singen und dennoch den ganzen Abend Ge= schichten erzählen.

Diesen Geschichten hörte der Knabe begierig zu. Er saß zu ihren Füßen, während sie mit gleicher Energie spann und erzählte. „Ihre Geschichten dienten dazu," sagt von ihr Greeley, „in mir einen Durst nach Kenntnissen und ein lebendiges Interesse an Geschichtswerken zu erwecken." Und kaum irgend ein Mann, der sich ausgezeichnet durch große Thaten, hat sein eigenes Leben beschrieben, ohne daß er die Thatsache erwähnte, daß ähnliche Mittel das himmlische Feuer in seiner Seele zum Lodern brachten.

Horace lernte lesen, ehe er sprechen gelernt hatte, d. h. ehe er längere Worte aussprechen konnte. Und dennoch gab Niemand sich die Mühe, es ihm regelrecht beizubringen. Als er nur wenig über zwei Jahre alt war, fing er an, über der Bibel zu brüten, die man ihm zur Kurzweil aufgeschlagen hatte, wenn er am Boden saß. Er kann sich der Zeit nicht erin= nern, wo er nicht lesen konnte und Niemand kann sagen, wie er es eigentlich lernte. Man weiß nur, daß er unaufhörlich Fragen stellte, zuerst über die Bilder in der Bibel und der Zeitung, die ihm gelegentlich in die Hände fiel, dann über die großen Buchstaben, dann über die kleinern und schließlich über die Worte und Sätze. Mit drei Jahren las er fließend und richtig alle die gewöhnlichen Kinderschriften und mit vier Jahren irgend ein Buch. Aber er war nicht damit zufrieden, die gewöhnlichen Schwierigkeiten beim Lesenlernen bewältigt zu haben. Wenn wir auch zugeben, daß jedem Kind eine genügende geistige Kraft gegeben ist um lesen zu lernen, so ist dennoch sicher, daß Horace diese Gabe in ungewöhnlichem Maße besaß und er zeigte sie dadurch, daß er in Stellungen las, welche die Aufgabe ungemein schwierig machten. Alle seine Freunde und Gefährten aus frühester Kindheit stimmen darin überein, daß er, den sie beinahe für ein Wunder hielten, im Alter von vier Jahren ein Buch lesen konnte, gleichgültig, in welcher Lage es ihm vorgelegt wurde, das Obere unten, gerade oder schräg. Seinen dritten Winter brachte er bei seinem Großvater David Woodburn, in Londonderry zu, besuchte dort die Distriktschule und zeichnete sich sehr darin aus. Er hatte dazu gar kein Recht und die Landleute in jener Gegend ließen nicht gerne eine Kinder aus andern Gemeinden in ihrer Schule zu, aber Horace war ein einnehmendes Kind. „Jeder liebte den kleinen Weißkopf," sagt ein noch lebendes Mitglied des damaligen Schulkomites und so drückten wir ein Auge zu."

Eine Distriktschule! Und was war denn eine Distriktschule vor vierzig Jahren. Horace Greeley besuchte nie eine andere Schule und für uns ist es von Interesse zu wissen, wo und wie sie war und was dort gethan und gelehrt wurde.

Ein Schulhaus stand gewöhnlich an einem offenen Platze, nahe bei einem Kreuzweg. Es war ein kleines, einstöckiges Haus und hatte auch nur ein Zimmer mit zwei Fenstern, auf jeder Seite, eine kleine Thür am Giebelende nach der Straße zu und eine niedrige Treppe davor. Es war ein Haus in seiner einfachsten Form. Hätte es kein Dach, keine Fenster

Horace Greeley's Geburtsplatz.

und keine Thüre gehabt, so wäre es als ein großer, rauher und unangestrichener Kasten erschienen. Weder von Innen noch von Außen zeigte sich irgend etwas, daß an Schmuck erinnerte. Es war von keinem Gebäude eingeschlossen und von keinem Baume beschattet. Die Sonne im Sommer, die rauhen Winde des Winters konnten ihren Zorn daran aus-

Das Schulhaus.

lassen und Nichts schützte gegen sie. Die Schulhäuser der Gegenwart erscheinen rein, zierlich und bequem, wie das Haus einer alten Jungfer, die von ihren Zinsen lebt. Die aus aufeinander gelegten Balken gebauten der früheren Jahre waren wenigstens bequem und malerisch, aber die Schulhäuser vor einem halben Jahrhundert sahen entsetzlich öde und

traurig aus. Sie waren gewöhnlich für dreißig Schüler berechnet, aber oft mußten sie auch
fünfzig und mehr aufnehmen und dann enthielt das Schulzimmer eine engzusammenge-
packte Masse menschlicher Wesen. Der Lehrer
oder die Lehrerin mußte auf den Tisch ver-
zichten und waren froh, wenn ein Stuhl übrig
blieb. Gegenüber der Thüre befand sich gewöhnlich ein ungeheurer Kamin, vier oder fünf
Fuß weit, wo eine ganze Wagenladung Holz
in einem ungeheuren Feuer brannte.

An den beiden Seiten des Zimmers waren
lange Stehpulte angebracht, wo, Diejenigen,
welche zu schreiben hatten, standen und an deren scharfen Kanten die Schüler sich anlehnten,
wenn Niemand schrieb. Die Sitze waren aus
rauhen Brettern gemacht, standen auf gewöhnlichen Pfählen und hatten keine Lehnen. Die älteren Schüler saßen an beiden Seiten, die
Mädchen auf der einen, die Knaben auf der
anderen. Die Jüngsten saßen zunächst dem
Feuer, wo sie ebenso sehr von der zu großen
Hitze litten, wie die in der Nähe der Thür von
übermäßiger Kälte. In einer Schule von vierzig gab es gewöhnlich ein Dutzend solcher, die
schon erwachsen waren, heirathsfähige Mädchen
und junge Männer. Nicht selten gingen ver-
heirathete Männer und Frauen im Winter in
die Schule. Und unter den jüngsten war wenigstens ein Dutzend, welche nicht lesen konnten, und halb so viel von solchen, welche das
A B C nicht kannten. Der Lehrer war vielleicht der Sohn eines Farmers, der nur wenig
mehr wußte, als sein ältester Schüler, oder
mitunter war er ein Student, der sich durch
das Colleg arbeitete. Der Gehalt war der
eines gewöhnlichen Arbeiters d. h. zehn oder
zwölf Dollars des Monats und sein „Board".
Er „boardete" die Reihe um, d. h. er lebte
einige Tage der Reihe nach bei jeder Familie
im Distrikt und blieb gewöhnlich da am längsten wo es am besten war. Das Haupterfor-
derniß war, daß er jedes Exempel der
Arithmetik lösen konnte. Wer Arithmetik verstand, war ein gelehrter Mann. Gewöhnlich
war er sehr jung, oft erst sechszehn Jahre alt.
Wenn er aber im Rechnen zu Hause war, die
Bibel lesen konnte, ohne über die langen Worte
zu stolpern und ohne mehr als zwei Drittel der
Eigennamen falsch auszusprechen, und gut
genug schreiben konnte, um eine Vorschrift zu
„setzen", wenn er eine Feder schneiden konnte
und ernst genug, um seine Autorität zu behaupten, und genügende Stärke des Armes, um
Disciplin zu handhaben, so genügte dies. Die
Schule fing um neun Uhr Morgens an und
daß es Zeit war zeigte der Lehrer dadurch an,
daß er mit dem Lineal auf den Fensterrahmen
schlug. Die Knaben und auch die Mädchen
kamen dann herangestürzt. Ihre Gesichter glüh-
ten von der Anstrengung des Schneeballwer-
fens und Schlittenfahrens. Das Erste auf der
Tagesordnung war Lesen. Die erste Klasse
bestand aus dem Drittel der Schule, welche am
besten lesen konnten und erhob sich zuerst. Jeder
kam an die Reihe und las dann etwa eine halbe
Seite im englischen Lesebuch. Dann kam
die zweite und zuletzt die dritte Klasse. Schließlich wurden die A B C = Schützen aufgerufen.
Dann war ungefähr ein Drittel des Morgens
vorüber und das Lesen fing wieder von Vorne
an; denn die öffentliche Meinung verlangte,
daß jeder Schüler viermal täglich lesen sollte,
zweimal Morgens und zweimal des Nachmittags. Diejenigen, welche nicht lasen, waren mit Rechnen oder Schönschreiben beschäftigt. Wenn Einer schreiben wollte, so kam er
mit seinem Schreibbuch zum Lehrer und bat
ihn um eine Vorschrift, und er schrieb solche
wie z. B. „Morgen, morgen, nur nicht heute,
sagen alle faule Leute," oder „Zufriedenheit ist
eine große Tugend," oder irgend ein anderes
Sprichwort und zugleich schnitt er des Schü-
lers Feder. Wenn Einer eine Aufgabe im
Rechnen nicht lösen konnte, so ging er zum
Lehrer und bat um Aufklärung. Es scheint,
daß Jeder soviel schrieb und rechnete, oder so
wenig, als ihm beliebte, und Jeder arbeitete,
wie ihm behagte. In einigen Schulen gab es
Klassen im Rechnen und systematischen Unterricht im Schönschreiben auch vielleicht eine
Stunde in Grammatik, aber solche Schulen waren vor fünfzig Jahren selten. Am Schlusse der
Morgenschule gab es eine allgemeine Uebung
im Buchstabiren. Der Lehrer sprach ein Wort
aus und die ganze Klasse buchstabirte es im Chor.
Zu Mittag wurde die Schule entlassen, aber
um ein Uhr wieder zusammenberufen, um
während der nächsten drei Stunden wieder
dieselben Uebungen, wie am Morgen vorzu-
nehmen. Auf diese primitive Weise lernten
damals die Kinder Lesen, Schreiben und
Rechnen. Aber sie lernten noch etwas
mehr in diesen altmodischen Schulhäusern.
Sie lernten Gehorsam. Sie wurden gezähmt
und ihre Starrigkeit gebrochen. Die dazu an-
gewandten Mittel werden heutzutage als nicht
rationell verdammt, aber sie hatten Erfolg.
Diese Mittel bestanden in dem Lineal, oder bei
schweren Vergehen in dem Stock, worunter
man einen fünf Fuß langen jahrwüchsigen
Schößling verstand. Diese beiden Instru-
mente wurden oft und immer gehörig angewandt, bei Mädchen, wie bei Knaben. Mädchen, die jeden Tag heirathen konnten, waren
ebensowenig ausgenommen, wie die jungen
Männer, die alt genug waren, jene zu heirathen. Es hieß: „Wer nicht zu alt ist, um
sich unartig zu betragen, ist auch nicht zu alt,
um Prügel zu bekommen."

In manchen Distrikten schätzte man den Lehrer nach seiner Strenge und wenn er das
Lineal und den Stock nicht fleißig schwang, so
fürchteten die Eltern, er habe keine Energie
und die Kinder würden nichts lernen. In
dieser alten Distriktschule lernten alle Kinder
Lesen und Gehorchen. Die Meisten auch
Schreiben, Manche lernten gut genug Rechnen.

Einige Wenige die Anfangsgründe der Grammatik und wenn dann wann wann Einer mehr als das lernte, so war dies ihrer durch Nichts unterstützten und ermuthigten Energie zu danken. Damals gab es noch keine Schulbibliotheken. Die Lehrer besaßen gewöhnlich keine allgemeine Kenntnisse und, wenn sie etwas davon besaßen, so wurden sie nie angewandt, um seine Schüler geistig anzuregen.

Wir können uns hiernach den kleinen „Weißkopf", den Jedermann liebte, einbilden, wie er in den Wintern von 1813—1815 auf einer der ersten Bänke im Londonderry=Schulhause zunächst dem Feuer saß. Er ging sehr gern in die Schule. Wenn der Schnee in Haufen zusammengeweht war, so daß er nicht durchwaden konnte, so nahm ihn eine von seinen Tanten auf ihre Schulter und trug ihn zum Schulhause, und diese Tante lebt noch und erzählt es oft mit großem Behagen. Er besaß in jenem Winter drei Bücher, nämlich „den Columbischen Redner, Morse's Geographie und ein Buchstabirbuch." Aus dem Columbischen Redner lernte er viele Stücke auswendig und unter Anderen die denkwürdige Rede, welche wahrscheinlich mehr als zwei Drittel der Einwohner dieses Landes zu irgend einer Zeit in ihrem Leben haben hersagen können und welche so anfängt:

„Von einem Knäbchen klein wie ich,
Könnt ihr nicht Viel erwarten!"

Einer seiner Mitschüler jener Zeit erinnert sich deutlich, dies Gedicht von dem kleinen Horace gehört zu haben, ehe er alt genug war, die Worte deutlich auszusprechen. Er stieß ein wenig an, hatte eine dünne, weinerliche Stimme, aber, wie mein Gewährsmann sagt, er sprach mit dem größten Selbstbewußtsein und erheiterte die Versammlung im hohen Maße. Er sagte dieses Stück so oft öffentlich her, daß er sozusagen damit identisch wurde.

Das Buchstabiren war während des ersten Winters seiner Schulzeit eine besondere Anziehung für den kleinen Redner. Unaufhörlich buchstabirte er in der Schule und außerhalb. Oft lag er bei seinem Großvater stundenlang auf dem Boden und buchstabirte schwierige Worte aus der Bibel oder irgend einem andern Buch, das er in seine Hände bekam. Für die ganze Familie war es ein Hauptvergnügen, den kleinen Knaben mit schwierigen Wörtern auf die Probe zu stellen, aber Keiner kann sich erinnern, es mit Erfolg gethan zu haben. Uebrigens war das Buchstabiren zu jener Zeit einer der Gegenstände, auf welche das größte Gewicht gelegt wurde und wer damals alle andere aus= oder, wie man sagt, niederbuchstabiren konnte, stand nur hinter Dem zurück, der alle anderen in Arithmetik übertraf. Das waren die glorreichen Tage der Buchstabirschule. Die Schüler versammelten sich einmal wöchentlich und freiwillig im Schulhause, theilten sich in zwei feindliche Lager und kämpften lange und mit großem Ernst um den Sieg.

Der kleine Horace, so jung er war, mußte immer dabei sein und war niemals ein Nachtheil für die „Seite", zu der er gehörte und wem die erste Wahl durch das Loos zufiel, schätzte sich glücklich, weil er die Mithülfe des kleinen Horace sich sichern konnte. Seine Mitschüler von damals erinnern sich seiner noch deutlich. Mitunter schlief er ein, aber, wenn die Reihe an ihn kam, gaben ihm seine Nachbarn einen leisen Stoß; dann wurde er wach, buchstabirte sein Wort und schlief wieder ein.

Drei Jahre ging er in Londonderry in die Schule und brachte einen Theil des Jahres zu Hause zu. Ich will so genau wie möglich angeben, was seine Mitschüler in Amherst von ihm sagen. Einer derselben erinnert sich seiner, als eines kleinen Knaben mit schneeweißem Haar, der beinah immer an der Spitze seiner Klasse war und es sich so sehr zu Herzen nahm, wenn er einmal durch Zufall seinen Platz verlor, daß er anfing bitterlich zu weinen, weßhalb manche Knaben auch, wenn sie das Recht erlangt hatten, sich über ihn zu setzen, keinen Gebrauch davon machten, weil es dem Kleinen so viel Kummer machte. Er war der Liebling der Schule. Diejenigen, die er übertraf, liebten ihn ebenso sehr, als die Anderen. Er war ein thätiger, aufgeweckter, wißbegieriger Knabe, machte sich aber nichts aus den Spielen und nahm selten an den Belustigungen anderer Knaben Theil. Dieser Gewährsmann erinnert sich daran, daß an einem Musterungstage der Geistliche von Londonderry, dem glänzende Berichte über des Kleinen Leistungen in der Schule gemacht worden waren, ihn auf seinen Schooß nahm und lange versuchte, ihn mit schwer zu buchstabirenden Worten in Verlegenheit zu bringen, zuletzt mit großer Bestimmtheit zu einem Verwandten des Kleinen sagte: „Erinnern Sie sich meiner, Herr Woodburn, aus dem Jungen wird etwas."

Während Horace noch in Londonderry die Schule besuchte, als er etwa 4 Jahre alt war, gewöhnte er sich das übermäßige Lesen oder Verschlingen von Büchern an, welches er während seiner ganzen Knabenzeit, und Jünglings= und Lehrlingszeit nicht ablegte und dem er erst entsagte, als er diejenige Stellung einnahm, welche mehr als jede andere vollständige Aufgabe des Individuums im Geschäft verlangt, die eines Redakteurs. Der Herr, dessen Erinnerungen ich jetzt mittheile, sagt mir, daß Horace in seinem fünften oder sechsten Jahre häufig auf dem Gesicht unter einem Baume liegend getroffen wurde und so sehr in das Lesen vertieft, daß wenn Keiner über ihn stolperte oder ihn aufjagte, er ohne Rücksicht auf Mahlzeiten so lange fortlas, als er sehen konnte. Es war seine Vorliebe für's Lesen, welche ihn, als er wenig mehr als ein kleines Kind war, auf die Idee brachte, ein Drucker zu werden, da er vermuthete, daß es die Drucker seien, welche die Bücher machen. „Einst", sagt dieser Herr, gingen Horace und ich in die Schmiede und Horace sah lange mit großem Interesse der Arbeit zu. Der Hufschmied, der dieses bemerkte, sagte nun: „Komm' zu mir und lerne das Geschäft"! „Nein", sagte Horace, in seiner schnellen entschiedenen Weise. „Ich will ein Drucker werden!" Er war damals sechs Jahre alt, sehr klein für sein Alter und es belustigte die Umstehenden höchlichst, eine solche Zwerggestalt, mit solcher Bestimmtheit von seiner zukünftigen Laufbahn sprechen zu hören.

Der Schmied pflegte diese Geschichte mit großem Gefallen zu erzählen, als Horace wirklich ein Drucker war und einer von Bedeutung.

Ein anderer Herr, der mit Horace in Londonderry in die Schule ging, schreibt: Soviel ich mich erinnern kann, besuchte ich die Schule mit Horace Greeley während zweier Sommer und zweier Winter, aber ich sah ihn nur dort. Er war ein außerordentlich ruhiges, sanftes, friedfertiges Kind, das sich nur um seine Bücher kümmerte. Es wurde von ihm gesagt, daß er es außerhalb der Schule ebenso treibe.

Diese Vorliebe für Bücher und der Umstand, daß er allen seinen Altersgenossen in den wenigen Fächern, die damals in einer Districtschule gepflegt wurden, voraus war, gaben ihm eine Art Berühmtheit. Er wurde für ein Wunderkind gehalten, dessen Lobes Jeder voll war. Mit ihm, sagten sie, könne sich Keiner vergleichen, Keiner könne ihm nur nahe kommen und Lesen, Analysiren und Buchstabiren waren die einzige Fächer, in denen ich seine Leistungen zu bewundern Gelegenheit hatte und welchen er damals Aufmerksamkeit schenkte, obgleich er sich auch wohl mit Schreiben und Rechnen abgegeben haben mag, welche mit jenen zusammen allein die in der Schule gelehrten Zweigen ausmachten. Aber in den drei erstgenannten Fächern übertraf er alle seine Mitschüler selbst in der Winterschule, zu welcher eine Anzahl erwachsene junge Männer und Mädchen gehörten, von denen mehrere bald darauf Lehrer wurden. Obgleich sanft und ruhig, hatte er den Ehrgeiz, der Beste in der Klasse zu sein und sein Hauptziel schien zu sein, der Beste in der ganzen Schule zu werden. Ich erinnere mich nur eines Falles, wo er ein Wort nicht buchstabiren konnte. Die verschiedenen Klassen traten eine nach der anderen auf und er war beinah unfehlbar an der Spitze der ersten Klasse, welche die vorgeschrittensten Schüler enthält. Auch bei dieser Gelegenheit war er an der Spitze und als er einen Fehler gemacht hatte und seinen Platz verlor, weinte er laut. So lange ich ihn kannte, betheiligte er sich nie an den gewöhnlichen Belustigungen und Spiel um das Schulhaus; sobald die Schule am Mittag geschlossen war, nahm er alle seine Bücher, unter ihnen das neue Testament, Websters Buchstabirbuch, das Englische Lesebuch unter den Arm und eilte nach seiner etwa eine halbe Meile entfernten

Heimath und kam nicht eher zurück, bis die Schule wieder begann. Wenigstens that er dies im Sommer. Was seine Leistungen am Buchstabiren betrifft, so erzählt man sich damals, daß Pastor McGregor von Londonderry einst versuchte ein Wort, oder einen Namen in der Bibel zu finden, den Horace nicht buchstabiren könnte, aber es gelang ihm niemals. Ich vermuthete übrigens immer, daß dies eine Uebertreibung war, denn der kleine Horace konnte damals nicht mehr als sieben Jahre alt sein. Mein Vater zog bald darauf nach einem anderen Theile des Staates und ich bekam nichts mehr von den Greeley's zu sehen, obgleich ich mich immer mit Vergnügen des kleinen sanften „Weißkopfs" erinnerte und als zuerst die "Log Cabin," redigirt von Horace Greeley, erschien, gab ich mir Mühe, um auszufinden, ob das wirklich der Weißkopf war, und siehe, er war es."

Von seinem sechsten Jahre wohnte Horace meistens in seinem älterlichen Hause. Er war nun groß genug, um allein nach dem nächsten Schulhause, anderthalb Meilen vom Hause entfernt zu gehen. Er konnte nun fließend lesen, irgend ein englisches Wort buchstabiren, hatte einige Kenntnisse von Geographie, konnte ein wenig rechnen, hatte die Bibel von Anfang zum Ende durchgelesen, hatte Bunyan's Pilgerschaft mit Interessen und jedes andere Buch gelesen, das ihm in die Hände fiel. Vom sechsten bis zum zehnten Jahre wohnte er in Amherst und in den benachbarten Gemeinde Bedford. Dort arbeitete er und ging in die Schule, und seine Nachbarn und Schulgenossen von damals können sich seiner Jahre deutlich erinnern.

Von nun an ging er nur Winters in die Schule und wiederum war es eine Schule, zu deren Besuch er kein Recht hatte, die in Bedford, und das Komite gab nicht nur seine Erlaubniß, sondern bat sogar darum, daß er die Schule besuche. Es faßte einen förmlichen Beschluß, daß kein Schüler von einer andern Gemeinde die Schule besuchen dürfe, mit Ausnahme von Horace Greeley und als er eintrat, nahm er, so jung er war, und sozusagen mit allgemeiner Zustimmung, den ersten Platz in der Schule ein. Und diese Auszeichnung erzeugte keinen Neid, keine Feindschaft. Er trug seine Lorbeeren mit Bescheidenheit. Jeder liebte ihn und war stolz auf seine Kenntnisse. Alle seine Mitschüler stimmten darin überein, daß er nie einen Feind in der Schule hatte.

Auf den Hügeln von New Hamphire liegt im Winter ein tiefer Schnee und er bildete ein großes Hinderniß für den Schulbesuch und öfters kommt es vor, daß Kinder auf dem Wege zur oder aus der Schule sich im Schnee verirren und erfrieren. Ein solches Unglück ereignete sich vor zwei Jahren und nur ein oder zwei Meilen von dem Hause von Zachäus Greeley. „Sehr oft", sagte einer seiner Mitschüler, der jetzt ein kräftiger, wohlhabender Farmer ist, „habe ich den kleinen Horace auf meinem Rücken durch den Schnee in die Schule getragen, und zog ihm meine eigenen Handschuhe an, um seine zarten Hände von der Kälte zu bewahren. Ich wohnte im nächsten Hause; oft ging ich mit meinem Bruder Abends zu ihm, um mit ihm zu spielen, aber er that es nie, ehe er seine Aufgaben gemacht hatte. Weder durch Liebkosungen, noch durch Gewalt konnten wir ihn dazu vermögen."

Sein Hang zum Lesen nahm mit der Entwicklung seines Geistes zu, bis er zu einer wahren Leidenschaft wurde. Sein Vater hatte nur wenig Bücher. Sie bestanden aus einer Bibel, einem Katechismus und vielleicht zwanzig andern Werken und dieselben waren durchaus nicht geeignet, in einem kleinen Knaben einen Hang zum Lesen zu erwecken. Nur eine einzige wöchentliche Zeitung kam von Amherst dahin und mit Ausnahme von den Geschichten, die seine Mutter erzählte, war es dieses bescheidene Blatt mehr, als irgend etwas anderes, das den Geist des Knaben erweckte und seinen Grundsätzen eine bestimmte Richtung gab. Die Familienglieder erinnern sich noch genau, mit welcher Gier er den „Zeitungstag" erwartete. Es war der schönste Tag in der Woche. Eine Stunde ehe der Postbote anzukommen pflegte, ging Horace den Weg hinunter, um ihm zu begegnen und es zuerst zu lesen. Wenn er es empfangen hatte, pflegte er nach irgend einem einsamen Ort zu eilen, sich im Gras nieder zu legen, und den Inhalt zu verschlingen. Der Name des Blattes war und ist noch „Des Farmers Cabinet." In der Politik neigte es sich zu den **Whigs**. Die Artikel handelten von Religion, Ackerbau und vermischten Gegenständen. Von wahren Neuigkeiten waren wenig zu finden. Aber es war der einzige Bote aus der großen Welt. Ehe der Knabe noch lesen konnte und ehe er wußte, was Krieg und Blutvergießen bedeutete, hörte er sicherlich seinen Vater aus der Zeitung von den Triumphen und Niederlagen im zweiten Krieg mit England vorlesen und wie man über den Friedensabschluß erfreut war. Er selbst mag von Decaturs Tapferkeit im Krieg mit Algier, von Wellingtons Sieg bei Waterloo, und von Napoleins Gefangenschaft in St. Helena, von dem Amtsantritte Monroe's, von der Abrüstung der Kriegsflotte auf den großen Seen, von dem Fortschritt des Erielanalprojets, von Jackson's Invasion von Florida und der darauf folgenden Erwerbung dieser Provinz, von den ersten Congreß nach dem Kriege und von der Annahme des Missouri Compromißes gelesen haben. Die verschiedenen handelsverträge, welche nach Abschluß des allgemeinen Friedens mit den Europäischen Staaten abgeschlossen wurden, die ganze Theorie, Praxis und Geschichte des Handelsverkehrs wurden im Congreß und in den Zeitungen discutirt und der Geist des Knaben selbst in seinem neunten Jahre war reich genug, um sich darin zu interessiren und von der Discussion Eindrücke zu empfangen. Das Farmers Cabinet, welches hierdurch, wie auf viele andere Weisen zur Erziehung des Knaben beitrug, ist jetzt eines der Tausende von Wechselblättern der „New-Yorker Tribune."

Horace suchte in der ganzen Umgebung nach Büchern. Es wurde uns versichert, daß auf sieben Meilen Entfernung von seines Vaters Haus es kein Buch gab, das Horace nicht borgte und las. Er war nie ohne ein solches Buch. „Sobald," sagen seine Schwestern, „er Morgens angekleidet war, lief er nach seinem Buch.

Er las jede Minute, die von seinen Schulstunden erübrigen konnte und von seiner ländlichen Arbeit. Er versenkte sich so sehr in sein Buch, daß, wenn die Eltern seiner Arbeit bedurften, es gerade so schwer war, ihm beizubringen, daß er aufhören solle zu lesen, als es ist einen festen Schläfer aus seinem ersten Schlaf zu wecken. Und selbst dann nahm er das Buch mit. Er las wenn er in den Keller ging, um Apfelwein zu holen, er las während er in den Holzschuppen ging, um Holz zu haden, während er im Garten an die Arbeit und zu den Nachbarn ging, um Bestellungen zu machen und steckte sein Buch nur so lang ein, als nöthig, um die Arbeit zu verrichten. Sobald er damit fertig war, ging das Lesen wieder an. An einem versteckten Plaße hielt er sich immer einen großen Haufen trockener Tannzapfen. Sobald es dunkel war, steckte er eines dieser wohlfeilen Lichter an. Dann häufte er seine Schul- und Lesebücher am Boden auf, legte sich mit dem Rücken an den Herd, mit dem Kopfe nach dem Feuer zu, und so lag und las er während der langen Winter-Abende, schweigend, bewegungslos und lebte nur in der Welt, in welche ihn sein Buch versetzt hatte. Nachbarn kamen herein und gingen nach kurzem oder längerem Gespräch wieder weg, ohne daß er wußte, daß sie kamen und gingen. Es kostete jede Nacht einen Kampf, um ihn in das Bett zu bringen. Sein Vater bedurfte seiner Hülfe früh Morgens und wünschte deßhalb, daß er zeitig zu Bett ging. Er fürchtete auch, daß das Lesen beim Lichte der Tannzapfen des Knaben Augen angreifen würde. Deshalb fing er um neun Uhr Abends an, den in seiner Lecture vertieften Knaben aufzuwecken und ihm beizubringen, daß er zu Bett gehen müsse. Und wenn er endlich den kleinen Horace zum Rückzug gezwungen hatte, hielt der seinen jüngeren Bruder dadurch wach, daß er ihm erzählte, was er gelesen hatte, und daß er die Schulaufgabe für den nächsten Tag hersagte. Aber sein Bruder war nicht sehr in der Literatur interessirt und schlief oft, zu des älteren Knaben Kummer, ein, ehe Alles erzählt war.

Ein so vollständiges und leidenschaftliches Aufgehen in der Arbeit des Lernens würde unter allen Umständen auffallend sein, wenn man aber die Lage des Knaben betrachtet, der in einem abgelegenen Distrikt wohnte, dem wenige Bücher zu Gebot standen, dem die Schule wenig geistige Nahrung bot, der keinen Freund mit verwandter Geistesrichtung in der Nachbarschaft hatte, dessen Verwandten alle in dem harten Kampf mit einem unfruchtbaren Boden begriffen waren, von dem sie ein spärliches Leben erzielen sollten, dann wird man zugestehen, daß ein so intenses und ausdauerndes Streben nach Selbstbildung, wie Horace Greeley zeigte, etwas Ungewöhnliches war.

Zweites Kapitel.

Sein Vater ruinirt. — Der Ueberzug nach Vermont.

In Neu=England müssen sich die Farmerssöhne nützlich machen, sobald als sie gehen können. Sie füttern die Hühner, treiben die Kühe zur Weide und haben bald alle die täglichen Arbeiten zu thun, welche man auf Englisch "chores" nennt. Wenn sie acht oder neun Jahre alt sind, werden ihnen diejenigen Geschäfte aufgegeben, welche man im Landesdialect "stints" nennt und nicht eher als bis diese verrichtet sind, dürfen sie spielen. Der Leser mag annehmen, daß Horace Greeley's Vorliebe für's Lesen ihm diese Arbeit zur unerträglichen Last machte und das müßte der Fall gewesen sein, wenn er zu einer Academie hätte gehen können. Allein Alle, die ihn damals kannten, stimmen darin überein, daß er eben so gewissenhaft in der Verrichtung dieser täglichen Geschäfte war, als dem Studium in seinen Mußestunden ergeben. "Gewissenhaft" ist der rechte Ausdruck dafür. Man konnte sich bei jeder Arbeit auf ihn verlassen und er konnte Alles thun was man von seiner Stärke und seinem Alter erwarten konnte. Es war mitunter schwer, ihn von seinen Büchern wegzureißen, war dies aber geschehen, so gab er sich mit allem Eifer an die Arbeit und verlor keinen Augenblick bis die Arbeit gethan war. "Komm," sagte sein Bruder mitunter, wenn sie für irgend eine Arbeit vom Hause fortgeschickt waren, "komm, Hod'," (verkürzt für "Horace") "laß uns fischen gehen!" Aber Horace antwortete immer in seiner dünnen weinerlichen Stimme, "Laß' uns erst unsere Arbeit thun." Dennoch war er immer in der Schule, wie sein Bruder sagt, "und während wir eine Reihe hackten, oder im Holzhauen begriffen waren, sprach er unaufhörlich von seinen Schulaufgaben und von dem, was er zu lesen hatte. Aber während er auf diese Weise seinen Bestimmungen entgegen reifte, sammelte sich ein Ungewitter, welches der Sohn nicht voraussah, über seines Vaters Haupt. Dies geschah als Horace sieben Jahre alt war und trieb die Familie für eine Zeit von Haus und Hof. In seinem zehnten Jahre kam es zur Crisis; sein Vater war ruinirt und mußte als Flüchtling in der Verbannung von seinem heimathlichen Staate leben.

Zu jener Zeit, ehe die Fabrikstädte, welche längs des Merrimack aufgeschossen sind, den Farmern Absatz für ihre Produkte darboten, ehe ein Netz von Eisenbahnen das Land bedeckte und den Preis des Getreides nach den Quotirungen von London und New York regelten, war selbst der vermöglichste Farmer in New Hampshire nie sehr weit von Bankerott und Armuth entfernt. Einige Gegenstände, welche vor vierzig Jahren gar keinen Geldwerth hatten, können jetzt zu guten Preisen verkauft werden. So z. B. wird jetzt Brennholz in der Stadt Manchester zu sechs Dollars das Klafter und irgendwo auf einem Umkreis von zehn Meilen für vier Dollars verkauft. Vor vierzig Jahren zogen die Farmer nur wenig mehr als sie brauchten und das Wenige mußte eine weite Strecke gefahren werden und brachte nur einen geringen Erlös. Kurz ehe die Fabriken Boden faßten und den Töchtern Beschäftigung in den Fabriken, wie den Söhnen beim Ackerbau darboten, war New Hampshire ein mit Armuth geschlagener Staat. Um in New Hampshire vorwärts zu kommen, mußte man sehr hart arbeiten, die Rechnung beim Krämer so niedrig halten, wie möglich und durfte für Niemand Bürgschaft leisten. Von diesen vier Punkten beobachtete Zachäus Greeley nur einen; er arbeitete fleißig. Er war ein fleißiger geschickter und ausdauernder Arbeiter, aber er speculirte in Holz und verlor Geld dabei. Er war, wie die Leute dort sagen, "für einen Andern gebunden," hatte sich für Andere verbürgt und mußte als Bürge zahlen, was Andere schuldeten. Er war ein Mann von liberaler, großmüthiger Gesinnung, lebte gut, behandelte seine Arbeiter gut und seine Rechnung beim Krämer stieg dadurch beständig. Das waren außerdem die lustigen Tage, wo Jedermann Branntwein trank und Niemand begreifen konnte, wie irgend ein Geschäft ohne die Branntweinflasche vorgenommen werden konnte. Wenn die fehlte, so schien es, als ob die Schmiere am Wagen fehlte. Sollte ein Wald abgetrieben werden, sollte das Heu eingefahren werden, so mußte Branntwein in Hülle und Fülle da sein. Jeder Besuch wurde damit bewirthet. Es gab keinen Festtag ohne Schnappsbuden. Männer, Weiber und Kinder, alle tranken Schnapps. Es gab Familien, wo es das erste Geschäft Morgens war, jedem Mitglied, selbst dem jüngsten Kind, eine Ration zu geben. Aber für den Branntwein mußte Geld bezahlt werden und Geld war in New Hampshire schwer zu bekommen. Dabei war Zachäus Greeley nicht der Mann, der seine Leute kurz hielt. In seinem Hause war die Flasche niemals leer; Apfelwein war immer im Keller zu finden. Und so mit unausbleiblichem Verluft und mit Gewohnheiten, die man noch nicht als unnöthig erkannt hatte, geriethen seine Verhältnisse in Unordnung und einmal auf dem Wege zum Bankerott, kommt derselbe bald heran. Bis es dahin kam, hielt er sich ein paar Jahre am Rande, dann wurde er in den Abgrund gestürzt und mußte sich wieder herausarbeiten.

Es war an einem Montag Morgen. Während der Nacht hatte es lange und heftig geregnet und die Wolken hingen noch schwer und dunkel über den Hügeln. Als Horace, damals erst neun Jahre alt, am Morgen die Treppe herunter kam, sah er mehrere Personen, die um das Haus standen. Einige derselben waren Nachbarn, andere waren Freunde, und noch andere hatte er vorher im Flecken gesehen. Horace hatte eine unklare Idee, als ob die Leute gekommen seien, um seinen Vater zu berauben, denn die Bedeutung des Wortes „Execution" war ihm unbekannt. Ueber das Benehmen des Knaben bei dieser Gelegenheit werden die verschiedenartigsten Geschichten erzählt. Einige sagen, er habe ein Beil ergriffen, sei in das benachbarte Feld gelaufen und habe angefangen einen Lieblings-Birnbaum nieder zu hauen, wobei er sagte, „Den da wenigstens sollen sie nicht haben." Aber seine Mutter rief ihn ab, und der Birnbaum steht noch. Andere sagen, er sei zu den Schränken seiner Mutter gelaufen, habe so viele Kleider als er nur greifen konnte hervorgeholt und habe sie hinter einem Felsen im Walde verborgen. Darauf habe er noch mehrere im Hause holen wollen. Andere wollen wissen, was er weggetragen, sei ein großer Krug voll Rum gewesen. So viel ist gewiß, daß es für die ganze Familie ein Tag des Schreckens und der Verwirrung war.

Seine Eltern waren beide Personen von unbestechlicher Rechtschaffenheit; sie hatten alles Mögliche gethan, um das Unglück abzuwenden. Eine ähnliche Katastrophe hatten sie nie mit angesehen. Der Schlag kam wie ein Blitz aus heiterem Himmel und mit der Beschämung über diese Schmach mischte sich die des Zorns über die vermuthete Ungerechtigkeit dieses Verfahrens. Ein Abkommen wurde mit den Gläubigern getroffen. Zachäus Greeley gab für eine Zeit seine Farm auf und zog nach der benachbarten Gemeinde Bedford, wo er eine andere Farm übernahm, die er für einen Antheil der Erndte bewirthschaftete und wobei er sich namentlich der Hopfenzucht widmete. Aber das Unglück verfolgte ihn noch immer. Seine zweijährigen Erfahrungen in der Hopfenzucht waren nicht die besten. Der Hopfenmarkt war überfüllt; seine eigene Farm in Amherst wurde entweder schlecht bewirthschaftet, oder das Wetter war ungünstig. Er mußte die Farm ärmer als je aufgeben. Er zog wieder auf seine alte Heimath in Amherst zurück. Einer seiner Gläubiger verfolgte ihn durch allerhand Advokatenkniffe und im Win-

ter 1821 fand er sich vollständig ruinirt. Er fallirte. Land, Haus und Möbel wurden ihm verkauft und er entfloh, um Gefangenschaft zu vermeiden. Seine Familie ließ er zurück. Horace war damals zehn Jahre alt und bezahlte viele der damals existirenden Schulden dreißig Jahre später.

Zachäus Greeley hatte von Neuem anzufangen und die ganze Welt, mit Ausnahme des Staates New Hampshire, stand ihm dazu offen. Nach einigen unstäten Wanderungen zog er nach der Gemeinde Westhaven, Rutland County, in Vermont, etwa hundert und dreißig Meilen nordwestlich von seinem früheren Wohnort. Hier traf er einen großen Gutsbesitzer, der als Kaufmann in Boston reich geworden war und dazu eine reiche Frau in Westhaven geheirathet hatte, deren Vermögen hauptsächlich in einem großen Landgut bestand. Er hatte sich von Geschäften zurückgezogen und wollte eine Art Landmann im großen Styl werden. Er fing an die Wälder abzutreiben, und wenn das Holz geschlagen war, verpachtete er das Land in kleinen Farmen. Allein dieser Versuch mißglückte. Das zu dem Hauptgute (Mansion House) gehörige Land wurde zerstückelt, der englische Grasplatz vor dem Hause sah traurig aus und der Versuch, ein Parkthor auf europäische Art zu bauen führte zu armseligen Resultaten. Aber dieser Herr war für Zachäus Greeley in den Tagen der Armuth ein großer Wohlthäter, denn er gab ihm Arbeit, vermiethete ihm ein kleines Haus, dem Parkthore gegenüber gelegen, und setzte ihn so nach wenigen Wochen in den Stand, seine Familie nach seinem neuen Wohnort abzuholen.

Es war im tiefsten Winter, als sie die Reise machten. Der Fuhrmann, der sie dahinfuhr, lebt noch und kann erzählen, wie der alte Zachäus Greeley zu ihm kam und bat, seine Pferde und Schlitten zu nehmen und mit ihm nach New Hampshire zu fahren, um seine Familie zu holen. Ein Schlitten war genug, um die Familie und die wenigen Habseligkeiten, die die Strenge der Gesetze ihnen gelassen hatte, aufzunehmen und die Ladung konnte nicht sehr schwer sein, denn die Strecke wurde in weniger als drei Tagen zurückgelegt. Indessen war gerade gute Schlittenbahn und über den Connecticut setzte man auf dem Eise. Der Fuhrmann erinnert sich wohl an den intelligenten weißköpfigen Knaben, der immer Fragen zu stellen hatte, als sie durch die schneebedeckte Landschaft fuhren und des Fuhrmanns Kenntniß von der Geographie seines eigenen Heimathlandes waren sehr bald erschöpft. „Er fragte mich viel," sagt der Fuhrmann, „über den See Champlain und wie weit es von Plattsburg nach diesem oder jenem Orte sei, und, der Herr stehe mir bei, der kleine Weißkopf wußte viel mehr als ich." Die Passagiere im Schlitten waren Horace, seine Eltern, sein Bruder, zwei Schwestern und Alle kamen wohlbehalten in Westhaven an, wohlbehalten, aber arm, sehr arm. Sie besaßen die Kleider, welche sie gerade trugen, ein oder zwei Betten, sehr wenig Möbel, eine alte Kiste und ein paar Andenken an früheren Wohlstand, das war Alles. Eine Dame, die damals ein kleines Mädchen war, und wie alle kleine Mädchen auf dem Lande thun, zu allen Stunden ohne Umstände in die Häuser der Nachbarn lief, sagt, daß sehr oft während jenes harten Winters, die neuangekommene Familie in folgender Weise ihr Frühstück zu sich nahm. Eine Blechschüssel, die etwa fünf bis sechs Quart hielt, und mit Bohnensuppe, einem Lieblingsgericht der schottischen Irländer (zu denen die Greelen's gehörten) gefüllt, wurde auf den baaren Fußboden gesetzt. Um diese sammelten sich nun die Kinder, jedes mit einem Löffel versehen; und die Löffel führten die Bohnensuppe direkt von der Schüssel zu dem Mund eines Jeden. Die Eltern allein saßen an einem Tisch und hatten die Auszeichnung einer besonderen Schüssel. Dies war sicherlich ein ganz bescheidenes Frühstück. „Aber," wie unsere Berichterstatterin sagt, „sie schienen so glücklich bei all' ihrer Armuth, daß ich oft wünschte, meine Mutter würde uns auch so essen lassen, es schien mir viel einfacher zu sein, als um einen Tisch zu sitzen und Messer, Teller und Gabel zu benutzen. Die Leute trugen ihr Schicksal mit Heiterkeit und machten keinen Versuch, ihre Armuth zu verdecken. Um „den äußeren Anschein," wie es die Welt nennt, schienen sie sich nicht im Geringsten zu kümmern.

Drittes Kapitel.

Horace fährt in seiner Selbsterziehung fort.

Die Familie gewann viel bei ihrem Umzug. Das Land war besser; die Ansiedelung war noch neu. Ein armer Mann hatte bessere Gelegenheit sich Vermögen zu erwerben und, was einen großen Einfluß auf den Geist Horace's hatte, die Landschaft hatte einen großartigen Character und war nicht so eintönig. Jener Theil von Rutland ist in großem Stol ausgestattet. Lange Hügelreihen, mit Abhängen, welche nicht zu steil für den Ackerbau sind, aber sich zu hoben, steilen und phantastischen Gipfeln erheben, erstrecken sich in gerader Richtung. Das niedere Land ist eben und fruchtbar. Bäche und Flüsse entspringen den Hügeln, wo zuerst ihre Wasserkraft benutzt wird und fließen durch weite Thäler, welchen sie Feuchtigkeit und Fruchtbarkeit bringen. Wenn der Knabe diese Hügel durchstreifte, muß er oft kleine Seen gefunden haben, welche auf allen Seiten von Bergen umgeben sind und keinen Ausfluß haben. Sie sind glatt wie ein Spiegel und schweigend wie das Grab. Sechs Meilen von seines Vaters Haus war der große Champlain See. Er konnte ihn vom Hause nicht sehen, wohl aber den blauen Duft, der jeden Morgen und Abend darüber aufstieg wie eine Wolke, die ein Geheimniß verschleiert. Und er konnte die langen Reihen kegelförmiger Gipfel sehen, die sich am andern Ufer erheben. Am Sonntage ging er oft zum See selbst hinab und stand dicht am Ufer. Auch ist es von Bedeutung für einen Knaben Naturmerkwürdigkeiten zu sehen, von denen er in seinen Schulbüchern gelesen hatte und ebenso da zu wohnen, wo er sie oft bewundern kann. Es war ein prachtvolles Land für einen aufwachsenden Knaben, mochten seine Neigungen der Industrie, der Jagd und dem Fischfang, den Künsten oder der Dichtkunst zugewendet sein. Raube Arbeit gab es im Ueberfluß. In dem See und den Flüssen gab es Fische in Massen. Die Wälder waren voller Wildpret. Wilde Trauben und Honig gab es genug, man brauchte sie nur zu suchen. Die Landschaft ist voll wundervoller Schönheit; außerdem liegt der See Champlain an der Hauptstraße vom Norden nach dem Süden und das Leben an seinen Ufern brachte den Knaben näher der großen Welt, für welche ihn das Schicksal bestimmt hatte und welche er erst kennen lernen mußte, ehe er Gelegenheit hatte, sich auszuzeichnen. In Westhaven brachte Horace die nächsten fünf Jahre seines Lebens zu und viele der Grundsätze, die er seitdem vertheidigt hat, bildeten sich in dieser wichtigen Periode.

In Westhaven übernahm sein Vater alle mögliche Geschäfte im Contrakt. So zum B. übernahm er, die Ernte einzuheimsen, das Land für eine neue Saat vorzubereiten. Er besorgte eine Sägemühle, aber sein Hauptgeschäft war Land zu „klären", d. h. die Bäume zu fallen, sie dann mit dem Gestrüpp in Haufen zu stellen und zu verbrennen. Nach einigen Jahren legte er sich auf Schafs- und Viehzucht. Bei allen Geschäften ohne Ausnahme, wurde er von der ganzen Familie unterstützt, welche Arbeit es auch sein mochte. Zu Hause war wenig Arbeit zu thun. Nach dem Frühstück überließ man das Haus seinem Schicksal und die ganze Familie, Vater, Mutter, Knaben, Mädchen und Ochsen gingen zusammen an die Arbeit. Landklären ist eine ausgezeichnete Arbeit für ganze Familien, da es Gelegenheit bietet, alle, je nach ihrer Kraft, zu beschäftigen. Der Vater bieb die großen Bäume zusammen und leitete die Arbeit der Uebrigen, Horace „trieb" nicht mit zu großem Geschid, denn allmälig wurde es seinem jüngeren Bruder übergeben. Beide Knaben hieben die kleineren Bäume um. Die Mutter und die Schwestern trugen das leichtere Holz in Haufen zusammen. Und wenn die großen Bäume einer auf dem anderen gerollt werden mußten,

da gab es Gelegenheit, die Kraft und Ge=
schicklichkeit der ganzen Gesellschaft zu erproben.

Viele glückliche und heitere Tage brachte die
Familie bei solcher Arbeit zu. Ihre angebo=
rene Heiterkeit verließ die Mutter nie. Ihre
Stimme erhob sich im Gesang und Lachen aus
dem Gestrüpp, unter dem sie oft begraben
schien, und kein barsches Wort störte je die
Harmonie und den guten Humor, die in der
Familie vorherrschten. Abends gingen sie nach
Hause und nahmen das einfache Abendessen
in der natürlichen und arbeitsparenden Weise
ein, in welchem sie, wie früher beschrieben, ihr
Frühstück einnahmen. Die Nachbarn zeigen noch
jetzt auf eine Strecke von fünfzig Acker Landes,
welches die Familie auf diese Weise „klärte,”.
Sie zeigen auch die Quelle am Wege, wo sie
das Wasser holten und einen Hemlockbaum,
von dem sie wöchentlich die Reiser zu Besen
holten, um das Haus rein zu halten. Um
das Bild zu vervollständigen, denke man sich
die ganze Familie in derselben Weise gekleidet,
nämlich in einem „hausmachenden” Stoffe
aus Hanf und Wolle, mit der Rinde der But=
ternuß gefärbt. Alles von der gröbsten
Sorte, und auf die rauheste und einfachste Art
von der Mutter zusammengenäht.

Im Sommer trug Horace selten mehr als
drei Kleidungsstücke, nämlich einen gewöhnlich
sehr zerfetzten Strohhut, ein hänsenes
Hemd und ein Paar Hosen aus dem „Fa=
milientuch”, die die Eigenthümlichkeit hatte,
an beiden Beinen zu kurz zu sein, an dem einen
noch kürzer als an dem andern. Im Winter
kamen noch ein Paar Schuhe und eine Jacke
dazu. Während der fünf Jahre in Westhaven
kosteten ihm seine Kleider wahrscheinlich keine
drei Dollars das Jahr. Bei keiner Gelegen=
heit zeigte er die geringste Aufmerksamkeit auf
seine Kleidung und schien auch ganz unbeküm=
mert, welchen Eindruck dies auf Andere mache.
Von dem eigenthümlichen Zug im Menschen,
der uns treibt, uns zu putzen, um dadurch bei
Anderen eine Rolle zu spielen und eine unge=
wöhnliche Tracht zu vermeiden, zeigte Horace
auch nicht das Geringste.

Er ging drei Winter in Westhaven in die
Schule, lernte aber nicht viel. Er hatte schon
die gewöhnlichen in Distriktschulen vorkommen=
den Fächer studirt und nach seinem zehnten
Jahre that er wenig mehr, als dieselben
Studien noch einmal durchzumachen und sich
immer und ohne Anstrengung weit vor den
Anderen zu halten. „Immer war er”, sagt
einer seiner Mitschüler von Westhaven, „der
Beste in der Schule. Selten gab es ein Leh=
rer, von dem er hätte etwas lernen können.

Nur einmal machte er einen Fehler im Buch=
stabiren und das betrübte ihn ungemein.
Sein Gesicht bedeckte sich mit Schamröthe und
eine ganze Woche lang schien er niedergeschla=
gen zu sein. Ich sehe ihn noch jetzt, wie er in
der Klasse saß, mit seinem schwächlichen
Körper, seinem großen Kopf, seiner schönen

freien Stirne und seinen groben, aber rein=
lichen Kleidern. Seine Stellung war immer
dieselbe. Seine Arme hielt er gefaltet, den Kopf
vorwärts geneigt und die Beine gekreuzt. Ob=
gleich er nicht sehr aufmerksam schien, entging
ihm nichts. Er schien mehr zu können aus
Neugierde, wie wir es machen würden, als
aus Interesse für den Gegenstand. Einmal
machte ich einen entsetzlichen Fehler beim Buch=
stabiren und Horace schien so darüber zu er=
schrecken, daß ihn alle Rücksicht auf Schicklichkeit
verließ und er so laut, daß es jeder in der
Klasse hören konnte, ausrief: „Welch' ein
Dummkopf.” Er that es auf eine so komische
Weise, daß ich und die ganze Klasse in ein lau=
tes Gelächter ausbrachen.”

Ein anderer Mitschüler erinnert sich nament=
lich seiner Gutherzigkeit und Gefälligkeit. „Ich
habe nie gehört”, sagt derselbe, „daß er
einen Streit hatte, oder zornig war, oder einen
Feind hatte. Er war unser Friedensstifter.
Er spielte dann und wann mit uns, Schnee=
ballwerfen schien sein liebstes Spiel zu sein.
Um Mädchen, als solche, schien er sich nie zu
kümmern. Bei einer Gelegenheit übertrat er
eine geringfügige Schulregel und es wurde ihm
als Strafe aufgegeben einem Knaben, der
wie mir dünkt, Mitschuldiger war, eine Anzahl
Hiebe zu geben. Der Stock wurde ihm in die
Hand gegeben und er holte anscheinend zu
einem gehörigen Hieb aus, aber der Stock kam
so leise herunter, daß man wohl sehen konnte,
Horace sei nicht im Ernste. Der Lehrer legte
sich in's Mittel und ich glaube wirklich, der
zweite Schlag war ein wenig stärker, aber
sicherlich wurde kein Einer auf eine harmlosere
Art gezüchtigt. Er schien weder die Fähigkeit
noch den Willen zu haben, Jemand Schmerzen
zu bereiten.”

Horace selbst profitirte nicht viel von dem
letzten Winter in der Schule, aber seinen Mit=
schülern war er von großem Nutzen, da er
ihnen bei ihren Aufgaben beistand. Wenige
Abende vergingen, ohne daß irgend ein großer,
viel älterer Bursche mit seiner Grammatik,
oder seiner Schiefertafel in das Haus kam
und sich bescheiden bei dem kleinen Horace nie=
dersetzte, bis eine verwirrte Rechenaufgabe ge=
löst, oder die Analyse eines schwierigen Satzes
klar gemacht war.

Es war dem Knaben ein wahres Vergnü=
gen, solche Beihülfe zu leisten. Soviel er sich
auch in seinen eigenen Studien vertieft haben
mochte, so wußte er doch, wenn er ein ängst=
liches Gesicht am Fenster sah, was von ihm
erwartet wurde. Er sprang auf und gab sich
mit unaussprechlicher Geduld und großer Klar=
heit des Ausdrucks daran, die von ihm erwar=
tete Hülfe zu leisten. Es war ein hübsches
Bild, der kleine „Weißkopf”, gewöhnlich so
träumerisch, war jetzt voller Leben und Aus=
druck, wie er bei der Seite des großen starken
Burschen saß, der zweimal so alt und oft drei
Mal so schwer war, wie er und dessen Gesicht

seine Angst und Verzweiflung ausdrückte. Mit einigen geschickt gestellten Fragen, einer kurzen Aufklärung und ein Paar hastig hingekritzelten Zahlen, brachte er gewöhnlich Ordnung in das Chaos. Der Schüler wunderte sich, daß er selbst nicht daran gedacht hatte und wünschte, der Himmel hätte ihm auch einen solchen Schädel gegeben, wie Horace besaß. Für einige seiner Lehrer in Westhaven war er aber ein gewaltiger Stein des Anstoßes. Er wußte zu viel. Er stellte merkwürdige Fragen. Er war nicht zufrieden mit der gewöhnlichen Lösung der Schwierigkeiten. Er wollte den Zusammenhang wissen und ob, wenn das Eine wahr sei, das Andere deßhalb nicht auch wahr sein müsse.

Endlich, als Horace dreizehn Jahre alt war, hatte einer seiner Lehrer den Freimuth und die Redlichkeit, seinem (Horace's) Vater gerade aus zu erklären, Horace wisse mehr, als er selbst und es sei nutzlos, ihn länger in die Schule gehen zu lassen. Hiernach blieb Horace zu Hause, studirte den ganzen Winter allein in seinem Zimmer und unterrichtete außerdem seine jüngste Schwester. Allzusammen war er ungefähr fünfundvierzig Monate in die Schule gegangen.

In Westhaven leuchteten die Tannenzapfen am Heerd ebenso hell und beständig, wie in Amherst und dies war um so nothwendiger, als Lichter jetzt zu einem zu theuren Luxusartikel geworden waren. Horace's väterliches Haus war der Lieblingsort für die Kinder der Nachbarschaft, ein Umstand, der von der gütigen Gesinnung der Bewohner zeugt. Sie kamen, um seiner Mutter Geschichten und Lieder zu hören, um mit seinen Brüdern und Schwestern zu spielen und sich von ihm selbst helfen zu lassen. Hier gab es keine steifen Ceremonieen, aber auch nie einen Bann. Horace kümmerte sich nicht um ihr Lärmen und Spielen, aber man konnte ihn nie dazu überreden, an einer lärmenden Belustigung Theil zu nehmen. Wenn er nicht gerade einem bei dem Rechnen Beistand leistete, lag er an seinem alten Platze auf dem Rücken im Kamin und las, las, las. Mitunter versteckten die Knaben sein Buch, dann holte er sich ein Anderes. Mitunter zogen sie ihn bei den Füßen heraus, dann kroch er, ohne den geringsten Zorn zu zeigen, aber ohne im Geringsten nachzugeben, wieder zurück. Es gab indessen ein Spiel, das ihn zeitweise verführte und welches er allmälig liebgewann. Es war das Dambrett. Hierin erwarb er sich eine außerordentliche Fertigkeit, schlug Jeden in der Nachbarschaft und es waren wenige Dambrettspieler im Lande, die, als er erwachsen war, von drei Spielern zwei gegen Horace gewinnen konnten. Seine genauesten Freunde in Westhaven waren solche, die gerne Dambrett spielten. In seiner Leidenschaft für Bücher stand er unter seinen Gefährten alleine, die sein beständiges Lesen eher einer angeborenen Trägheit zuschrieben, als seiner anerkannten

Wißbegierde. Es wurde oft prophezeit, daß Horace niemals voran kommen würde.

Und dennoch gab er schon früh Beweise davon, daß er viel vom „Yankee" in sich hatte. Erstens war er immer mit etwas beschäftigt. Zweitens hatte er immer etwas zu verkaufen. Er sammelte und sparte Nüsse und verkaufte sie im Kramladen für irgend etwas, das er zu erwerben wünschte. Stundenlang hackte er an einem Stumpf der Pechtanne, deren Wurzeln, wie Pech selbst, brennen, dann band er die Wurzeln in kleinen Bündel zusammen und die kleinen Bündel in einen Größeren und trug die Last auf dem Rücken nach dem Laden, um sie als Holz zum Feuermachen zu verkaufen. Dann war in Westhaven ein Hauptvergnügen die Jagd nach Bienen und wildem Honig, ein Geschäft, welches äußerst unterhaltend und aufregend ist und wobei der Jäger mitunter große Massen von Honig erbeutet, denn es werden mitunter bis zu 150 Pfund aus einem einzelnen Baum gewonnen. Dies war sehr einträglich. Sein Antheil wanderte gewöhnlich in den Laden. Auf diese und andere Weise hatte der Knabe immer etwas Geld und wenn ein Hausirer mit Büchern in des Weges kam, dann war Horace sicherlich einer seiner Kunden. Und demnach war er nur ein halber Yankee, er konnte Geld verdienen, aber für einen scharfen Handel hatte er kein Geschick. Und was las er? Was er nur bekommen konnte. Aber Geschichtswerke, Dichter und Zeitungen zog er vor. Wie gesagt, hatte er die ganze Bibel durchgelesen, ehe er sechs Jahre alt war. Er las in seinem achten Jahr „Tausend und eine Nacht" mit außerordentlichem Interesse, Robinson Krusoe in seinem neunten, Shakespeare im elften, im zwölften bis zum vierzehnten Jahre las er viele der gewöhnlichen Geschichtswerke, wie Robertson's Goldsmiths, und Andere und so viele Erzählungen und Romane, als er borgen konnte. In Westhaven wie in Amherst durchstreifte er die ganze Gegend nach Büchern. Er hatte hier auch das Glück in der Nähe des obenerwähnten „Mansion House" zu leben, dessen Besitzer ein Interesse an Horace nahm und ihm oft Bücher lieh, ihm auch erlaubte, ins Haus zu kommen und dort so oft und lang zu lesen, wie ihm beliebte.

Vielleicht war es hier, wo ihm ein Exemplar von Mrs. Heman's Gedichten in die Hände fiel, welches, wo er es auch gefunden haben mag, zuerst seinen Enthusiasmus erregte und ihn zuerst über die edleren Gefühle der menschlichen Natur aufklärte.

„Ich erinnere mich," schrieb er in der „Rose von Sharon" für 1841 „als ob es gestern geschehen sei, den großen, allmälig entwickelnden Einflusse, welche die außerordentliche Wahrheitsliebe und Schönheit und die tiefe Kenntniß des menschlichen Herzens, das die Gedichte der Mrs. Hemans charakterisirt, auf meinen eigenen „unreifen Geist" ausübte.

„Casabianca", „Der Wechsel der Dinge", „Die Stimme des Frühlings", „Der Reisende an der Quelle des Nils", „Das Wrack" und manche ähnliche Gedichte, sind das Eigenthum zahlreicher Herzen geworden, namentlich solcher, deren geistige Geburt sich von der Zeit zwischen 1820 und 1830 datirt. Sie sind Edelsteinen von unschätzbarem Werthe. Sie sind gleich zauberischen Stäben, deren Berührung den Menschen zum Bewußtsein seiner göttlichen Bestrebung und der hohen, heiligen Energie, deren er fähig ist, bringt.

Der denkwürdigen Vorfälle in dem Aufenthalt von Horace Greeley zu Westhaven gab es wenige. Mehrere sind zweifellos vergessen worden. Das Volk erinnert sich seiner sehr deutlich. Sie lassen sich weitläufig darüber aus, welchen Eindruck er auf sie machte, aber die Thatsachen, welche diesen Eindruck erzeugten, sind meistens ihrem Gedächtniß entschwunden. Sie sprechen von ihm als von einem in der Gedankenwelt versunkenen Knaben, der selten einen Vorübergehenden grüßte, der Meilenweit des Weges entlang schritt und dem Zickzack der „Fenze" folgte, ohne einmal aufzusehen, der von Fremden oft für idiotisch gehalten wurde, aber bei seinen Bekannten als ein verb.—— smarter Junge bekannt war. Dieser Theil des Westhaven war vor dreißig Jahren sehr von dem Laster der Trunkenheit heimgesucht. Der Weiler, in dem die Familie länger, als irgendwo anders in der Nachbarschaft wohnte, hat aufgehört zu existiren und dies rührte namentlich von der Unmäßigkeit der Einwohner her. Viel von dem Lande in der Umgegend ist seit der Zeit, wo Horace Greeley es urbar zu machen half, nicht verbessert worden. Branntwein verzehrte die Mittel, welche dazu nöthig waren. Ein erwachsener Knabe mußte je nach seinem Charakter entweder ein Truntenbold, oder ein absoluter Mäßigkeitsmann werden und Horace wurde zum Letzteren. Es ist eine auffallende Thatsache, daß, obgleich alle seine Voreltern an dem beständigen und reichlichen Genuß von Branntwein und Tabak gewöhnt waren, weder Horace noch sein Bruder dazu gebracht werden konnten, den Einen oder den Andern zu gebrauchen. Ihre Natur sträubte sich dagegen, lange ehe sie verstanden, daß diese Stoffe auf den menschlichen Körper nothwendig zerstörend wirken. Horace war ein Theetotaler lange ehe Theetotalismus aufkam und er gab sein Versprechen der Enthaltsamkeit lange ehe dieselben Mode wurden. Es trug sich eines Tages zu, daß ein Nachbar mit der Familie zu Mittag aß und natürlich wurde ihm die Schnapsflasche vorgesetzt. Es scheint, daß Horace entweder ein wenig trank, oder an dem Geruch einen Ekel faßte, oder daß er an den Wirkungen Anstoß nahm. Da hatte er die Idee, seinen Vater zu fragen: „Vater, was willst Du mir geben, wenn ich, bis ich einund-

zwanzig Jahre alt bin, keinen Tropfen Schnaps trinke." Sein Vater, dies für einen Scherz haltend, antwortete: „Ich gebe dir einen Dollar." „Angenommen," rief Horace. Er hielt sein Versprechen, wir bezweifeln aber, daß er den Dollar erhielt. Seine Freunde versuchten auf verschiedene Art ihn davon abzubringen und gingen einmal so weit, daß sie versuchten ihm mit Gewalt Schnaps in den Mund zu gießen. Aber seit jenem Versprechen hat er mit Willen nichts Alkoholartiges genossen. Die politischen Vorgänge, die sich während seinem Aufenthalt in Westhaven zutrugen, waren von sehr aufregender Bedeutung und sie mußten die Aufmerksamkeit selbst eines weniger intelligenten Knaben auf sich ziehen.

Er hatte unzweifelhaft die Botschaft des Präsidenten Monroe von 1821 gelesen, in der das Prinzip des Schutzes der amerikanischen Industrie entschieden empfohlen und durch Gründe empfohlen wurde, so einfach, daß ein Kind sie begreifen konnte, Gründe, welche sehr mit denen übereinstimmen, mit welchen seither die Tribune das Land vertraut gemacht hat. In der Botschaft von 1822 wiederholte Monroe diese Empfehlung und wiederum in 1824. In jenem Jahre kam die Anerkennung der südamerikanischen Republiken vor; Lafayette hielt seinen Triumphzug durch die Union; Oregon wurde besetzt, die Seeräuber im Golf von Mexico unterdrückt, dann kam die Controverse zwischen Clay, Adams und Jackson. Zu dieser Zeit glänzte Henry Clay durch seine außerordentlichen Reden und sicherte sich für immer die Sympathie Horace Greeley's.

Das letzte Jahr in Westhaven schien ihm langweiliger als alle anderen. Er hatte die Schulen alle durchgemacht und war ungeduldig, Setzer zu werden. Er ermüdete seinen Vater mit der Bitte, ihm eine Stelle in der Druckerei zu besorgen; aber sein Vater hatte zwei Einwendungen: Erstens brauchte er den Jungen zu Hause und zweitens fürchtete er in seiner Vorsicht, der Knabe möchte in der Fremde nicht gedeihen. Er schien ihm zu zart und träumerisch. Eines Tages sah der Knabe in dem „Nördlichen Zuschauer", einer in Ost-Poultney, elf Meilen von Westhaven erscheinendem Blatte, daß für die Druckerei des Blattes ein Lehrling gesucht werde. Er drang jetzt so in seinen Vater, daß dieser, trotz vielen Sträubens, zuletzt nachgab. „Ich habe keine Zeit selbst für Dich zu sorgen. Wenn Du aber nach Poultney gehen und nachfragen willst, so magst du es thun,' sagte der Vater.

Viertes Kapitel.

Seine Lehrjahre.

An einem Frühlingsmorgen des Jahres 1826, etwa um zehn Uhr, war Amos Bliß, der Redacteur und einer der Eigenthümer des „Nördlichen Zuschauers" im Garten hinter seinem Hause in Ost-Poultney mit Kartoffelsetzen beschäftigt. Er hörte, wie sich das Gartenthor hinter ihm öffnete und bemerkte allmälig, daß ein Knabe bei ihm stand. Aber Knaben auf dem Lande haben die Gewohnheit, irgendwo einzutreten, wo es ihnen beliebt und so nahm Herr Bliß keine Notiz von ihm und fuhr ruhig fort zu arbeiten. Nach einigen Minuten hörte er eine fremde, sehr hohe, weinerliche Stimme hinter ihm, welche sagte: „Sind Sie der Eigenthümer der Druckerei?" Herr Bliß drehte sich jetzt um und sah einen Knaben von etwa fünfzehn Jahren vor sich, schlank und schwächlich in einem Anzug aus gewöhnlichem Tuch, wie es die Farmer damals selbst machten und trugen und ohne allen Anspruch auf Eleganz. Seine Hosen waren viel zu kurz und dabei zu weit. Er trug keine Strümpfe und dabei grobe abgetragene Bauernschuhe. Er hatte einen Filzhut, der aussah wie ein umgestülptes Zweiquartmaß und den er weit hinten trug. Sein Haar war weiß und lag dünn auf einer breiten Stirn. Der Kopf wiegte sich auf Schultern, die zu schwach schienen, um ein solches Gewicht zu tragen. Das ganze Aussehen war entschieden excentrisch, zugleich bäuerisch und lächerlich, so daß der liebenswürdige Gärtner sich kaum des Lachens enthalten konnte. Er hielt sich indessen zurück und erwiederte:

„Ja, der bin ich!"

Hierauf fragte der Fremde: „Suchen Sie nicht einen Jungen als Lehrling?"

„Nun," sagte Herr Bliß, „ich habe daran gedacht. Willst Du das Geschäft lernen?"

„Ich hatte eine Idee, es zu thun," sagte der Knabe auf echter Yankee Weise.

Herr Bliß war erstaunt und wußte nicht, was zu sagen, erstaunt darüber, daß ein so aussehender Knabe daran denken könnte, das Drucken zu lernen, wußte aber nicht, wie er sich ausdrücken sollte, um ihm das Absurde des Vorhabens klar zu machen.

Er sagte deshalb in einer ähnlichen Weise, wie wenn ein menschenfreundlicher Kaufmann von einem Maurer um eine Stelle als Spitzenverkäufer angesprochen wird.

„Nun, mein Junge, weißt Du auch, daß man Vi.l gelernt haben muß, um Drucker zu werden?"

„Nein," sagte der Knabe, „ich bin nicht viel in der Schule gewesen, aber ich habe Einiges gelesen!"

„Was hast Du denn gelesen?"

„Nun, einige Geschichtswerke und einige Reisebeschreibungen und ein wenig von beinah jeder Sorte!"

„Wo wohnst Du?"

„In Westhaven."

„Wie kamst Du hierher?"

„Zu Fuß."

„Wie heißt Du?"

„Horace Greeley."

Es traf sich nun, daß Herr Bliß während der letzten drei Jahren Schulinspector gewesen war und sich durch das Prüfen der Lehrer ein außerordentliches Geschick im Fragenstellen erworben hatte. Der Junge war, wie die Mediciner sagen, ein frisches Subject und der Inspector stellte ihn auf die Probe, fing mit leichten Fragen an, ging zu schwierigen über und behandelte ihn wie einen Candidaten für das Schulamt. Aber der Junge war ihm gewachsen. Er zeigte sich in den gewöhnlichen Schulstudien bewandert und von den Büchern, die er gelesen hatte, konnte er eine richtige und vollständige Analyse geben. Herr Bliß selbst berichtet darüber:

„Als ich mich selbst mit ihm ins Gespräch einließ, entdeckte ich bald, daß der Candidat für die Würde eines Druckerlehrlings in Kenntnissen seinem Alter weit vorangeschritten war und ungewöhnliche Kenntnisse verrieth. Außer seiner ungewöhnlichen Intelligenz zeigt sein ganzes Betragen Energie, Wahrheitsliebe und gesunden Menschenverstand, so daß er sich mir sehr empfahl." Nach einem Gespräch von einer halben Stunde deutete Herr Bliß an, daß der Candidat ihm zusage und bat ihn in die Druckerei zu gehen, wo sein Erscheinen einen sehr erheiternden Eindruck auf die beschäftigten drei Lehrjungen machte. Horace wandte sich an den „Vormann," gänzlich unbekümmert um die Blicke und Bemerkungen der Lehrlinge. Der Vormann wunderte sich zuerst, wie Herr Bliß es für möglich halte, daß eine solche Carricatur Druckerlehrling werden könne. Aber nach einer Unterhaltung von zehn Minuten änderte sich seine Ansicht zu Gunsten des Knaben, und da er sehr eines anderen Lehrlings bedurfte, dachte er, er dürfe es nicht zu genau nehmen. Er nahm also ein Stück Papier und schrieb darauf: „Ich denke, wir probiren's." Horace kehrte in den Garten zurück und übergab die Note.

Herr Bliß, der sehr neugierig geworden war durch den außerordentlichen Contrast zwischen der Erscheinung des Knaben und seinen Fähigkeiten, ließ sich in eine lange Unterhaltung mit demselben ein, befragte ihn über seine früheren Verhältnisse, seine Eltern, deren Umstände, seine eigenen Pläne und Wünsche und mit jedem Wort stieg seine Bewunderung. Das Resultat war, daß er versprach, Horace als Lehrling zu nehmen, vorausgesetzt, daß dessen Vater in die gewöhnlichen Bedingungen einwillige und dann kehrte der Knabe mit fröhlichem Herzen nach Westhaven zurück.

„Sie werden doch den Flachskopf nicht nehmen, Herr Bliß?" fragte einer der Lehrlinge am Abend. „Allerdings," antwortete Herr Bliß, „und wenn ihr glaubt, ihr könntet ihn zum Narren halten, so irrt ihr euch. Ihr werdet finden, daß in dem Flachskopf etwas steckt und das ehe eine Woche vergeht."

Ein oder zwei Tage später packte Horace seine sämmtlichen Kleider in ein katunenes Taschentuch. So klein es war, hätte es wohl mehr enthalten können, denn seine Eigenthümer hatten nie mehr als zwei Hemden und zwei Anzüge, bis er erwachsen war. Vater und Sohn gingen zusammen nach Poultney; der Letztere trug sein Gepäck an einem Stocke auf der Schulter. In Poultney zeigte sich eine unerwartete Schwierigkeit. Die von Herrn Bliß vorgeschlagenen Bedingungen waren, daß der Knabe sich für fünf Jahre binden und Kost und Logis, sowie zwanzig Dollars jährlich erhalten solle. Dies gefiel Herrn Greeley nicht und er widersetzte sich dem Vorschlag. Erstens, wollte er von dem Binden auf so lange Zeit nichts wissen. Er wollte keines seiner Kinder gebunden sehen; zweitens, dachte er, fünf Jahre seien eine zu lange Zeit; drittens betrachtete er die Entschädigung von zwanzig Dollars mit Kost und Logis als nicht genügend und er hielt an seine Ansichten mit aller Hartnäckigkeit eines Greeley fest. Herr Bliß berief sich auf das Herkommen, fünf Jahre sei die übliche Zeit, der Lohn sei der gewöhnliche, das Binden sei wesentlich im Interesse des Arbeitgebers. Und bei jeder Pause hörte man die bittende Stimme des Sohnes: „Ach, Vater, ich denke, es ist am besten, Du gehst darauf ein!" oder: „Willst Du es nicht thun, Vater?" Einmal war Horace beinahe der Verzweiflung nahe. Herr Bliß hatte das Ultimatum gestellt, daß das Binden unumgänglich nothwendig sei, er könne ohne dasselbe sich auf nichts einlassen. „Nun denn, Horace," sagte der Vater, „dann wollen wir wieder nach Hause gehen." Der Vater drehte sich um, aber Horace blieb zurück und wollte es nicht aufgeben und endlich wurde nach langen Unterhandlungen ein Vergleich gemacht. Was schließlich das Uebereinkommen war, weiß ich nicht, wahrscheinlich aber: Kein „Binden" und kein Geld während der ersten sechs Monate, dann sollte Horace, wenn es ihm zusagte, sich selbst für den Rest der fünf Jahre binden und sollte vierzig Dollars per Jahr mit Kost und Logis erhalten. Und somit ging der Vater nach Hause und der Sohn marschirte sofort nach der Druckerei und nahm seinen ersten Unterricht in der schwarzen Kunst.

Es mag hier bemerkt werden, daß Vater Greeley etwa sechs Monate später nach Erie County, Pennsylvanien, zog, wo er sich nach und nach eine Farm erwarb, während Horace allein in Vermont blieb. Wo das kleine Haus in Westhaven stand, wächst jetzt Gras; die Scheuer, wo sie ihr bischen Heu hatten und ihr weniges Vieh hielten, lehnt nach vorwärts und sieht aus wie ein knieender Elephant und das Tageslicht scheint durch tausend Ritzen. Aber die Nachbarn zeigen noch den Baum, der vor der Hausthür stand, den Baum, der das Küchenfenster beschattete und den Apfelbaum, dessen Frucht Horace so gerne aß und das Pfeffermünzbeet, an dessen Geruch sich seine Nase ergötzte. Und die Leute von Westhaven sagen, daß, wenn der Redacteur der Tribune

die Szenen seiner Kindheit wieder besucht und die Aepfel gerade reif sind, er sicherlich auch jenem Apfelbaum einen Besuch macht.

Der neue Lehrling nahm seinen Platz am Kasten und erhielt vom Vormann sein Manuscript, den Winkelhaken und einige kurze Instructionen. Dann gab er sich an die Arbeit. Er brauchte keine weitere Hülfe. Er schien die Geheimnisse des Handwerks instinktmäßig zu begreifen. Lange Jahre vorher hatte er über seinen erwählten Beruf nachgedacht. Er wußte, wie die Schriften zusammengefügt werden mußten, um den gewünschten Abdruck zu machen und Alles, was er brauchte, war die Gewandtheit, die durch Uebung erlangt wird. Im tiefsten Schweigen, weder rechts noch links sehend, unbekümmert um das Treiben und die Bemerkungen der Andern, arbeitete Horace an jenem Tage eine Stunde nach der anderen und verstand am Abend das Geschäft besser, als mancher Lehrling nach einem Monate. Am nächsten Tage arbeitete er wieder mit demselben Eifer und gleicher Schweigsamkeit. Die Lehrjungen waren erstaunt. Sie glaubten, es sei ihre Aufgabe, ihm irgendwie zur Einweihung einen Streich zu spielen, aber sie fanden keine Gelegenheit dazu. Er machte keine Fehler, sprach zu Niemand und schien über seine Arbeit Alles zu vergessen. Sie warfen mit Lettern nach ihm, er sah sich nicht um. Sie verhöhnten ihn, er antwortete nicht. Es war nicht auszuhalten. Am Ende des dritten Tages nahm der älteste Lehrling einen der großen schwarzen Tintenballen, bedeckte ihn mit Tinte und drückte ihn, mit der Bemerkung, daß Horace's Haar für die Schwarzkunst zu hell sei, auf dessen Kopf. Die Lehrjungen, der Gehülfe, der Drucker und der Redacteur hielten in ihrer Arbeit an, um zu hören, welches Resultat das Experiment haben werde. Horace rührte und regte sich nicht. Er fuhr an seiner Arbeit fort, als ob Nichts geschehen sei, ging dann nach dem Gasthaus, wo er logirte und brachte eine Stunde damit zu, sich zu reinigen. Das war all' der Spaß, dessen sich die Lehrlinge bei dieser Gelegenheit erfreuten. Sie waren besiegt. Nach einigen Tagen waren der Sieger und die Besiegten die besten Freunde.

Horace war nun in guten Umständen. Niemals hatte er eine solche Gelegenheit, seine Kenntnisse auszubreiten, auch fehlte es nicht an Gelegenheiten, seine Kräfte zu bethätigen.

„Um diese Zeit," schreibt Herr Bliß, „wurde ein wohlbeleibter Theolog und geübter Setzer engagirt, um die Zeitung zu redigiren. Dies gab unserm jungen Anfänger eine ausgezeichnete Gelegenheit. Es kam bald zu Discussionen. Geschäftliche, politische und religiöse Fragen wurden erörtert und bald zeigte sich, zu welchem Zwecke der junge Mann etwas gelesen hatte. Sein Gedächtniß in Bezug auf Alles, was er gelesen hatte, war so zuverlässig, in biblischer wie in weltlicher Geschichte, daß er den Theologen öfters eines Irrthums überführen konnte. Einmal behauptete der Redacteur, es stehe in der Bibel, daß Geld die Wurzel alles Uebels sei. Nein, sagte Horace, es heißt, die Liebe zum Geld sei die Quelle allen Uebels.

Die kleine Gemeinde-Bibliothek, verbunden mit den Wechselblättern der Zeitung gab ihm hinreichende Gelegenheit, seinen Hang zum Lesen zu befriedigen und alle seine

Ruheftunden, waren damit ausgefüllt. Er wurde ein fleißiges Mitglied des Debattirclubs im Orte, nahm fleißigen Antheil an den Discussionen und schrieb öfters Aufsätze.

Bei der Organisation eines Mäßigkeitsvereins kam die Frage zur Entscheidung, in welchem Jahre Jemand Mitglied werden könne. Da er fürchtete, wegen seiner Jugend ausgeschlossen zu werden, so stellte Horace den Antrag, alle Diejenigen aufzunehmen, die alt genug sind zu trinken. Und dieser Antrag wurde ohne Widerspruch angenommen.

Obgleich von Natur bescheiden und zurückgezogen, kam er oft in politische Discussion mit unseren lüchtigen Politikern und wenige gingen weg, ohne die Weisheit seiner Ansichten und die Genauigkeit seiner Angabe über politische Thatsachen anzuerkennen.

Mit dieser Wißbegierde bot er alles auf, um seine Kenntnisse zu erweitern und ich bezweifle, daß er während seiner ganzen Lehrzeit je eine Stunde in den gewöhnlichen Lustbarkeiten junger Leute zubrachte. Er pflegte nur an meiner Thür vorbeizupassiren, wenn er in das Gasthaus ging, wo er wohnte, und obgleich ich oft in der Nähe faßt in seinem Wege faß, grüßte er mich nie und ich bin fest überzeugt, daß dies nur geschah, weil er in seinen Gedanken so vertieft war, daß er mich gar nicht bemerkte."

In Bezug auf einen Punkt müssen die Angaben des Herrn Bliß berichtigt werden. Er denkt, Horace habe nie an den gewöhnlichen Belustigungen junger Leute in Poultney Theil genommen. Aber Herr Bliß kannte das nicht so genau. Horace spielte sehr gern solche Spiele, die zugleich vom Zufall und der Geschicklichkeit abhingen, wie „Whist, Dambrett, Schach :c." Er hatte immer ein altes Kartenspiel in der Tasche, welches er sorgfältig vor dem Theologen und den „Frauen" versteckte. Er spielte nie um Geld auch niemals am Sonntage, aber das Vergnügen eines gelegentlichen Spiels wurde vielleicht dadurch erhöht, daß er wußte wie sehr die öffentliche Meinung in Poultney das Kartenspiel verdammte. Auch die Bienenjagd fuhr fort ein Lieblingsvergnügen für Horace zu sein und einer seiner Bekannten, der auch in Poultney lebt, sagt, er habe oft mit Horace auf der Bienenjagd die Wälder oberhalb Poultney durchstreift. Aber als seine Freunde ihn halb zum Spott ersuchten, an einer Tanzschule Theil zunehmen, weigerte er sich entschieden, doch sah er gelegentlich zu, obgleich er nie bereit war hineinzugehen.

Ehe er nach Poultney kam, hatte sich Horace nie in schriftlichen Aufsätzen versucht. Die Schulen gaben sich nicht damit ab, welche er besucht hatte. In Poultney fing er sehr bald an, wenn auch keine Artikel doch kleine „Paragraphen" aufzusetzen und sie sogleich zu setzen. Gewöhnlich enthielten sie Auszüge aus Nachrichten in Wechselblättern aber gelegentlich gab er seine eigene Ansicht in gewisser Ausdehnung, und so lange er in der Druckerei war, fuhr er fort, auf diese Weise dem Redacteur zu helfen. Der „Nördliche Zuschauer" war eine Adams Zeitung und Greeley selbst ging für Adams.

Der von Herrn Bliß erwähnte Debattirclub spielte eine große Rolle in Ost-Poultney. Zufällig waren damals, während Greeley's Lehrzeit, eine beträchtliche Anzahl intelligenter, talentvoller und wohlunterrichteter Männer, wie der Redacteur, der Doktor, ein Richter, ein oder zwei Geistliche, außerdem viele wohlunterrichtete Handwerker. Alle diese vereinigten sich zur Gründung eines „Lyceums," welches schon vor Horace's Ankunft bestand, und dieses Lyceum hatte sich einen solchen Ruf in der Nachbarschaft erworben, daß die Leute oft auf zehn Meilen Entfernung kamen um Theil zunehmen. Es versammelte sich wöchentlich ein Mal, während des Winters, in dem kleinen Backstein-Schulhause. Das Mitglied, das an der Reihe war, las einen selbstverfaßten Aufsatz vor, dann wurde die Frage auf der Tagesordnung debattirt, zuerst von vier dazu speziell ernannten Mitgliedern und wenn die geendigt hatten, konnte sich irgend einer an der Discussion betheiligen. Diese Fragen waren gewöhnlich sehr unschuldiger Natur. „Ist Romanlesen schädlich?" „Hat Jemand das Recht einen Andern zur Selbstvertheidigung zu tödten?" „Trägt die Ehe zur Glückseligkeit bei?" „Ueben wir, als eine Nation, einen guten, moralischen Einfluß aus?" „Stützt sich irgend eine der großen Parteien auf die Grundsätze der Unabhängigkeitserklärung?" „Ist es wahrscheinlich, daß die Union ewig bestehen wird?" „War Napoleon ein großer Mann" :c.

Horace schloß sich an und schon im ersten Winter seines Aufenthaltes und trotz seiner Jugend wurde er bald zu einem hervorragenden Mitglied. „Er war einer der Riesen des Debattirclubs," sagt einer seiner Bewunderer. „Wenn er beauftragt war zu sprechen, oder einen Aufsatz zu lesen, so war er immer pünktlich bei der Hand, hatte nie eine Entschuldigung, war immer fertig. An den discutirten Fragen nahm er immer das tiefste Interesse, und vertheidigte seine Ansicht hartnäckig; trotz aller Opposition ohne unhöflich zu werden, war er darin hartnäckig und antwortete mit dem größten Gleichmuth. Leuten von jedem Rang. Er hatte einen Vortheil über alle Gegner und das war sein ausgezeichnetes Gedächtniß. Er hatte Alles gelesen, erinnerte sich der kleinfügigsten Umstände bei wichtigen Begebenheiten. Data, Namen, Plätze, Zahlen, statistische Angaben, Alles hatte er im Kopfe. Er wurde nicht als ein Knabe behandelt, sondern als ein Mann von gleichem Rang, wie die Andern und man schenkte seinen Ansichten ebensoviel Aufmerksamkeit, wie denen des Richters, oder Sheriffs, vielleicht noch mehr. Er war kein graziöser Redner, aber er sprach fließend und interressant und oft gab er der Debatte eine andere Wendung dadurch, daß er die Versammlung an eine übersehene aber wohlbekannte Thatsache erinnerte, oder eine falsche Citation berichtigte, oder, wie er es nannte, an die ersten Grundsätze erinnerte. Er war ein gefährlicher Gegner, aber sein Ernst und seine Aufrichtigkeit waren so offen, daß Diejenigen, die ihm unterlagen, ihn gewöhnlich desto mehr lieb gewonnen. Kurz, als er sechzehn Jahre alt war, sprach er eben so gut wie jetzt, und als er vor einem Jahr in eine benachbarte Stadt kam, um eine Vorlefung zu halten, sah ich wieder den Horace Greeley vom Poultney „Forum," wie wir es nannten, vor mir.

Man braucht kaum zu bemerken, daß er außer dem Anziehen einer Jacke niemals in seinen Kleidern Vorbereitungen für den De= battir=Club machte. Im Sommer trug er bei der Arbeit gewöhnlich nur zwei Klei= dungsstücke, Hemd und Hosen, und wenn der Leser bedenkt, daß seine Hosen stets zu kurz, seine Aermel immer bis unter die Ellbogen aufgeschürzt und sein Hemd vorn offen war, so wird er zugeben, daß der Jüngling außer= ordentlich einfach gekleidet war. Wenn er durch die Straßen ging, so setzte er einen Strohhut auf, der etwa einen Schilling gekostet hatte. Im Winter war seine Kleidung wirklich unzu= reichend. So dachte wenigstens eine mildher= zige Dame, die ihn oft an ihrem Fenster vor= gehen sah.

„Während er hier lebte, trug er", sagte sie, „nie einen Ueberrock und in kaltem Wetter hatte ich tiefes Mitleiden mit ihm.

Ich erinnere mich seiner als eines blassen, kleinen Burschen, der jünger aussah, als er wirklich war. Er trug eine viel zu kurze braune Jacke. Ich fürchtete oft, die Winde möchten ihn mitunter wegblasen, wenn er in Ge= danken versunken, den Kopf vorwärts geneigt und die Hände in die Taschen, den Weg ent= lang marschirte. Die jungen Leute lachten oft über seinen Anzug."

Als einst eine sehr interessante Frage im Schulhause debattirt werden sollte, rieth ihm ein junger Mann, der sich sehr durch elegante Kleidung und große Schneiderrechnungen aus= zeichnete, einen neuen „Rig" für die Gelegen= heit zu kaufen, da er, (Horace) die Hauptrede zu halten habe. „Nein," sagte Horace, „ich will lieber meine alten Kleider tragen, als Schulden für Neue machen!"

Nun sind vierzig Dollar jährlich genügend, um einen Knaben auf dem Lande mit dauer= haften Kleidern zu versehen, selbst die Hälfte genügt, um ihn warm zu halten. Der Leser mag deßhalb geneigt sein, den jungen Redner des Geizes anzuklagen, oder einer unhöflichen Mißachtung der Gefühle Anderer oder noch schlimmer, des Stolzes. Indessen wird sich die Ansicht ändern, wenn ich ihm aus guter Quelle versichere, daß jeder Dollar, von dem geringen Lohn des Lehrlings, den er mit der größten Sparsamkeit erübrigen könnte, dem Vater geschickt wurde, der in der Wildniß jenseits der Alleghanies mit den Hindernissen einer neuen Farm und Mangel an Capital zu kämpfen hatte.

Und dies that Horace während seiner gan= zen Lehrzeit und noch lange nachher, denn die Farm war noch nicht bezahlt und es fehlte am Viehstand und an Gebäulichkeiten. Während seines Aufenthaltes in Poultney, besuchte Horace seine Eltern zweimal. Es war eine Strecke von sechshundert Meilen, die er zum

Theil zu Fuß, zum Theil auf einem Kanalboot zurücklegte. Auf einer dieser Reisen sah er zuerst Saratoga, ein Umstand, den er sieben Jahre später in einem von dort datirten Brief an den „New Yorker" erwähnte.

„Saratoga! Schönste Stadt des Zeitalters. Einer der längs deiner Paläste und frischen Quellen einherwandelt, grüßt dich. Nicht lange Jahre sind vergangen, seit ein müder Wanderer aus fernem Land zuerst deine Ge= sundheit bescheerenden Quellen aufsuchte. Ein Novemberhimmel hing über der Erde und dir und über ihm auch. Seine rauhen Wind= stöße machten eine traurige Musik unter den bin= und hergewehten Aesten deiner immer= grünen Tannen. Damals wie jetzt warst du eine Gräberstadt, von der lustigen Gesellschaft verlassen, die so lange sich in deiner blumen= ächten Laube gedrängt hatte. Aber ihm warst du immer ein verzaubertes Land und er wünschte aus den Quellen der Hygiene, wie von dem Nektar in den Fabeln zu schöpfen. Er that einen langen und ernsten Zug, ehe ihn der Ekel über= mannte und er den bitteren Becher der Täu= schung wegwarf und sich wieder an seine Fuß= reise machte. So ist es immer mit deinen Luft= schlössern, o Phantasie mit deinen Träumen und Hoffnungen ꝛc."

Während der vier Jahre, die Horace in Poultney zubrachte, wohnte er eine Zeit lang in einem Gasthause, das jetzt noch Reisende aufnimmt. Es gehört einem liebenswürdigen Ehepaar, die bald eine besondere Zuneigung zu ihrem eigenthümlichen „Boarder" faßten, wie auch er zu ihnen. Ihre Erinnerungen über ihn sind folgende: Horace aß und trank zu jener Zeit Alles, was ihm vorgesetzt wurde. Er trank sehr gern Kaffee, er liebte den Thee nicht. In jenen Tagen trank Jedermann und auch im Gasthause wurde viel getrunken, aber Horace konnte nie überredet werden, einen Tropfen von einem berauschenden Getränk zu sich zu nehmen. „Immer", sagt die gütige Wirthin, „nahm ich großes Interesse an jun= gen Leuten und es that mir leid, wenn sie durch Trinken herunter kamen, aber wegen Horace war ich nie besorgt. Was auch in dem Schenkzimmer, oder irgendwo am Orte los gehen mochte, ich wußte, daß bei ihm Alles in Richtigkeit war. An der Tafel machte er keine Umstände, sondern gab sich sogleich ans Essen, ohne zu warten, bis man ihm aufwar= tete. Er aß mit großer Schnelligkeit, hörte plötzlich auf und verschwand sofort. Einst streckte Horace seinen langen Arm über den ganzen Tisch, um eine Schüssel auf der andern Seite zu suchen. Die Kellnerin sagte, um ihm das Unpassende auf scherzhafte Weise klar zu machen: Geben Sie sich die Mühe, Horace, ich werde Ihnen die Schüssel reichen, Sie wissen, daß ich viel auf Sie halte. Er erröthete wie nur ein Jüngling, mit so weißer Gesichts= farbe erröthen kann und nahm sich künftig mehr in Acht. Kam irgend ein interessantes

Gespräch vor, so nahm er mit der größten Zuversichtlichkeit Antheil, sprach mit großer Lebhaftigkeit und wurde nie zornig. Er wurde endlich für ein wandelndes Conversations-Lexicon gehalten. Wenn Jemand über etwas Auskunft verlangte, so ging er natürlich zu Horace Greeley. Kam eine Streitfrage vor über einen Punkt, aus der Geschichte oder der Politik, oder einer Wissenschaft, so mußte Horace Greeley entscheiden. Horace nahm nie an Gesellschaften Theil, machte keine Ausflüge und war nur abwesend, wenn er seine Eltern besuchte. Er ging selten in die Kirche und brachte die Sonntage gewöhnlich mit Lesen zu. Er war ein entschiedener Universalist, ein entschiedener Whig und noch entschiedener als Gegner der Freimaurer. Dies wird größtentheils von einem New Yorker Arzte bestätigt, der Horace Greeley einst im genannten Gasthause zu Poultney traf und er erzählt die Geschichte gern, wenn er Gäste hat.

„Habe ich Ihnen schon erzählt“, begann er gewöhnlich, „wie ich die Bekanntschaft Horace Greeley's machte? Es geschah folgendermaßen: Nun, es war einer der stolzesten und glücklichsten Tage in meinem Leben. Ich war eines Farmers Sohn, und wir lebten nur einige Meilen von Ost Poultney. Am fraglichen Tage beauftragte mich mein Vater, eine Ladung Kartoffeln nach dem Laden in Poultney zu fahren und verschiedene Gegenstände zurückzubringen. Nun müssen Sie wissen, daß dies das erste Mal war, daß mir mein Vater ein Geschäft von solcher Wichtigkeit auftrug. Ich war schon oft mit ihm da gewesen, jetzt sollte ich allein dahin fahren, und ich war ebenso stolz und unabhängig wie ein Midshipman, welcher zum ersten Mal als Befehlshaber eines Bootes ans Land geht. Ich fuhr ab, erreichte den Ort, verkaufte meine Ladungs, fuhr an's Gasthaus, stellte meine Pferde in den Stall und ging hinein zum Mittagessen. Daß ich ganz allein, auf eigne Hand und eigne Rechnung in das Gasthaus ging und dort zu Mittag speiste, schien mir die Krone meines Ruhms. Es war eine große Gesellschaft da, unter Anderen auch der Sheriff und ein früheres Mitglied des Congresses. Ich war zuerst sehr schüchtern, aber ich hatte kaum angefangen zu essen, als meine Augen auf einen Gegenstand fielen, der so fremdartig aussah, daß ich nicht umhin konnte, ihn beständig zu betrachten. Es war ein schlanker, blasser, weißhaariger, unbeholfener Knabe, der am anderen Ende des Tisches saß.

Er war in Hemdsärmeln und aß mit einer Geschwindigkeit und mit so ungeschickten Manieren, wie ich nie etwas Aehnliches gesehen habe. Er schien mit Jemand um die Wette zu essen. Er schien sich nicht umzusehen und dem Gespräch auch keine Aufmerksamkeit zu schenken. Mein erster Gedanke war, das muß ein schönes Gasthaus sein, wo man einen solchen Burschen in solcher Gesellschaft zu

Mittag essen läßt. Er sollte seinen Platz beim Stallknecht haben. Indessen schien Niemand von ihm Notiz zu nehmen und das schien mir allein zu erklären, daß man ihm am Tisch zu bleiben erlaubte. Endlich wurde das Gespräch sehr lebhaft. Es drehte sich um eine Maßregel eines der ersten Congresse und die Frage wurde aufgeworfen, wie gewisse Mitglieder bei der schließlichen Passirung gestimmt hätten. Zu meinem großen Erstaunen überließ sich der Sheriff, ein fein gekleideter Mann jetzt die Entscheidung dem linkischen Knaben, dem geheimnißvollen Knaben: „Ist das nicht richtig Greeley? Nein“, sagte das Orakel, ohne aufzusehen. „Sie haben Unrecht.“ „Sagte ich es Ihnen nicht?“ fiel jetzt sein Gegner, das frühere Congreßmitglied ein. „Sie haben auch nicht Recht“, sagte das noch immer kauende Geheimniß. Dann legte er Messer und Gabel weg, erzählte die Geschichte der Maßregel, erklärte die Parteistellung zu jener Zeit, nannte die bedeutendsten Befürworter und Gegner des Gesetzes, kurz er gab nun eine vollständige Auseinandersetzung des ganzen Gegenstandes. Ich hörte zu und wunderte mich; das was mich aber am Meisten erstaunte war, daß die Gesellschaft sein Urtheil als unfehlbar und unumstößlich anzusehen schien, gerade wie das Webster'sche Wörterbuch über die Orthographie eines Wortes entscheidet. Ein Moment nachher verließ der Jüngling das Speisezimmer, ohne ein Wort zu sagen. Ich sah ihn nicht wieder, bis ich ihn, Jahre nachher, in den Straßen von New York traf und Gelegenheit hatte, mich als einen Landsmann von Vermont vorzustellen. Ich erzählte ihm dann diese Geschichte und er amüsirte sich sehr.

Ein anderer Brief bringt wichtigere Thatsachen:

„Wie ich ihn kenne, kann ich mit Zuversicht sagen, daß unter meinen Bekannten wenige junge Männer aufgewachsen sind, die sich so frei von Allem, was lasterhaft war hielten, die eine so feste Absicht hatten, jede Art nützlicher Kenntnisse zu erwerben und die dabei einen so schnellen und scharfen Blick für Humoristisches, sei es im wirklichen Leben oder in der Literatur hatten. Schon in seiner Jugend zeigte sich seine Liebe zu den Dichtern wie Byron und Shakespeare und oft habe ich Greeley an einem heißen Tage mit einem Bande von Byron oder Campbell in der Tasche, in die Wälder begleitet, wo wir uns einen schattigen Winkel suchten und auf der Erde liegend, uns gegenseitig stundenlang etwas vorlasen. Auf diese Weise prägte sich Childe Harold, die „Vergnügen der Hoffnung“ und andere Lieblingsstücke meinem Gedächtnisse so fest ein, daß ich sie seit jener Zeit noch ziemlich wörtlich hersagen kann. Byrons Apostrophe an den Ocean und engen Stellen in den Canto's, über die Mauern und Monumente des alten Italiens waren, wenn ich mich nicht irre, seine Lieblinge, ebenso die berühmte Beschreibung der Schlacht bei Water-

loo. Und manche von Mrs. Hemans Ge=
dichten bewunderte er auch sehr.

Es ist eine der Mißlichkeiten des allgemeinen
Stimmrechts, daß die Partei welche die popu=
lärsten Schlagwörter hat, die beste Aussicht auf
den Sieg hat. Während diese Administration
am Ruder war, hatte die Opposition eine An=
zahl solcher Schlagworte, die darauf berechnet
waren, die Gedankenlosen d. h. die Majorität
des Volkes irre zu führen. Ein solches war:
Adams sei nicht vom Volke gewählt worden.
Adams habe die Präsidentschaft durch einen
verwerflichen Handel mit Henry Clay erwor=
ben. Adams verschwende die Staatsgelder,
aber vor Allen war „Hurrah für Jackson“
das wirksamste. Jackson war ein Mann des
Volkes; er war der Held von New Orleans
und der Eroberer von Florida. Jackson habe
Sparsamkeit und Reform versprochen. Was
half gegen solche Schlagwörter die klare und
unbestreitbare Thatsache, daß die Geschäfte der
Verwaltung mit Würde, Verstand und Mäßi=
gung besorgt wurden das Land sich des Wohl=
standes zu Hause und der Achtung anderer
Nationen erfreute, daß die Ansprüche von
amerikanischen Bürgern an fremde Regierun=
gen mit Sorgfalt und Erfolg verfochten wur=
den, daß die Hülfsquellen des Landes durch ein
liberales System innerer Verbesserungen zu=
gänglich gemacht wurden und daß sich dennoch
ein Ueberschuß von Millionen im Staats=
schatze befand.

Der Leser mag uns glauben, daß unser
disputirender Lehrling an den Controversien
jener Zeit ein lebhaftes Interesse nahm. Ost=
Poultney gab kaum ein halbes Dutzend Stim=
men für Jackson; wie weit das den Anstreng=
ungen Horace Greeley's zu danken war, kann
nicht mehr festgestellt werden. Alle stimmen
darin überein, daß er einen gehörigen Antheil
an dem Wortgefecht des Wahlkampfes nahm.
Während der ganzen Regierung von J. Q.
Adams war die Revision des Tarifs behufs
größeren Schutzes für die amerikanische In=
dustrie ein Hauptgegenstand für jede Art von
Debatten.

Um das Jahr 1827 entstand die Aufregung
gegen die Freimaurer. Ein gewisser Morgan,
ein Buchdrucker, hatte als Spekulation ein
Buch gedruckt, worin die harmlosen Geheim=
nisse des Freimaurerordens, dessen Mitglied
er war, veröffentlicht wurden. Durch die all=
gemeine Neugierde hatte das Buch einen un=
geheuren Absatz. Bald nachher kündigte
Morgan einen zweiten Band an, in welchem
er die Enthüllung fürchterlicher Gräuel ver=
sprach. Aber ehe das Buch erschien, ver=
schwand Morgan und wurde nie wieder ge=
sehen. Jetzt erhob sich die Frage: „Was ist
aus Morgan geworden?“ und für eine Zeit
lang theilte sich die ganze Nation in zwei sich
einander bitter anfeindende Lager „der Ver=
räther Morgan,“ sagten die Freimaurer,
„starb eines natürlichen Todes.“ „Morgan,“

sagten die Gegner der Freimaurer, „dieser
Martyrer und Patriot, wurde von gekauften
Bösewichten aus seinem Haus entführt, an
den Niagara gebracht, ermordet und über die
Fälle geworfen.“ Es ist unmöglich das Fie=
ber zu beschreiben in welches die Bevölkerung
mancher Landestheile durch die Agitation
dieses Gegenstandes versetzt wurde. Bücher
wurden geschrieben, Zeitungen gegründet. Es
wurden theatralische Vorstellungen veranstal=
tet, welche die Ceremonien der Freimaurer nach=
ahmten und in's Lächerliche zogen. Familien
waren getheilt, Väter enterbten ihre Söhne,
Söhne verließen ihre Eltern, Wahlen wurden
dadurch beeinflußt nicht allein die Gemeinde=
und Countywahlen, sondern sogar die Staats=
und Bundeswahlen. Die verschiedenen Can=
didaten bekannten sich als Freunde oder Gegner
der Freimaurer bei jeder Wahl die während
der nächsten zwei Jahre nach Morgans Ver=
schwinden in den nördlichen Staaten gehalten
wurden. Hunderte von Logen lösten sich frei=
willig auf. Es giebt jetzt noch Familien im
Lande, bei denen das Gespräch nicht auf die
Freimaurer gebracht werden darf, weil es den
alten Zank wieder hervorrufen würde. Es
giebt noch immer alte Schwatzbasen, männ=
lichen und auch weiblichen Geschlechts, die mit
großem Ernst behaupten, wenn man Freimau=
rer bis auf den Grund untersuche, werde man
finden, daß sie mit den Jesuitenorden identisch
seien. Ich habe versucht, das Wort „lächerlich“
zu gebrauchen indem ich von dieser Angelegen=
heit sprach, und wenn ich nach fünfundzwanzig
Jahre wieder darauf zurück blicke, so scheint
mir „lächerlich“ das passendste Wort zu sein.

Die Gegner der Freimaurer glaubten, daß
Letztere sich verpflichtet hätten bei Verbrechen
Beihülfe zu leisten; selbst im Falle von Mord
und Hochverrath werde das Verbrechen von
seiner Loge geschützt. Es wurde behauptet,
daß Freimaurer, als Geschworene es nicht
wagten, einen Angeklagten schuldig zu erklären,
der, nachdem er vollständig überführt war, das
Nothzeichen der Freimaurer gegeben habe.
Man behauptete ein Richter habe den Eid, der
ihn zum Freimaurer machte, für heiliger als
seinen Amtseid gehalten, der ihn auf den
Richterstuhl setzte. Es sei nutzlos gegen einen
Freimaurer vorzugehen; man könne keine
Jury erhalten ohne einen oder mehrere Frei=
maurer, und man könne keinen Gerichtshof
ohne einen Freimaurer als Richter finden.
Unser Lehrling gehörte zu den Gegnern der
Freimaurer und war sehr enthusiastisch darin.
Und während der nächsten zwei Jahre ver=
schwendete er mehr Athem in Denunciationen
gegen die Freimaurer als für irgend einen
andern Gegenstand. Aber wir müssen uns
beeilen; Horace hatte bald sein Geschäft ge=
lernt. Er war der beste Arbeiter in der Drucke=
rei geworden und hatte bei der Redaction ge=
treulich mitgeholfen. Manche Blätter rührten
fast ganz von ihm her; aber Unglück verfolgte

das kleine Blatt. Verschiedene Male wechselten die Eigenthümer, aber unter keinem wollte das Blatt gedeihen bis endlich im Juni 1830, im zweiten Monat des fünften Lehrjahrs Greeleys der „Nördliche Zuschauer" den Geist aufgab. Die Druckerei wurde verkauft und der Lehrling seiner Verpflichtung entlassen. Er hatte jetzt Erlaubniß frei dahinzugehen, wo er wollte und für Jeden zu arbeiten, der ihn beschäftigen wollte.

Was er bei dieser Crisis besaß, war eine Kenntniß der Buchdruckerkunst, ziemlich allgemeine und verschiedenartige Kenntnisse, nicht mehr Kleider als man in eine Tasche stecken konnte, zwanzig Dollars Geld und eine Wunde am Fuß. Der letztgenannte Gegenstand spielte eine zu wichtige Rolle in der Geschichte des Eigenthümers, als daß er nicht in dem Inventar aufgeführt werden sollte. Ein Jahr vorher hatte er es beim Herunterspringen von einer Kiste beschädigt und es verursachte ihm während drei Jahren viele Schmerzen. Es schwoll mitunter zu vierfacher Größe und nöthigte ihn bei der Arbeit zu stehen und das Bein in einer horizontalen, höchst beschwerlichen Lage zu halten, das Schlimmste war, daß er ohne viele Schmerzen gehen konnte, während das Stehen zur Tortur wurde; aber als Drucker hatte er nicht viel zu gehen und im Stehen sollte er sich sein Brod verdienen.

Horace Greeley war nicht länger ein Knabe. Seine Gestalt und der Ausdruck seines Gesichts waren noch auffallend jugendlich, aber er ging ins zwanzigste Jahr und mußte künftig der Welt als Mann gegenüberstehen; bisher war sein Leben im Ganzen friedlich, glücklich und erfolgreich gewesen. Ohne Unterbrechung war er dem vorgestreckten Ziele näher gerückt und auch ziemlich schnell. Sein Körper, der ursprünglich schwächlich war, hatte sich bei beständiger Arbeit und stricter Mäßigkeit gekräftigt. Sein Geist, von Natur talentvoll und thätig, hatte durch beständiges Lesen werthvolle Kenntnisse in allen Zweigen des Wissens erworben. In den Kämpfen des Debattirklubs, der Druckerei und des Gasthauses hatte er seine Kräfte geübt und seine Grundsätze waren erprobt worden. Wenn seine Kenntnisse auch unvollständig waren, wenn es noch größere Felder des Wissens gab, von denen er kaum gehört hatte so war er sich dessen bewußt, aber was er wußte verstand er gründlich, und hatte es gelernt, nicht als eine lästige Schulaufgabe, sondern weil er es wissen wollte. Er hatte Antheil an der Lebenskraft seines eigenen Geistes und er wußte es zu gebrauchen.

Fünftes Kapitel.

Seine Wanderungen als Druckergeselle.

„Nun, Horace, wo soll die Reise jetzt hingehen?" fragte die gutherzige Wirthin, als Horace einige Tage nach dem Schließen der Druckerei reisefertig, d. h. in seiner Jacke mit einem Bündel unter dem Arm und einem Stock in der Hand auf der Piazza erschien.

„Ich gehe nach Pennsylvania", sagte er schnell und entschlossen, „um meinen Vater zu besuchen und werde dort bleiben, bis mein Bein geheilt ist." Mit diesen Worten legte er sein Bündel und Stock nieder und setzte sich zum letzenmal auf der Piazza hin, der Scene manches friedlichen „Triumphs, wo, als politisches „Wörterbuch", er oft die Aufklärung gegeben hatte, die er allein in der Gemeinde geben konnte, wo als politischer Parteimann, er oft seinen Gegner abgeführt und oft, durch seine auffallende Erscheinung die Neugierde des vorbeifahrenden Hausirers erregt hatte."

Und machte die Abreise des „Wörterbuchs" kein Aufsehen unter seinen Freunden? Unterließen sie es, ihr Wohlwollen zu bezeugen? Das war nicht der Fall. Sie thaten dies aber nicht durch das Geschenk eines Silberservice's oder einem ditto von Gold; selbst nicht einer Goldfeder, auch nicht durch Annahme schmeichelhafter Beschlüsse. Der Wirth bat ums Wort, öffnete den Mund und sprach:

„Ich möchte gern etwas für Horace thun, ehe er geht. Er hat lange im Hause gewohnt, uns nie Ungelegenheiten gemacht und wir lieben ihn, als wäre er unser Sohn wäre. Nun haben Sie da einen alten Oberrock. Auf dem Kanal ist es selbst im Sommer, Morgens und Abends immer kalt. Horace ist arm und sein Vater auch. Sie schulden mir eine kleine Rechnung, nun schlage ich vor, Sie geben ihm den Rock und wir sind quitt. Was sagen Sie dazu?"

Diese gefühlvolle Rede wurde mit Beifall aufg—, der Beschluß einstimmig angenommen und sofort zur Ausführung gebracht. Die Wirthin gab Horace noch eine Taschenbibel. Nach einigen Minuten stand Horace auf, steckte den Stock durch das rothe Bündelchen, nahm ihn auf die Schulter, legte den Rock auf den anderen Arm, nahm Abschied, versprach zu schreiben und trat seine lange Reise an. Seine gütigen Freunde folgten ihm mit den Augen, bis eine Biegung im Wege die gebückte und wackelnde Figur verbarg. Dann drehten sie sich herum und begannen ihn zu loben und alles Gute zu wünschen. Fünfundzwanzig Jahre sind seitdem vergangen, aber die Leute erzählen nie von seiner Abreise, ohne daß ihnen das Herz im Busen schwillt und ein Paar sanfte Augen feucht werden.

Es war ein schöner, kühler, luftiger Tag im Juni. Die Natur hatte sich in das reiche Grün gekleidet, welches nur der Juni aufweisen kann und bewillkommte den einsamen Wanderer mit dem seltsamen Lächeln, welches auf ihren immer wechselnden Zügen dann spielt, wenn sie im höchsten Putze strahlt. Trügerisches Lächeln! Die Wälder auf den Bergen von Rutland verbargen unter dichtem

Laubwerk ihre Granitrippen, ihre steilen Felsen und tiefen Abgründe, ihre Sümpfe und die Schlangen, von denen sie wimmelten. Ebenso verbarg die verführerische Welt dem Wanderer den Kampf, die Anstrengung, die Gefahr, welche des Mannes warten, der aus seiner Einsamkeit heraustritt und allein den Kampf mit der Welt beginnt, mit der Welt, von der er nur von Hörensagen wußte und es war ihm beschieden, daß dieser Kampf lange Jahre dauern sollte, ehe der Morgen des Sieges sich zu röthen begann. Wie verschwenderisch ist Satan mit seinen Gunstbezeugungen an die, welche seine Beute werden sollen, aber die himmlischen Mächte lieben ihre Günstlinge zu weise und zu sehr, um die Lasten im Geringsten zu erleichtern, die ihnen Kraft geben, um den geringsten Schmerz zu mildern, der sie tapfer um den geringsten Fehltritt zu verhindern, der sie weise macht.

Mit leichtem Herz und Schritt marschirte der Wanderer voran. Am Nachmittag erreichte er Comstock's Fording, vierzehn Meilen von Poultney, von dort ging er theils zu Fuß, theils mit dem Canalboot nach Schenectady, wo er sich in einem „Linienboot" auf dem Eriekanal einschiffte. Diese langweilige Reise auf dem langsamen Boote dauerte eine Woche, dann folgte eine Reise von hundert Meilen durch die Wälder und er hatte seines

Horace Greeley's Ankunft in New York.

Vaters Hütte erreicht. Er kam spät Abends an. Die letzten zehn Meilen machte er nach Sonnenuntergang. Die Sterne leiteten ihn durch das dichte Laub. Diese Reise nahm damals zwölf Tage weg. Heutzutage macht man sie in achtzehn Stunden. Sie kostete Horace etwa sieben Dollars. Auf der Eisenbahn kostet sie jetzt elf Dollars und die Entfernung war sechshundert Meilen.

Sein Vater und Bruder hatten sich in reine „Hinterwäldler" verwandelt. Ihre Hütte stand in der Mitte einer schmalen „Klärung", die mit schwarzen Baumstumpen bedeckt und auf dem der dichte Rauch von brennenden Baumstämmen hing. Die dichten und beinah ununterbrochenen Wälder, welche sie umgaben, waren voller Wölfe und anderer wilder Thiere und Gewürm. In jeder Richtung erstreckten sie sich auf eine Tagereise. Die Gegend war damals so wild und „neu", daß ein Jäger noch einen Hirsch verkaufen konnte, ehe er ihn geschossen hatte. Die Zeit für die Lieferung wurde festgesetzt und für den Käufer war das Wild eben so sicher in Bereitschaft, als ob er es im Fultonmarkthause bestellt hätte. Die Wölfe waren so verwegen, daß ihr Heulen in dem Hause gehört werden konnte, wenn sie in Haufen umherstrichen, um Schafe und andere Beute zu suchen. Der einsame Wanderer, der die Nacht im Walde zubringen mußte, hörte sie athmen und sah das Glänzen ihrer Augen, wenn sie sein Feuer umkreisten.

Vater Greeley, der von Vermont eine Liebhaberei für Schafzucht mitgebracht hatte, versuchte auch hier dieselbe fortzubetreiben, allein, nachdem ihm die Wölfe etwa hundert Schafe zerrissen hatten, gab er es auf. Aber das Land war flach und fruchtbar. Man sagt, die wilden Thiere wählen immer gutes Land zu ihrem Aufenthaltsort und seit jener Zeit hat es sich in schönes, fruchtbares Ackerland, zwischen prächtigen Wiesen und stattlichen Wäldern verwandelt.

Horace blieb noch mehrere Wochen zu Hause, half seinem Vater, fischte mitunter und vertrieb sich die Zeit auf andere Weise, während seine sorgsame Mutter das kranke Bein behandelte. Es heilte viel zu langsam für den ungeduldigen Eigenthümer, der zwar gelernt hatte zu arbeiten, aber nicht zu warten. So marschirte er denn eines Morgens zwanzig Meilen weit, wo ein Wochenblatt um seine erste Existenz kämpfte und bat um Beschäftigung. Er erhielt sie auch bereitwilligst. Am Ende der Woche erhielt der Geselle nur ein Zahlungsversprechen, keine Zahlung. Er wartete und arbeitete noch vier Tage und als er nun entdeckte, daß wirklich kein Geld in der Kasse war und sobald nicht zu erwarten war, so kehrte er, ebenso arm wie vorher, nach Hause zurück.

Und jetzt fing das kranke Bein wieder an, außerordentlich zu schwellen und war einmal unter dem Knie so dick, wie eine Acht Maßkanne. An aller Arbeit gehindert, beschäftigte sich Horace nur mit der Pflege des kranken Gliedes, aber ohne Erfolg. Um diese Zeit hörte er von einem berühmten Arzte, der in einem Städtchen in Pennsylvanien, daß sich des merkwürdigen Namens „Nordost" erfreut, wohnen sollte, etwa fünfundzwanzig Meilen von seines Vaters Hause. Da kein anderer Ausweg übrig war, so ging Horace auf einen Monat zu ihm, obgleich die Familie kaum die Ausgabe bestreiten konnte. „Sie trinken keinen Schnapps" waren des Arztes erste Worte. „Thäten Sie es, so wäre Sie schlimm dran". Der Patient dachte, er sei schlimm genug dran, auch ohne Schnapps zu trinken. Die Behandlung war geschickt und zuletzt erfolgreich. Unter anderen Mitteln wandte er einst Electrizität an und von diesem

Tage begann die Heilung. Der Patient verließ Nordost, beinah gänzlich geheilt, und, obgleich das Bein noch mehrere Monate lang schwach war und Schmerzen verursachte, so wurde es dennoch allmälig gesund und zeigte nur noch eine rothe Narbe.

Zunächst wanderte er wieder, diesmal nach Osten zu, um Arbeit zu suchen und fand sie in dem Flecken Lodi, in Cataraugus County, New York, fünfzig Meilen entfernt. Er hoffte dort eine Zeit lang bleiben zu können und etwas Geld zu verdienen. Er schrieb seinen Freunden in Poultney und bezeichnete das Blatt als ein „Jackson Blatt".

„Es ist", sagte er, „eine armselige Geschichte, sonst würde ich Ihnen einige Nummern schicken." Ein von Lodi aus an seine Freunde in Vermont gerichteter Brief, enthält eine Stelle, die zeigt, welche Gedanken in dem Druckergesellen aufsteigen, während er am Kasten stand und Artikel zu Gunsten Jackson's setzte: „Du weißt, daß hier im Staate eine wichtige Wahl herannaht und natürlich ist man sehr darin interessirt. Die Jacksonleute hoffen Throop mit 20,000 Majorität zu wählen, allein, es ist entschieden meine Ansicht, daß, wenn keiner der Candidaten ablehnt, wir Franz Granger als Gouverneur wählen werden. Dieses County wird ihm eine Majorität von 1000 geben und ich rechne auf 125,000 Stimmen für ihn im Staate. Ich brauche dir nicht zu sagen, daß ein solches Resultat höchlichst erfreuen würde deinen Freund H. Greeley. Er hatte indessen nicht das Vergnügen, sich dieses Resultats zu erfreuen, allein die entschiedene und dennoch vorsichtige Sprache in dieser Stelle klingt possierlich bei einem erst zwanzig Jahre alten Politiker.

In Lodi, gerade wie in Jamestown fand unser Druckergeselle mehr Arbeit als Bezahlung; außerdem war er im feindlichen Lager und ergriff deßhalb nach sechs Wochen wieder seinen Stock und Bündel, um mit nur wenig mehr Geld, als wenn er die Zeit mit Nichtsthun zugebracht hätte, nach Hause zu marschiren. Auf dem Wege traf er einen alten Freund von Poultney, der sich kürzlich in der Wildniß angesiedelt hatte, und Horace kam gerade zurecht um dem „Wärmen", d. h. „Einweihen" der neugebauten Hütte beizuwohnen, eine Pflicht, bei deren Ausübung er sich mit Ruhm bedeckte.

Im Laufe des Abends wurde ein Dambrett hereingebracht und der Fremdling schlug nach der Reihe ein halbes Dutzend der besten Brettspieler in der Nachbarschaft. Es traf sich, daß der Ort wegen seiner geschickten Brettspieler berühmt war. Auf eine so schmähliche Weise von einem zufällig Durchreisenden geschlagen zu werden und dazu von einem, der seiner äußeren Erscheinung nach der Gesellschaft gerade nicht zur Zierde gereichte, einem, der außerdem noch jung genug war, um der Sohn eines oder des andern seiner besiegten Gegner zu sein, reizte sie nicht wenig und sie sandten dem Sieger deßhalb eine Herausforderung auf den nächsten Abend zu einem abermaligen Kampfe, der im Wirthshause stattfinden sollte. Dies wurde angenommen. Der Abend kam heran und es versammelte sich eine große Gesellschaft, um am Kampfe Theil zu nehmen, oder dabei zuzusehen. Unter Anderen war ein gewisser Joe Wilson da, nach dem man speciell geschickt hatte, und der, seitdem er in das „Settlement" gekommen, noch niemals geschlagen worden war. Dieser große „Joe" wurde in der Reserve gehalten. Die Besiegten vom vorigen Abend wurden wieder, einer nach dem andern, mit Leichtigkeit geschlagen. Andere Spieler kamen heran, um seine „Yankee"tniffe zu pariren, aber umsonst. Endlich brachte man die Reserve. Joe Wilson nahm seinen Sitz am Brett; er spielte so gut er konnte, bedachte sich lange bei jedem Zug, während die Gesellschaft in großer Aufregung und Erwartung dichtgedrängt den Tisch umstand. Allein die Entscheidung kam bald; Joe wurde geschlagen und der unbeholfene Fremdling war wieder Sieger. Ein anderes Spiel, dasselbe Resultat, noch drei andere folgten, ohne etwas zu ändern. Joe verlor jedes Spiel, war übrigens ein zu guter Spieler, um einen so mächtigen Gegner nicht zu achten, und trotz ihrer getäuschten Hoffnungen benahm sich die ganze Gesellschaft sehr anständig. Das Brett wurde endlich weggelegt und eine lebhafte Unterhaltung, welche die Gesellschaft im besten Humor hielt und bis spät in die Nacht dauerte.

Als der Reisende am nächsten Morgen seine Wanderung fortsetzte, ließ er einen außerordentlichen Ruf als Brettspieler zurück.

Er blieb einige Tage zu Haus und begann wieder seine Irrfahrt nach Arbeit. Er ging auf einer „Bienenlinie," d. h. nach dem Compaß und mitten durch die Wälder nach Erie an den großen Seen und etwa dreißig Meilen entfernt. Er hatte alle die kleineren Städte durchstreift und sein Auge öffnete sich jetzt hoffnungsvoll auf Erie. Dort gab es zwei Druckereien. Es war eine Stadt von fünf tausend Einwohnern mit einem ausgedehnten Handel auf den See'n und mit dem Binnenland.

Ein noch jetzt lebender Herr sah den müden Fußgänger in seiner groben, ländlichen Kleidung, welche der Leser schon kennt, in Erie ankommen. Sein alter, schwarzer Filzhut saß, wie gewöhnlich, weit hinten im Nacken und berührte die Schultern. Das rothe Schnupftuch enthielt wieder seine bescheidene Garderobe und hing an demselben alten Stock. Die Landleute, welche nach Erie kamen, sahen damals und sehen noch bäuerisch aus aber unser Held schien in dieser Beziehung alle zu übertreffen, und so durchschritt er den Schwarm von Pennsylvania Farmer, die die Straße füllten, auffallend und eigenthümlich, von

allen Beobachtern beobachtet. Er selbst dagegen betrachtete, wie gewöhnlich, Niemand, sondern ging direct nach der Druckerei der Erie Gazette, damals und noch jetzt verlegt von Joseph M. Sterrett.

„Ich war gerade nicht in der Druckerei," pflegte Richter Sterrett zu erzählen, „als Horace Greeley ankam. „Ich kam aber bald darauf und sah ihn an dem Tisch sitzen, die Zeitungen lesen und so vertieft, daß er meinen Eintritt gar nicht beobachtete. Zuerst war ich erstaunt, daß ein so außerordentlich „grün" aussehender Bursche lesen konnte und dazu mit solchem Eifer. Ich sah ihn einige Augenblicke an, und, da ich fand, daß er keine Miene machte, von seinem Vorhaben in Kenntniß zu setzen, so gab ich mich wieder an die Arbeit. Er fuhr noch zwanzig Minuten fort zu lesen, dann stieg er auf, kam zu mir und fragte in einer eigenthümlichen, weinerlichen Stimme:

„Brauchen Sie einen Gehülfen in dieser Druckerei?"

„Nun," sagte ich, während mein Auge unwillkürlich die drollige Figur von Haupt zu Füßen maß. „Haben Sie denn jemals in dem Geschäft gearbeitet?"

„Ja," antwortete er, „ich arbeitete ein wenig in einer Druckerei in Vermont und möchte gern noch mehr davon lernen, wenn Sie mir Arbeit geben und mich anweisen wollten."

Wirklich brauchte Herr Sterrett gerade noch einen Gehülfen und hätte ihm Arbeit geben können, aber unglücklicher Weise verstand er die bescheidene Antwort falsch. Er vermuthete sogleich, daß er es mit einem entlaufenen Lehrlinge zu thun habe und diese armen Teufel von entlaufenen Lehrjungen sind so unglücklich, die Abneigung jedes Principals auf sich zu ziehen. Ohne aber seinen Verdacht auszusprechen, sagte er einfach, er brauche keine Hülfe, und Horace verließ das Zimmer ohne ein Wort zu sagen.

In der andern Druckerei hatte er dasselbe Schicksal und so marschirte der arme Wanderer wieder, und gerade nicht im besten Humor, nach Hause.

„Zwei oder drei Wochen nach dieser Unterredung," fährt Richter Sterrett fort, „kam ein Bekannter, ein Farmer, in die Druckerei und fragte, ob ich einen Gehülfen brauche. Ich sagte „ja." Dann bemerkte er, einer seiner Nachbarn habe einen Sohn, der irgendwo „unten im Osten" das Druckergeschäft gelernt habe und Arbeit suche. „Wie sieht er aus?" fragte ich. Er beschrieb ihn, und ich sah sogleich daß er der entlaufene Lehrjunge war. Mein Freund empfahl ihn sehr eindringlich, und so sagte ich also: „Schicken Sie ihn her!" und ein oder zwei Tage später kam er. Die Bedingungen unter welchen Horace Greeley bei Herrn Sterrett eintrat, waren von ihm selbst vorgeschlagen und sind sehr eigenthümlich und bezeichnend.

Es wurde nämlich bedungen, daß er, Horace Greeley es so gut machen solle, wie er könne und daß Herr Sterrett ihn dafür zahle, was er für recht und billig halte. Er, Greeley, hatte nur eine Bitte, nämlich daß er nicht verbunden sein soll an der Presse zu helfen, es sei denn durch den Drang der Geschäfte durchaus nothwendig geworden. Er sagte, er habe eine kleine „Schwierigkeit mit seinem Bein gehabt" und Arbeit an der Presse sei ihm beschwerlicher als irgend eine andere. Es war auch ausbehalten, daß er bei Herrn Sterrett Wohnung und Kost haben sollte und als er am Tage seiner Ankunft zum Mittagessen dahin ging, sagte eine Dame, die bei Herrn Sterrett wohnte: „Also Sie, Herr Sterrett, haben den Menschen da in Dienst genommen! Nun, Sie werden ihn keine drei Tage behalten." Aber nach drei Tagen war sie anderer Meinung und sie spricht noch heute sehr gütig von ihm, obgleich sie eine Tochter des stürmischen Erie ist und sagen muß, daß gewissen Artikeln, die während des Krieges in der Tribune erschienen, man es nicht ansehen sollte, daß sie von einem ehemaligen Bewohner von Erie geschrieben seien. Sie waren zu malitiös. „Aber dennoch," fügte sie hinzu, „machte er uns nicht mehr Mühe, als wenn er gar nicht im Hause gewohnt hätte."

Schon nach zwanzig Tagen war der neue Ankömmling in der Druckerei der Erie Gazette in hoher Gunst. Man erinnert sich seiner als eines auffallend guten und zuverlässigen Setzers, wenn er auch nicht mit großer Schnelligkeit arbeitete, und sein Fleiß befähigte ihn, mehr zu leisten als der Schnellere. Er wurde bald von seinem Arbeitgeber auf den Gehalt eines gewöhnlichen Gesellen gesetzt, nämlich zwölf Dollars den Monat nebst Kost und Logis. Alle Mußestunden brachte er beim Lesen zu. Sobald die Arbeit aufhörte, warf er schnell seine Schürze ab, wusch seine Hände und vertiefte sich in seine Bücher, oder seine Zeitungen; oft vergaß er sein Mittagsessen und wußte nicht ob er schon gegessen hatte oder nicht. Die Politik zog ihn mehr und mehr an. Einer, der mit ihm in Erie arbeitete, sagte, er sei im Stande gewesen, den Wohnort und Adresse und etwas von der Geschichte und Parteifarbe jedes Mitgliedes des Congresses angeben zu können und, daß er die Details jeder wichtigen Wahl, die während seiner Erinnerung gehalten worden war, wußte, selbst in einzelnen Fällen die Majorität in den Counties. Und so eilten bei ernster Arbeit und ernstem Lesen sieben gewinnreiche und angenehme Monate vorüber. An Sonntagen las er, oder ging am Ufer des See's spazieren oder er segelte nach der Insel.

Sein größerer Verdienst veranlaßte ihn nicht, seine Sitten oder seinen Anzug zu ändern und sein Arbeitgeber wunderte sich, daß ein Monat nach dem anderen verging, ohne daß sein Gesell um Geld bat. Einmal neckte ihn Herr Sterrett wegen seiner Hartnäckigkeit in der Beibehaltung seiner altmodischen Tracht aus „hausmachendem" Tuche und sagte: „Nun, Horace, Sie haben ziemlich viel Geld zu gut. Laufen Sie nicht länger in dem auffallenden Anzug in der Stadt umher. Ich will Ihnen eine Anweisung auf einen Anzug geben. Kleiden Sie sich einmal recht gut, Horace." Worauf Horace, nachdem er einen Blick auf seinen Anzug geworfen, als ob er ihn noch nie gesehen hätte, antwortete: „Sehen Sie, Herr Sterrett, mein Vater ist auf einem neuen Platze und ich möchte ihm gern helfen, soviel ich kann."

Trotzdem machte Horace bald darauf einen leisen Versuch, sich schön zu kleiden, aber die wenigen Kleidungsstücke, die er kaufte, waren so außerordentlich grob und gewöhnlich, daß seine Collegen zweifelhaft waren, ob sich seine Erscheinung zum Vortheil verändert habe, oder nicht. Am Ende des siebenten Monats kehrte der Arbeiter, dessen Krankheit die zeitweilige Vacanz in der Druckerei verursacht hatte, zurück und deßhalb war für Horace keine Arbeit mehr vorhanden. Beim Rechnungsabschluß stellte es sich heraus, daß er für seinen Anzug und andere persönliche Ausgaben, während seines Aufenthalts in Erie, die Summe von sieben Dollars gezogen hatte. Vom Reste seines Lohnes nahm er etwa 15 Dollars in baarem Geld und das Uebrige in einem Wechsel. Mit allem diesem Reichthum in der Tasche marschirte Horace wiederum zu seines Vaters Haus. Diesem gab er den Wechsel und behielt das baare Geld, um den Kampf mit der großen Welt zu beginnen.

Und nun war Horace der prekären Existenz in kleinen Zeitungsdruckereien auf dem Lande müde. Er hielt dafür, es sei Zeit „etwas zu thun" und faßte den kühnen Entschluß, nach New York zu gehen und sein Glück in der Metropolis zu versuchen. Nach einigen Tagen der Erholung, packte er wieder sein Bündel, steckte sein Geld in die Tasche und stürzte sich in der Richtung des Eriekanals in die Wälder.

Sechstes Kapitel.

Seine Ankunft in New York.

An einem Donnerstag Morgen erreichte er Albany gerade zeitig genug, um das um sieben Uhr abgehende Boot in den Strom fahren zu sehen, also zu spät. Er sicherte sich deßhalb einen Platz auf einem um zehn Uhr segelnden Schleppboot. Freitag, den 31. August 1831 um Sonnenaufgang landete Horace Greeley in Whitehall dicht bei der „Batterie."

New York war und ist noch die Stadt der Abenteurer. Wenige unserer hervorragenden Bürger sind hier geboren. Der New Yorker rühmt sich oft, daß dieser oder jener Millioner die Stadt als zerlumpter Knabe mit einem halben Dollar in der Tasche betreten habe. „Und jetzt," fügt er dann hinzu, „sehen Sie ihn an." In einer Liste von hundert der „erfolgreichsten" New Yorker Bürger sind wahrscheinlich fünfundsiebzig in Umständen dahingekommen, welche ihre nachherige Größe nicht ahnen ließen. Aber es ist zweifelhaft, ob einer von Allen bei seiner Ankunft so wenig hülfreiche und so viele hindernde Umstände vorfand, als Horace Greeley. Am baarem Geld hatte er zehn Dollars. Sein übriges Eigenthum bestand aus den Kleidern, die er trug und den wenigen, die er in seinem Bündel hatte und dem Stock, an dem das Bündel hing. Wir brauchen seinen Anzug gar nicht zu beschreiben, es war derselbe, der schon das Volk von Erie in Erstaunen versetzt hatte. Die Kleider im Bündel waren von demselben Material und Schnitt. Nehmen wir den unerhörten Fall an, daß er die Kleider im Bündel hätte verkaufen können, so dürfen wir das, was er bei seiner Ankunft werth war, nur auf zehn Dollar und fünfundsiebzig Cents anschlagen. Der äußere Anschein war entschieden gegen ihn. In seiner runden Jacke sah er aus wie ein Knabe, der aus seinen Kleidern gewachsen ist. Es war nicht wahrscheinlich, daß man unter den Umständen, die eigenthümlich schönen Züge und die hohe, edle Stirn unter dem Hut bemerkt hätte, der die Spitze des langen, mageren und gebückten Körpers bedeckte. In seinem Umgang mit Fremden war er scheu und ängstlich. Er konnte ihre Aufmerksamkeit nicht auf sich ziehen, sich nicht hervordrängen und seine Absichten und Wünsche nicht darlegen. Von aller Kunst, durch welche man Herzen gewinnt, durch welche man Ohren öffnet und sie zwingt, eine Klage zu hören, wußte er nichts. Außerdem hatte er vernachlässigt, sich mit Empfehlungsbriefen zu versehen; er hatte selbst keine Zeugnisse über seine Befähigung als Drucker. Daran, daß so etwas nöthig sei, hatte er nicht gedacht, so wenig war er mit dem Leben in großen Städten bekannt. Seine erste Aufgabe war, ein Kosthaus zu finden, wo er möglichst lang für eine geringe Zahlung wohnen könnte. Er ließ die Batterie links liegen und ging Broadstreet hinauf. An der Ecke von Wallstreet entdeckte er ein Haus, das wie ein Gasthaus aussah. Er ging in die Wirthsstube und fragte, was er für Kost und Logis zahlen müsse. „Es scheint mir, wir verlangen mehr, als sie erschwingen können," antwortete der Kellner. „Nun, wie viel verlangen Sie?" „Sechs Dollars." „Ja, das ist mehr, als ich zahlen kann," sagte Horace und lachte laut über den ungeheuren Irrthum, den er begangen, als er in einem so großartigen Hause nachfragte. Er ging Wallstreet hinauf und kam nach dem Broadway. Er sah kein Gasthaus, das irgendwie seinen Umständen angemessen war; deshalb ging er wieder zum Hudson und wanderte lange an den Werften des Flusses entlang, bis er zum Washington Markt kam. Kosthäuser der billigsten, Kneipen der gemeinsten Art, die erstern namentlich von Einwanderern, die letzteren von Seeleuten besucht, gibt es dort in Hülle und Fülle. Endlich zog ein Haus, welches zugleich eine schlechte Wirthschaft und ein billiges Kosthaus vereinte und von einem Irländer, Namens McGorlick, gehalten wurde, seiner Aufmerksamkeit auf sich. Es sah so gemein und schmutzig aus, daß er versucht war einzutreten und zu fragen, was Kost und Logis für eine Woche koste.

„Zwanzig Schillinge" war die Antwort, des Wirthes.

„Ah," sagte Horace, „das läßt sich eher hören."

Er machte sogleich einen Handel mit McGorlick und schritt sogleich dazu, die Qualität der Kost bei dem Frühstück in der Familie des Wirthes zu erproben. Daß sie wohlfeil war, war ihr größter Vorzug.

Nach dem Frühstück vollzog er eine Handlung, die er nie vorher freiwillig gethan hätte. Er kaufte sich nämlich Kleider. Sie waren von der gewöhnlichsten Art und nicht sehr zahlreich, dennoch nahmen sie beinahe die Hälfte seines Kapitals weg. Mit seiner Erscheinung jetzt zufrieden ging er jetzt bei den Druckern umher, um Arbeit zu suchen, immer nur fragend und das Zimmer verlassend, sobald er eine abschlägliche Antwort erhalten hatte. Im Laufe des Morgens fand er sich in der Druckerei des Journal of Commerce und es traf sich, daß er die gewöhnliche Frage, „Brauchen Sie einen Arbeiter?" an den verstorbenen David Hale, einen der Eigenthümer, richtete. Herr Hale sah sich die Persönlichkeit des Bittstellers an und antwortete etwa folgenden Maßen:

„Es scheint mir, junger Mann, daß Sie ein entlaufener Lehrling sind. Kehren Sie gleich zu Ihrem Meister zurück!"

Horace versuchte seine Umstände zu erklären aber der ungeduldige Hale hieß ihn sich fortscheren. Horace war über diesen Vorfall eher belustigt als erzürnt, zog sich zurück und ging zur nächsten Druckerei. Den ganzen Tag durchlief er die Straßen, kletterte in die höchsten Stockwerke und kam wieder herunter, erstieg andere Höhen, drängte sich durch enge Gassen, durchwandelte Labyrinthe und auf die stereotype Frage, „brauchen Sie einen Arbeiter?" erhielt er die stereotype mehr oder weniger rauhe Antwort: „Nein."

Er marschirte zehn Mal mehr Meilen, als nöthig gewesen wäre, denn er merkte nicht, daß alle Druckereien von New York innerhalb eines Gebiets einer einzigen Quadratmeile belegen sind. Mancher hätte ihm im Voraus sagen können, daß gewisse Straßen, er der Länge nach durchlief, gar keine Druckerei enthielten.

Am Freitag Abend kam er sehr müde und

etwas muthlos nach Hause. Am Sonnabend früh begann er wieder seinen Marsch und setzte ihn bis Abend fort. Aber Niemand bedurfte eines Arbeiters. Die Geschäfte schienen alle still zu stehen, oder es schien sich zu treffen, daß alle Druckereien die nöthigen Arbeitskräfte hatten. Am Abend war er nicht mehr ermüdet. Er beschloß noch einen oder zwei Tage in der Stadt zu bleiben und dann, sollte er dann noch keinen Erfolg haben, sich wieder heimwärts zu wenden, und in den Landstädten nach Arbeit zu fragen. Obgleich etwas entmuthigt, fürchtete er noch nichts.

Der jugendliche Leser wird einsehen, welche Furchtlosigkeit und Unabhängigkeit des Geistes einen Mann beseelen müssen, der gelernt hat, seine Bedürfnisse auf das absolut Nothwendige zu beschränken. Hätte Horace nach einem Versuch von ein oder zwei Tagen vorgezogen, die Stadt zu verlassen, so würde er etwa vier Dollars bei sich gehabt haben und es wäre ihm möglich gewesen, damit den langen Weg nach seines Vaters Heimath zurückzulegen. Und auf diesem langen Marsche von sechs hundert Meilen würde er überall um Arbeit gebeten und nicht im Geringsten entmuthigt, sich als unabhängiger amerikanischer Bürger, der mit dem Reichsten gleiche Rechte hat, benommen haben. Glücklich ist der Mann der dreißig Meilen den Tag marschiren und dabei von einem halben Pfund „Crackers" leben kann. Gieb ihm vier Dollars und mildes Sommerwetter und auf einer Reise von vierzig Tagen führt er ein fürstliches Leben.

Am Sonntag Morgen erhob sich unser Held erfrischt und besser. Er ging zwei Mal in die Kirche und fühlte sich wohl. Am Morgen bewog er einen andern Kostgänger, ihn zu der kleinen Universalistenkirche in Pitt Street nahe dem trockenen Dock und nicht weniger als drei Meilen von McGorlicks Hause zu begleiten. Am Abend besuchte er die unitarische Kirche. Nur einmal vorher hatte er eine Predigt gehört die mit seinen religiösen Ansichten übereinstimmte, und das Vergnügen das er fühlte, als er die Güte des Schöpfers von tüchtigen Rednern behauptet und bewiesen hörte, war eines der Größten, das er jemals genossen.

Am Nachmittag, als ob es zum Lohne seiner Frömmigkeit sei, empfing er Nachrichten, die ihm wieder eine leise Hoffnung machten, in der Stadt bleiben zu können. Ein Irländer, Freund des Wirthes, machte diesem einen Besuch und wurde mit Horace bekannt, von dem er hörte, daß er Arbeit suche. Er war, glaube ich, Schuhmacher, lebte aber in einem Hause, wohin häufig Drucker kamen. Von diesem hatte er gehört daß bei West, 85 Chatham Street, Arbeiter verlangt wurden, und er empfahl Horace, sofort anzufragen. An frühes Aufstehen gewöhnt, und voller Eifer, sich die Stelle zu sichern, war Horace schon um halb sechs Uhr früh an der Treppe des Hauses in Chatham Street. Wests Druckerei war im zweiten Stock. Der erste Stock wurde von McElrath und Bangs für eine Buchhandlung benutzt. Sie waren Verleger und West war ihr Drucker. Weder der Laden noch die Druckerei waren so früh offen und Horace setzte sich auf die Treppe nieder, um zu warten. Es schien ihm eine Ewigkeit, ehe an jenem Morgen Jemand nach 85 Chatham Street zur Arbeit kam. Die Stufen auf denen er saß, waren in dem engen Theil der Straße. Um sechs Uhr begann sich ein wahrer Strom von Arbeitern, mit Blechkesseln in der Hand, durch den engen Paß zu ergießen. Tausende gingen vorbei; aber erst gegen sieben Uhr kam einer von West's Gesellen, der die Thür noch verschlossen fand und sich zu Horace hinsetzte. Sie begannen ein Gespräch, Horace gab seine Absicht kund und erzählte von seinen Umständen. Glücklicher Weise war dieser Geselle auch ein Vermonter, ein gutherziger und intelligenter Mensch. Er behandelte Horace als Landsmann, und ihm fiel die außerordentliche Aufrichtigkeit und das Kunstlose seiner Sprache auf, als Horace seine Geschichte erzählte. „Ich sah," sagte er, „daß er ein ehrlicher Bursche sei, und von Geburt selbst ein Vermonter, beschloß ich, ihm zu helfen, so viel ich konnte." Und er half ihm. Die Thüren wurden geöffnet, die Arbeiter kamen und Horace mit seinem neuen Freund stieg die Treppe hinauf; bald nach sieben Uhr ging an die Arbeit. Man braucht kaum zu erwähnen, daß die Figur, welche Horace schnitt, als er, auf die Ankunft des Vormanns wartend, in der Druckerei saß, ungemessenes Erstaunen erregte und seinem Landsmann verschiedene satirische Bemerkungen zuzog. Derselbe bekümmerte sich nicht darum, und als der Vormann kam; legte er den Fall vor ihn und versuchte ihn dahin zu bewegen, es mit Horace zu versuchen. Es trug sich zu, daß die Arbeit wofür Arbeiter gesucht wurden, eine Polyglot Bibel (Bibel in verschiedenen Sprachen), war eine äußerst schwierige und langweilige Arbeit. Verschiedene Arbeiter hatten sich daran versucht, sie aber immer nach ein oder zwei Tagen aufgegeben. Der Vormann blickte Horace und Horace den Vormann an. Horace sah ein auffallend schönes Gesicht vor sich, das dem später als Redacteur und Verleger der „Spirit of the Times" bekannten Obersten Porter gehörte. Der Vormann dagegen sah eine Figur vor sich, die man in jedem Augenblick als Ezekiel Homespun hätte auf die Bühne bringen können und der dann sicherlich durch seinen Anzug allein ungeheuren Applaus gewonnen hätte. Porter konnte ebenso wenig begreifen wie dieser Ezekiel eine Seite des Polyglot Testaments zu setzen im Stande sei, als daß er einen Chronometer machen könne. Indessen, sei es, um Horace's Freund eine Gefälligkeit zu erzeigen, oder daß er den armen Bittsteller durch eine verneinende Antwort nicht betrüben wollte, willigte

willigte er ein, es für eine kurze Zeit mit ihm zu versuchen.

„Machen Sie ihm einen Kasten zurecht und ich werde sehen was wir für ihn thun können." In wenigen Minuten war Horace an der Arbeit. Als Horace etwa zwei Stunden an der Arbeit gewesen war, kam Herr West, der „Baas," herein. Was der von dem neuen Gesellen gehalten haben mag, läßt sich aus einer Unterhaltung schließen, die er mit dem Vormann hatte.

„Haben Sie den verd—— Narren engagirt?" frugte West sehr ärgerlich.

„Ja wohl, wir brauchen Arbeiter, und er ist der Beste den ich finden konnte," sagte der Vormann zur Entschuldigung, obgleich er sich im Herzen schämte.

„Nun, um Gotteswillen bezahlen Sie ihn am Abend und schicken Sie ihn fort." Horace arbeitete den ganzen Tag mit seinem gewöhnlichen Eifer und im tiefsten Schweigen. Am Abend übergab er dem Vormann, wie damals Sitte war, einen Abdruck, dessen, was er gesetzt hatte. Zu seinem Erstaunen entdeckte der schöne Mann daß Horace mehr und bessere Arbeit geliefert hatte, als jemals am Polyglot-Testament gethan worden war. Vom Fortschicken war jetzt nicht mehr die Rede. Er war sofort zu hohem Ansehen gekommen. Von jenem Tage arbeitete Horace mehrere Monate regelmäßig und eifrig an dem Testament und verdiente etwa sechs Dollars die Woche. Er war in gute Gesellschaft gerathen. Es waren etwa zwanzig Gesellen und Lehrlinge im Geschäft, von denen zwei seitdem Mitglieder des Congresses, drei Redacteure einflußreicher Zeitungen geworden sind, und verschiedene andere haben hervorragende Stellungen in anderen Geschäftszweigen angenommen. Die Meisten leben noch, erinnern sich der Ankunft Greeley's und erzählen von seinem excentrischen Wesen und seinen Leistungen. Im Folgenden wird der Leser einen Abriß ihrer Gesammterinnerungen über Horace Greeley finden: Horace arbeitete mit auffallender Hingebung und Energie. Seine Aufgabe war schwierig und er wurde „beim Stück" bezahlt. Um anständigen Lohn zu verdienen, mußte er härter und länger arbeiten, als seine Kameraden, und das that er auch. Oft war er Morgens vor sechs Uhr an seinem Kasten und arbeitete bis nach neun Uhr Abends. Er fing am Frühesten an und hörte am Spätesten auf. Im Sommer arbeitete Niemand, außer ihm, vor dem Frühstück oder nach dem Abendessen. Während die Gesellen und älteren Lehrlinge Abends, nach Belustigung suchend, die Straßen durchstrichen, saß er beim trüben Schein eines Talglichtes, das in eine alte Flasche gesteckt war, noch vor dem Kasten mit seinem geringen Lohn durch eine Extraseite des Polyglot-Testaments aufzubessern.

Ein oder zwei Tage lang beobachteten ihn die Gesellen mit Neugierde und gaben einander bedeutsame Winke. Die Lehrlinge gingen weiter, und einer der größten Witzbolde gab ihm den Spitznamen „das Gespenst" wegen seinen langen weißen Locken; bald fingen aber die Leute, welche in seiner Nähe arbeiteten, an zu vermuthen, daß Horace an Kenntnissen reicher sei als an Kleidern. Es war immer seine Gewohnheit bei der Arbeit viel zu sprechen ohne dadurch seinem Fleiße Eintrag zu thun. Bald kam es zu Debatten über Freimaurerei, Enthaltsamkeit, Politik, Religion, und sehr schnell erzwang sich der neue Geselle die Achtung der andern. Er sprach mit Feuer, Lebhaftigkeit und Klarheit. Von der Richtigkeit seiner Grundsätze war er vollständig überzeugt und verfocht sie mit einer Entschiedenheit, die bei Einem von wenigen Kenntnissen und geringeren Talenten, für Anmaßung gehalten worden wäre. Zu jener Zeit schwärmte er für Henry Clay, aber sein Lieblingsgegenstand war die Freimaurerei. In kurzer Zeit war er, wie sich einer seiner Collegen von damals ausdrückt, der „Löwe des Geschäfts." Und dennoch schien es den Leuten, die ihn so sehr bewunderten, unumgänglich nöthig ihre Späße mit ihm zu treiben und es ergötzte sie sehr, wenn sie durch irgend eine unsinnige Behauptung eine seiner drolligen und doch schlauen Antworten in ächt schottisch-irländischer Weise herauslocken konnten. „Und wir bekamen sie immer," sagt einer derselben. Die Lehrlinge besiegte er in derselben Weise wie die zu Poultney. Vier oder fünf derselben, die Horace's Gewohnheit kannten, Abends wieder zu kommen und bei Licht zu arbeiten, beschlossen ihm einen richtigen Druckerstreich zu spielen. Sie legten sich deshalb eines Abends in den dunkeln Ecken des Zimmers im Hinterhalt und erwarteten die Ankunft des „Gespenstes." Sobald er sich sein Licht angezündet und an die Arbeit gegeben hatte, kam ein aus einem alten Roller gemachter Ball an seinem Kopfe vorbeigefahren und schlug das Licht um. Er setzte es wieder auf und fing wieder an zu arbeiten. Ein zweiter Ball kam und ein dritter und dann eine ganze Salve. Einer traf seinen Winkelhaken und zerstreute die Schriften, ein anderer zertrümmerte die Flasche und andere trafen ihn am Kopfe. Er ertrug alles bis die Bälle so zahlreich kamen, daß er unmöglich weiter arbeiten konnte, und alle seine Zeit damit verschwenden mußte, den Schaden wieder gut zu machen. Endlich drehte er sich um und sagte ohne den geringsten Zorn zu zeigen, in bittendem Tone: „Nun, Jungens, hört auf. Ich will arbeiten, bitte stört mich nicht!" Die „Jungens" kamen aus ihrem Versteck heraus, störten ihn nicht weiter und gingen ruhig nach Hause.

Seine gute Laune war in der That unverwüstlich. Er wurde bald als der gefälligste Mann im Geschäft bekannt als diejenige Person an die man sich immer um Hülfe wenden konnte, und dieser Ruf ist nicht gerade einer der Nützlichsten.

Unter Handwerkern ist das Geld gewöhnlich am Sonntag und Montag im Ueberfluß zu finden und an diesen Tagen lassen sie es reichlich fließen. Am Dienstag und Mittwoch sind sie etwas „schlecht ab" und während der letzten Tage der Woche geht es ans Borgen, wenn die Leute sich lieber „tractiren lassen" als selbst tractiren. Horace Greeley hatte dagegen immer Geld. Am Sonnabend Nachmittag schien er eben so reich als am Sonntag Morgen, und eben so bereit Geld zu leihen. In einem alten Notizbuch, das einem seiner damaligen Collegen gehörte, lassen sich auch solche Einträge entziffern, wie: „Entliehen von Horace Greeley zwei Schillinge," oder „ich schulde Horace Greeley neun Schillinge und sechs Pence." „Ich schulde Horace Greeley zwei Schilling und sechs Pence für eine Brustnadel." Niemals schlug er eine Bitte um eine Anleihe ab. Er selbst gönnte sich kaum etwas für Luxusgegenstände, oder Belustigung, außer daß er dann und wann einen kleinen Antheil an einem Lotterieloos kaufte. Lotterien waren damals gesetzlich erlaubt und in Chatham Street war ein Ueberfluß von solchen Lotteriebureaus. Es wurde als ein ganz anständiges Geschäft angesehen eine solche Anstalt zu betreiben und es war eben so für anständig erklärt ein Loos zu kaufen. Das Geschäft wurde offen und ehrlich betrieben, und war unter amtlicher Aufsicht, nicht wie jetzt, geheim und von Personen zweifelhaften Characters in allen Theilen der Städte und des Landes. Ob jetzt weniger oder mehr Geld verloren wird, als damals, ist eine Frage, über welche, auffallender Weise, noch kein Journalist ins Klare gekommen ist. Ob sie mehr oder weniger Demoralisation verursachen ist eine Frage die die Beachtung der Moralisirenden verdient.

Von den wenigen Vorfällen, welche die eintönige Arbeit in der Druckerei an Chatham Street unterbrachen, ist der folgende, welchen seine Collegen immer mit großer Heiterkeit erzählen. Horace war natürlich einem beständigen Feuer von Anspielungen auf seine eigenthümliche Kleidung ausgesetzt und gelegentlich nahmen seine Collegen zu allen möglichen Streichen ihre Zuflucht um ihre Kritik seiner Mängel und Gewohnheiten in diesem Punkte zu zeigen. Die Leute drehten sich mitunter erstaunt um wenn er vorbei ging und die Jungens gaben ihm neckende Spitznamen; dennoch behielt er mit Hartnäckigkeit seine leinene runde Jacke bei, seine kurzen Hosen, Kattunhemd und zersetzten Hut. Noch immer trug er keine Strümpfe und band seine Hemdsärmel an den Knöcheln mit Bindfaden zusammen. Allen Neckereien hörte er zu, als ob er taub sei, und wenn Jemand ihm ernstliche Vorstellungen machte, so gab er sich nicht die Mühe, zu erklären, daß alles Geld das er ersparen

konnte, für seinen Vater in der Wildniß, sechs hundert Meilen von New York, nöthig sei, wohin er es regelmäßig schickte. September und Ottober gingen vorbei. Es fing an, kalt zu werden, aber unser Held war durch das Klima von Vermont abgehärtet worden und ging noch in seinem leinenen Anzug umher. Aber eines Abends im November, als das Geschäft sehr stark ging und alle Gesellen bis spät Abends arbeiteten, blieb Horace, statt nach dem Abendessen zurückzukehren, weg, über zwei Stunden abwesend. Zwischen acht und neun Uhr als die Leute gerade den Setzstein umstanden, auf welchen ein starkes Licht fiel, trat eine abenteuerliche Figur in das Zimmer, ein schlanker Herr in einem vollständigen Anzug von abgetragenem Tuch, einen schäbigen wohlgebürsteten alten Filzhut auf dem Kopfe unter welchem lange, schneeweiße Loden herunterfielen. Der Schnitt war allerdings modern. Er trug einen Frack von der Sorte, die man Schwalbenschwanz nennt, und die ganze Figur sah aus wie die eines alten Herrn, der bessere Tage gesehen hat. Die Gestalt trat aus dem dunkeln Hintergrund des Zimmers hervor und näherte sich langsam dem hell erleuchteten Setzstein. Die Leute sahen sie neugierig an. Die Gestalt streckte die Hände aus, sah mit einem Zuge ungemeiner Selbstgefälligkeit auf den Anzug herab, und sagte: „Nun, Jungens, wie gefalle ich euch jetzt?"

„Wahrhaftig, es ist der Greeley!" schrie Einer. Es war Greeley, der die Figur eines heruntergekommenen Herrn angenommen, dadurch, daß er sich bei einem Juden in Chatham Street einen alten Anzug für fünf Dollar gekauft hatte. Ein „Hurrah" ertönte, wie es nie vorher in der alten Druckerei erschollen war, wo immer auf Zucht und Sitte gesehen wurde. Ein „Hoch" kam nach dem andern und die Leute lachten, daß die Thränen kamen und der ehrwürdige alte Herr schien der Glücklichste zu sein.

„Greeley, auf den Anzug mußt du traktiren, das versteht sich von selbst," sagte Einer.

„Natürlich, natürlich," folgten die Andern.

„Kommt Jungens, ich will traktiren!" antwortete Horace sogleich.

Die ganze Gesellschaft begab sich nach dem alten Laden, an der Ecke von Duanestreet. Jeder trank was ihm gefiel und Horace regalirte sich mit einem Glas Kräuterbier.

Die Nachwelt mag erfahren und sich daran eine Lehre nehmen, daß dieser Fünf-Dollar-Anzug nichts taugte. Er war dünn und abgetragen und, um dies zu verbergen, oberflächlich gefärbt und dann gebügelt worden. Nach einer Woche zeigte sich die alte Schadhaftigkeit und entwickelten sich neue Mängel.

Vielleicht kümmerte sich unser Held etwas mehr um sein Aeußeres, als es schien. Eines Tages traf es sich, daß Porter bemerkte, sein Haar sei einst ebenso weiß gewesen, als das Greeley's. „Wirklich," sagte Horace mit einem Ausdrucke, der die Hoffnung zu verrathen schien, daß dies auch bei ihm noch der Fall sein könne und als er einst von einem Besuch in New Hampshire zurückkehrte, sagte er: „Ich bin auf dem Lande bei meinen Vettern gewesen; sie sind alle hübsche junge Leute und ich sehe nicht ein, warum ich so ein absonderlich aussehender Mensch sein soll."

Bald nachdem er Arbeit bei West erhalten, suchte sich unser Freund ein anderes Kosthaus, wenigstens ein näher gelegenes. An der Ecke von Duane und Chathamstreet war zu jener Zeit ein weitläufiges Gebäude, worin der untere Stock für Spezerei = Handlung und Wirthschaft und der obere Stock für ein Kosthaus für Handwerker benutzt wurde. Es konnten etwa fünfzig Personen mit Logis versehen werden, von denen die meisten Schuhmacher waren, die in ihren eigenen Zimmern oder in Werkstätten im obersten Stock arbeiteten und für Wohnung und Kost wöchentlich zwei und einen halben Dollar zahlten. In dieses Haus zog Greeley und wohnte dort mehr als zwei Jahre. Der Leser der Tribune mag vielleicht bemerkt haben, daß der Redakteur häufig eine genaue Kenntniß von dem Schuhmachergeschäft zeigt und oft die Nothwendigkeit und Anwendbarkeit kooperativer Gesellschaften durch Hinweis auf die harte Arbeit und den geringen Verdienst der Schuhmacher zu beweisen sucht. Es war in diesem Hause, wo er die Geheimnisse dieses Handwerks kennen lernte.

Er pflegte in die Werkstätten zu gehen und unter den Leuten zu sitzen, während er auf das Mittagessen wartete. Hier erwarb er sich auch die genaue Bekanntschaft mit dem Leben und den Sitten der Handwerker, die ihn so oft in den Stand setzte, ihnen so weisen und überzeugenden Rath zu geben. Diejenigen, die hier mit ihm wohnten, erinnern sich seiner als eines sehr ruhigen, bedächtigen und wißbegierigen jungen Mannes, der Niemanden behelligte, nie Abends ausging und wenn er nicht arbeitete, oder aß, immer Augenblick las. Der verstorbene Redakteur des „Bruder Jonathan," Herr Wilson, der einige Monate in einem Zimmer mit Horace wohnte, pflegte oft zu sagen, wenn er zu Bett gegangen, sei Greeley in ein Buch vertieft gewesen und als er Morgens aufwachte, habe derselbe noch in der gleichen Stellung und Haltung da gesessen, als ob er sich die ganze Nacht nicht gerührt hätte. Indessen hatte er doch nicht die ganze Nacht gelesen, sondern nur mit Tagesanbruch sein Buch wieder aufgenommen.

Eine andere Erinnerung dieses Herrn Wilson ist interessant. Der Leser kann sich vielleicht denken, daß Leute, die wöchentlich nur zwei und einen halben Dollar für Kost und Wohnung zahlen, nicht gerade mit allen Delikatessen der Jahreszeit versehen wurden und daß mitunter, namentlich am Sonntag, die Einbildungskraft der Kostgänger durch Gelüste

nach gewissen Delikatessen in Bewegung gesetzt wird. Um diese Zeit waren die ersten Restaurants eingeführt worden und hatten eine Revolution in häuslichen Sitten zur Folge und ein kühner Spekulant gründete einen Sechspence Restaurant in Beekmannstreet, von dem man im Winter 1831 in allen Werkstätten sprach.

Am Sonntag ging Horace mit seinen Freunden, wenn sie aus Pfarrer Sawyer's Universalistenkirche in Orchardstreet zurückkamen, nach dieser Anstalt und hatten eine wundervolle Mahlzeit, die Jeden wenigstens einen Schilling, mitunter sogar achtzehn Cents kostete. Während der Mahlzeit sprachen sie über die treffliche Predigt, die sie Morgens gehört und der Eine suchte den Andern darin zu übertreffen, daß er den Inhalt am richtigsten und ausführlichsten wiedergab. Zu jener Zeit ging Horace regelmäßig in die Kirche und hörte der Predigt mit vorgebeugtem Kopfe, gefalteten Armen und gekreuzten Beinen zu, gerade wie er in Westhaven in der Schule zu sitzen pflegte.

Dies sind im Wesentlichen die Erinnerungen von Horace Greeley's Gefährten während der ersten Monate seines Aufenthaltes in New York. So unscheinbar und bescheiden trat er seine Laufbahn an.

Siebentes Kapitel.

Er fängt ein eigenes Geschäft an.

Horace Greeley war vierzehn Monate ein Druckergeselle.

Für Herrn West arbeitete er ungefähr bis zum ersten November 1831. Dann verminderte sich die Arbeit so sehr, daß er entlassen werden mußte. Wiederum mußte er in der Jagd auf Arbeit die Straßen durchwandern. Endlich erhielt er einen Platz in der Druckerei der „Evening Post, wo er von dem verstorbenen Herrn Leggett sehr bald wegen seiner schäbigen Kleidung entlassen wurde.

Die Geschichte wird folgender Maßen von Druckern erzählt. Leggett kam in die Druckerei, um den Mann zu treffen, dessen Stelle Greeley eingenommen hatte.

„Wo ist Jones?" fragte Leggett.

„Er ist in eine andere Stelle gegangen," erwiderte einer der Arbeiter.

„Wer hat seine Stelle eingenommen," fragte der reizbare Redakteur.

„Dort steht er," sagte Einer und deutete auf Greeley, der emsig arbeitend, an seinem Kasten stand.

Leggett sah sich die Figur an und sagte dann zum Vormann. „Um Gottes Willen, entlassen Sie den Mann und sehen Sie, daß wir Einen bekommen, der wenigstens anständig aussieht."

Demgemäß, so erzählt man, wurde Horace am Ende der Woche entlassen. Er arbeitete auch einige Tage in der Druckerei des Commercial Advertiser, wahrscheinlich als „Sub" (Substitut), dann zwei Wochen für ein kleines Blatt „Der Amulet," ein Wochenblatt für Literatur und Kunst.

Das Amulet hörte bald auf zu erscheinen und unser Held hatte zehn Jahre auf seinen Lohn zu warten.

Seinen nächsten Schritt wollen wir in seinen eigenen Worten beschreiben. Die folgende Stelle bildet die Einleitung eines Artikels im „New Yorker" von 2. März 1839.

Vor sieben Jahren, am 1. Januar, einem Feiertag und zu einer Zeit, wo der Schreiber dieses Artikels noch wenige Bekannte und deshalb auch wenige Neujahrsbesuche abzustatten hatte, fand derselbe nach langem Suchen die schlecht möblirte, kalte, armselig aussehende Speicherstube, in welcher William T. Porter im Verein mit einem andern jungen Mann, der die Unternehmung bald aufgab, eben die Probe-Nummer des „Spirit of the Times", des ersten Wochenblattes, welches sich ausschließlich dem „Sport" widmete, gedruckt und in die Welt gesandt hatte. Es war ein Blatt von bescheidenem Umfang und auf grobes Papier gedruckt. Den „Kopf" bildete ein abscheulicher Holzschnitt, das nicht sehr einladende Produkt eines eingebornen Künstlers. Der Inhalt war von ähnlichem Charakter, denn keiner der Redakteure hatte seine Volljährigkeit erreicht und beiden fehlte es an der nöthigen Erfahrung, den Mitteln und der ausgedehnten Bekanntschaft, welche zum Erfolg der Unternehmung erforderlich waren. Aber der Eine war mit der Ausdauer und dem Enthusiasmus begabt, der schließlich zum Erfolg führt. Für dieses Blatt schrieb und setzte unser Held während seiner kurzen Beschäftigung in dieser Druckerei eine ganze Anzahl Artikel und Paragraphen, deren Mehrzahl kurz und bedeutungslos waren. Um zu zeigen, wie er zu dieser Zeit schrieb, kopire ich hier aus dem „Spirit of the Times" vom 5. Mai 1832 den folgenden Brief, der in jenen unschuldigen Tagen als außerordentlich spaßhaft angesehen wurde:

„Mein Herr Editor. Sie sollen mich anhören und sie müssen mich bemitleiden, wenn ich Ihnen einen Bericht über die schrecklichen Leiden erstatte, welchen die abscheuliche Sitte, die ganze Welt am ersten Mai um über und in Verwirrung zu stürzen, Ihren ergebensten Diener aussetzen. Sie müssen wissen, daß, da ich nur wenige Monate in der Stadt zugebracht hatte und garnichts von der genannten Sitte wußte. Demgemäß stand ich am Morgen jenes für mich verhängnißvollen Tages auf, als eben das letzte Echo des Klanges der Frühstücksclelle verstarb und fand mich bald am Tische vor einer dampfenden Tasse Kaffee, während meine Hauswirthin die Kraft

ihrer Zunge (und sie ist nicht gering) scheinbar zu meinem Besten erprobte, aber ich bin gewöhnlich und war damals so zerstreut, daß ich von ihrer ganzen langen Rede nicht ein Wort im Gedächtniß behielt. Ich lächelte und sagte: „Ja, Madam, gewiß" und, nachdem ich schnell meine Mahlzeit beendet, eilte ich an die Arbeit. Die Mittagszeit kam, aber ich hatte keine Zeit zum Essen zu geben und es war schon ziemlich spät, ehe ich Muße hatte, über Schubkarren, Fässer und alle Arten Hindernisse nach meinem Logis im Kosthaus zu gehen. Alles war hier still, aber mit Hülfe meines Nachtschlüssels öffnete ich die Hausthüre und schritt zu meinem Zimmer, von nichts träumend, als von süßem, erquickendem Schlafe. Als ich aber eintrat, wurden meine Ohren sogleich von dem durchdringenden Schrei eines Frauenzimmers begrüßt, der genau von der Gegend, wo mein Bett stand, oder zu stehen pflegte, herkam und ehe mein Haar noch Zeit hatte, sich zu sträuben, wurde der Schrei durch das wüthende Heulen eines großen Kettenhundes in der Küche beantwortet und fand ein Echo in den Stimmen eines halben Dutzends der Hausbewohner. Dann folgte die Rassel eines Nachtwächters und im nächsten Augenblicke fand ich mich von einem vollen Dutzend (den Hund nicht eingerechnet) Personen umringt, die während der Hund mich an der Kehle hielt, fragten was zum T.... ich vorhabe.

„Und das fragen Sie mich noch", sagte ich, sobald ich fähig war zu sprechen, „nachdem Sie mich so in meinem eigenen Zimmer überfallen haben?"

„Führen Sie ihn fort", sagte Einer, der der Hauseigenthümer zu sein schien, „vielleicht ist er gar kein Dieb, sondern kam in der Betrunkenheit an die unrechte Thüre und glaubte zu Hause zu sein. Trotz meiner Vorstellung nahm mich der Nachtwächter am Kragen und führte mich ins Wachtzimmer, wo ich den Rest der Nacht zubrachte. Am Morgen entging ich kaum der Gefahr, in das Gefängniß wegen versuchten Einbruchs geschickt zu werden, und es wäre mir sicherlich schlimm ergangen, hätte man so früh die Zeugen herbeibringen können. Ich wurde endlich entlassen mit einer feierlichen Warnung, mich in Zukunft vor Trunkenheit zu hüten. Ich, ein Mitglied der Kaltwassergesellschaft! Schauderhaft! Es gelang mir am nächsten Tag das Geheimniß zu lösen und fand, daß mein Hauswirth „gemovt" war" und sich mit allen Habseligkeiten nach einem anderen Stadttheile begeben hatte. Er glaubte, ich sei davon in Kenntniß gesetzt worden und habe meine Einwilligung gegeben und eine andere Familie war sofort eingezogen, von welchem Wechsel ich wegen meiner Zerstreutheit und Abwesenheit vom Mittagsmahl nichts wußte und so mußte ich bei einer Komödie oder besser Tragödie von Mißverständnissen mitwirken. Ihr unglücklicher

Timothy Wiggins.

Seine Beschäftigung in diesen Officen verschaffte ihm gelegentlich ein Freibillet für das Theater. Er scheint von Natur Sinn für das Theater gehabt zu haben, und einer seiner Freunde aus jener Zeit erinnert sich, mit welchem Interesse Horace einmal eine Vorstellung von „Richard der Dritte" im alten Chatham Theater beiwohnte. Am Schlusse der Vorstellung sagte er, es gäbe eine andere von Shakespeare's Tragödien, die er lang zu sehen gewünscht und das sei „Hamlet". Bald nach diesem Brief verließ der Pechvogel Wiggins, durch eine Aussicht auf besseren Lohn verführt, den „Spirit of the Times," ging zu West's zurück und arbeitete einige Wochen an Professor Busch's „Noten zu Genesis," das schlechteste Manuscript, das je in einer Druckerei gesehen wurde. Als er damit fertig war, kehrte er wieder zu Porter zurück und blieb bis zum Herbst. Im Oktober machte er seinen Verwandten in New Hampshire einen Besuch. Als er in Londonderry ankam wurden die Aepfel gerade abgemacht und er ging sofort in den Baumgarten, wo er seine Vettern an der Arbeit fand. Horace sprang über die „Fenz,"begrüßte seine Vettern in der herzlichsten und ungezierten Weise der schottischen Irländer und half bis zum Abend Aepfel heim zu bringen. Dann zog die ganze Gesellschaft lustig in den Wald, um wilde Weintrauben zu suchen. Horace war ein willkommener Gast; damals floß er von Heiterkeit und Spähen über und hielt die Jungens in beständigem Gelächter durch seine Geschichten, oder füllte sie mit Erstaunen durch seine Schilderungen des Lebens in New York.

Früh im November kehrte er nach New York zurück und hatte die Absicht bei den Novemberwahlen mitzustimmen.

Bald darauf nahm er Arbeit bei Herrn Redfield einem Stereotypirer an. Herr Redfield theilt mir Folgendes darüber mit:

„Meine Erinnerungen über Horace Greeley beginnen mit der Zeit zu welcher er als Setzer in die Stadt kam. In William Street betrieb ich das Geschäft eines Stereotypirers. Einst bedurfte ich noch mehrere Arbeiter und einer meiner Leute brachte eines Tags Greeley herein und stellte mir ihn vor, wobei er leise hinzu setzte, Horace habe ein knabenhaftes und excentrisches Aussehen, stehe aber im Rufe eines guten Arbeiters. Daß er knabenhaft und excentrisch aussah glaubte ich gern. Da ich eine Hülfe sehr bedurfte, so wurde Greeley engagirt und begann zu arbeiten. Am Ende der Woche war ich sehr erstaunt, als ich am Samstag fand, daß seine Rechnungen für Arbeit viel größer waren als die irgend eines andern Setzers, und dies war er im Stande zu thun und dennoch beständig dabei zu sprechen. Dieselbe Furchtlosigkeit und Unabhängigkeit, welche ihn als Editor der „New Yorker Tribune" kennzeichnete, zeichnete ihn schon als Geselle aus."

Bei Herrn Redfield blieb er bis spät im December, als nämlich diejenigen Umstände eintraten, die ihn zuerst befähigten, eine selbstständige Stellung in der Welt anzunehmen. Einmal, sagt man, giebt's im Leben jedes Mannes einen Zeitpunkt, wo sich die Ebbe des Mißgeschicks dreht, und wenn der günstige Augenblick benutzt wird, so trägt ihn die Fluth zum Glück und Wohlstand. Bei Horace Greeley's drehte sie sich in einem historischen Momente von dauernder Tragweite.

Es leben nicht viele Personen, die wissen, in wessen Kopf der Gedanke an die Möglichkeit billiger Zeitungen zuerst aufstieg. Und der Eigenthümer dieses Kopfes hat von der Idee, die so viele Andere reich machte, nie einen pecuniären Nutzen gezogen. Heute noch durchmißt er die Straßen New Yorks, ein unbekannter armer Mann; sein Name ist Horatio Davis Sheppard.

Um das Jahr 1830 zog Herr Sheppard, der eben majoren geworden und in den Besitz von fünfzehn hundert Dollars gekommen war, von seinem Geburtsstaat New Jersey, nach New York. Er war ehrgeizig und voller Pläne, deshalb „brannten" ihm natürlich die fünfzehn Hundert in der Tasche, wo er sie wirklich zu tragen pflegte, bis ihn ein anderer Student (Sheppard war Student der Medizin in der medizinischen Schule in Eldridge Street,) beinahe mit Gewalt zwang, sie in einer Bank zu deponiren. Er versuchte ein paar Zeitungen und Magazinen zu gründen, dabei viel überflüssiges Geld los zu werden. Das eine Mal war es eine medizinische Zeitschrift, das andere Mal ein wöchentliches Blatt. Als seine Studien beendigt waren, hatte er einige Einsichten in dem Zeitungsgeschäft gewonnen, aber den größten Theil seines Geldes verloren.

Wenn Leute, die in Eldridge Street wohnen, in die untere Stadt gehen, so müssen sie nothwendig durch die Chatham Street passiren, eine Straße, welche unter anderen Dingen, durch die vielen Waaren bekannt ist, die man dort für einen Cent das Stück kaufen kann. Tische, auf welchen Aepfel, Nüsse aller Art, Zuckerwerk, Orangen, Melonen, Ananas, Kokusnüsse, Kastanien, Schuhbänder, Kuchen, Taschenkämme, Gefrorenes, Hosenträger, Limonade und Austern feil gehalten werden, bedecken die Seiten des Trottoirs. In Chatham Street wird dieser Handel in Kleinigkeiten unter einem betäubenden Lärm und bei dem Schein einer Anzahl von Oellampen betrieben, wie kein anderer Stadttheil aufweisen kann. Unser Student der Heilwissenschaft mochte vielleicht, wenn er durch Chatham Street ging, über den Mangel an Dauerhaftigkeit, an dem die Fünfzehnhundert litten, nachdenken und dabei die lärmenden Eigenthümer besagter Tische beobachtet haben. Ihm fiel auf wie reißend schnell sie alle Waare absetzen, die nur einen Cent galt. Ein kleiner Knabe verkaufte oft ein halbes Dutzend Kuchen in einer Minute. Das Volk schien den Unterschied zwischen einem und gar keinem Cent nicht zu verstehen. Wenn Jemandem etwas gefiel, das, wenn er wußte, nur einen Cent kostete, so kaufte er es eben so sicher, als ob es ihm umsonst angeboten worden wäre. „Nun,‟ dachte er, „braucht Jemand einen anziehenden Gegenstand zu fabriciren, der mit Nutzen für einen Cent verkauft werden kann, braucht da zum Verkauf auszustellen, wo Jeder ihn sehen und ohne Zeitverlust kaufen kann; und siehe, es gelingt. Wenn Jemand ein kleines, klar und kräftig geschriebenes Blatt für einen Cent schaffen, und Knaben finden könnte, die den Verschlag unternehmen, würde das nicht einen reißenden Absatz haben? Müßte Einer da nicht sein Glück machen?‟

Die Idee kam zu Welt, die Zwillingsidee von der Ein-Cent-Zeitung und den Zeitungsjungen.

„Vielleicht ließe sich die Idee ausführen,‟ sagte der Student der Medizin bei seinem nächsten Gang durch Chatham Street zu sich selbst. Er ging zu einem Papierhändler und befragte sich über den Preis des wohlfeilsten Druckpapieres. Er berechnete die Kosten des Satzes; er berechnete die Auslagen für eine Druckerei und Redactionsbüreau und für den Redacteur selbst. Dann machte er einen Ueberschlag des wahrscheinlichen Absatzes und des ditto Einkommens von Anzeigen. Er konnte sicherlich täglich vier bis fünf tausend Exemplare verkaufen. „Da steht gerade eine Gruppe zusammen, angenommen ein Junge mit einem Bündel Zeitungen tritt unter sie und ruft „Zeitungen nur einen Cent das Stück.‟ Ich bin sicher, von den neun werden sechs kaufen. Er kam zu dem Schlusse, daß er eine Zeitung ungefähr doppelt so groß wie ein Briefbogen, halb mit Artikel, die andere Hälfte mit Anzeigen gefüllt herstellen und es mit Gewinn für einen Cent verkaufen könne; das war sicher. Er hatte das Projekt genau berechnet und die Zahlen gaben immer dasselbe Resultat.

Da seine kleine Erbschaft beinahe ganz verschwunden war, so war es nothwendig, Jemand zu finden, der entweder Capital oder eine Druckerei besäße. Der „Spirit of the Times‟ war damals in seiner Kindheit. Auf die Office dieses Blattes, wo Horace Greeley damals als Setzer arbeitete, eilte er, und dort legte er seine Pläne und Berechnungen vor. Greeley war bei seinem Eintritt nicht gegenwärtig; er kam bald darauf und fing an in großer Heiterkeit eine Geschichte zu erzählen, die er auf der Straße aufgegabelt hatte. Sie handelte vom alten Jsaak Hill, der seine Reden im Repräsentantenhause abzulesen pflegte. Eines Tages brachte er das unrechte Manuscript und stand auf und war halbwegs durch eine bombastische Einleitung, ehe er seinen Irrthum entdeckte. Dies erzählte Greeley in

entschieden piquanter Manier, ahmte die Verlegenheit des alten Herrn, als er allmälig seinen Jrrthum einsah, in höchst drastischer Weise nach. Die Gesellschaft amüsirte sich köstlich und Sheppard sagte von ihm: „Das ist ein ungewöhnlicher Mensch!‟ Vielleicht war es ein ungünstiger Augenblick für die Einführung einer kühnen und neuartigen Idee, aber es ist sicher, daß jeder Anwesende vom Redacteur bis zum „Preßteufel‟ das Projekt eines Penny-Blattes als den reinsten Unsinn, dumm, lächerlich und wahnsinnig ansahen.

Sie hielten es für einen Scherz und der Erfinder empfahl sich. Und daß sie so thaten, ist nicht auffallend.

In jenen Tagen war das Halten einer täglichen Zeitung eine wichtige Sache. Leute in mittleren Umständen sahen selten und kauften nie eine Zeitung. Sie kostete zehn Dollars jährlich. Wenn man die Hälfte eines Exemplares des gegenwärtigen „Journal of Commerce‟ nimmt, sie faltet und dann annimmt daß die zweite Seite eine halbe Spalte Leitartikel, eine Spalte Nachrichten und Schifffahrtsneuigkeiten enthielt und der übrige Raum mit Anzeigen bedeckt war, so hat man eine Idee von einer täglichen Zeitung, wie sie vor fünfundzwanzig Jahren in New York erschien. Sie war nicht für das Volk berechnet; sie gehörte in das Geschäftszimmer des Kaufmanns. Der Großhändler hielt sie, die Artikel waren schwerfällig, langweilig und feierlich. Die Idee es auf den Straßen für einen Cent verkaufen zu lassen, und es von Arbeitern und Knaben erkaufen zu sehen, wo es die Concurrenz von Kuchen und Aepfeln hatte, schien dem ehrbaren New Yorker von 1831 im höchsten Grade ungereimt. Als der ehrbare New Yorker zuerst ein Penny-Blatt sah, betrachtete er es mit ähnlichen Gefühlen von der ein übelgelaunter Mann den General Tom Thumb anschauen mag mit einer Mischung von Mitleid und Verachtung. Er steckte das lächerlich kleine Ding in seine Westentasche, um es zur Belustigung seiner Familie nach Hause zu tragen.

Die Hoffnung, nöthige Hülfe zu erlangen, verließ nun den Erfinder der Zwillingsidee und er beschloß endlich, eine verzweifelte Anstrengung zu machen, um selbst die Ein-Cent-Zeitung zu gründen. Als Capital hatte er fünfzig Dollars baares Geld und das Versprechen eines Papierhändlers, ihn bis zum Betrage von zweihundert Dollars Credit zu geben. Unter Druckern hatte er den Herrn Francis Story, den Vormann der „Spirit of the Times‟ zum Freund, der um diese Zeit sich nach einer Gelegenheit, ein eigenes Geschäft zu Gründen, umsah. Ihm kündigte Herr Sheppard seine Absicht an und schlug ihm vor, eine Druckerei zu errichten und das zu gründende Blatt zu drucken, wobei er versprach jeden Sonnabend für den Satz zu zahlen. Story errichtete, aber als Dr. Sylvester den

Druck seines Banknote = Reporters versprach, eine Druckerei und bot unserm Horace Greeley, für den er eine warme Zuneigung und große Bewunderung hegte die Theilhaberschaft an. Horace hielt nicht viel von der Unternehmung. Erstens hatte er keinen Glauben an Dr. Sheppard's praktische Befähigung und zweitens hielt er dafür, daß der geringste Preis, wofür ein tägliches Blatt verkauft werden könne, zwei Cents sei. Allein er vermochte den enthusiastischen Doctor nicht davon zu überzeugen, aber in der Hoffnung, Greeley's Scrupel zu beseitigen und sich seiner Mitwirkung zu sichern, ging derselbe darauf ein, seine Lieblingsidee aufzugeben und den Preis auf zwei Cents festzustellen. Horace willigte nun ein und im December bildete sich die Firma „Greeley und Story."

Nun hat Erfahrung gezeigt, daß zwei Cents der beste Preis für ein billiges Blatt ist, aber der Reiz, die Kühnheit, wir möchten sagen, die Frechheit von Dr. Sheppard's Projekt lag in den magischen Worten: „Preis ein Cent," welche das Blatt am „Kopf" tragen sollte, aber nicht trug. Und das im Unternehmen angelegte Capital war so lächerlich gering und ungenügend, daß es unumgänglich nöthig war, daß der Verkauf sofort alle Auslagen deckte, oder es zu erscheinen aufhörte. Deßhalb war Horace Greeley's Ansicht, obgleich im Allgemeinen richtig, im vorliegenden Falle nicht anwendbar. Das Projekt konnte unter keinen Umständen Erfolg haben und mußte zu Grunde gehen. Dr. Sheppard war einer derjenigen Projektmacher, die eine höchst werthvolle und fruchtbare Idee zwar auffassen können, ohne aber im Geringsten die zu ihrer Ausführung nöthigen Fähigkeiten zu besitzen. Das vereinigte Capital der beiden Drucker belief sich auf etwa zweihundertundfünfzig Dollars. Beide waren als geschickte Drucker wohl bekannt und hatten Freunde unter denen, deren Operationen das Geschäft reguliren. Sie mietheten einen Theil eines kleinen Zimmers in Nr. 54 Liberty Street. Auf Horace Greeley's freimüthige Vorstellung gab George Bruce, der große Schriftgießer, der neuen Firma beim Ankauf einer kleinen Quantität Schriften Credit, eine Handlung des Vertrauens und der Güte, welche ihm einen der besten Kunden sicherten, die er je hatte. Ehe das neue Jahr anbrach waren Greeley und Story bereit, jede Art Druck, der nicht zu kostspielig und schwierig war, mit Pünktlichkeit und Schnelligkeit auszuführen.

Der Morgen des ersten Januars wurde durch das Erscheinen der „Morning Post" und einem Schneesturm von beispielloser Wuth überrascht. Der Schnee am ersten Tage wirkte wie ein kalter Umschlag auf die Hoffnungen der Zeitungsträger und Jungen. Er füllte die Stadt und begrub das winzige Blatt, als es vor den Thüren seiner wenigen Abonnenten lag. Mehrere Tage lang waren die Straßen mit Schnee überhäuft und es war sehr kalt; nur wenige Personen waren in den Straßen zu sehen, und diese Wenigen erzeigten kaum Lust stehen zu bleiben und in ihren Taschen nach zwei Cents zu suchen. Dr. Sheppard kannte von den Einzelnheiten des Redigirens gar nichts, und der größte Theil der Arbeit fiel auf Horace Greeley und mußte unter den größten Hindernissen ausgeführt werden. Trotz alledem wurden täglich mehrere Hunderte von Exemplaren verkauft und Dr. Sheppard konnte am Schluß der ersten Woche alle Kosten decken. Am zweiten Sonnabend dagegen zahlte er halb baar und die andere Hälfte in Versprechungen. Am dritten Tag der dritten Woche ging den Herren Greeley und Story die Geduld aus und die „Morning Post" hörte auf, zu existiren. An den beiden letzten Tagen ihres kurzen Lebens wurde sie für je einen Cent verkauft und die Bereitwilligkeit, mit der das Publikum kaufte, überzeugte Dr. Sheppard, aber nur ihn, daß, hätte man zu diesem Preise angefangen, das Unternehmen erfolgreich gewesen wäre. Sein Geld und Credit waren beide erschöpft und der Fehler konnte nicht berichtigt werden. Er war selbst nicht im Stande, seinen Druckern den Rest ihrer Rechnung zu zahlen und mußte deshalb einige rauhe Aeußerungen von Herrn Story ertragen über die Tollheit des Unternehmens. „Habe ich es euch nicht gesagt?" sprachen die andern Drucker. „Jeder," sagt Dr. Sheppard, „überhäuft mich mit Schmähungen mit Ausnahme von Horace Greeley. Er zeigte viele Theilnahme und bat mich, nicht auf Story zu hören. Neun Monate später erschien die „Sun" als ein Pennyblatt, wenig größer als ein Briefbogen. Ihr Erfolg bewies, daß Dr. Sheppard's Berechnungen richtig waren, und rechtfertigten seinen Enthusiasmus. Die Office der „Sun" war eine der letzten, welche Sheppard besucht hatte, um seine Pläne zu erklären. Keiner der beiden Eigenthümer war gerade anwesend, aber der Schwärmer erklärte einem der Arbeiter seine Idee und säte dadurch den Samen, welcher im September in der Gestalt der „Sun" Frucht trug, welche jetzt noch „für Alle scheint."

Achtes Kapitel.
Er wird Redakteur.

Die Firma Greeley u. Story war jetzt fast begründet und hatte durch den Mißerfolg der Morning Post nur einen Schaden von 50 bis 60 Dollars erlitten. Zwischenzeitlich verließen sie sich namentlich auf den Banknotenreporter, welcher wöchentlich etwa 15 Dollars für Satz zahlte, ein Einkommen, das sicher und regelmäßig war. In einigen Wochen gelang es

Herrn Story, eine bedeutende Maſſe von Druckſachen für Lotterien zu ſichern und die Firma widmete in dieſer Zeit dem genannten Geſchäftszweig viel Aufmerkſamkeit und erlangte viel Fertigkeit im Setzen und Arrangiren der Liſte der Preiſe und Zeichnungen.

Unter anderen Dingen fiel ihnen der Druck eines dreimal wöchentlich erſcheinenden Blattes, „der Conſtitutionaliſt," des Organs der groſſen Lotteriegeſchäfte zu, von dem nur eine Seite Leſeſtoff enthielt, während der Reſt mit Lotterietabellen und Anzeigen gefüllt war. Der Titel dieſer Zeitſchrift war: „Der Conſtitutionaliſt von Wilmington, Delaware, den Intereſſen der Literatur, inneren Verbeſſerungen und öffentlichen Schulen gewidmet." Das letzte halbe Quadrat der letzten Spalte enthält eine ſtändige Anzeige, welche alſo lautete:

„Greeley u. Story, Drucker, bitten ergebenſt um die Gönnerſchaft des Publikums für das Drucken von Cirkularen, namentlich aber Lotterieangelegenheiten, wie Schema's, Preisliſten u. ſ. w. Alle Arbeiten werden zu billigen Preiſen ausgeführt."

Horace Greeley, der mit der Zeit außerordentlich ſchreibſelig geworden war, hielt es nicht unter ſeiner Würde, für die erſte Seite des „Conſtitutionaliſt" Beiträge zu liefern. Ich habe ſämmtliche noch vorhandene Nummern der Zeitung durchgegangen und obgleich der Eigenthümer mir eine Anzahl Artikel als von Greeley herrührend, aufzeigte, ſo war darunter doch Keiner, der für unſere gegenwärtige Zeit Intereſſe hat, oder auf ſeine damaligen Anſichten, Gewohnheiten und Beſtrebungen Licht werfen könnte. Er ſchrieb indeſſen gut genug, um ſeinen Freunden eine hohe Meinung von ſeinen Talenten beizubringen und ſeine Pflichttreue in allen Geſchäften erwarb ihm zu dieſer Zeit einen Freund, der zu dieſer Zeit außer manchen anderen guten Eigenſchaften zufällig über bedeutende Mittel zu verfügen hatte. Und er bewies bei verſchiedenen kritiſchen Perioden in dem Leben unſeres Helden, daß er Einer der ſo ſeltenen Freunde in der Noth war. Lange Jahre nachher ſaßen beide zuſammen im Repräſentantenhaus zu Waſhington, als Mitglieder des 30. Congreſſes. Warum ſoll ich dieſe Seite nicht mit ſeinem Namen ſchmücken? Es war Dudley S. Gregory, für deſſen Liberalität Jerſey City und alle ſeine Bürger ſo dankbar ſind.

Die Firma „Greeley u. Story" war nun im blühenden Zuſtand. Ihr Geſchäft hatte ſich beſtändig ausgedehnt und ſie fingen an, ihr Capital zu vergrößern. Indeſſen war die Dauer der Firma nur kurz. Der große Auflöſer von Firmen, König Tod höchſtſelbſt erlöſte die Theilhaberſchaft im ſiebenten Monat ihres Beſtehens auf. Am 9. Juli fuhr Francis Story auf einer Vergnügungsfahrt die Bai hinunter und kam lebend nicht zurück. Er

ertrank durch das Umſtürzen des Bootes und ſeine Leiche wurde noch an demſelben Abend zur Stadt gebracht. Zwiſchen den beiden jungen Theilhabern hatte ſich eine herzliche Freundſchaft entwickelt. Story's Bewunderung für den Charakter und die Talente unſeres Helden gränzten an Schwärmerei; und der ſeinerſeits, konnte den Mann nur lieben, der ihn ſo verehrte. Als er zu dem Sarge ging, um zum letzten Mal das marmorſtarre Geſicht anzublicken, das ihm nie mit einem ärgerlichen Ausdruck zugewendet war, ſagte er, „Armer Story! werde ich je wieder Einen treffen, der ſo geduldig mit mir iſt, wie er war!" Gegen die verwaiſte Familie benahm ſich Greeley mit gewiſſenhafter Redlichkeit. Er ſandte Story's Mutter die Hälfte aller ausſtehenden Guthaben, ſobald ſie eingingen und nahm einen Bruder ſeines früheren Theilhabers, Herr Jonas Wincheſter, an deſſen Stelle in das Geſchäft, welcher der Preſſe und dem Volke dieſes Landes wohlbekannt iſt.

Die Firma Greeley u. Co. gedieh zuſehends während des Jahres, aber zunehmender Wohlſtand brachte keine Aenderung in unſeres Helden äußerer Erſcheinung, oder ſeinen Sitten hervor. Seine Sorgloſigkeit in Bezug auf Kleidung, war zu einem chroniſchen Leiden geworden. Die Freunde ſeines Theilhabers verſuchten umſonſt, ihn durch Schmeicheleien und Satiren dahin zu bringen, ſich an die Gebräuche der Welt zu ſchicken. Sie ſetzten kaum durch, daß er ſein Hemd über der weißen Bruſt zuknöpfte. „Aber er hielt immer viel auf Reinlichkeit," ſagte Einer.

In der Druckerei war nicht das entfernteſte Zeichen von Disciplin. Einer der Geſellen machte eine äußerſt freche Carricatur ſeines Arbeitgebers und zeigte ſie ihm eines Tages, als ſie vom Mittageſſen in die Druckerei kamen. „Wer iſt dies?" fragte er. Das bin ich, ſagte der „Baas" mit einem Lächeln und ging an ſeine Arbeit. Die Leute machten es ſich zum Grundſatz, von ſeinen Anſichten über irgend einen Gegenſtand abzuweichen, weil ſie ihn gern ſprechen hörten und einſt rief er nach einer langen Debatte aus: „Aber wahrhaftig Leute, wenn ich ſagte, der Mann ſei ſchwarz, ſo würdet Ihr alle ſchwören, er ſei weiß." Er arbeitete mit aller ſeiner früheren Energie und Zerſtreutheit. Oft kam ſolches Geſpräch, wie das folgende, um die Mittagszeit vor:

H. G., in ſeiner Arbeit inne haltend, „Jonas! bin ich zum Mittageſſen geweſen?"

Wincheſter. Das mußt Du ſelbſt wiſſen."

H. G. John, bin ich zum Mittageſſen gegangen?"

John. Ich glaube nicht. War er da, Tom?"

Darauf antwortete Tom, je nachdem, wie er ſich des Umſtandes erinnerte, oder wie John ihn durch Winke antworten hieß und wie die Arbeiter es wünſchten, ging Horace zum Mittagessen, oder blieb bei seiner Arbeit, ohne Verdacht zu schöpfen.

Um diese Zeit umfaßte es die erste der zwei „Ismen", (eigenthümliche Ansichten) und er hatte nie mehr als zwei. Graham kam auf und hielt Vorlesungen, machte viel Lärmen und erhielt Anhänger. Das Wesentliche seiner Botschaft war: „Wir, das Volk der Vereinigten Staaten pflegen unsere Nahrung in zu concentrirter Gestalt zu nehmen. Umfang ist eben so wichtig als Nahrungskraft. Braunes Brod ist besser als weißes. Fleisch sollte nur einmal täglich genossen werden oder niemals." So ließ sich der ehrwürdige Dr. Graham vernehmen. Gewürze, fügte er hinzu, seien verderblich und nur wegen zu concentrirter und deßhalb unverdaulicher Nahrung nothwendig. Dies ist eine sehr einfache Botschaft und beruht augenscheinlich auf Wahrheit. Man muß sich nicht so sehr darüber wundern, daß sie Anhänger fand, als daß ein so unwissender und der Belehrung unzugänglicher Mensch existiren sollte, der die Wahrheit dieser Hauptgrundsätze leugnet. Horace Greeley, wie jeder andere denkende Mann, der Dr. Grahams Vortrag hörte, wurde überzeugt, daß derselbe im Wesentlichen Recht habe und nahm bei der Auswahl seiner Nahrung darauf Rücksicht, daß das gehörige Verhältniß zwischen Nahrungskraft und Quantität beobachtet wurde, d. h. er aß von dem sogenannten Grahambrod, nur wenig Fleisch und viel Reis, Mais, Gemüse und Obst. Nach einiger Zeit zog er in das „Graham House", einen Gasthof, wo nach obigen Grundsätzen gekocht wurde. Die Vorschriften darüber waren von Dr. Graham selbst ausgearbeitet.

Leute, die mit ihm im Graham House wohnten, erinnern sich seiner, als eines äußerst excentrischen Menschen, der gewöhnlich gar nicht sprach, dagegen bei besonderen Gelegenheiten, zu langen und heftigen Debatten hingerissen wurde, als eines Mannes, der viel las und kalte Bäder nahm.

Im Anfang des Jahres 1834 wurde die Hoffnung auf die Erlangung einer Stelle als Redakteur wieder in Horace Greeley erweckt. In der Druckerei wurde das Projekt der Gründung eines täglichen Blattes angeregt und besprochen. Die Firma bestand damals aus drei Mitgliedern, H. Greeley, Jonas Winchester und C. Sibbett. Sie schätzten ihr Capital auf $3000 und glaubten, daß sie unter sich Talent genug enthalten, um ein „Familienblatt", das alle Anderen übertreffe, ins Leben und zur Blüthe zu bringen. Die Firma hatte in beiden Punkten Recht und das Resultat war — „Der New Yorker". Vielleicht ist es der Mühe werth, einen Vorfall in der Druckerei von Greeley u. Co. hier zu erwähnen. Ein gewisser James Gordon Bennett, ein damals als Journalist bekannter Mann, kam zu Horace Greeley, zeigte eine Fünfzig-Dollar- und verschiedene Noten ge-

ringeren Werthes, als sein Capital vor und lud ihn ein, mit ihm ein neues tägliches Blatt, den New York Herald zu gründen. Unser Held lehnte das Anerbieten ab, empfahl James Gordon Bennett, sich an einen anderen Drucker zu wenden und nannte einen Solchen, von dem er glaubte, daß er an dem Unternehmen Theil nehmen werde. Der Redakteur des Herald that dies und bald darauf erschien das Blatt. Als Eigenthümer nannten sich J. G. Bennett und der Drucker von dem wir sprachen. Nachdem nachher das Lokal des Herald durch Feuer zerstört worden war, ging das Blatt in das alleinige Eigenthum Bennett's über.

Es ist ein Glück für den Schreiber des Gegenwärtigen, daß Horace Greeley in seinen Artikeln so viel über seine eigene Lebensbeschreibung erwähnt hat. Er behandelte die Leser als seine vertrauten Freunde, zeigte ihnen sein Arbeitszimmer und seine Kasse. Er zögerte nicht, die Zahl seiner Abonnenten, den Betrag seiner Einnahme und den Reingewinn nach Abzug der Ausgaben vorzulegen. Deßhalb ist auch die ganze Geschichte des „New Yorker", wie die der Freuden und Leiden des Redakteurs, seiner schwierigen Zeitläufte und seiner Triumphe in den Spalten des „New Yorker" deutlich und ausführlich zu lesen.

Der „New Yorker" war unbestritten das beste Blatt seiner Art, das jemals in diesem Lande erschienen war. Es wurde zuerst auf einem großen Foliobogen gedruckt, dann erschien es in zwei Ausgaben, die Eine in Folio, die Andere in Quarto, die erstere zu zwei, die Andere für drei Dollars per Jahr. Der Inhalt war von viererlei Art: Literarische Nachrichten aus amerikanischen und auswärtigen Zeitschriften ausgewählt, Leitartikel von dem Redakteur in einem höflichen und doch kräftigen Ton geschrieben, Neuigkeiten des Tages, namentlich in Politik mit einer in amerikanischer Journalistik unbekannten Genauigkeit und Sorgfalt gesammelt und schließlich Lokalsachen und Vermischtes. Das Blatt bekannte sich zu keiner politischen Partei, obgleich die entschiedene Parteistellung des Redakteurs gelegentlich durchblickte.

Die Aufsätze im New Yorker hatten nichts von der Heftigkeit und Wärme, die später manchen Artikel Greeley's charakterisirten. So fest und entschieden auch seine eigenen Ueberzeugungen waren, so zeigten seine Artikel dennoch eine Bescheidenheit und Aufrichtigkeit, welche unwillkürlich die Leser für ihn gewannen. Zum Beispiel sagte er in der ersten Nummer bei Gelegenheit eines Artikels über einige kürzlich erschienene mathematische Werke: „Da wir selbst von höherer Mathematik nichts verstehen, so maßen wir uns kein Urtheil über diese Werke an", ein Eingeständniß, welches so leicht keiner der gewöhnlich Allwissenheit entsprechenden Redakteure macht.

Kein Blatt, das so lange existirte, ist je geräuschloser hervorgetreten, als der „New Yorker". Fünfzehn persönliche Freunde des Redakteurs versprachen, sich zu abonniren und als am 22. März 1834 die erste Nummer erschien, wurden davon etwa hundert Exemplare verkauft. Kein Wunder! Keiner der Eigenthümer war dem Publikum bekannt. Alle waren noch sehr jung und der Redakteur vermuthete offenbar, daß man nur eine gute Zeitung zu liefern brauche, um Viel davon zu verkaufen. Die Verleger sagten in einer Ansprache an das Publikum ausdrücklich:

„Unser Debut geschieht unter Hindernissen, welche bei der ersten Erscheinung eines nach allgemeiner Popularität und Gönnerschaft strebenden Blattes nicht oft vorkommen. Unser Blatt ist nicht als „die wohlfeilste Zeitung in der Welt" als das größte jemals erschienene Blatt, oder mit irgend einem der gewöhnlichen, dem Ohr gefälligen charlatanischen Versprechungen angekündigt worden, mit denen unternehmende Herren, welchen die nöthige Anmaßung zu Gebote steht, gewöhnlich ihre Experimente mit einem nachsichtigen Publikum ausposaunen. Kein Bildniß hervorragender literarischer und anderer Größe wird den Titel schmücken, während sie es unter ihrer Würde halten, zu unseren Spalten beizutragen. Keiner der hervorragenden Schriftsteller wird an den Haaren herbeigeschleppt, um für langweiliges und anmaßendes Gewäsch zu entschädigen. Und dieser Mangel an Charlatanerie ist so ernstlich, daß die einzige Einwendung, welche die treuesten und urtheilvollsten Freunde bei der Diskussion unserer Pläne machten, in jedem Falle diese war: — „Ihr wendet nicht genug großklingende Versprechungen an. Ohne Humbug könnt ihr nichts durchsetzen". Und unsere Antwort ist stets gewesen: „Wir werden's versuchen ohne Humbug und mit diesem festen Entschlusse bitten wir unsere Mitbürger um eine solche weitere Ausdehnung der Gönnerschaft, wie sie durch unsere Leistungen, als Versprechung gerechtfertigt wird."

Das Publikum hielt den „New Yorker" beim Worte. Von der zweiten Nummer wurden etwa zweihundert verkauft und drei Monate lang war der wöchentliche Anwachs der Abonnentenliste gewöhnlich etwa hundert per Woche. Im September hatte er 2500 Abnehmer und der zweite Band begann mit 4500. Während des ersten Jahres wurde der „New Yorker" von etwa dreihundert Blättern lobend erwähnt. In der ganzen Union war der Redakteur bekannt und geschätzt.

Dies erfreute ihn höchlichst und er arbeitete nicht nur mit aller Macht, sondern auch mit ganzem Herzen und vollster Hingebung. In welchem Geist er seine Pflicht erfüllt und wie sehr er Sinn für die komischen Vorfälle in dem Leben eines Redacteurs hat, geht nach seiner eigenen Darstellung aus einer Scene hervor, welche sich bald nach der Gründung des Blattes in dem Büreau des Redacteurs zutrug. Der Artikel war überschrieben: „Die Freuden eines Redacteurs," und lautete:

Wir lieben die Manieren der zahlreichen Klassen Unzufriedener nicht, welche sich beständig als die „unglücklichsten Hunde," die jemals existirten, ausschreien. Wenn sie dies wirklich glauben, warum geben sie ihre gegenwärtigen bösen Gewohnheiten nicht auf und wenden ihre Aufmerksamkeit auf ein mehr erträgliches Loos? Und unter unsern Brüdern von der Feder ist diese Klasse nicht zahlreicher als unter andern Professionen, obgleich die stöhnenden Klagen, die sich in der Presse Luft machen weiter verbreitet werden als wenn sie Nachts in das Ohr eines theilnehmenden Freundes geflüstert werden, der sie in der nächsten Minute wieder vergißt. Aber, wir denken, diese Gewohnheit zeigt einen lächerlich schlechten Geschmack. Der Apostel schreibt von „stöhnenden Klagen, die kein Ohr vernimmt." Für unsere Leser wäre es eine große Erleichterung wenn solches Gestöhne eines Redacteurs nie vernommen würde. Nun sind wir eher aufgelegt, uns unserer Würde als Redacteur zu erfreuen, und es macht uns Vergnügen, zu sagen, daß die damit verbundenen Freuden weder selten noch unbeträchtlich sind. Eben jetzt flog eine solche über unsern Weg, die ungewöhnlich piquant war, thatsächlich so gut, daß wir nicht umhin können, auch das Publikum daran theilnehmen zu lassen, obgleich wir dabei den Leser Gelegenheit geben, hinter den Vorhang des Allerheiligsten zu sehen. Scene: das Büreau des Redacteurs, der Redacteur allein, in Gedanken vertieft, von Zeitungen umgeben. In einer Hand ein Wechselblatt, mit der andern Papier verschmierend, während nicht mehr als zwei genaue Freunde an jedem Ellbogen stehen und eifrig zu ihm sprechen. Alle Minuten kommt der „Teufel" und verlangt Manuscript. Ein Herr in Butternußfarbigem Anzug tritt ein, der eine sehr tiefe Verbeugung macht.

Der Fremde. Sind sie der Redacteur des „New Yorker?"

Redacteur. Ja, mein Herr, zu dienen.

Fremder. Haben Sie dies geschrieben?

Red. (nimmt den Ausschnitt und liest). Wenn wir also den frechen Verkäufer von Quacksalbereien in die Trompete stoßen und seine wunderbare Kuren anpreisen, oder den ebenso unverschämten Spekulanten auf des Publikums Leichtgläubigkeit (Coward) hören, der anzeigt, daß er in sechs Stunden Musiklehre, und in ebenso vielen Wochen ein halbes Dutzend Wissenschaften, so thut es uns leid und erregt unsern Unwillen, daß solche offenbare Beschwindelung der Unkundigen nicht entlarvt und an den Pranger gestellt wird.

Red. Das lautet, als ob ich es geschrieben, doch erinnere ich mich der Stelle nicht, wenn Sie sie aber in den Leitartikeln des „New

Yorker" gefunden haben, dann rührt sie allerdings von mir her.

Fremder. Es war in Nr. 15, „Der Fortschritt des Humbugs."

Red. Ach jetzt erinnere ich mich. Diesen Artikel habe ich allerdings geschrieben.

Fremder. Haben Sie dabei auf mich angespielt?

Red. Sie sehen, daß Sie den Namen „Goward" selbst eingefügt haben. In meinem Artikel steht nichts davon.

Fremder. Richtig, aber ich möchte wissen, ob Sie die Absicht hatten, damit auf mich anzuspielen?

Red. Nun, ohne daß ich mich sehr genau erinnere, woran ich gerade dachte, als ich diesen Artikel vor drei Monaten schrieb, will ich freimüthig sagen, daß ich Sie damals im Auge hatte.

Fremder. Nun, Herr, wissen Sie, daß solche Aeußerungen eine große Ungerechtigkeit gegen mich enthalten?

Red. Ich kenne Sie gar nicht, mein Herr, aber die Zeugnisse von Freunden zusammen mit ihren eigenen Anzeigen beweisen mir, daß Sie ein Quacksalber sind!

Fremder. So sprechen meine Feinde, aber wenn Sie meine Zeugnisse sehen, Herr, dann werden Sie das Gegentheil glauben.

Red. Nun, wir werden uns freuen, Ihre Anzeigen in unsern Spalten aufzunehmen, aber als Redacteur kann ich mich zu nichts verpflichten.

Fremder. Dann werden Sie auch fortfahren, mich einen Quacksalber zu nennen?

Red. Ich pflege meine Freunde und Gönner nicht anzugreifen, wenn ich aber Gelegenheit habe von Ihnen zu sprechen, so werde ich es in solcher Weise thun, wie mich die Vernunft bestimmt.

Fremder. Wenn ich Sie nicht mißverstehe, sind Sie also mein Feind!

Red. Verstehen Sie mich wie Sie wollen, ich werde Sie, wie alle andern Menschen so behandeln, wie sie verdienen.

Fremder. Vermuthen Sie denn, daß ich denen Geld zahle, die mich lächerlich machen und einen Quacksalber nennen?

Red. Zahlen Sie Ihr Geld wo Sie wollen, aber, mein Herr, ich habe ein Recht meine Ansichten kund zu geben!

Fremder. Muß man denn einen Mann nach den Angaben seiner Gegner beurtheilen? Jeder Mann hat Feinde.

Red. Ich hoffe nicht, mein Herr, ich hoffe, ich habe nicht einen Feind in der Welt.

Fremder. Allerdings haben Sie einen, ich bin Ihr Feind und der Feind eines Jeden, der mich verläumdet. Von der Presse kann ich keine Gerechtigkeit erlangen mit Ausnahme des Penny-Blattes. Ehe ein Jahr vergeht, werde ich selbst eine Zeitung anfangen. Ich werde zeigen, daß auch Andere im Stande sind, eine Zeitung zu leiten.

Red. Das Feld ist offen. Betreten Sie es.

(Der ehrwürdige J. R. Goward, M. A. Lehrer der sämmtlichen Wissenschaften, in sechs leichten Stunden verläßt das Zimmer.)

Wie glücklich sich unser Held in den frühesten Tagen seiner Laufbahn als Journalist fühlte, geht daraus, daß er sich damals mehrmals als Dichter versuchte. Es mag manchem unserer Leser auffallen, die ihn nur als Schreiber über höchst praktische Gegenstände, wie Politik, Ackerbau kennen, zu hören, daß er im Ganzen, wenn auch nicht als großer, doch als begabter Dichter zeigt. Viele der frühesten Nummern des „New Yorker" enthalten Gedichte von „H. G." Im Ganzen hat er etwa fünfunddreißig dieser poetischen Ergüsse veröffentlicht, von denen der „New Yorker" etwa zwanzig enthält, während die Uebrigen im „Southern Messenger" und verschiedenen andern Monatsschriften erschienen.

Die Gegenstände, über welche er als Redacteur zu schreiben hatte, sind allerdings etwas verschieden von denen, die er als Dichter behandelte. In den wohlgedruckten Spalten der Zeitung finden wir Aufsätze über „die Interessen der Arbeit," „Unsere Verhältnisse zu Frankreich," „Spekulation," „Die Wissenschaft des Ackerbaus," „Wuchergesetze," „Ueber kleine Münze," „Trennung der Banken vom Staat," „National Convention," „Internationales Verfasser-Recht," „das Armenwesen," „die öffentlichen Ländereien," „die Todesstrafe," „die Sklavenfrage," und viele eben so wenig poetische Gegenstände. Ebenso werden darin höchst genaue Wahlberichte gegeben und zahllose Angaben über politische Nominationen. Manche Leute glauben nicht eher an einen Sieg, oder Niederlage in einer Wahl, bis sie im „New Yorker" die Zahlen sehen. Und der „New Yorker" verdiente diese Auszeichnung, denn niemals ist ein Redacteur in Bezug auf wörtliche und absolute Wahrheit der von ihm in der Zeitung gemachten Angaben gewissenhafter gewesen als Horace Greeley. Einer seiner damals mit Correctur beschäftigten Leute, sagt: „Wenn je etwas Horace Greeley in Zorn brachte, so war es ein falschbuchstabirter Name, oder ein anderer Fehler in einem Wahlbericht."

Die im „New Yorker" ausgesprochenen Ansichten sind im Allgemeinen die gleichen, welche er noch hält, obgleich er sich über einige Gegenstände der Sprache bediente, wie er sie jetzt nicht mehr gebrauchen würde. Seine Ansichten über solche Gegenstände sind eher entschiedener, als anders geworden. Zum Beispiel ist er jetzt unter allen Umständen ein entschiedener Gegner der Todesstrafe. Im Juni 1836 schrieb er aber: „Und nachdem wir jetzt unsere Ueberzeugung ausgesprochen haben, daß die Todesstrafe mitunter angewendet werden sollte, wollen wir zufügen, daß wir sie so selten wie möglich vollstreckt sehen wünschen. Nichts als kaltblütiger, vorbedachter Mord, ohne mildernde Umstände kann sie rechtfertigen. Dieß Verbrechen mag auch künftig eine solche Strafe zur Folge haben."

Ein anderes Beispiel. Das Folgende ist ein Auszug aus einem Artikel über die Sklavenfrage, der im Juli 1834 erschien. Er unterscheidet sich von seinen neuesten Auslassungen über diesen Gegenstand nicht so sehr in Grundsätzen als im Ausdruck. Damals hielt er den Norden für den angreifenden Theil:

„Einem philosophischen Beobachter erscheint die Existenz der Sklaverei in einem Theil der Union während sie in einem andern verboten ist und verdammt wird, als kein Grund für Zwietracht, oder Entfremdung. Die Union kam zu Stande, als die Einen genau wußten, daß im Süden Sklaverei bestand, und die Anderen, daß dieselbe im Norden entschieden mißbilligt und nicht geschützt wurde. Aber darin sahen die Schöpfer der Verfassung keinen Grund zum Mißtrauen und zur Verschiedenheit der Ansichten. Sie vermieden weise alle delicaten und aufregenden Fragen und schritten zum Entwurf eines vollkommenen Bundes, welcher jedem Theil des Landes das unbestrittene Recht der Ordnung seiner inneren Angelegenheiten und nur für die allgemeinen Interessen und Gedeihen des Ganzen Maßregeln traf. Warum sollten wir dieses Arrangement nicht als zufriedenstellend und vollkommen ansehen? Und warum sollte man die Berichtigung der in einem Theil der Union existirenden Uebel, wenn sie durch den nie irrenden Finger der Vorsehung als solche bewiesen werden, nicht der Weisheit und Tugend des Volkes in diesem Theil überlassen?" Und weiterhin:

„Wir haben keinen Zweifel darüber, daß das System der Sklaverei die Grundlage aller Uebel ist, unter denen die südlichen Staaten leiden, so daß es die Abnahme des Wohlstandes in Virginia, Maryland und Nord Carolina verursachte. Wir sahen selbst, daß es das Gedeihen des neuen Staats Missouri verhinderte so daß er hinter dem benachbarten Indiana in Bevölkerung und Blüthe zurückblieb. Und wir wagen zu behaupten, daß, wenn die Einwendungen gegen die Sklaverei, aus einem vernünftigen und aufgeklärten System der National-Oekonomie geschöpft, einmal dem Publikum im Süden gehörig auseinander gesetzt werden, es keiner anderen Beweggründe bedarf, um sie zu veranlassen, zu einem wirksamen System von Gesetzen sofort Vorschläge zu machen, welche die schließliche Entfernung des Uebels zum Ziel haben. Aber, ob mit Recht oder Unrecht, das Volk hat eine größere Abneigung gegen die Ermahnung und selbst den Rath ihrer Nachbarn." Nachdem er die Colonisationsgesellschaft gepriesen und die Bildung von Vereinen zur Abschaffung der Sklaverei, welche damals allerwärts im Nor-

den aufschossen, für aufreizend und nutzlos erklärt hatte, fährt der Redacteur fort:

„Wir wagen zu behaupten, daß niemals zwei verschiedene Racen, Racen so verschieden, daß sie zur Amalgamation nicht fähig seien, denselben Landstrich bewohnten, die ein vollständiges System der Gleichheit gegen einander beobachteten. Es bleibt zu bereuen, daß die Geschichte des neunzehnten Jahrhunderts aller früheren Erfahrung entgegen diesen Grundsatz widerlegt. Wir können nicht schließen, ohne nochmals unsere feste Ueberzeugung kund zu geben, daß, wenn die Afrikanische Race je zu einem Zustand verhältnißmäßigen Wohlstandes und verhältnißmäßiger Freiheit und Intelligenz gehoben werden kann, dies in einer anderen Gegend geschehen muß, als die, welche der Schauplatz ihrer Knechtschaft und Entwürdigung war. Sie müssen aus dem Lande Egypten, aus dem Hause der Knechtschaft herauskommen, wenn sie auch gezwungen wären, über die See zu ziehen und vierzig Jahre in der Wildniß zu weilen."

Im Jahr 1835 war er noch nicht zur Billigung eines Maine-Gesetzes, das allen Verkauf berauschender Getränke verbot) vorgeschritten. Er schrieb damals Folgendes:

„Hätte man uns aufgefordert, nur das Verfahren anzugeben, daß wir zum Zweck der Ausrottung dieses schreienden Uebels einschlagen würden, so wäre unsere Antwort bei Weitem leichter zu geben gewesen. Wir würden, ohne zu zaudern, sagen, daß der Verkauf von Alkohol, oder Getränken, von dem Alkohol einen Theil bildet, durch dieselben Gesetze, welche den Verkauf schädlicher Stoffe betreffen, geregelt werden sollte. Er sollte nur von Apothekern und nur in kleinen Quantitäten verkauft werden und mit derselben Vorsicht betreffs des Charakters und des Zweckes, für welchen der Ankauf gemacht wird, wie bei den anderen genannten Gegenständen. Aber wir dürfen nicht vergessen, daß wir nur sagen können, was die Freunde der Mäßigkeit selbst thun können um die edle Sache, für welche sie sich verbündet, vorwärts zu helfen und nicht was die Entschiedenen darunter, und wir sind stolz darauf, uns unter sie zu zählen, durchgesetzt zu sehen wünschen. Wir müssen uns die Sachlage betrachten, wie sie ist und deßhalb müssen alle Versuche, den Verkauf berauschender Getränke in unseren Gasthöfen, Läden und Dampfbooten zu verbieten im gegenwärtigen Zustande der öffentlichen Meinung in hoffnungslosem, lächerlichem Grade vergeblich sein.

Die einzige, gegenwärtig einführbare Maßregel, welche den geringsten Erfolg haben könnte, ist die Auflage einer Licenz von $100 bis $1000 jährlich, welche den Erfolg haben könnte, das Uebel einzuschränken dadurch, daß sie die Einführung weniger häufig und allgemein macht. Aber selbst diese Maßregel würde, fürchten wir, Seitens eines großen und einflußreichen Theils der Bevölkerung auf solchen Widerstand stoßen, daß ihre Annahme und Wirksamkeit äußerst zweifelhaft wird."

Der kühnste und anregendste Artikel, der je im „New Yorker" erschien, war der „über die Tyrannei der Ansicht," welcher in Folge des außerordentlichen Enthusiasmus, mit welchem der 4. Juli im Jahre 1837 gefeiert worden war, veranlaßt wurde.

Nachdem er auf diese Feier angespielt, fährt er fort:

„Das große Uebel unseres gesellschaftlichen Zustandes ist die Verehrung und die Bigotterie gewisser Ansichten. Ausdrücklich bewilligen unsere Gesetze die vollständigste Freiheit des menschlichen Geistes, nicht nur das Recht des freien Gedankens und der freien Discussion, sondern der ungehindertsten Thätigkeit zur Verwirklichung von Grundsätzen und dieser Freiheit wird nur in seltenen Fällen durch die Gesetze ein Ziel gesetzt und bei Allem verhält es sich in der Praxis ganz anders. Unter dem dünnen Schleier einer Demokratie, freier als die von Athen in den Zeiten seines Ruhms, liegt ein Despotismus verhüllt, der zerstörender und schrecklicher ist, als der der Türkei und China's. Es ist der Despotismus der Ansicht. Wer sich untersteht, Ansichten zu behaupten, die sich von der des großen Haufens bedeutend unterscheiden, der muß Verdammung, Verachtung und Verfolgung erwarten und tragen. Ist diese Ansicht eine politische, so schließt sie ihn von öffentlichen Aemtern aus; ist sie religiöser Natur, von gesellschaftlichem Umgang und der allgemeinen Achtung, wenn sie nicht gar seiner Rechte beraubt. Wenn er nur ein mäßiger Ketzer in politischen Ansichten ist, so kann er nie Friedensrichter, oder Polizeibeamter, oder Lampenanzünder werden und wenn er frei und offen gesteht, daß er ein Ungläubiger ist, so erklären ihn die Richter für unfähig, vor den Gerichten Zeugniß abzulegen, ob auch sein Ruf in Bezug auf Wahrheitsliebe unzweifelhaft ist. Beschränkte Geister schreiben diese Ungerechtigkeit auf Rechnung der Parteien und Individuen, aber sie ist die natürliche Folge des unserem Zeitalter und Lande eigenthümlichen Lasters, der Tyrannei der der Ansicht. Sie kann nicht eher abgeschafft werden, als bis die öffentliche Meinung soweit erzogen ist und anerkannt, daß die einzige Garantie der öffentlichen Freiheit in der absoluten und uneingeschränkten Freiheit des Gedankens und Ausdruckes liegt und Strafen nur für den Fall zuläßt, wo die Wohlfahrt der Gesellschaft gefährdet wird.

Im „New Yorker" vom 16. Juli 1836 kann man an der Spitze einer langen Liste von Trauungen die folgende interessante Ankündigung lesen:

Getraut: In der Immanuel-Kirche zu Warrenton, Nord-Carolina, am Dienstag den

5. d. M. Morgens, durch den Ehrwürdigen Wilhelm Norwood, Herr Horace Greelen, Redakteur des „New Yorker", mit Fräulein Marie Y. Cheney, von Warrenton, vormals von New York.

Die Dame war ihres Geschäfts eine Lehrerin und, um uns des Ausdrucks eines ihrer Freunde zu bedienen, „toll aus Lernbegierde". Sie hatten sich im Graham Haus kennen gelernt und die Bekanntschaft wurde brieflich fortgesetzt, nachdem Fräulein Cheney als Lehrerin nach Nord-Carolina gegangen war. Dahin eilte der Liebende und die beiden wurden vereint und kehrten zusammen nach New York zurück. Der Bräutigam erschien bei der Trauung in einer höchst verschwenderischen Kleidung. Er trug einen Anzug aus seinem schwarzen Tuch und „bei dieser Gelegenheit nur," seidene Strümpfe, denn es scheint, daß für ihn Trauung und seidene Strümpfe ebenso untrennbar waren, als für andere Leute Ringe und Ehe, Orangenblüthe und Hochzeit.

Natürlich benutzte der Redakteur seine Hochzeitsreise für sein Geschäft. Auf der Hinreise sah Horace Greeley Washington zum ersten Male und der eben versammelte Kongreß, machte einen sehr günstigen Eindruck. In einem Briefe drückte er seine Bewunderung des Senats aus:

„Daß der Senat der Ver. Staaten von seiner Versammlung von fünfzig, die zusammen kamen, in geistiger Größe übertroffen worden ist, wird nur als eine oft gemachte Behauptung angesehen werden. Ein Phrenologist würde im Senat seine Theorie bestätigt finden, wie auch ein Kenner der Physiognomien. Die hervorragendste Person in dem Senate ist Henry Clay, der unaufhörlich in Bewegung ist und dessen dünne hochaufgerichtete Gestalt sich ohne Zwang dem Majestätischen nähert und ihm eine seltene Grazie zeigt. Seine Züge sind intelligent und zeigen Charakter, aber ein Blick auf seine Gestalt, wenn sein Gesicht abgewandt ist, würde schon verrathen, daß er kein gewöhnlicher Mann ist. Calhoun ist einer der einfachsten Personen, und sicherlich der trockenste, langweiligste Redner, den ich je hörte. Sein Gedankenfluß erinnerte mich an ein, mit Kieselsteinen gefülltes Faß, von denen jedes am Entschlüpfen durch die Härte und große Masse seiner Nachbarn gehindert wird. Obgleich nicht von persönlicher Schönheit, ist er eine anziehende Figur. Herr Benton dagegen schien mir die wenigsten intelligenten Züge zu haben, die ich je an einem Senator sah. Die beste Rede war die des Herrn Crittenden, von Kentucky. Dieser Mann wird nicht so sehr gewürdigt, wie er sollte und müßte. Er besitzt eine rauhe Fertigkeit, viel gesunden Menschenverstand, eine republikanische Manier und eine Ader beißenden, doch gemüthlicher Satire, welche ihn noch im Rathe der Nation auszeichnen wird."

Und häuften Greeley und Co. mittlerweile Geld an. Fern davon. Eine Zeitung zu verlegen ist ein Ding, Profit davon zu ziehen ein Anderes. Die Zahl der Abonnenten vergrößerte sich. Der „New Yorker" war ein einflußreiches Blatt geworden, das Geschäft schien zu blühen, aber es war nicht so. Die klägliche Geschichte seiner Laufbahn wird sehr weitläufig und eindringlich in den verschiedenen Ermahnungen und Bitten an „unsere Gönner" erzählt, welche in den Bänden des Jahres 1837 „des Jahres des Verderbens" enthalten sind und in denen das Jahr langsamen Erholens, welche darauf folgten. Im October 1837 stellte der Redacteur die Sache in folgender trauriger Weise dar:

„Unsere Geschichte ist einfach und soll in einfacher Manier erzählt werden. Als der New Yorker gegründet wurde, hatten die Unternehmer nur geringe Hoffnung auf pecuniären Erfolg, aber starke Hoffnung, daß die Geschäftslage in dem intellectuellen Hauptquartier des Continents und sein niedriger Preis dem Blatte, wenn wohl geführt, eine solche Gönnerschaft sichern würde, daß wenigstens die Kosten gedeckt würden. Mit nur wenigen Abonnenten anfangend, erreichte er am Schlusse des ersten Jahres eine Abonnenten-Zahl von 4500, aber nur dadurch, daß eine das Einkommen um $3000 übersteigende Summe ausgegeben wurde. Dies hatten die Verleger theilweise erwartet. Ein anderes Jahr verging und unsere Abonnentenliste stieg auf 7000, was uns nur bei einem Ausfall von $3000 über die Kosten möglich war. Im dritten Jahr fingen wir mit zwei Ausgaben unseres Blattes an, von Folio und Quarto, und die Gesammtliste der Abonnenten beider belief sich auf beinahe 9500. Und dennoch überstiegen die Auslagen die Einnahmen um $2000. Dies war unsere Lage als „das Jahr des Verderbens" anbrach und wir fanden uns gänzlich außer Stand unser früheres Vertrauen auf die Rechtlichkeit der jeden im Rückstand befindlichen Abonnenten fortzusetzen. Ihrer 2500 wurden von der Liste gestrichen und jede mögliche Einschränkung bewerkstelligt. Durch die größte Frugalität und durch die außerordentliche Güte und das Vertrauen unserer Freunde sind wir kaum in den Stand gesetzt worden, unser Schiff schwimmend zu halten. Unser geringes Vermögen ist längst in den Allesverschlingenden Wirbel geworfen worden. Keiner hat mehr, als Belohnung für selbst geleistete Dienste aus der Kasse der Firma gezogen und was die verschiedenen Mitglieder, welche das Geschäft des Redacteurs, beziehungsweise Verlegers versahen, erhielten, ist bei Weitem weniger, als sie für ihre Arbeitern anderswo hätten erhalten können; die letzten sechs Monate waren noch verderblicher, als die vorhergehenden, da wir mehr und mehr unsere Einnahmen hinter den Ausgaben zurück bleiben sahen. Man schul-

det uns eine bedeutende Summe, aber wir finden es unmöglich dieselbe einzuziehen außer mit erschöpfenden Kosten. Alle Berufungen an die Ehrlichkeit und Rechtlichkeit der Schulden blieben gänzlich erfolglos. Es bleibt uns deshalb nichts übrig als hiermit anzuzeigen, daß von heute an der Preis des „New Yorker" auf drei Dollars für die Folio- und vier für die Quarto-Ausgabe festgesetzt ist.

Freunde des New Yorker! Gönner! Wir appelliren an Euch nicht, um Almosen, sondern um Gerechtigkeit zu erlangen. Wer uns etwas schuldet, wenn noch so wenig, begeht eine Verletzung der Moral; wir haben es bitter nothwendig und ein Recht, Zahlung zu erwarten. Sechs glückliche Jahre können uns nicht für die Angst und Schrecken entschädigen, welche drückende Verwickelungen und Befürchtungen, getäuschte Hoffnungen, und vor uns gähnenden Ruin, die meistens alle aus eurer Nachläßigkeit in Zahlen herrührten auch in den letzten sechs Monaten auf uns häuften. Wir haben Alles schweigend ertragen, jetzt sagen wir aber, daß wir unsere Zahlung haben müssen. In den nächsten zwei Monaten haben wir bedeutende Zahlungen zu machen und das Geld dazu muß um jeden Preis aufgebracht werden. Wir werden lieber freudig unser geringes Eigenthum aufgeben und uns im Voraus zu Jahre schwerer Arbeit verpflichten, als unseren Namen in Unehre zu bringen und unsere Gläubiger einem Verlust oder Verdrießlichkeiten auszusetzen. Wir müssen zahlen und Sie müssen uns dazu in Stand setzen. Es wäre möglich, daß wir unsere Freunde um Nachsicht bitten müßten und sie erhalten würden, aber der blasse Gedanke verursacht Todesqual. Wir würden nur zu einer verkappten Bettelei gezwungen sein, während wir, wenn uns von unseren Schuldnern Gerechtigkeit gethan wird, der schrecklichen Nothwendigkeit entgehen. Jedenfalls werden wir uns dieser Beschämung nicht unterwerfen, ohne vorher eine Anstrengung gemacht zu haben."

Während der sieben Jahre seines Bestehens wurde der New Yorker nie einträglich und sein Redakteur mußte während des größeren Theils dieser Zeit seine Existenz durch Drucken und durch andere Arbeiten, die er bald erwähnen werden, fristen. Der „leitende Geist" des New Yorker litt von Haus aus an einer Unfähigkeit, Geschäfte zu führen. Es war das Gegentheil von dem „harten Manne" in der Bibel, der erndtet, was er nicht gesät hat. Er war zu gutherzig, zu vertrauensvoll, zu träumerisch und nahm es zu leicht für einen Geschäftsmann. Als ein Lehrjunge seine Briefe auf der Post stahl, gab er ihm Ermahnung und ließ ihn entweder ungestraft gehen, oder versuchte es noch einmal mit ihm. Wenn ein armer „Paragraphist" sich anbot für drei Dollars die Woche zu arbeiten, so sagte er: „Ich will Ihnen fünf geben, bis Sie etwas Besseres bekommen." Einmal ging er selbst auf die Post, erhielt eine große Anzahl Briefe und steckte sie in eine Tasche seines Ueberrocks. Als er das Büreau erreichte, hing er den Ueberrock an den gewöhnlichen Nagel, verlor sich bald in einem Leitartikel und dachte nicht eher an seinen Ueberrock und die Tasche darin als — im Herbst. Beständig kamen Briefe, die sich über das Nichterhalten von Blättern beklagten, die im Voraus bezahlt worden waren und die Leute im Büreau konnten es nicht erklären. Am ersten kühlen Tage im Oktober schüttelte der Redakteur den Sommerstaub von seinem Ueberrock; die vermißten Briefe fanden sich und das Geheimniß war erklärt.

Eine andere Geschichte zeigt uns, wie es da herging. Eines Tages trat ein Herr ein und fragte nach dem Redakteur. „Ich bin der Redakteur," sagte ein junger Mann, der zeitweilig mithalf. „Sie sind nicht der Mann, den ich zu sehen wünsche." „Oh," sagte der kleine Hanswurst. „Sie wollen den Drucker sehen. Er ist nicht in der Stadt." Die Setzer hörten dies und unser Held erhielt von jenem Tage den Spitznamen „Drucker" und nur unter diesem wurde seiner erwähnt, gleichviel ob er gegenwärtig oder abwesend war. Dies war sehr hübsch und liebenswürdig, aber ein sich rentirendes Geschäft kann so nicht betrieben werden.

Durch diesen Mangel an Geschäftssinn litt der Redakteur des „New Yorker" Alles, was ein Mann dadurch leiden kann. „Die meiste Zeit" schrieb er Jahre nachher, „war ich sehr arm und vier Jahre lang wirklich bankerott, obgleich ich immer meine Noten bezahlte und mein Wort hielt, wobei ich aber so ärmlich, wie möglich lebte. Meine Verlegenheit war zu Zeiten fürchterlich, nicht, weil ich Armuth fürchtete, aber die Furcht, auch meine Freunde in's Unglück zu stürzen, war bitter."

Eines Nachmittags kam er zu einer Freundin, händigte ihr ein Blatt des New Yorker und sagte:„ Hier, Frau S., ist die letzte Nummer des New Yorker, die Sie je sehen werden. Jetzt kann ich meine Freunde noch vor Verlust bewahren und ich will ihr Geld nicht dadurch gefährden, daß ich ihn länger fortsetze."

An demselben Tage ging er zu Herrn Gregory, um ihm seinen Entschluß mitzutheilen, aber dieser treue und unerschütterliche Freund wollte nichts davon hören. Er bestand darauf, daß Greeley den Kampf fortsetzen solle und bot seinen Beistand mit solcher offenen und ernsten Herzlichkeit an, daß die Bedenklichkeiten unseres Helden zum Schluß wichen. Er kam ermuthigt nach Hause und beschloß, noch ein anderes Jahr mit nachlässigen Abonnenten und werthlosem Papiergeld zu kämpfen.

Während der ersten Jahre des „New Yorker" hatte Greeley wenig literarische Hülfe bei der Redaktion. Im Jahre 1839 trug Herr Parke Benjamin durch seine lebendigen und humoristischen Kritiken viel dazu bei, die Spalten interessanter zu machen, aber sein Aufent-

halt war nicht von langer Dauer. Einige Monate später kam Herr Henry J. Raymont, der eben das Colleg in Burlington, Vermont, durchgemacht, nach der Stadt, um sein Glück zu suchen. Er hatte ein paar recht hübsche Skizzen für den „New Yorker" unter dem Namen „Fantome" beigetragen und machte bei seiner Ankunft Herrn Greeley einen Besuch. Das Resultat war, daß er als Gehülfe des Redakteurs, bis er etwas anderes finden könne, eintrat und es mag manchen jungen, hartarbeitenden, verkannten, schlecht bezahlten Journalisten ermuthigen, zu hören, daß der Redakteur der New Yorker Times mit einem Gehalt von sechs Dollars wöchentlich seine Laufbahn anfing.

Neuntes Kapitel.

Er redigirt „Campagne-"Blätter, den „Jeffersonian" und die „Log Cabin."

Während Herr Greeley kämpfte, um den New Yorker einträglich zu machen, mußte er, um seine nothwendigen Auslagen zu decken, noch solche Redaktionsarbeiten thun, wie Gelegenheit ihm darbot. Im Jahre 1838 übernahm er allein die Redaktion eines wöchentlichen „Campagneblattes," genannt der „Jeffersonian," welches in Albany erschien. Der Jeffersonian war ein hübsch ausgestattetes Blatt von acht Seiten. Seine Leitartikel, meistens nur geringer Zahl, waren kurz und bündig und suchten zu überzeugen, nicht aufzuregen, aufzuklären, aber nicht zu blenden. In seinen Spalten veröffentlichte er viel der besten Reden damaliger Zeit, einige für, andere gegen die Principien des Blattes. Jede Nummer enthielt eine genaue und vollständige Zusammenstellung der politischen Tagesneuigkeiten und gewöhnlich eine oder mehr Seiten vermischte Nachrichten. Es war nicht im Geringsten das, was man gewöhnlich unter einem Campagneblatt versteht. Riesige Buchstaben und Ausrufungszeichen wurden ebenso wenig benutzt, als in den ruhig und höflich geschriebenen Artikeln des „New Yorker" und von den gewöhnlichen Schlagwörtern, wie: „Großer Sieg!" ist nur eine Spur zu sehen und zwar in Folgendem:

„Glorreicher Sieg! Wir haben den Feind getroffen und er ist besiegt worden. Unser ganzes „Ticket," mit Ausnahme des Gemeinderaths, eines Polizeidieners und dreier Fenz-Inspektoren, eines Pfandstallaufsehers und zwei Flurschützen ist erwählt. Niemals gab es einen solchen Triumph!" Halt ein Freund! Habt ihr zu den verschiedenen Aemtern auch die besten Leute erwählt? Habt ihr Leute erwählt, welche vorher nicht nur Fähigkeit sondern auch Ehrlichkeit bewiesen? Leute, welchen Ihr in jedem gewöhnlichen Zweige des Geschäftslebens vertrauen würdet. Vor Allem habt Ihr den besten Mann in der Gemeinde für das wichtige Amt eines Friedensrichters erwählt? Wenn wahr, dann frohlocken wir mit Euch. Wenn die Leute, deren Erwählung der Sache der Tugend und öffentlichen Ordnung am zuträglichsten ist, gewählt worden sind, so werden Eure Gegner wenig Grund zum Bedauern haben. Ist dem nicht so, so habt Ihr nur einen leeren und zweifelhaften Triumph davongetragen.

Es wäre interessant zu wissen, was das Whig Central-Committee von solcher außerordentlichen Sprache in einem Campagneblatt dachte. Thatsächlich brachte der Jeffersonian für 50 Cents mehr Ideen und Neuigkeiten, als vorher und seither von einem gewöhnlichen Wochenblatt geliefert wurde.

Für dieses Buch liefert der Jeffersonian wenig Material. Es enthält wenige oder keine jener charakteristischen Ergüsse und Anspielungen auf die Vergangenheit des Schreibers, die anderen Blättern, für welche unser Held schrieb, solches Interesse verleihen.

Nur einen einzigen wollen wir hier anführen:

„Wer immer die Reisetasche des Redakteurs dieses Blattes, welche ungefähr am 20. letzten Monats nahe bei State Str. verloren wurde, gefunden hat, soll die Hälfte des Inhalts erhalten, wenn er das Uebrige auf dem Bureau dieses Blattes abgibt."

Das Jahr, in welchem er den „Jeffersonian" leitete, war ein außerordentlich mühseliges. Nur ein Greeley konnte solche unausgesetzte und anstrengende Arbeit verrichten. Er hatte Material für zwei Blätter verschiedenartigen Charakters zu liefern, deren Druckereien hundert und fünfzig Meilen von einander entfernt waren; Blätter, von denen Tausende ihre wöchentliche Zufuhr geistiger Nahrung erwarteten. Sobald der „New Yorker" mit vieler Mühe der Presse übergeben war, eilte der Redakteur nach dem Albany-Boot, und nach einem die ganze Nacht dauernden Kampfe mit den Wanzen der Kajüte oder den Politikern auf dem Sturmverdeck, schritt er zur Erfüllung anderer Pflichten auf die Officin des „Jeffersonian". Nun war das Albany-Boot von 1838 in einem sehr verschiedenen Zustand der Ausstattung von dem der gegenwärtigen Zeit. Die Leiden unseres Helden können wir uns denken.

Im Jahre 1840 war ein Präsident zu wählen. Wer kann jene Campagne vergessen haben! Die Massen-Versammlungen, das Aufbauen der „Logcabins", die Tippecanoe-Clubs, die Carricaturen, die Epigramme, die Witze, die allgemeine Aufregung, die damals herrschte! General Harrison wurde in den Präsidentenstuhl hineingesungen und Van Buren daraus herausgelacht. Jedes Dorf hatte

seine „Cabin", seinen Club, sein Sängerchor. Tippecanoe-Lieder wurden bei Hunderttausenden verkauft. Es gab Tippecanoe-Medaillen und Schleifen. Alle anderen Interessen wurden von dem an die Wahl verschlungen. Alle Schlagwörter löFten sich in Eins auf:

„Tippecanoe und Tyler auch!"

Am zweiten Mai erschien die erste Nummer des „Log Cabin", verlegt von Greeley & Co., eines wöchentlichen Blattes, das gleichzeitig in New York und Albany erschien und 50 Cents für einen Wahlfeldzug von sechs Monaten kostete. Es war ein kleines Blatt, hatte vielleicht ein Achtel der Größe der gegenwärtigen „Tribune", aber es war mit wundervollem Geist geschrieben und hatte nie gesehenen Erfolg. Von der ersten Nummer wurden 20,000 gedruckt, eine Zahl, welche, wie Greeley's Freunde glaubten, nie abgesetzt werden konnte; aber die ganze Ausgabe ging in einem Tage fort. 8000 mehr wurden gedruckt und in einem Morgen verkauft; 4000 mehr wurden gedruckt, und die Nachfrage war dann noch so stark, daß die Nummer wieder gesetzt und noch 10,000 Abdrücke gemacht wurden. Zusammen wurden 48,000 Exemplare der ersten Nummer verkauft. Von Abonnenten meldeten sich im Durchschnitt 700 per Tag und die Liste schwoll in wenig Wochen zu 60,000 Namen, und dies dauerte fort bis eine wöchentliche Nummer in 80,000 bis 90,000 Exemplaren gedruckt wurde. H. Greeley & Co. kamen durch diesen Erfolg in wahre Schwierigkeiten. Sie hatten keine Vorbereitungen für eine solch enorme Vergrößerung ihres Geschäfts gemacht und hatten Mühe, genug Schreiber und Falzer zu finden, um ihre ungeheuere Ausgabe durch die Post zu versenden.

Selbst jetzt nach so langen Jahren, und obgleich die Männer, wie sie die Fragen der damaligen Zeit jetzt alle todt sind, ist die „Log Cabin" keine langweilige Lectüre. Damals aber wurde sie mit einer Gier verschlungen, die selbst Diejenigen, die sich deren erinnern, kaum begreifen können.

Wir wollen einen kurzen Ueberblick über ihre Spalten nehmen.

Der Redacteur erklärt den Zweck und die Grundsätze des kleinen Blattes folgendermaßen:

Die „Log Cabin" wird ein eifriger und unerschütterlicher Fürsprecher für die Rechte, Interessen und das Gedeihen unseres Landes sein, namentlich aber derjenigen der hartarbeitenden Landleute. Es wird die Sache der Log Cabin gegen die des Zollhauses und des „Weißen Hauses" vertreten. Es wird die Interessen der bescheidenen Industrie gegen die Pläne und Ränke von Beamten vertreten, die „in den Rock kurzzeitiger Autorität gekleidet sind", die dreifachen Lohn erhalten, während der Arbeiter gezwungen ist, um Beschäftigung zu drei oder vier Schillingen per Tag zu betteln. Es wird für die Einführung einer gefunden, gleichförmigen, zureichenden Münze für unser ganzes Land sprechen und gegen die verrückten Projekte und verderblichen Experimente der „Dousterswivels" des heutigen Tages, die damit anfingen, Gedeihen, Wohlstand und Ueberfluß an Gold als das sichere Resultat ihrer Maßregeln zu versprechen, und siehe, die Resultate sind Zerrüttung, Bankerott, niedriger Lohn und lumpiges Papiergeld! Kurz, wir wollen der Anwalt der Sache der Freiheit, der inneren Verbesserungen und der nationalen Reform sein, indem wir die Erwählung von Harrison und Tyler, die Wiederherstellung einer unbescholtenen Regierung, die dem öffentlichen Willen dient, und bessere Zeiten für das Volk erstrebt. Dies sind die Ziele und die Grundsätze des „Log Cabin". Der Inhalt war mannichfaltig. Die erste Seite war ausschließlich der „Tippecanoe"-Literatur gewidmet, wie z. B. „Skizze von Gen. Harrison", „Anekdote von Gen. Harrison", „Gen. Harrison's Glaubensbekenntniß", „Widerlegung der Verleumdungen gegen Gen. Harrison," „Versammlung alter Soldaten," ꝛc. Von dieser Art enthielt die erste Nummer acht und zwanzig Artikel und kurze „Paragraphen". Die zweite Seite enthielt Leitartikel und Correspondenzen. Auf der dritten wurden die „Glorreichen Siege" und „Nie gesehenen Triumphe" berichtet. Die vierte enthielt ein „Tippecanoe"-Lied mit den Noten, und vermischte Artikel. Dr. Channing's Vorlesung „Ueber die Hebung der arbeitenden Klassen" lief durch mehrere der ersten Nummern. Die meisten enthielten einen oder zwei Holzschnitte, Gen. Harrison's Schlachten darstellend, die Portraits der Candidaten, oder auch Carricaturen. Eine der letztgenannten stellte Van Buren als eine in einer Falle gefangene Maus vor, und darüber war die folgende Erklärung. Die „Neue Aera" brachte das Bild einer „Log Cabin", die eine Falle bildet und als Lockspeise ein Faß sauren Apfelwein enthielt. Aus dem Folgenden ist zu ersehen, daß die Falle sich geschlossen hat und eine schlaue Maus von Kinderbook ist hinter dem Gitter zu sehen. Der alte Hickory möchte sie gern erlösen, aber er bringt es nicht fertig. Die Leitartikel der „Log Cabin" waren meistens ernst und überzeugend gehalten. Sie betreffen das Zollsystem, das Geld, die schlechten Zeiten. Mit welcher Energie aber der Wahlfeldzug geführt wurde, geht aus anderen Theilen des Blattes hervor, welche weitläufige und glühende Berichte über Versammlungen enthielten. Ein Correspondent von Erie, Pennsylvanien, berichtet, wie dort eine „Log Cabin" errichtet wurde, von der das Harrison- und Reformbanner wehte. Während die Whigs damit beschäftigt waren, erhalten sie Nachricht, daß eine feindliche Demonstration von Harbor Creek, dem Bezirk gemacht werden würde, wo die Einwohner immer energische Vertheidiger von Jackson und Van Buren gewesen waren.

Bald darauf zeigte sich eine Schaar von vierzig Reitern, wie Indianer gekleidet, mit Tomahawks und Skalpirmessern bewaffnet und näherte sich der „Cabin". Die Whigs machten Vorbereitungen, ihr Banner zu vertheidigen. Die Scene wurde äußerst aufregend. Die Reiter ritten zur Hütte heran, stiegen ab und übergaben sich freiwillig als Gefangene. Es stellte sich heraus, daß es die alten Jackson-Leute von Harbor Creek waren, welche diese Methode erwählt hatten, um ihren Uebergang zu Harrison und Tyler zu bethätigen. Der Tomahawk wurde dann begraben, die Thür wurde geöffnet und sie wurden in die Hütte geführt, wo sie feierlich bei einem Glase sauern Apfelweins versprachen, Harrison und Tyler zu unterstützen. Der größte Witzbold der Campagne war Prentice vom Louisville Journal, der witzigste aller lebenden wie aller verstorbenen Redacteure. Die folgenden drei Log Cabin Witze, so fade sie jetzt erscheinen mögen, erregten damals ungemeine Heiterkeit.

„Der „Globe" sagt, es seien bloß zwei Parteien im Land, die Partei der Armen und der Reichen, und Van Buren sei der Freund der Ersteren. Soviel ist gewiß, der Präsident ist emsig bestrebt, die erstere Partei, wesentlich der Zahl nach, zu stärken. Er beabsichtigt die ganze Bevölkerung mit Ausnahme der Beamten zu armen Leuten zu machen."

„Was hilft es den Locofoco's (Demokrat), daß sie die Logcabin mit Dreck beworfen haben? Wird eine solche Hütte nicht stärker, wenn sie mit Dreck beworfen wird."

Ein Whig ging neulich durch die Straßen von Boston und bemerkte einen Zollhausbeamten, der mit saurem Gesicht die letzten Nachrichten über die Wahl in Maine las. „Ach," sagte der Whig, „Sie nehmen gerade einen Bittern." Der Herr kratzte sich hinter den Ohren und schlich sich weg.

Ein Correspondent von Utika spricht in folgendem überschwenglichen Tone von einer Massenversammlung in seiner Stadt:

„Dies war der glorreichste, schönste Tag in meinem Leben. Nie, nein, nie vorher habe ich das Volk in seiner Majestät gesehen. Nie zeigte sich ein solcher Enthusiasmus. Die Herzen von fünfundzwanzigTausend freien Männern flossen von Dankbarkeit und Freude über. Es war ein Tag des Jubels, die Epoche der Befreiung für den mittleren Theil des Staates New York. Aus den Thälern und von den Bergen stürzten sich die Wogen des Volkes in die Stadt. Die Straße hallt wieder von Beredsamkeit, Musik und Hurrah. Ueberall sehen wir Demonstrationen der Eintracht und Stärke, die Symbole des Sieges, und die Vorboten künftigen Gedeihens und Wohlstandes. Alles ist belebt und zeigt, daß das Volk endlich die Frage vollständig versteht und Ernst macht. Ich will nicht versuchen, die Prozession zu beschreiben. Es genüge, daß sie fünf Meilen lang war, daß man einen wahren Ocean von Köpfen sehen konnte.

Seward und Bradish wurden einstimmig zur Wiedererwählung vorgeschlagen. Das Resultat wurde dem Volke, das auf dem großen Platze vor dem Gerichtsgebäude versammelt war, mitgetheilt und erregte einstimmigen, betäubenden Jubel." Der verschwenderische Luxus im weißen Hause war für Diejenigen, die den damaligen Bewohner herauswerfen wollten, ein Hauptbeweisgrund. Eine Nummer des Log Cabin enthält eine Rede, die im Repräsentantenhause von einem Mitglied der Opposition, gehalten worden war und worin die Rechnungen der Lieferanten für das weiße Haus ausführlich gegeben waren.

Diese kurzen Auszüge aus dem Blatte zeigen die Beschaffenheit der Arbeit, welche Horace Greeley in der heißen Jahreszeit von 1840 zu thun hatte. Das Interesse, welches er selbst an den Zeitfragen nahm, war intens und seine Arbeiten waren unausgesetzt und höchst anstrengend. Er schrieb Artikel, hielt Reden, er wohnte Comitesitzungen bei, er reiste, gab Rath, entwarf Pläne, während er zwei Zeitungen zu besorgen und eine Last von Schulden zu tragen hatte. Aber er ertrug diese Knechtschaft freudig. Von seinen Lehrlingstagen hatte er die Maßregeln der demokratischen Verwaltung mit äußerster Mißbilligung beobachtet und von den verderblichen Wirkungen ihrer Maßregeln hatte er einen Theil gelitten. Seine ganze Seele war in dem Kampf und er kämpfte nur mit anständigen Waffen. Seine Antwort auf den Brief eines Correspondenten, worin er sagt, daß persönliche Angriffe auf Martin van Buren, oder dessen Unterstützer, in der Log Cabin nicht veröffentlicht werden können, zeigt, daß er dem Volksgeiste von 1840 vorangeschritten war.

Der Leser mag vermuthen, daß der außerordentliche Absatz des Log Cabin dazu beitrug, unseren Helden aus seinen pekuniären Schwierigkeiten zu erlösen. Dies war nicht der Fall. Er zahlte einige Schulden aber machte andere und war niemals frei von Beängstigung. Der Preis der Zeitung war niedrig und der nicht vorhergesehener großer Absatz verursachte den Verlegern Ausgaben, welche sie, wenn sie vorbereitet gewesen wären, hätten vermeiden oder bedeutend verringern können. Einzelne Nummern auf die Post zu schicken, kostete hundert Dollars. Die letzte Nummer des Blattes, bekannt unter dem Titel „die große O. K. Nummer, die man in Zahlen der erwarteten Majoritäten, mit Schlagwörtern in großen Buchstaben und mit Ausrufungszeichen gefüllt war, die Nummer, welche den sicheren Triumph der Whigs anzeigte und Tausenden von Log Cabins ins Lande freudige Nachrichten brachte, enthielt eine rührende Ansprache an die Freunde, die uns Geld schulden. Sie war in kleinen Buchstaben gesetzt und in einem nicht in die Augen fallenden Platze des Blattes. Sie lautete, wie folgt:

„In einigen Fällen fanden sich die Verleger veranlaßt, von unserer allgemeinen Regel abzuweichen und unser Blatt auf Credit zu verkaufen, nachdem die Käufer versprochen hatten, das Geld vor dem 1. September einzusenden. Dieser Tag ist vorüber und es thut uns leid, sagen zu müssen, daß diese Versprechungen nicht gehalten worden sind. Denen, die uns schulden, müssen wir deßhalb sagen: Freunde, wir brauchen unser Geld, unser Papierhändler bedarf seines Geldes und hat ein Recht es zu erwarten. Bei dem niedrigen Preis des Blattes ist an Profit nicht im Entferntesten zu denken, wir bitten nur um die Mittel, um unsere Schulden zu zahlen."

Die „Log Cabin" war nur für die Dauer des Wahlfeldzugs berechnet und hätte mit der Nummer siebenundzwanzig aufhören sollen. Der enthusiastische Redacteur wünschte dem Publikum die genauen Berichte über die siegreiche Wahlschlacht vorzulegen und fügte eine Extranummer hinzu, die allen Abonnenten frei zugeschickt wurde. Diese Nummer zeigte ebenfalls an, daß die „Log Cabin" in kurzer Zeit wieder erscheinen werde. Dies geschah am 5. December 1840 und das Blatt erschien mit mäßigem Erfolg, bis sowohl es als der New Yorker in die Tribune verschmolzen wurden.

Für seine Dienste in diesem siegreichen Wahlfeldzuge, (und kein Mann trug mehr, als er zum Siege bei) erhielt Horace Greeley keine Belohnung in Gestalt eines Amtes. Er bat um keins und wohnte selbst nicht einmal den Feierlichkeiten beim Amtsantritt des neuen Präsidenten in Washington bei. Dies ist nicht auffallend, aber es befremdet, daß die neue Regierung nicht so viel Anstand besaß, ihm etwas anzubieten. W. H. Fry hielt eines Abends eine Rede bei einer politischen Versammlung in Philadelphia. Am nächsten Morgen machte ihm ein Comite seine Aufwartung und fragten, um welche Stelle er sich bewerben werde. „Stelle"? sagte der erstaunte Componist. „Ich will keine Stelle." „Warum zum T.... haben Sie denn gestern Abend gesprochen"? hieß es. Greeley hatte nicht einmal die Ehre, daß ihm ein Comite diese Frage stellte.

Uebrigens verschaffte ihm die „Log Cabin" einen außerordentlichen Ruf als tüchtiger Journalist und Politiker, einen Ruf, der bald ein werthvoller wurde, als Geld. Die „Log Cabin" vom 3. April enthielt die Nachricht von Harrison's Tod und unter Anderen folgende Anzeige:

Die New Yorker Tribune.

Am Sonnabend, den 10. April d. J. wird der Unterzeichnete die erste Nummer einer neuen, täglichen Zeitung für Politik, Literatur und vermischte Nachrichten veröffentlichen.

Die „Tribune" wird sich bemühen, die Intereſſen des Volkes zu vertreten und für ſein moraliſches, geſellſchaftliches und politiſches Gedeihen zu wirken. Die unmoraliſchen, verderblichen Berichte über Polizeifälle und gewöhnliche Criminalfälle, welche die Spalten der meiſten unſerer Pennyblätter ſchänden, werden ſorgfältig ausgeſchloſſen ſein und es werden alle Anſtrengungen gemacht werden, um das Blatt des herzlichen Beifalls der Tugendhaften und Gebildeten würdig und aus ihm einen willkommenen Beſucher in jeder Familie zu machen.

Wir ſind der ernſtlichen Anſicht, daß die politiſche Revolution, welche William Henry Harriſon auf den Präſidentenſtuhl rief, ein Triumph des Rechtes, der Vernunft und der öffentlichen Wohlfahrt über Irrthum und ruchloſen Ehrgeiz war. Die „Tribune“ wird der neuen Regierung ihre aufrichtige, herzliche, aber männliche und unabhängige Unterſtützung zuwenden, wird ſie immer nach ihren Maßregeln beurtheilen und nur die billigen, welche geeignet ſind, das große Ziel jeder Regierung zu erreichen: die Wohlfahrt des Volkes.

Die „Tribune“ wird jeden Morgen in einem Bogen von der Größe des „Log Cabin“ und des „Evening Signal“ erſcheinen und den Abonnenten in der Stadt für den Preis von einem Cent das Stück zugeſchickt werden. Auswärtige Abonnenten zahlen $4.00 jährlich. Sie wird die Nachrichten der letzten Poſt vom Süden bringen, welche in keinem anderen Pennyblatt enthalten ſind.

Um zahlreiche Abonnenten bittet ergebenſt

Horace Greeley,
30 Ann Str.

Zehntes Kapitel.

Die erſten Tage der „New York Tribune.“

Wer lieferte das Capital? Horace Greeley. Aber am Tage des erſten Erſcheinens der „Tribune“ war er kaum zahlungsfähig! Das iſt wahr, und dennoch iſt es nicht weniger wahr, daß er ſelbſt beinahe das ganze, große Capital aufbrachte, welches für das Unternehmen nöthig war.

Für die Gründung einer großen, täglichen Zeitung iſt ein bedeutendes Capital unumgänglich nothwendig. Dies mag ein Capital literariſchen Rufes, des Credits, der Erfahrung, des Talentes und der günſtigen Umſtände ſein. Horace Greeley's Partei achtete und bewunderte ihn, wie ebenſo Manche ſeiner politiſchen Gegner. In ſeinem eigenen Kreiſe war er als ein Mann von unbeſtechlicher Rechtſchaffenheit bekannt, als Einer, der Opfer brachte um nur ſeine Schulden pünktlich zu bezahlen, als Einer, der keine Verpflichtung

übernahm, von der er nicht wußte, daß er ſie erfüllen könne. Mit anderen Worten, ſein Credit war gut. Er hatte Talent und Erfahrung. Man füge tauſend Dollars hinzu, die ihm ein Freund (James Coggeshall) lieh, und das Bedürfniß nach gerade einer ſolchen Zeitung als welche die „Tribune“ ſich ſpäter herausſtellte, und wir haben das Capital, mit welchem das Blatt gegründet wurde. Alles zuſammengerechnet repräſentirte dies ein Capital von $50,000.

Im Jahr 1841 gab es hundert Zeitungen und Zeitſchriften in New York, und unter dieſen zwölf tägliche. Der „Commercial Enquirer“, der „New York American“, der „Expreß“ und „Commercial Advertiſer“ waren Whig-Zeitungen und koſteten $10 per Jahr. Die „Evening Poſt“ und „Journal of Commerce“ neigten ſich zur demokratiſchen Seite. Das erſtere Blatt bekannte ſich offen dazu, das letztere Blatt nicht. Das „Signal“, der „Tatler“ und „Star“ waren wohlfeile Blätter; die beiden erſteren hielten ſich neutral, das letztgenannte ſchwankte hin und her. Der „Herald“, ein zwei Cents Blatt, war — nun, es war der „Herald“. Die „Sun“, ein Pennyblatt von ungeheurer Verbreitung, war, obgleich angeblich neutral, in Wirklichkeit demokratiſch und wegen des unpaſſenden Charakters vieler ſeiner Anzeigen ſehr anſtößig. Ein wohlfeiles Whig-Blatt exiſtirte nicht. Am 10. April 1841 erſchien die „Tribune“, ein Blatt von nur einem Drittel der Größe der gegenwärtigen „Tribune“, Preis ein Cent, Bureau No. 30 Ann Street, Horace Greeler, Redacteur und Eigenthümer, im Departement der literariſchen Kritik und ſchönen Künſte, unterſtützt von H. J. Raymond. Unter dem Titel trug das Blatt das Motto: „Ich wünſche, daß Ihr die wahren Grundſätze der Regierung verſteht. Ich wünſche, daß ſie ausgeführt werden; ich verlange nichts mehr.“

Die Auſpizien waren nicht günſtig. Der plötzliche Tod Gen. Harriſon's, des Präſidenten, auf den man ſo viel Hoffnungen ſetzte, der erſte der Präſidenten, die während ihrer Amtszeit ſtarben, hatte das Land in Trauer verſenkt und einen prophetiſchen Schatten auf die Ausſichten der Whigs geworfen.

Der Redacteur wachte perſönlich die ganze Nacht für die Herrichtung der erſten Nummer. Er war nervös und ängſtlich, nahm ganze Artikel zurück und machte bei anderen hie und da Aenderungen, und verließ die Setzerſtube nicht eher, als bis er den ganzen Satz in der Preſſe ſah. Der Morgen brach düſter und drohend an. „Die naßkalte, hagelbrohende Atmoſphäre, der bleifarbene Himmel, die allgemeine Trauer, die an jenem ſtürmiſchen Tage auf allen Geſichtern lag, an dem die Stadt das Andenken an Gen. Harriſon durch einen großartigen und noch erſchütternden Aufzug feierte, an den Präſidenten, durch deſſen vorzeitigen Tod die Hoffnungen der Nation verwelkten, waren," so schrieb Greeley viele Jahre später, in „Harmonie mit meinen eigenen Aussichten auf die Zukunft."

Nachdem er sich beinahe sieben Jahre gänzlich der Leitung wöchentlicher Zusammenstellungen von Nachrichten über Politik und Literatur gewidmet hatte, von der er, obgleich sein Ruf sich über das ganze Land verbreitete und obgleich er sehr hoch geschätzt wurde, doch nur die Erfahrung und weite Bekanntschaft, die daraus entstehen, als Hauptbelohnung gezogen hatte, fing er diese neuartige und gewagte Unternehmung an, wobei er mit den Mitteln, welche die Fortdauer und den Erfolg des Unternehmens sichern, sehr ungenügend versehen war.

Von keinem Theilhaber oder Gehülfen im Geschäft unterstützt, ohne bedeutende Geldmittel und nur mit dem Versprechen eines Vorschusses von $2000 Seitens einiger politischen Freunde, einer Summe, von der er nur die Hälfte erhielt und die schon lange zurückerstattet ist, unternahm er die Aufgabe, die zu allen Zeiten und unter allen Umständen eine sehr riskirte ist, zu der bereits bedeutenden Zahl täglicher Blätter in New York erschienen, ein neues hinzuzufügen, in New York, wo die laufenden Ausgaben solcher Blätter an sich schon enorm, bald durch Eifersucht, durch heftige Concurrenz, durch das Anwachsen des Geschäfts, die complicirten Interessen, und namentlich durch die allgemeine Einführung des elektrischen Telegraphen bald auf's Doppelte und Dreifache stiegen.

Offenbar waren die Aussichten auf Erfolg in diesem Falle durchaus nicht schmeichelnd.

Die Tribune begann mit etwa 600 Abonnenten, welche einige persönliche und Parteifreunde des Redakteurs zusammengebracht hatten. Von der ersten Nummer wurden 5000 Abdrücke gemacht und wie Herr Greeley sagt, hatte man Mühe, dieselben umsonst weg zu geben. Die Auslagen der ersten Woche beliefen sich auf $525 die Einnahmen auf $92. Keine sehr tröstliche Aussicht für einen Redakteur, dessen ganzes baares Capital aus tausend Dollars besteht, die er dazu geborgt hat. Aber die Tribune war ein „lebendiges" Blatt. Wären ihm auch keine Hindernisse in den Weg gelegt worden, so würde es auch nicht eingegangen sein. Dafür bürgten seine Vorzüge, sowohl in Bezug auf die Quantität, als die Qualität des Stoffes, in welchem es alle wohlfeilen Blätter übertraf, aber sein Fortschritt wurde sehr beschleunigt in den ersten Tagen seiner Existenz durch die Anstrengungen eines Feindes, es zu erdrücken. Dieser Feind war der Verleger der „Sun".

Der Verleger der „Sun", schrieb Parke Benjamin im Evening Signal, hat in den letzten Tagen eine Verschwörung gebildet, um die Tribune zu erdrücken. Dieses Blatt war von Anfang an erfolgreich und in manchen Fällen gaben Abonnenten der „Sun" dieses Blatt auf, weil sie sehr weislich eine andere Zeitung vorzogen, die doppelte Quantität Lesestoff enthält und auch immer die neuesten Nachrichten. Diese Thatsache zeigte Beach, wie allen Anderen, welche die Umstände kannten, daß, ehe manche Wochen verbeigingen, die Tribune die „Sun" verdrängen würde. Um dies zu verhindern und, wo möglich den Absatz der Tribune ganz zu zerstören, wurde ein Versuch gemacht, die Träger der Tribune zu bestechen und dahin zu vermögen, ihre „Routen" aufzugeben. Glücklicher Weise glückte dies nur bei zweien, die zugleich Träger der „Sun" waren. Dann drohte man allen Zeitungsverkäufern, ihnen den Verkauf der „Sun" abzunehmen, wenn sie je beim Verkauf der Tribune betreffen würden. Aber diese Anstrengungen genügten Beach nicht. Er reizte die Knaben in seiner Druckerei, auch Andere, auf, diejenigen Knaben, welche die Tribune verkauften, zu prügeln. Sobald diese Thatsache auf dem Bureau der Tribune festgestellt war, wurden junge Männer abgeschickt, um den Verkauf zu schützen. Ehe dieselben lange an dem Verkaufsort gewesen, kam ein Junge von der „Sun" und fing an, einen die Tribune verkaufenden Jungen zu prügeln. Sofort wurde Gleiches mit Gleichem vergolten, aber ehe eine gehörige Züchtigung bewerkstelligt war, kamen Beach selbst und ein Mann, der in seinem Dienste steht, um ihren jugendlichen Emissär zu schützen. Wie wir hören, wird die ganze Sache von den zuständigen Behörden untersucht werden.

Das Publikum nahm tiefes Interesse an diesem Zank und dies war ein Grund, für den raschen und auffallenden Erfolg der „Tribune". Drei Wochen lang mehrten sich die Abonnenten im Durchschnitt von dreihundert täglich. Sie begann ihre dritte Woche mit einem Absatz von 6000, die siebente mit 11,000 und dies war das Aeußerste, was mit ihrer ersten Presse gedruckt werden konnte. Die Anzeigen hielten damit Schritt. Die erste Nummer enthielt deren vier Spalten, die zwölfte neun, die hundertste dreizehn. Bald wurden neue Pressen, die die erstaunliche Zahl von 3500 Abdrücken die Stunde machen konnten, angekündigt. Triumph, Triumph, nichts als Triumph! „Man bittet um die Nachsicht der Abonnenten nur für einen Tag. „Morgen werdet ihr zufrieden gestellt werden." Der Preis der Anzeigen wurde von vier auf sechs Cents die Zeile erhöht. Beifall ausdrückende Briefe kamen mit jeder Post. „Wir sind ersucht worden," sagte der Redakteur damals in einem kurzen Artikel, „alle Arten Mißbräuche abzuschaffen, was wir thun werden, so bald es möglich ist." In einem anderen dankt er den Gönnern des Blattes und den Freunden der von ihm verfochtenen Grundsätze für die Vermehrung der Abonnentenliste, welche die letzte Woche um tausend solide Namen gewachsen war. Weiterhin heißt es. „Die

Sun" nähert sich reißend schnell dem Untergang. Sie hat selbst die Fähigkeit verloren, die schmutzigen, schleichenden Kniffe zu brauchen, die ihr die Habsucht einst eingab." Und weiterhin: „Bei uns scheint Alles gut zu arbeiten. Zwar haben wir, außer in der „Sun", der wahrheitsliebenden „Sun", von keinem Herrn gehört, der die Absicht hat, uns eine $2500 Presse zu schenken, aber, wenn irgend ein Herr eine solche Absicht hat und es so weit kommt, daß er sie ins Werk setzt, so kann sich das Publikum versichert halten, daß es sich dieses Humbugs nicht zu schämen braucht und daß wir uns beeilen, sie anzuerkennen und bekannt zu machen. Aber, obgleich wir auf ein solches Zeichen des Beifalls warten, werden wir, bis die Sympathie der „Sun" aufhört, das heuchlerische und giftige Werkzeug der Locofoco's zu sein, in der Politik Tod und Verderben säend und die öffentliche Moral in den Koth herabziehend, durch die Unterstützung unserer Gönner reichlich getröstet." In jenen Tagen schrieben die Redakteure in recht deutlicher, klarer Sprache.

Nur ein Ding fehlte noch, um den glänzenden Erfolg der Tribune zu sichern und das war ein tüchtiger Theilhaber im Geschäft. Zur rechten Zeit erschien endlich der erwünschte Mann, ein Mann, wie ihn die Arbeit verlangte. Am Sonnabend, den 31. Juli erschien die folgende Ankündigung auf der zweiten Seite der Tribune.

„Es macht dem Unterzeichneten großes Vergnügen, seinen Freunden und dem Publikum anzuzeigen, daß er Thomas McElrath als Theilhaber im Geschäft angenommen hat und daß die Tribune künftig von ihm selbst und Herrn McElrath unter der Firma Greeley u. McElrath verlegt werden wird. Die Redaktion wird in den Händen des Unterzeichneten verbleiben, während die gesammte Leitung des Geschäfts auf unseren Theilhaber übergehen wird. Dieses Arrangement befreit den Unterzeichneten von einem großen Theil der Arbeiten und Sorgen, welche während der letzten Monate schwer auf ihm lasteten und sichert Wirksamkeit und Erfolg in einem Departement, das deren bisher sehr bedurfte, zugleich glaube ich, nicht im Irrthum zu sein, wenn ich sage, daß der Eintritt eines Herrn ins Geschäft, der schon zweimal die Stimmen seiner Mitbürger für ein wichtiges Amt erhalten hat, die Whigs von New York als vertrauensvolle Gönner der Tribune bestärken wird.   Hochachtungsvoll
                    Horace Greeley.
Am 31. Juli.

Unter Herrn McElrath's Leitung wurden bald System und Wirksamkeit in dem Verlag der Tribune eingeführt. Sie wurde zu einer der bestgeleiteten Zeitungen der Welt. Früh im Herbst wurden der „New Yorker" und die „Log Cabin" in einer wöchentlichen Ausgabe der Tribune verschmolzen und umgewandelt,

von der die erste Nummer am 20. September erschien.

Das so consolidirte Geschäft blühte nun rasch und zusehends auf und erfreute sich bis heute eines fortgesetzten Erfolges. Der „New Yorker" hatte sieben Jahre, die „Log Cabin" achtzehn Monate existirt.

Die „Tribune", wiederhole ich, war ein „lebendiges Blatt". Ebenso brachte es in vielen Hinsichten Interessantes und Stoffreiches. Seine Kritiken und Auszüge aus Büchern, welche dazumal täglich mehrere Spalten füllten, waren trefflich. Es gab den Philosophen des „Dial" ein weitläufiges Gehör und ehrte sie durch manche achtungsvolle Erwähnung. Es brachte reichliche Auszüge aus den Werken von Carlyle, Cousin und anderen Schriftstellern, deren Schriften ein Bild des Zeitgeistes gaben. Die achte Nummer enthielt fünfzehn neue Gedichte von Thomas Moore. „Barnaby Rudge" erschien vollständig im ersten Jahrgang. Herrn Raymond's literarische Notizen und Kritiken wurden gern gelesen und waren sehr interessant. Noch mehr zeichnete sich derselbe aus durch seine klaren und trefflichen Berichte über Vorlesungen. Im November brachte die „Tribune" einen unpartheiischen und höflichen Bericht über die Convention der sogenannten „Millerites". Um dieselbe Zeit lieferte Greeley selbst einen Bericht über den berühmten McLeod-Prozeß in Utica, von dem er täglich von vier bis neun Spalten schickte.

Der Fleiß der Redakteure war außerordentlich. Einzelne Nummern enthielten achtzig Leitartikel und „Paragraphen". Greeley lieferte durchschnittlich drei Spalten, was etwa fünfzehn große Seiten Manuscript erfordert, und das bloße Schreiben bildet nicht die Hälfte der Arbeit eines Redakteurs. Im Mai erschienen eine Anzahl Artikel über Einschränkung und Reform in der städtischen Verwaltung, ein Gegenstand, der seither von der „Tribune" oft beleuchtet worden ist und der viele Fässer Tinte kostete. In demselben Monate fiel sie in ein Wespen-Nest, als sie erklärte: „Die ganze Atmosphäre der Theater, wie sie gegenwärtig unter uns existiren, ist unserer Ueberzeugung nach eine ungesunde, weßhalb wir, ohne die Absicht sie anzugreifen, kein Bündniß mit ihnen haben können, auch können wir unseren Lesern nicht rathen, sie zu besuchen, wie man erwarten würde, wollten wir um ihre Gönnerschaft in Anzeigen bitten und davon Gewinn ziehen." Alle Wespen der Presse fielen nun über die „Tribune" her. Die „Sun" hatte die Unverschämtheit, in einer Antwort zu erklären, daß die meisten unehelichen Geburten in New York ihren Ursprung Bekanntschaften verdankten, die bei dem Abendgottesdienst in den Kirchen und bei methodistischen Klassen-Versammlungen gemacht würden, deren Einfluß mehr Leute in das Correctionshaus brächte, als die zwanzigfache Zahl von Theatern.

Die „Tribune" hätte aus dieser Streitfrage viel Nutzen ziehen können, wäre sie nicht freimüthig genug gewesen, der Geistlichkeit dadurch vor den Kopf zu stoßen, daß sie das Recht beanspruchte, freigeistige Schriften anzuzeigen.

„Was unsern Freund betrifft," sagte die „Tribune", „der sich beklagt, weil wir das Erscheinen gewisser theologischer Werke anzeigen, welche seinen Ansichten nicht zusagen, so müssen wir ihm offen erklären, daß er unvernünftige Forderungen macht. Wir haben von keinem andern Blatt gehört, das einen gewissen Grad von Orthodoxie in den Büchern verlangt, die es anzeigt. Selbst in dem „Commercial Advertiser" und in dem „Journal of Commerce" erscheinen Anzeigen von Büchern, die den religiösen Gesinnungen der Verleger geradezu entgegen sind. Wollte man einen solchen Unterschied machen, wo sollte es enden? Der Eine hält den Universalismus für unmoralisch, aber der Andere besteht darauf, daß der Arminianismus es sei, und der Dritte denkt ebenso von dem Calvinismus. Wer soll darüber entscheiden? Sicherlich ist das nicht die Sache des Redacteurs eines täglichen Blattes, wenn er nicht anerkanntermaßen im Solde einer bestimmten Secte steht. Unser Freund fragt, ob wir auch die Werke „Ungläubiger" anzeigen würden. Wir antworten, daß, wenn Jemand uns eine Anzeige für ein schmutziges, zotiges, unanständiges, Religion lästerndes, oder sonst durch die Gesetze verbotenes Buch zuschickt, wir das Recht beanspruchen, sie zurückzuweisen. Wenn aber ein Werk nur christliche Geschichte und Religionsgrundsätze angreift, so würden wir nichts einzuwenden haben. Wahres Christenthum fürchtet keine Widerlegung und sträubt sich vor keiner Discussion, oder, wie Jefferson sagt: „Irrthum in der Ansicht mag ertragen werden, wenn es der Vernunft erlaubt ist, ihn zu bekämpfen."

In der Politik vertrat die „Tribune" die Partei der Whigs in entschiedener, jedoch nicht blinder Weise. In der ersten Nummer wandte sie sich an die Whigs um Unterstützung. In derselben Nummer wagte sie die Behauptung, Herr Tyler werde sich als ein solcher Präsident erweisen, wie ihn die Whigs wünschten, und die „Tribune" gab erst sehr spät diese Ansicht auf. Im September rechtfertigte er Webster, als er, selbst nachdem der Verrath Tyler's offenbar geworden, im Amte blieb, obgleich alle seine Collegen sich mißmuthig zurückgezogen hatten. Diese Vertheidigung Webster's war den Ultra-Whigs so anstößig, daß sie mehrere Jahre einen Vorwand für Angriffe auf die „Tribune" bildete. Um sein Verfahren in der Tyler-Sache zu rechtfertigen, schrieb Greeley im Jahr 1845 eine lange Erklärung, deren wichtigste Stelle die folgende war:

„Im December 1841 wurden mir Andeutungen gemacht, daß John Tyler und seine Rathgeber zur Whig-Partei zurückkehren wollten, und daß ich mich bei dem Werke der Ver-

söhnung zwischen der Regierung und den Whigs im Congreß wie im Lande nützlich machen könne. Ich ging deßhalb nach Washington. Nur unter der Bedingung, daß die Verwaltung treu und ehrlich im Namen der Whigs geführt werden sollte, hatte ich der Regierung meine Unterstützung zugesagt, fand aber sehr bald, daß der Präsident sich durch keine Versöhnung zu Whig-Grundsätzen und Maßregeln verpflichten wollte, sondern verrätherisch mit den Locofocos koquettirte, von denen er durch Aussichten auf Wieder-Erwählung bethört wurde."

„Repudiation" (die Weigerung mehrerer Staaten, die von ihnen gemachten Schulden zu bezahlen) wurde von der „Tribune" mit aller Entschiedenheit bekämpft und bildete damals ein sehr aufregendes Thema.

Für den Schutz der amerikanischen Industrie schrieb der Redacteur damals Hunderte von Artikeln. Kurz, die „Tribune" war ihrer Aufgabe gewachsen. Während des Jahres zeigte sich ein gleichmäßiger und auffallender Fortschritt in jedem Departement des Blattes. Er fing seinen zweiten Jahrgang mit 12,000 Abonnenten an und durchschnittlich mit dreizehn Spalten Anzeigen. Die Existenz der „Tribune" war eine vollendete Thatsache. —

Greeley war ein Socialist, noch ehe die Tribune entstand und er wurde es unter folgenden Umständen:

Der Winter 1838 war ungewöhnlich kalt, Holz, Kohlen und Nahrungsmittel waren theuer, Tausende von Männern und Frauen hatten keine Arbeit und es herrschte allgemeine Noth. Während die kalte Jahreszeit langsam vorüberging, wurden die Leiden der Armen so ernstlich, daß die gewöhnlichen Mittel nicht hinreichten, denjenigen beizustehen, denen die Nothwendigkeiten des Lebens mangelten. Es kam vor, daß anständige Handwerker, sich in Restaurationen anboten, für weiter nichts als die Kost als Kellner zu dienen. Niemals zuvor hatte man solche Leiden gesehen und auch seit jener Zeit nicht. Die Wohlhabenden machten außerordentliche Anstrengungen, um dem Nothstand abzuhelfen. Man hielt Versammlungen, setzte Subscriptionslisten in Umlauf, Comite's wurden gebildet und Horace Greeley gehörte zu Einem derselben und arbeitete dort Wochen lang treu und mit aller Anstrengung. Sein Comite hatte für die sechste Ward zu sorgen, die „blut'ge Sechste", die schmutzige, mit Armuth geschlagene „Sechste", der Pfuhl, in welchem die schlechtesten Elemente der großen Stadt sich ansammeln. Seine und seiner Collegen Aufgabe war, dafür zu sorgen, daß unter der physisch und moralisch heruntergekommenen Bevölkerung dieser Gegend, Niemand vor Hunger oder Kälte sterbe. Mehr als dies konnten sie nicht thun, denn obgleich die Beiträge sehr reichlich waren, so genügten sie doch eben nur, um dem Mangel am Nothwendigsten abzuhelfen. In den besseren Theilen der „Ward" lebten eine große Zahl Handwerker, die nicht nach Almosen, sondern nach Arbeit schrieen.

Alles dies hörte und sah Greeley. Er war ein junger Mann, noch nicht sechsundzwanzig Jahre alt, bei ihm grenzte das Mitleiden an Schwäche und in Freigebigkeit hatte er keines Gleichen. Er wußte, was es hieß, von Werkstatt zu Werkstatt um Arbeit zu betteln und von Stadt zu Stadt. Und gerade in jenem Winter wurde er beinah von Schulden erdrückt und war nicht weit vom Bankerott. Ist es nöthig, daß wir solche Zustände haben? Sind sie unvermeidlich? Werden sie es ewig sein? Kann die Weisheit des Menschen ein Heilmittel ersinnen? Kann derselbe gütige Gott dies so gefügt haben, der so verschwenderisch für die Bedürfnisse und Freuden aller seiner Kreaturen und für hundert Mal mehr derselben gesorgt hat, als je zur selben Zeit leben? Ueber solche Fragen dachte Greeley schweigend in seinem Innern während jenem Winter des Elends nach.

Albert Brisbane war der Sohn reicher Eltern und ein wohlerzogener junger Mann. Bei einem Aufenthalt in Europa wohnte er eine Zeitlang in Paris, wo gerade die anziehenden Träume Fourier's den allgemeinen Gegenstand der Unterhaltung bildeten. Er verschaffte sich die Werke dieses wohlmeinenden Mannes, las sie mit Begierde durch und wurde vollständig davon überzeugt, daß diese bezaubernden Theorien ausgeführt werden könnten, wenn nicht in dem langsamen, conservativen Europa, doch in dem fortschrittsfrohen und ungeketteten Amerika. Als Anhänger Fouriers am er nach Hause und widmete sich mit einem Eifer und einer Uneigennützigkeit, die in der Klasse, zu der er gehörte, selten gefunden werden, der Verbreitung und Agitation der Grundsätze an die er glaubte. Er schrieb Aufsätze und Broschüren. Er agitirte im Gespräch. Er gründete eine Zeitschrift, welche sich die Erklärung der Pläne Fourier's zum Ziel setzte und von Greeley u. Co. verlegt wurde. Er hielt Vorlesungen. Kurz er that Alles, was in seinen Kräften war, um seine Mitbürger aufzuklären. Er bekehrte nur wenige, bis die Gründung der Tribune ihm Gelegenheit gab, sich an das große Publikum zu wenden. Horace Greeley war von Brisbane bekehrt worden und machte kein Geheimniß daraus. Im Gegentheil, er bekannte sich im Privatgespräch und gelegentlich auch in Artikeln öffentlich dazu, allein in seinem eigenem Blatte erst am Ende des ersten Jahres. Er wußte, daß, ehe die Theorien Fourier's verwirklicht werden könnten, eine vollständige Revolution in der öffentlichen Meinung vor sich gehen müsse, die von den Anhängern Fourier's jahrelange Anstrengungen erfordern werde.

Im Frühjahr 1842 bildeten eine Anzahl

Herren einen Verein, der sich zum Zwecke setzte, diese Pläne vollständig und deutlich dem Publikum vorzulegen. Sie erwarben sich das Recht, täglich eine Spalte auf der ersten Seite der Tribune, mit einem, oder mehreren Aufsätzen Brisbanes zu füllen. Der erste dieser Artikel erschien am 11. März 1842 und dies dauerte mit einigen Unterbrechungen zuerst täglich, dann dreimal die Woche fort, bis im Jahr 1844 Brisbane wieder nach Europa ging. Die Artikel trugen am Schluß den Buchstaben B. und waren als „Eingesandt" bekannt. Sie waren ruhig und klar geschrieben. Zuerst erregten sie wenig Aufmerksamkeit und noch weniger Opposition. Sie wurden meistens als Artikel angesehen, die der Leser nie liest, sondern überspringt. Indessen wurde der Gegenstand gelegentlich vom Redakteur erwähnt und in einer solchen Weise, daß sie die Aufmerksamkeit anziehen mußten. Allmälig wurden die Grundsätze Fourier's ein Gegenstand beständiger Discussion und mit der Zeit entdeckten verschiedene Zeitungsschreiber, daß Fourierismus „unchristlich sei" und man schrie über ihn, wie über einen tollen Hund.

Trotz Allem machten endlich Brisbane's Artikel Eindruck.

Gelegentlich fanden wir in der Tribune eine kurze Notiz wie die folgende: „T. W. Whitley und Horace Greeley werden für solche Bürger von Newark, die es interessirt, um 7½ Uhr heute Abend in Relief-Halle hinter J. M. Quimby's Geschäftsplatz über „Associationen" sprechen."

Ich brauche die Fortschritte des Fourierismus, die manchen stets erfolglosen Experimente, das Verderben, in welches diese viele würdige Leute stürzte, den Spott, der auf die Anhänger ausgegossen wurde, den Haß, den Manche gegen die Tribune faßten, das schließliche Aufgeben aller dieser Projekte nicht zu schildern. Sie sind bekannt. Das Ganze kam zum Gipfel in der berühmten Discussion des Gegenstandes zwischen Greeley und H. J. Raymond vom „Courier und Enquirer" in 1846. Diese Discussion begrub Fourierismus in den Vereinigten Staaten.

Auf die Bitte von Oberst Webb hatte Raymond die Tribune verlassen und sich dem Courier und Enquirer angeschlossen. Sie schieden in Frieden und Jeder ging seines Weges.

Die Discussion entstand in folgender Weise: Herr Brisbane hatte nach seiner Rückkehr von Europa die Agitation wieder begonnen. Die Tribune vom 9. August 1846 enthielt einen seiner Briefe, der an die Redaktion des Courier und Enquirer gerichtet war und ihm verschiedene auf Social-Reform bezügliche Fragen vorlegte. Der Courier und Enquirer antwortete. Die Tribune replizirte in einem Artikel des Redakteurs. Brisbane schrieb einen zweiten Brief und sandte ihn direkt im Manuscript an die Redaktion, die sich verpflichtete, ihn zu veröffentlichen, wenn die Tribune ihrerseits auch

4

die Antwort abdrucken wolle. Dies lehnte die Tribune ab, forderte aber den Redakteur des Courier zu einer öffentlichen Discuſſion des Gegenſtandes heraus.

„Obgleich wir," ſchrieb Greeley, „im Augenblicke unſere Spalten der Discuſſion ſozialer Fragen, die vielleicht die Punkte, auf welche wir Gewicht legen, gar nicht betreffen mögen, nicht öffnen können, ſo nehmen wir doch den Vorſchlag des Courier im Prinzip an. Sobald die Staatswahlen vorüber und das Reſultat bekannt iſt, etwa am 10. November, wollen wir einen Artikel, der eine Spalte ganz oder beinahe füllt, zu Gunſten der Aſſociationen, wie wir ſie verſtehen, veröffentlichen, und wenn der Courier dieſen abdruckt und antwortet, ſo wollen auch wir die Antwort abdrucken und wieder entgegnen, bis jeder Theil zwölf Artikel veröffentlicht hat, die er ſelbſt, und zwölf, die der Gegner geſchrieben hat, und bis dahin lautet der Vertrag. Alle zwölf Artikel ſollen ohne Abkürzungen in den täglichen, wöchentlichen und halbwöchentlichen Ausgaben beider Blätter abgedruckt werden. Später haben beide Theile das Recht, ſie in ihren Spalten zu beſprechen. Damit nicht zu viel Raum weggenommen werde, ſoll jeder Theil nur einen Artikel wöchentlich bringen, es ſei denn, daß der Courier größere Eile verlangt. Iſt das nicht ein ehrlicher Vorſchlag? Was ſagt der Courier? Er hat natürlich den Vortheil der Defenſive und des letzten Wortes."

Nach vielem Plänkeln nahm der Courier an, und am 20. November erſchien der erſte Artikel in der Tribune. Die Debatte dauerte ſechs Monate. Beide ſtritten mit Eifer und Geſchick. Die vier und zwanzig Artikel wurden ſpäter von Harper in einer Broſchüre von drei und achtzig eng gedruckten Seiten veröffentlicht, die nicht mehr im Druck iſt.

Auf der einen Seite ſehen wir Ernſt und Aufrichtigkeit, auf der anderen Takt und Geſchick. Die eine ſtrebte zu überzeugen, die andere zu triumphiren. Die Beweisgründe verloren ſich oft in einer Maſſe unwichtiger Behauptungen, und in der That eignete ſich der Gegenſtand wenig für öffentliche Discuſſion. Wie vorher geſagt begrub dieſe Debatte den Fourierismus in den Vereinigten Staaten für immer.

Gelegentlich berührte die Tribune den Gegenſtand, aber nur als Antwort für Diejenigen, die durch das Wiederauftiſchen des Gegenſtandes perſönliches oder politiſches Capital machen wollten. Dem Lande leiſtete er durch die Discuſſion des Gegenſtandes einen großen Dienſt; erſtens dadurch, daß er zeigt, daß es für gewiſſe Leiden keine allgemeinen Heilmittel gibt; zweitens, indem er die Idee der Aſſociationen erklärt, die in tauſend verſchiedenen Formen angewandt werden können, um menſchliche Leiden zu lindern. Wir ſehen ihren Triumph in den Verſicherungs-Geſellſchaften, durch welche ein Verluſt, der einen

Einzelnen ruinirt, leicht und beinahe unfühlbar von einer ganzen Geſellſchaft getragen wird.

Elftes Kapitel.

Die Tribune gedeiht.

1847 war das Jahr, in welchem Charles Dickens die Vereinigten Staaten beſuchte. Die Tribune geißelte die außerordentlichen und unangemeſſenen Ehrenbezeugungen, die dem liebenswürdigen Schriftſteller hier zu Theil wurden, ſprach aber entſchieden für die völkerrechtliche Anerkennung des Rechts der Verfaſſer, welche zu befürworten Dickens ſich als Miſſion erwählt hatte. Als ſpäter die „Noten über Amerika für allgemeine Verbreitung" erſchienen, war ſie eines der wenigen Blätter, die ſie günſtig kritiſirten. „Wir haben das Buch geleſen," ſagte ſie, „und dazu ſehr ſorgfältig, und wir müſſen trotz aller der dagegen erhobenen ſtürmiſchen Anklagen ſagen, daß, ſoweit unſer Land darin beſprochen wird, als eines der beſten Werke dieſer Art, die wir je geſehen, erſcheint. Mißgunſt und Verachtung ſcheinen nicht einen einzigen Satz diktirt zu haben. Es äußert kein Wort des Tadels nur um zu tadeln, das Ganze bildet einen ruhigen, gerechten, anſtändigen, tadelloſen Bericht von Dem, was der Schreiber ſah und ein freimüthiges und gerechtes Urtheil über deſſen Werth und Fehler. Wie ein Schreiber die ſo allgemein geäußerten und gebilligten Verleumdungen ſeines eigenen Vaterlandes leſen konnte, die man hier überall ſieht, wie er Leſter's Buch leſen konnte, das bis zum Rande mit niedrigen, ungegründeten und gehäſſigen Angriffen auf die Einrichtungen und die geſellſchaftlichen Eigenthümlichkeiten Englands gefüllt iſt, und dann ſo ruhig, ſo ganz frei von Leidenſchaft und Vorurtheilen über dieſes Land ſchreiben konnte, wie Dickens gethan, iſt für uns kein geringes Wunder. Daß er es that, gereicht ihm zum Verdienſt und beſtätigt die ſchon vorher gefaßte günſtige Meinung über ſeinen klaren Kopf und gütiges Herz."

Im Sommer 1842 machte Greeley eine lange Reiſe, beſuchte Waſhington, Mount Vernon, Poultney, Weſthaven, Londonderry, Niagara und die Heimath ſeiner Eltern in Pennſylvanien, und von allen dieſen Punkten ſchrieb er Briefe an die Tribune. Seine Briefe aus Waſhington, betitelt „Blicke auf den Senat" gaben hübſche Skizzen von Calhoun, Preſton, Benton, Evans, Crittenden, Wright und Anderen. Silas Wright hielt er für den ſchärfſten Logiker im Senat, für den „Ajax" der überzeugenden Sprache, den „Talleyrand" des Forums. Calhoun beſchrieb er als den compacteſten Sprecher des Senats, Preſton als den eindringlichsten Deklamirer, Evans als den geschicktesten und sorgfältigsten Gesetzgeber, Benton als eine Person von durchaus nicht einnehmenden Zügen, voll arroganter Anmaßung und doch alles Gehaltes baar, als einen Mann von einer riesigen Eitelkeit und Selbstüberhebung, aber ohne allen Einfluß.

Von Mount Vernon schrieb Herr Greeley einen interessanten, hauptsächlich die Gegend beschreibenden Brief. Er schloß folgendermaßen: „Langsam, in Gedanken versunken, kehrten wir von der Ruhestätte des großen Todten in den Lärm der rubelos Lebenden zurück — aus der feierlichen, erhebenden Stille von Mount Vernon in die nie endenden Intriguen, die kleinlichen Zänkereien, die ameisenartige Geschäftigkeit der Bundeshauptstadt. Jeder der beiden Orte hat seine eigene Atmosphäre; London und Mekka sind sich einander nicht so unähnlich, wie diese beiden. Die schweigenden, Mount Vernon wie ein Todtenkleid umhüllenden Wälder, der glänzende, majestätische Strom, der klare, gütige Himmel — Alles ist im Einklang hier mit den Scenen, die er liebte und durch sein Andenken heiligte, er, der Mann, dessen Leben und Charakter Vaterlands- und Freiheitsliebe von den Flecken gereinigt hat, die Jahrhunderte wohlberechneter Schurkerei und leerer Betheurungen darauf geworfen hatten.

Wer ist nicht froh, daß die früher gehegte Absicht, seine Asche nach der Stadt zu bringen, der er den Namen gegeben, nicht ausgeführt worden ist, daß sie noch da liegt, wo der Pilger sich ihr mit Ehrfurcht nahen kann, ohne durch das unpassende Lachen der ihre Zeit todtschlagenden Weltmenschen, durch das oberflächliche Geschwätz, oder Geschreibe der Gedankenlosen, oder Gesinnungslosen gestört zu werden. Und so möge sie hier für immer ruhen, damit das Herz des Vaterlandsfreundes gestärkt, die Hoffnungen des Menschenfreundes ermuthigt und seine Ziele erhabener werden, damit bei einem Besuche in Mount Vernon, das Herz des Amerikaners höher schlage und seine Bestrebungen geheiligt werden."

Vom Niagara schrieb er einen Brief an Graham's Magazin:

„Jahre, wenn auch nicht viele, doch für mich mühevolle, sind vorübergegangen seit ich zuerst als Knabe auf dem Verdeck eines Canalbootes die entfernte Wolke weißen Dampfes erblickte, welche die Lage des größten Wasserfalles in der Welt bezeichnet und seitdem ich seinem fernen Donner lauschte. Die Umstände erlaubten mir damals nicht, den gewünschten Besuch zu machen und, wenn ich mich jetzt wundere, daß es Leute geben kann, die nur eine Tagereise entfernt wohnen und dennoch ein halbes Jahrhundert leben können, ohne den mächtigen Strom zu sehen, so gebietet mir nur die Erwägung Einhalt, daß ich selbst nicht weniger als fünf Mal in einer Entfernung von weniger als zwölf Meilen vorbei

kam, ohne seine Pracht anzustaunen. Die günstige Stunde ist indessen endlich gekommen und, nachdem ich einen meine Erwartung täuschenden Blick von der oberen Terasse an der englischen Seite geworfen und dann eiligst den waldigen Abhang heruntergeklettert, stand ich endlich auf dem „Table Rock" und die ganze immense Wasserlawine lag vor meinen bewundernden Augen, während in meiner Seele Ehrfurcht und Erstaunen um die Herrschaft stritten."

Die politischen Vorgänge jenes Jahres brauchen hier nicht weitläufig erwähnt zu werden. Man denke sich zahllose Spalten mit Artikeln für „Schutzzoll", für Clay, gegen Tyler, gegen seine Veto's, für ein Gesetz, daß die Verführung an Mädchen bestraft, gegen die Todesstrafe ꝛc.

Im Oktober starb Dr. Channing, der berühmte Kanzelredner Greeley schrieb:

„Seinen Verlust bedauern wir sehr. Er starb zu früh, so scheint es dem zagenden Herzen des Menschen, für die Sache der Wahrheit, der Gesetzlichkeit und des Rechtes und noch mehr bedauern wir, daß er in seinem eigenthümlichen Wirkungskreise verhältnißmäßig Wenige zurückgelassen, die seine Stelle einnehmen könnten." Bald darauf lenkte er die Aufmerksamkeit des Publikums auf Theodor Parker, dadurch, daß er Auszüge aus seinen Reden lieferte.

Um diese Zeit machte ein persönlicher Streit viel Aufsehen, den wir aus mehreren Gründen erwähnen wollen. Ein „Major Noah" war damals der Redakteur der „Union", eines „Tyler-Blattes" von geringem Absatz, ein Mann, von reizbarem Temperament, der sich gern in Angriffen auf die Tribune erging. Nun hatte er die Taktlosigkeit begangen, einem Gerücht Umlauf zu geben, nach welchem Horace Greeley in einem Kosthause in Barcley Str. mit zwei Farbigen zusammengefrühstückt habe. Die der Tribune feindlichen Blätter nahmen die Geschichte gierig in ihre Spalten auf und endlich ließ sich Horace Greeley herab, davon Notiz zu nehmen. Die wichtigsten Stellen in seiner vernichtenden Antwort ist der Schlußsatz: „Wir haben nie mit Farbigen Umgang gehabt und nie in Gesellschaft mit Solchen unsre Mahlzeit eingenommen; wenn wir aber zwei reinlich gekleidete und anständig aussehende Farbige gesehen hätten, die in einem anderen Zimmer und an einem anderen Tische ihre Mahlzeit einnahmen; während wir gerade unser Frühstück beendeten, so würden wir wahrscheinlich weggegangen sein, ohne etwas darüber zu denken. Wir selbst wählen unsre Gesellschafter und die von unserer eigenen Race, aber wir huldigen dem Triebe wenig, der achtzehnhundert Jahre lang die Verwandten des M. M. Noah für von Gott und der Welt verfluchte, vogelfreie Leute erklärte, die nicht würdig seien, sich unter Muselmännern, Christen und selbst Heiden zu zeigen, welche vor sich selbst Achtung hätten. Wo es jetzt zweitausend Personen gibt, die nicht mit einem Neger essen, da gibt oder gab es noch vor kurzer Zeit, zehntausende, die nicht mit einem Juden essen wollten. Solchen Renegaten, wie diesem „Richter Israels" überlassen wir das Geschäft, Vorurtheile zu erregen und von den „Gebräuchen der Gesellschaft" zu schwä=tzen, welche ihn auf der halben Welt ebenso zu einem Aussätzigen stempeln, wie sie noch vor kurzer Zeit hier gethan haben. Wir beurthei=len alle Menschen nach ihren Werken und Fragen, nicht von welcher Race sie sind. Daß er ein Schuft ist, schadet seinem Ruf, aber nicht, daß er ein Jude ist, so sehr dies ein Unglück für die an sich schon schwer heimge=suchte Race sein mag. Dem „Richter Is=raels" soll diese strenge, aber verdiente Züch=tigung bedeutend geschmerzt haben."

Die Tribune gedieh zusehends und fort=während. Der zweite Band endete mit zwan=zigtausend Abonnenten und einer so ausge=dehnten Kundschaft für Anzeigen, daß sehr oft Beiblätter nöthig waren. Die Stellung des Redakteurs wurde immer hervorragender. Sein Rath und seine Beihülfe wurde von so vielen Personen gesucht, daß er genöthigt war, die stehende Ankündigung im Blatt zu halten, welche Alle, die ihn persönlich im Büreau der Zeitung zu sehen wünschten, er=suchte, Morgens zwischen 8 und 9 Uhr, oder Abends zwischen 5 und 6 zu kommen, es sei denn in wichtigen und dringenden Fällen. Die Nichtbeachtung dieser Bitte werde, sagte er, ihn zwingen, nicht mehr auf dem Büreau zu erscheinen und anderswo einen Ort zu suchen, wo er sich ungestört seinen täg=lichen Pflichten hingeben könne.

Seine erste Vorlesung wurde am 31. Jan. 1843 angekündigt: „Horace Greeley wird heute Abend für das New York Lyceum im Tabernakel eine Vorlesung halten. Gegen=stand: „Das menschliche Leben." Anfang pünktlich um 7½ Uhr. Diejenigen, welche sie hören wollen, werden gut thun, sich Sitze in der Nähe des Pultes zu sichern und werden dabei dem Redner bei seiner schwachen und heisern Stimme eine Gunst erzeigen."

Dies waren die Tage der „Speciellen Ex=presse" oder Boten, die ohne Rücksicht auf Kosten, Sicherheit und Pferde hin und her gingen in schnellen Reisen — wohlgemerkt zu jenen Zeiten — Unglaubliches leisteten. Nicht allein Berichterstatter, oder „Reporters" wie sie auf Englisch genannt werden, wurden damals abgeschickt, um eine erwartete Rede niederzu=schreiben. Nein, die „Reporters" wurden mit=unter von einem Reiter, mitunter von einem Detachement von Setzern mit vollständigen Schriften begleitet, welche die Reden auf dem Dampfboot so schnell setzten, als der „Repor=ter" sie niederschreiben konnte und sie, ehe das Boot in der Stadt ankam, für die Presse fertig machten. Damals verrichteten die

„Speciellen Expresse" Wunderdinge, denn die Anstrengungen mit einander rivalisirender Blätter waren unerhört.

Wie es herging, geht aus folgenden kurzen „Paragraphen" der Tribune hervor: „Die Botschaft des Gouverneurs erreichte Wallstreet gestern Abend, der Vertrag lautete auf drei Reiter und zehnmaligen Pferdewechsel. Der Expreß sollte um 12 Uhr Mittags abgehen und Abends 10 Uhr hier ankommen. Es ist nicht bekannt, ob diesen Bedingungen am an=dern Ende der Strecke nachgekommen wurde, geschah dies aber und ging der Expreß zur be=stimmten Zeit ab, so legte er die Strecke in neun Stunden zurück, was einen Bruchtheil weniger als achtzehn Meilen die Stunde ausmacht, eine fast unglaubliche Schnelligkeit."

Unser Expreßmann (Enoch Ward) verließ New Haven am Montag Abend, mit den Be=richten über die Wahl in Connecticut in einem leichten Wagen und um 9 Uhr 35 Minuten. Durch die verspätete Ankunft der Expreßloco=motive von Hartford war er 35 Minuten hin=ter der Zeit. Er erreichte Stanford, 40 Mei=len von New Haven nach drei Stunden. Hier fing es an zu schneien und die Nacht wurde so dunkel, daß er nicht ohne viel Gefahr wei=ter reisen konnte. Er bestand indessen darauf und war entschlossen, sich nicht von gewöhn=lichen Schwierigkeiten aufhalten zu lassen. Eine kurze Strecke hinter New Rochelle, als er einen Hügel herunterfuhr, hatte er das Mißgeschick, auf ein Pferd zu rennen, daß an=scheinend mitten im Wege stillstand. Ein Mann saß darauf, der geschlafen haben muß, sonst wäre er ausgewichen. Die Brust des Pferdes kam mit dem Wagen zwischen dem Rade und der Deichsel in Berührung. Die Wirkung des Zusammenstoßes war die, daß das Rad zerbrach und beinahe alle Speichen ausgerissen wurden. Die Nacht war so dun=kel, daß absolut Nichts gesehen werden konnte und man weiß nicht, ob jenes Pferd, oder sein Reiter Schaden nahm. Ward nahm dann das Geschirr seines Pferdes ab, setzte sich ohne Sattel darauf, und ritt in die Stadt, eine Strecke von siebzehn Meilen. Er kam um fünf Uhr Dienstag Morgen an.

Die Nachrichten durch den nächsten Dampfer wurden hier mit ungemeiner Spannung er=wartet; um sie recht früh unsern Lesern mit=zutheilen, haben wir vor einigen Wochen Vorbereitungen getroffen, um einen berittenen Boten von Halifax durch Neuschottland an die Bai von Fundy zu schicken. Dort liegt ein Dampfer bereit, um unsern Agent und Boten nach Portland zu bringen, von welchem Ort unsere Depeschen durch eine Extralokomotive nach Boston und von da so rasch, als Dampf und Pferde sie tragen können, nach New York ge=bracht werden. Wenn keine unvorhergesehenen Schwierigkeiten vorkommen, so werden wir

im Stande sein, fünf, zehn oder vierundzwan=
zig Stunden vor der Ankunft des Dampfers
in Boston die Nachrichten zu veröffentlichen.
Was eine solche Unternehmung bedeutet, kann
man nach dem Umstand beurtheilen, daß wir
nicht weniger als $1800 für die alleinige
Fahrt in der Bay von Fundy zu zahlen haben.
Wir müssen aber dabei zugeben, daß wir bei
diesem Unternehmen von Anfang an mit der
„Sun" dahier und dem „North-Amerikan" in
Philadelphia gemeinsame Sache gemacht ha=
ben und daß sich seitdem auch der „Journal
of Commerce" angeschlossen hat.''

Gestern unterlagen wir in dem Wettrennen
zur Ueberbringung der Nachrichten, und zwar
in Folge von Hindernissen, welche keine mensch=
liche Energie wegzuräumen im Stande war.
Trotz des großen Sturmes, der Neuschottland
mit tiefem Schnee bedeckt, wodurch der Fort=
schritt unseres Boten sehr gehindert und sein
Schlitten oft umgeworfen wurde, trotz des
harten Eises in der Bay von Fundy, durch
welches sich unser Dampfer einen Weg pflügen
mußte, brachten wir die Depeschen in ein und
dreißig Stunden nach Boston, mehrere Stun=
den vor der Ankunft der „Cambria" selbst, und
sie hätten diese Stadt um sechs Uhr gestern
Morgen erreichen müssen, zeitig genug für den
gewöhnlichen Postzug nach dem Süden, aber
sie wurden durch unvorhergesehene und unver=
meidliche Unfälle aufgehalten und erreichten
New Haven erst zu einer Zeit, wo sie hier
hätten sein müssen. Von New Haven wurden
sie durch unsern zuverlässigen Reiter, Enoch
Ward, der unter den Hufen seiner Rosse kein
Gras wachsen läßt, in vier und einer halben
Stunde hierher gebracht. Er kam etwas nach
elf Uhr, aber der Expreß unseres Concurrenten
war zwei Stunden vorher angekommen, nach=
dem er die schnellste Fahrt von Boston gemacht
hatte, die je gemacht wurde.''

So viel von dem System der speziellen
Expresse.

Im Spätjahr leitete die Tribune die Auf=
merksamkeit des Volkes der Vereinigten Staaten
auf die Kaltwasserkur, wobei sie ausführliche
Auszüge aus europäischen Zeitungen gab und
der Redakteur sich befliß, die unvermutheten
Tugenden des kalten Wassers in manchem
Artikel zu preisen.

Der neuen „Partei der eingeborenen Ame=
rikaner" gab er kein Quartier. Für die Sache
der irländischen „Repealers" focht er wie ein
Tiger.

Den Landwirthen zeigte er die Nothwendig=
keit rationeller Landwirthschaft, die den Boden
nicht erschöpft, sondern in gutem Zustand hält.
Den starken unbeschäftigten jungen Leuten der
Städte sagte er wiederholt und in verschiedener
Weise: „Geht auf die Felder und arbeitet mit
eueren Händen!"

Im Herbst machte Greeley eine Reise in
dem fernen Westen, die vier bis sechs Wochen

dauerte, und schrieb dabei beschreibende und
rathgebende Briefe an die Tribune.

Im Dezember brachte er einige Tage in
Washington zu und schilderte den armseligen
Zustand der Dinge in diesem „großartigen
Irrthum". „Auf den ersten Blick," schrieb
er, „erscheint das Capitol als ein imposantes
Gebäude. Sieht man es zuerst bei Tage,
wenn die Flagge der Union stolz von der
Kuppel weht und anzeigt, daß der Congreß
eine Sitzung hält, und ist der Besucher ein
amerikanischer Bürger, so kann er ein Schwellen
des Herzens, ein Gefühl des Enthusiasmus
nicht unterdrücken. Unter diesen wehenden
Sternen und Streifen sind die Repräsentanten
der Nation im Rath versammelt. Unter dem
Emblême der nationalen Souveränität ist die
Verkörperung derselben, die beste Kraft des
ganzen Landes, an der Arbeit. Stolze Erin=
nerungen an wohlthätige und glorreiche Er=
eignisse drängen sich ihm in Massen auf, an
die der Unabhängigkeits-Erklärung, der Kämpfe
der Revolution und bei dem weiten rühm=
licheren Fortschritte der Civilisation und Freiheit
von den Bergen der Alleghanies bis an die
Fälle von St. Anthony und die Ufer des
Osage. Unwillführlich bricht er in ein „Hoch"
aus und eilt dann in die Hallen des gesetz=
gebenden Körpers, um dort Worte der Weis=
heit, der Vaterlandsliebe zu hören.

Aber hier steht seiner Entzückung ein kaltes
Bad bevor. Nachdem er das Capitol betreten,
findet er, daß dessen Gänge ein Labyrinth
dunkler, trauriger, feuchter Windungen sind,
durch welche der Fremde seinen Weg nach den
Hallen des Senats, des Repräsentantenhauses
nur mit Schwierigkeit findet. Hier, wie in
jedem einzelnen Theile des Gebäudes begegnet
ihm ein Schwarm von Unterbeamten mit krie=
chender Dienstfertigkeit, so zahlreich, wie die
Frösche in Egypten, die sich gierig bestreben,
ihren Amtseifer dadurch zu zeigen, daß sie
dem Fremden den Eintritt verwehren, oder,
hat er denselben erlangt, ihn wieder hinaus=
werfen. Unwillig zieht er sich zurück und sucht
seinen Weg durch das verwirrende Netzwerk
auf die Gallerie, wo, ist er im Repräsentanten=
hause, er Gelegenheit hat, auf eine lärmende
Versammlung von scheinbaren Tollhäuslern
herabzublicken. Irgend Jemand spricht immer,
aber Niemand hört zu. Er hört nur ein sum=
mendes Gespräch, den Tritt der Pagen und
der die Halle verlassenden Mitglieder, das Ge=
räusch des Briefschreibens und Faltens, Schreie
nach „Ordnung", nach „Abstimmung", nach
„Ja und Nein", und findet, daß er eine treff=
liche Gelegenheit hat, sich ein Kopfweh zu
holen, aber eine sehr geringe, sich zu erbauen.
Nach einer halben Stunde ist er von seiner
Neugierde kurirt und hat keine Lust mehr, die
Verhandlungen anzuhören. Heute, und mehr
noch gestern, bot sich in diesen Hallen ein trau=
riges Schauspiel dar, welches einen überfüh=
renden Beweis für die Zunahme und Verbrei=

tung des Lasters der Aemtersucherei lieferte. Das Lecofoco-Repräsentantenhaus hatte alle seine Unterbeamten, die Thürsteher, Pagen, Boten und Holzträger re. abgesetzt. Ich habe nun für solche Leute keinen Funken von Mitleid. Die Abgesetzten sollen heimgehen und für ihr Brod arbeiten, wie andere Leute; aber die Schwärme der Candidaten, welche jede Straße um das und jeden Gang in dem Capitol füllte, war schrecklich anzusehen. Hunderte von Knaben und jungen Männern, im Alter von zwölf bis zwanzig, wurden durch dieses demoralisirende Glücksspiel in alle Stadien der Aufregung versetzt. Sie liefen hin und her, flüsterten in die Ohren der Repräsentanten, oder hielten sie am Knopfloch fest, um sich Gehör zu sichern und sprachen dann von den Verdiensten ihrer Väter oder Brüder um die „Partei" und suchten dieselben zu bewegen ihre Ernennung zu befürworten. Der neue Thürsteher (der die Ernennungen zu machen hat) war in Verzweiflung und mußte sich hinter dem Stuhl des Sprechers verbergen, wohin ihm die Candidaten nicht nachsetzen konnten."

Wir wollen noch eines Vorfalls auf einer Reise erwähnen und uns dann mit anderen Gegenständen befassen.

Er trug sich zu im Jahre des Herrn 1843 auf einem den Long Island Sund befahrenden Dampfer. In dieser Weise wurde er erwähnt: Zwei reinlich gekleidete, anständige Farbige, die eben ihrem Vaterland zwei Jahre lang auf einem Kriegsschiffe als Seeleute gedient hatten, wollten von Boston nach New York, ihrer Heimath, zurückkehren. Sie zeigten ihre Billete, bewiesen, daß sie in Boston für die ganze Reise bezahlt hatten und verlangten Betten. Aber auf dem Boot hatte man zufällig keinen Ort, wo Farbige schlafen konnten. In die gewöhnliche Cajüte sie nicht zugelassen werden und der „Clerk" eröffnete ihnen, daß sie auf dem Verdeck bleiben müßten, und zahlte jedem 75 Cents zurück. Wir gingen zum Capitän und protestirten in ihrem Namen, wurden aber überzeugt, daß er keine Schuld trage. Für Farbige sei keine besondere Cajüte vorhanden, sagte er, sie würde zwanzigmal mehr kosten als eintragen, und er könne keine weißen Passagiere hineinthun. Er habe es versucht, aber keinen Platz gefunden. Vor einigen Tagen habe er einem anderen reinlichen und anständigen Farbigen ein Bett in der Cajüte gegeben, allein die Passagiere hätten ein Committee zu ihm geschickt mit der Erklärung, das gehe nicht, und so sei er gezwungen worden, den „Nigger" hinauszuwerfen und auf das Verdeck zu weisen, wo er die ganze Nacht spazieren gehen und über das glorreiche Privileg, in dem Lande der Freiheit zu leben, nachdenken konnte, in welchem Sklaverei und Tyrannei unbekannt und alle Menschen gleich und frei sind.

Bei solchen Vorfällen muß man über die Menschheit erröthen. Wir glauben nicht, daß im ganzen Staat ein Dampfboot ist, wo ein farbiger Passagier einen Ruheplatz für die Nacht findet.

Das Jahr 1844 war das Jahr, in welchem Clay und Freelinghuysen, Polk und Dallas als Candidaten „liefen", das Jahr der Nativisten und der Aufläufe in Philadelphia, das Jahr, welches in der politischen Geschichte eine Epoche macht, das Jahr von Margaret Fuller und dem Brande des Tribune-Gebäudes, das Jahr, in welchem Horace Greeley zeigte, wie hart ein Mann arbeiten, wie wenig er schlafen und dennoch leben könne.

Horace Greeley hatte sein Herz auf die Erwählung Henry Clay's als Präsident gesetzt. Es war nicht nur wegen dessen Stellung als Repräsentant seiner Partei, sondern weil er glaubte, daß Clay's Prinzipien mit den wahren Grundlagen der Institutionen des Landes übereinstimmten. Henry Clay war für ihn ein Held, ein Gegenstand der Bewunderung. Und dennoch hatte er in 1840 seinen Einfluß geltend gemacht, um die Nomination Gen. Harrison's durchzusetzen, aber nur, weil er glaubte, Clay könne nicht gewählt werden.

Dann kam der Tod des Präsidenten, die Verrätherei Tyler's und dessen erbärmlicher Versuch, sich eine Wiedererwählung zu sichern. Die Frage der Annexation von Texas begann sich am Horizont zu erheben, wie auch der Widerruf des Schutzzollgesetzes von 1842. Aus diesen Gründen hauptsächlich wurde Horace Greeley von dem glühenden Wunsch belebt, noch einmal den Triumph seiner Partei und die lange, ehrenvolle Laufbahn des großen Kentuckyers (Clay) durch die angestrebte Belohnung gekrönt zu sehen. Hierfür arbeitete er; wie selten Leute für andere als persönliche Zwecke arbeiten? Er war Delegat zur Whig-Convention in Baltimore, welche die Candidaten vorschlug, einer der größten politischen Versammlungen, welche dieses Land je gesehen hat. Während des Sommers hielt er wöchentlich drei- bis sechsmal Reden. Er reiste in die Nähe und Ferne, rieth und sprach und arbeitete in jeder möglichen Weise für die gute Sache. Im Durchschnitt lieferte er jeden Tag Artikel genug für die Tribune, um vier Spalten zu füllen. Er schrieb so viel, daß sein rechter Arm zwischen Knöchel und Ellbogen mit Geschwüren bedeckt wurde, deren er einst zwanzig auf einmal hatte. Er wohnte zu jener Zeit ziemlich weit von dem Bureau, und manche Nacht arbeitete er so lange, bis der letzte Omnibus abgegangen war, und es blieb ihm dann nichts übrig, als nach sechszehn Stunden unausgesetzter und anstrengender Arbeit sich müde nach Haus zu schleppen. Die Whigs hatten volles Vertrauen; sie waren des Sieges sicher. Aber Horace Greeley kannte das Volk besser. Hätte jeder Whig gearbeitet wie er, wie verschieden wären die Resultate gewesen? Und wie ganz anders würde sich die Geschichte des

Landes gestaltet haben! Dann hätten wir keine Annexation von Texas, keinen Krieg mit Mexico, keine ewige Aenderung des Tarifs gehabt, um die Nation im Handel zu einer europäischen Provinz zu machen, kein Flüchtig-Sklaven=Gesetz, keinen Pierce, keinen Douglas, keinen Zank um Kansas und Nebraska, und wahrscheinlich auch keine Rebellion.

Am Tage vor der Wahl enthielt die Tribune einen kurzen Aufruf, der zeigt, welche Befürchtungen der Redakteur hatte:

„Gebt den ganzen morgenden Tag eurem Vaterland! Gönnt ihm jede Sekunde des Tageslichts! Laßt keinen Laden, keine Werkstatt öffnen! Niemand hat Lust zu feilschen oder zu arbeiten bis die Schlacht entschieden ist. Nur wenn ein Jeder und mit aller Anstrengung arbeitet, können wir in der Stadt und in diesem Staat und in der ganzen Union siegen. Eine ungeheure Verantwortlichkeit ruht auf uns. Unser wartet entweder ein elektrisirender Sieg, oder eine verhängnißvolle Niederlage. Wir haben nur noch zwei Tage vor uns. Arbeitet, arbeitet!"

Am Morgen des entscheidenden Tages sagte er: „Kümmert euch nicht um das bischen Regen! Das Wetter mag schlecht sein, ist aber nicht mit Dem zu vergleichen, was die Erwählung Polk's über das Land bringen würde. Kein Whig soll sich durch den Regen von seiner Pflicht abhalten lassen. Wer würde seinen Rock höher achten, als sein Vaterland?"

Alles war vergebens. Die Wahlberichte kamen sehr langsam ein, im Verhältniß zur jetzigen Zeit. Das Resultat einer Präsidentenwahl kennt man in New York wenige Stunden nach dem Schluß der Wahlplätze. Damals wußten die Whigs von New York erst nach drei Tagen, daß „Harry vom Westen" von „Polk von Tennessee" geschlagen sei.

„Jeden Morgen," sagte die Tribune wenige Tage nachdem das Resultat bekannt geworden war, „bieten sich schreckenerregende Beweise der vernichtenden Wirkungen dieses Sieges der Locofocos, der Erwählung Polk's, dar. Gestern wurde eine Bestellung von Oefen zum Betrag von $8000 zurückgenommen. Heute zeigt die „Pittsburg Gazette" an, daß zwei schottische Herren, welche im Juni dort mit einem Capital von $60,000 ankamen, welche sie in der Errichtung einer großen Wollen=Tuchfabrik anlegen wollten, nachdem sie gehört, daß der Kampf des Freihandels erwählt sei, nach Schottland zurückkehrten. Sie werden nach den rauhen Bergen ihres Vaterlandes zurückgehen, dort eine Fabrik bauen, und ihre Waaren werden unsere Märkte füllen, wenn Polk und seine verderbliche Partei ihr Vorhaben ausgeführt haben. Dies sind die ersten kleinen Früchte der Erwählung Polk's, die Erstlinge der Heerde. Sie deuten aber an, welche Verwirrung und Schwierigkeiten uns in reißender Fluth überschütten werden, sobald die Polk=Maschine zu arbeiten beginnt.

Die Erwählung von Polk und Dallas änderte den Ton der Tribune in Bezug auf einen sehr wichtigen Gegenstand. Bis zu der nun durch Polk's Wahl sicher gestellten Annexation von Texas hatte die Tribune sich wenig mit der Sklavenfrage befaßt. Indessen hatte Horace Greeley immer die Wirkungen der Sklaverei als soziale Einrichtung und die Thorheit des Südens, der sich mit Hartnäckigkeit daran anklammerte, gekannt und bedauert. Aber die Agitation des Gegenstandes im Norden konnte er nicht billigen. Er fürchtete, sie verursache eine nutzlose Aufregung im Süden und sei eher geeignet die Ketten der Sklaven fester zu machen, als sie zu lösen. Erst als die Sklavenhalterpartei die Offensive ergriff, erst, als die ganze politische Maschinerie zum einzigen Zwecke der Errichtung neuer Sklavenstaaten in Bewegung gesetzt wurde, nahm die Tribune eine feindliche Stellung gegen den Süden ein. Einem Südländer, der um diese Zeit anfragte, mit welchem Rechte der Norden sich in Sklaverei mische, antwortete die Tribune:

„Wenn wir die Union im Begriff sehen, einen höchst ungerechten und räuberischen Krieg für keinen andern Zweck anzufangen, als den, die Sklaverei zu stärken und auszudehnen, dann kann es unserer Meinung nach nicht mehr zweifelhaft sein, daß der Norden sich viel, sehr viel darum kümmern muß. Wenn wir in einen Krieg zu Gunsten dieser Einrichtung hineingezogen werden, dann sollte man es uns nicht verübeln, wenn wir ihn besprechen."

Von dieser Zeit an widersetzte sich die Tribune Zoll bei Zoll jedem Anwachsen der Sklaverei.

Trotz der Niederlage schritt die Tribune triumphirend und gedeihend voran, bis am Morgen des 5. Februar 1845, als sie dies in New York sehr gewöhnliche Schicksal hatte, ihre Gebäude durch Feuer zerstört zu sehen. Die Abonnentenlisten waren indessen gerettet worden. Die Eigenthümer der anderen Morgenblätter, selbst die Feindlichsten, stellten ihr überflüssiges Material zur Disposition der Tribune. Ein Lokal wurde zeitweilig gemiethet. Schriften wurden entliehen oder gekauft. Alle arbeiteten mit festem Willen. Das Blatt erschien am nächsten Tage zur gewöhnlichen Stunde und es war eine der besten Nummern. Nach drei Monaten war das Gebäude nach besseren Plänen wieder aufgebaut und hatte jede damals bekannte Vorrichtung, um ein tägliches Blatt mit Schnelligkeit zu drucken, verkaufen und versenden. Margarethe Fuller's erster Artikel für die Tribune, eine Kritik der „Essay's" von Ralph Waldo Emerson, erschien am 7. Decbr. 1844. Ihr Letzter, betitelt „Lebewohl, New York", am 11. August 1846 am Vorabende ihrer Abreise nach Europa. Allein von Europa aus schrieb sie viele Briefe an die Tribune und fuhr, jedoch in sich immer verlängernden Zwischenzeiten fort, Correspondenzen zu liefern, bis beinah zu der Zeit ihrer Einschiffung zur Rückkehr ins Vaterland.

Während dieser zwanzig Monate schrieb sie im Durchschnitt wöchentlich drei Artikel für die „Tribune." Manche derselben sind lange und fleißig ausgearbeitet, mitunter füllten sie drei oder vier Spalten, und, da sie mehr Aufsätze über Schriftsteller, als eine Kritik von deren Büchern enthielt, so kamen wenig Auszüge vor. Wir bemerken darunter Artikel über Milton, Shelley, Carlyle, George Sand, die Gräfin Hahn-Hahn, Eugen Sue, Balzac, Charles Wesley, Longfellow, Jean Paul und andere Lichter. Unter ihren anderen Beiträgen waren Aufsätze über „die Rechte, die Leiden und die Pflichten der Frauen, eine Vertheidigung des irländischen Charakters," über „die Weihnachtsfeier," „der Neujahrstag," „die Lustigkeit der Franzosen," über den „Armen Mann," „den „Reichen Mann," „Was qualificirt den Mann zum Stimmgeber?" alles originelle, frische und lehrreiche Aufsätze. Namentlich war ihre Vertheidigung des irländischen Characters rührend und gerecht.

Wie sie über Horace Greeley urtheilte, geht aus einem Privatbriefe hervor, den wir hier im Auszug mittheilen:

„Herr Greeley ist ein wahrhaft ausgezeichneter Mann, rechtlich, wohlthätig und unbestechlich. Er ist klug und hat große Fähigkeiten. In seiner Lebensweise ist er ein Mann des Volkes, des amerikanischen Volkes." Und weiterhin: „Es ist für mich von großem Nutzen Herrn Greeley zu kennen. Er lehrte mich solche Dinge verstehen, die ich wegen meines Einflußes auf meinen Umkreis bisher nicht verstanden habe. In Geschäfts- und anderen Beziehungen stehen wir auf dem Fuße der Freundschaft und gegenseitiger Achtung. Mit Ausnahme meiner Mutter ist er die Person gewesen, welche mich am uneigennützigsten und großmüthigsten behandelt hat." Und am Schlusse: „Du hast gehört, daß die „Tribune" ausgebrannt ist. Einen Tag lang glaubte ich, es werde dies ein schwerer Schlag für die Zeitung sein, aber es hat nur den Erfolg gehabt, mich mit Bewunderung für Greeley's Gleichmuth und Unerschrockenheit zu erfüllen. Er hat wirklich einen sehr starken Charakter." In einem in 1849 von Rom datirten Brief findet sich eine andere Anspielung auf Greeley und seinen liebenswürdigen kleinen Sohn. „Vor einigen Tagen erhielt ich ein Bündel Briefe aus Amerika, und öffnete sie mit mehr Hoffnung und größerer Erwartung guter Nachrichten, als ich für lange Zeit hatte. Aber die ersten Worte, die ich las, waren in den Handzügen Greeley's: „Ach, Margarethe, bei uns ist es dunkel, Du klagst weil Rom gefallen, ich weil Pickie todt ist." Beim Lesen dieses unaussprechlich rührenden Briefes habe ich Bäche von Thränen vergossen. Man hätte denken sollen, ich sei hinlänglich an Scenen des Todes und Verderbens gewöhnt, und dennoch hat uns das Bild von Pickie's kleiner tanzender Gestalt, wie sie jetzt starr und kalt vor den tiefgebeugten Eltern lag, mehr Thränen entlockt als alles Andere. Es war für ihn wenig Hoffnung auf langes und nützliches Leben in dieser verdrehten Welt vorhanden, nie gab es einen mehr versprechenden Charakter, nie ein einnehmenderes Kind. Mir war er sehr theuer und wäre es immer geblieben. Hätte er sich auch menschlichen Lastern hingegeben, ich hätte niemals vergessen können, was er war in seiner Unschuld, und für mich, als ich mich nach reiner und unvermischter Sympathie sehnte."

Zwölftes Kapitel.

Die Tribune in der Defensive und Offensive.

In diesem Kapitel stellen wir uns die Aufgabe, zu schildern wie Horace Greeley sich benahm, als er die Stelle einer allgemeinen Zielscheibe für die Presse, Kanzel und Rednerbühne der Vereinigten Staaten eingenommen hatte. Er war darüber nicht im Geringsten besorgt oder dadurch alarmirt. Im Gegentheil, denke ich, machte es ihm Spaß, und, obgleich er seine Gegner gehörig, wie man sagt, ohne Handschuhe hernahm, und Weiß, weiß, und Schwarz schwarz nannte, und zur selben Zeit sich mit einem Dutzend Gegnern herumschlagen mußte, zeigte er in jenen Jahren der Controversen keine Bitterkeit und Animosität. Seine Satire ist nicht beleidigend; sein Unwillen zeigt keinen Zorn. Er scheint nie glücklicher zu sein, als, wenn von Feinden umringt, als, wenn es gilt einen Angriff auf seine eigene Person zu pariren. Vor mir liegen mehrere hundert seiner Leitartikel voller Schläge und Rückschläge, einige ernst, andere satirisch gehalten, die einen weisen Verläumdung zurück, andere greifen scharf an, alle sehr interessant; obgleich diese veranlassenden Gelegenheiten lange entschwunden sind, so wollen wir doch einige von jeder Art auslesen und die Wichtigsten mittheilen. Manche derselben beweisen namentlich, wie ungenirt, wie sehr ohne Rücksicht auf seine Würde als Redacteur er schrieb:

In Beantwortung eines persönlichen Angriffs Seitens des Majors Noah von der „Union" sagte er:

„Diesen alten Schuft sollten wir nicht mehr berücksichtigen."

Bei einer ähnlichen Gelegenheit: „Was ein seichter Spaßvogel diese letzte theure Errungenschaft der Tylerleute ist!" Bei einer anderen: „Major Noah, warum wollen Sie nicht, zum Zeitvertreib, wenigstens einmal in hundert Jahren die Wahrheit sagen?" Und anderswo: „Durch solches armseliges Geschmier hofft der altersschwache Renegat aller Parteien seine letzten erzwungenen Tributgelder und „amtlichen Anzeigen" zu verdienen. Sicherlich, die ihn das letztemal ankauften, müssen ihr abgenutztes Werkzeug verachten und das Geld bedauern."

Solche milde Einleitungen, wie folgende, sind nicht ungewöhnlich:

„Das „Journal of Commerce" ist das selbstgefälligste und arroganteste aller Blätter."

„Der Hallunke, der diesen Angriff auf mich macht, weiß wohl, daß es eine gemeine Unwahrheit ist."

„Der Vater der Lügen selbst könnte nicht mehr enorme Lügen in einem Artikel zusammendrängen, als dieser enthält."

„Herr Benton. Jede dieser Behauptungen enthält eine wohl überlegte Lüge und Sie sind ein ungemilderter Schuft."

„Die „Erpreß" ist das gemeinste und gewissenloseste aller Blätter." Und

„Nach einer kurzen Abwesenheit von der Stadt finde ich mit Vergnügen, daß seit Freitag Abend die „Erpreß" nur zwei Verläumdungen gegen mich verübt hat."

„Ephraim," sagte ein ernster, würdiger Geistlicher, seinen Text aus Hosea 7, 8 wählend, „ist wie der Kuchen, den Niemand umwendet. Laßt mich deshalb, ob Brüder, daran gehen und ihn umwenden. Erstens das Inwendige außen hin, zweitens, das Hintere vorne hin und drittens das Untere oben hin.

Wir befinden uns in der gebieterischen Nothwendigkeit am Samuel unserer Tage die Operation zu vollziehen, die der Pfarrer am alten Ephraim vollzog."

Dies genüge für Schmähartikel. Nun auch einige von anderer Art:

Veranlassung.

Eine Predigt des Dr. Potts, worin die Tribune als ein Organ der „Agrarier" (Communisten, Socialisten) denuncirt wurde. Die Predigt war vom Courier und Enquirer mitgetheilt worden.

Antwort.

Es ist wahrscheinlich, daß wir unter den Eigenthümern von Stühlen in einer so reichen Kirche, wie die des Dr. Potts, einige Leser haben, obgleich wir vermuthen, daß es in Kirchen so wohl bezahlter Geistlichen Wenige derselben gibt. Wir wollen sie nur bitten, als ihre nächste Aufgabe aus der Bibel das 25. Capitel des dritten Buches Mosis (Leviticus) zu wählen und eine Stunde darüber nachzudenken. Wir sind sicher, daß ihnen die Lectüre großen Nutzen bringen wird und zwar in einem höherem Sinn, als sie es erwarten. Nachdem sie die Tribune aufgegeben (gestoppt) haben, mögen sie nach ihrer Muße über den Abscheu und Unwillen nachdenken, mit welchem die Propheten der Bibel auf „Agrarians und Antirenters" herabblickten, als Leute, die da-

gegen sind, daß das Verhältniß zwischen dem großen, reichen Landeigenthümer und seinem armen Pächter über die ganze Welt ausgedehnt werde. Vielleicht finden sich einige andere Stellen in der heiligen Schrift, welche in Bezug auf Moral von Nutzen sein könnten, wie zum B.:

„Wehe Denen, die ein Haus an das andere ziehen und einen Acker zu dem andern bringen, bis daß kein Raum mehr da sei, daß sie allein das Land besitzen."

Ferner Apostelgeschichte II. 44—45.

Alle aber, die gläubig geworden, waren bei einander und hielten alle Dinge gemein.

Marcus X, 21, 23.

Und Jesus sah ihn an und liebte ihn und sprach zu ihm: Eines fehlet dir, gehe hin, verkaufe Alles, was du hast und gib es den Armen, so wirst du einen Schatz im Himmel haben, und komm', folge mir nach und nimm das Kreuz auf dich.

Und Jesus sah um sich und sprach zu seinen Jüngern. Wie schwerlich werden die Reichen in das Himmelreich kommen.

Wir können ganze Spalten mit solchen Auszügen aus dem heilgen Buch liefern, um zu zeigen, wie bedauernswerth klein in jenen alten Tagen die Zahl der Doctoren der Gottesgelehrtheit war, die jährlich $3500 dafür erhielten, daß sie in verschwenderisch ausgestatteten $75,000 kostenden Tempeln, die nur Reichen zugänglich, diejenigen denunciren, welche des Verbrechens schuldig sind, den Glauben an die hergebrachte Ordnung der Dinge zu schwächen. Wehe ihrer geistigen Blindheit. Die alten Propheten, Gottes Propheten selbst scheinen keinen großen Respekt vor der hergebrachten Ordnung gehabt zu haben. Ihre Pläne scheinen als entschieden „disorganisirend" und der guten Ordnung widerstrebend von den geistigen Hirten des Volkes angesehen worden zu sein.

Daß Dr. Potts die seinem Geschmack am meisten zusagende Laufbahn verfolgt, er, der von jedem Luxus und Comfort umgeben ist, Umgang mit der besten Gesellschaft und Gelegenheit hat, seine Kinder nach seinem Wunsche zu erziehen, und seine Aufgabe darin findet, alle Patentmittel zur Heilung sozialer Uebel zurückzuweisen, und alle Pläne bei denen beim Kochen, Waschen, Erziehen Arbeit und Anlage gespart werden sollen, in's Lächerliche zieht, ist eher bedauernswerth, als auffallend.

Wäre er ein armer Handarbeiter, der von einem Dollar täglich (wenn das Wetter und die Launen irgend eines Arbeitgebers ihm Gelegenheit geben, einen zu verdienen) seine Familie ernähren und Miethe bezahlen müßte, so würde er die Sache wahrscheinlich in einem anderen Lichte sehen. Was aber die Manier betrifft, mit welcher Alle, welche für Reform der Gesellschaft trotz aller Schmähungen, eingewurzelter Vorurtheile und nothwendiger persönlicher und bedeutender Opfer arbeiten

und wodurch dieselben als Feinde des Christen=
thums und guter Moral hingestellt und das
Publikum aufgefordert wird, sie durch Hunger
zum Schweigen zu bringen, verdient sie nicht
die Verdammung und den Ekel jedes Groß=
müthigen? Mag der Himmel uns Kraft geben,
dem Göttlichsten aller Gebote nachzukommen,
wo Er von seinen Verfolgern und Mördern
sagen konnte: „Vater, vergib ihnen, denn sie
wissen nicht was sie thun!"

Veranlassung.

Eine Anzeige, welche fünfzig Dollars für
den besten Tractat über das Unpassende des
Tanzens von Mitgliedern einer Kirche ver=
spricht.

Antwort.

Die oben abgedruckte Anzeige bringt uns
auf einige andere Gegenstände, über welche
wir Tractate brauchen und welche jetzt begin=
nen, Viele zum Nachdenken anzuregen und
welche, wie das Tanzen, von praktischer Wich=
tigkeit sind. Wir würden die folgenden Prä=
mien auf die beste Behandlung folgender
Gegenstände setzen:

$20 für den besten Tractat über die Frage,
ob es für einen Christen recht und consequent
ist, $5000 bis $10,000 jährlich für den Appetit
und die Belustigungen seiner selbst und seiner
Familie auszugeben, während es innerhalb
einer Meile Leute gibt, die mit weniger als
$200 jährlich auskommen müssen.

$10 für den besten Tractat über die Frage,
ob es recht und consequent ist, wenn ein Christ
als Wohnung für sich selbst und seine Familie
allein ein Haus für $50,000—75,000 baut,
von dem man auf Hunderte von Hütten
sehen kann, in denen Familien leben, und die
nicht mehr als je $100 werth sind.

$5 für den besten Tractat über die Art Chri=
stenthum, welches Kirchen baut, die $100,000
das Stück kosten, und wo arme Sünder nur
ausnahmsweise zugelassen werden und Ge=
legenheit haben, Gott in den entferntesten
Winkeln zu verehren.

Wir wollen damit nicht andeuten, daß diese
Gegenstände nur annähernd so wichtig sind,
als das Tanzen. Wir sind weit davon entfernt.
Die Höhe der ausgesetzten Prämie wird uns
gegen diesen Einwand schützen. Dennoch
denken wir, daß es sehr nützlich wäre, wenn
diese Fragen discutirt würden, und um durch
den Geldpunkt keine Schwierigkeit zu machen,
so erklären wir uns bereit, die Prämien zu
zahlen, wenn die Tractat=Gesellschaft die Trac=
tate drucken lassen will."

Veranlassung.

Die Behauptung im Expreß, daß die Tri=
bune demjenigen Theile der neuen Verfassung
(des Staates New York) besonderen Beifall
spende, der zu Denjenigen, durch deren falsches
Zeugniß man Leben oder Eigenthum verlieren

kann, auch Den zuläßt, der an kein höchstes
Wesen glaubt.

Antwort.

Die Nothwendigkeit des Glaubens an ein
höchstes Wesen als nothwendige Qualification
für einen Zeugen existirte nie, alles was noth=
wendig, war anzugeben, daß man daran
glaube. Ein vollendeter Schuft, der zugleich
Atheist, würde wahrscheinlich das Hegen dieser
Absicht, die ihn gesetzlicher Strafe und allge=
meiner Verachtung aussetzt, nicht eingestehen,
aber ein aufrichtiger, ehrlicher Mann, dessen
Ansicht über den Vater aller Geschöpfe etwas
verwirrt und bewölkt worden ist, möchte wahr=
scheinlich diesen Glaubensmangel eingestehen
und dadurch als Zeuge unzulässig sein.

Diese Anomalie bringt die Justizverwaltung
in Unordnung und erleichtert die Freisprechung
des Schuldigen.

Veranlassung.

Die Behauptung, es sei falscher Stolz, der
amerikanische Mädchen vom Arbeiten als
Dienstboten zurückhält.

Antwort.

Sie, Madame, die Sie so rasch über die
Thorheit und den Stolz unserer Mädchen ab=
urtheilen! Haben Sie sich nie in deren Lage
denken und den Standpunkt die Sache
überlegen können? Haben Sie je den Unter=
schied abgewogen zwischen dem im Speicher
wohnen und der Kruste Brod zu Hause, und
der besseren Nahrung und Wohnung in dem
Hause des Fremden? Haben Sie sich je den
Unterschied denken können, der dazwischen
existirt, wenn man die harte und widerwärtige
Arbeit für Diejenigen thut, die Sie lieben und
von Denen Sie geliebt werden, oder wenn
man sie an einem andern Ort und für Die=
jenigen thun muß, für welche Sie nur durch
einen Lohn von $6 per Monat ein Interesse
haben? Haben Sie erwogen, daß der Aus=
druck des Tadels und Vorwurfs, welchen Sie
so leicht aussprechen, sehr hart zu tragen ist,
namentlich von Einem, dessen Recht, Sie so zu
behandeln, nur ein Geldpunkt und temporär
ist? Ist für Sie der Unterschied zwischen
Freiheit und Dienstbarkeit gar nichts? Wie
viele Dienstgeister möchten Sie haben, die Ihnen
Befehle ertheilen?

Veranlassung.

Eine Predigt von Dr. Hawk, die Sozialis=
mus im gewöhnlichen Style wohlgenährter
Gedankenlosigkeit verurtheilt.

Antwort.

Wenn man alle Sozialisten zusammenriefe
und darüber entscheiden ließe, ob das Eigen=
thum gewisser Doctoren der Gottesgelehrtheit
weggenommen und unter Handwerker und
Tagarbeiter vertheilt werden soll, so würden
dieselben wahrscheinlich einstimmig und herzlich
die Frage bejahen?

Veranlassung.

Ein Brief, welcher die gedrohte Auflösung der Union beklagt.

Antwort.

Wie er sie darstellt, würde die Auflösung der Union eine schreckliche Geschichte sein.

Von Seiten des austretenden Theiles wäre es eine sehr unkluge Maßregel und würde vielerlei Schwierigkeiten hervorrufen, namentlich für das Volk im großen Missisippi-Thale. Mit der Zeit würde sich indessen der Verkehr darin schicken und wir würden ebenso viel Bushel Korn per Acker und ebenso viel Ellen Tuch von hundert Pfund Wolle bekommen, als jetzt. Die Union ist ein ausgezeichnetes Ding, und in diesem Zeitalter, wo die Frage des Nutzens Alles entscheidet, viel zu vortheilhaft, um in Stücke gebrochen zu werden; aber es ist möglich selbst ihre Segnungen zu überschätzen.

Veranlassung.

Ein Artikel in einem südlichen Blatte, der die Secession der Sklavenstaaten befürwortet.

Antwort.

Dr. Franklin pflegte, um die Thorheit des Duellirens zu beweisen, ungefähr folgende Anekdote zu erzählen: Ein Mann sagte öffentlich zu einem andern: „Herr, ich wünsche, Sie möchten ein wenig wegrücken, Sie stinken!" „Herr," war die rauhe Antwort, „das ist eine Beleidigung und Sie müssen sich mit mir schlagen!" „Gewiß," war die ruhige Antwort, „aber das würde der Sache nicht abhelfen. Wenn Sie mich tödten, so werde auch ich stinken. Tödte ich Sie, so stinken Sie noch mehr als jetzt!"

Wir sind auch nicht fähig gewesen, zu verstehen, was unsere Dis-Unionisten im Norden, wie im Süden, bei der Auflösung der Union gewinnen wollen.

„Uns sind drei werthvolle Sklaven entkommen," sagen Sie. Werden weniger Sklaven entlaufen, wenn sie, sobald Mason und Dixons Linie übertreten ist, vor Verfolgung sicher sind und nie in Sklaverei zurückgeführt werden können?" „Die Sklavenhalter sind in beständiger Furcht," sagen Sie. In des Himmels Namen, werden sich ihre Nerven nach dem Austritt beruhigen. „Sie werden es nie leiden." Haben Sie jemals davon gehört, daß einer aus der Bratpfanne entfloh und ins Feuer gesprungen ist? Wie soll die Sklaverei durch den Austritt gekräftigt und verewigt werden?

Veranlassung.

Das ungerechtfertigte Vertrauen der Whigs auf die Erwählung Henry Clays.

Antwort.

Es giebt eine alte Legende, daß einstmalen alle Leute auf der Erde sich verabredet hatten, einstimmig zu schreien, um zu sehen, welchen Lärmen sie machen konnten und was dessen Wirkung sein würde. Der Augenblick kam. Jeder erwartete Bäume, wenn nicht Häuser, durch die Erschütterung umgeworfen zu sehen, und man denke sich, der einzige Schrei kam von einer taub-stummen alten Frau, deren Zunge plötzlich gelöst wurde. Alle andern hatten mit offenen Mäulern dagestanden, um den Lärm zu hören, aber dabei vergessen, selbst mit zu helfen.

Wir hoffen, daß unsere Whigfreunde im ganzen Lande sich die Moral der Geschichte zu Herz nehmen werden.

Veranlassung.

Klagen über Dickens' Agitation für völkerrechtliche Anerkennung des Autorenrechtes bei Banketten.

Antwort.

Wir hoffen, er wird sich nicht durch mißverstandene Höflichkeit oder Mangel an Vertrauen, oder Furcht, das Publikum möge seine Motive mißverstehen, davon abhalten lassen, die freimüthige, klare Wahrheit auszusprechen. Er sollte über diesen Gegenstand von Herzen sprechen, denn wir würden gegen den Raub protestiren, wenn die Beraubten es nicht thun dürfen. Hier ist ein Mann, der von der Schriftstellerei lebt und der edle Schriften schreibt und wir, von dieser Nation verschlingen sie gierig, werden von ihnen unterhalten und belehrt und dennoch weigern wir uns, seine Rechte als Verfasser anzuerkennen, so daß er von dem großen Absatze seiner Schriften in Amerika nicht einen Dollar Nutzen zieht. Ist das Recht? Sieht es schön aus, daß wir ihm Toaste zubringen und Complimente und anderen Unsinn machen, während wir ihm die nackte Gerechtigkeit verweigern, während wir erklären, daß Jedermann ihm ohne Entschädigung die Früchte seiner Arbeit wegnehmen kann. Es lautet gut genug in einer Rede nach dem Essen zu sagen, daß Ruhm und Popularität rc. besser sind als schmutziges Gold, aber er hat eine Frau und vier Kinder, welche sein Tod möglicher Weise in dürftigen Umständen, vielleicht ohne Brod läßt, während Buchhändler und Verleger die durch seine Schriften reich geworden, in ihren Equipagen fahren und Millionen, die von ihm belehrt worden sind, nicht einen Cent für seine Kasse beitragen. Angenommen, er ist reich, ändert das die Sachlage? Er ist von Rechtswegen Eigenthümer seiner Erzeugnisse, gerade als ob er Aerzte oder Hufeisen fabricirt hätte und Leute, die sich weigern, sein Recht anzuerkennen, sollen ihn nicht durch die Ironie unbändigen Lobes beleidigen. Laßt uns erst gerecht sein und dann großmüthig. Gütiger Leser, wenn du denkst, daß unser Gast im Stande sein sollte, von den Früchten seines Fleißes und seiner Talente zu leben und sich dieser Früchte zu freuen, dann setze deinen Namen unter eine

Bittschrift für völkerrechtliche Anerkennung des Autorenrechts, und, kommst du mit ihm zusammen, dann kannst du ihm herzlich die Hand schütteln und wirst ihm vielleicht sagen: „Ich habe gethan was in meiner Macht steht, um Sie vor Beraubung zu sichern." Dieser oft verschobene Akt der Gerechtigkeit wird für seinen Werth und Verdienst einen besseren Tribut enthalten, als ganze Berge von geschwollenen Complimenten, die in Fässern von Champagner eingeweicht waren.

Veranlassung.

Ein Artikel, der lebenslängliche Versorgung der im Mexicanischen Kriege Verstümmelten empfahl.

Antwort.

„Onkel Sam! Du aufgeputzter alter Igel! Siehst Du nicht, daß Glorie so wohlfeil wie Dreck ist? Es ist nur schlimm, daß Du so lange dafür zu zahlen hast. Nach vierzig Jahren werden unsere Kinder noch Steuern aufbringen müssen, um die Schulden zu zahlen, die Du jetzt auf einander häufst."

Veranlassung.

Diejenige Stelle in der Präsidentenbotschaft, welche den Opponenten des mexikanischen Krieges Mangel an Patriotismus vorwirft.

Antwort.

Ein Bild für des Präsidenten Schlafzimmer.

Ist das Krieg?

Monterry, den 7. Oktober 1846.

Während ich beim linken Flügel und in einem der Forts stationirt war, sah ich am 21. eine Mexicanerin, die sich fleißig damit beschäftigte, den Verwundeten beider Theile Brod und Wasser zuzutragen. Ich sah diesen Engel der Wohlthätigkeit den Kopf eines Verwundeten heben, ihm Wasser und Brod geben und dann seine Wunde sorgfältig mit einem Schnupftuch verbinden, daß sie von ihrem eigenen Kopfe nahm. Nachdem ihr Vorrath erschöpfte, ging sie nach ihrem Hause zurück, um für Andere mehr Brod und Wasser zu holen. Als sie auf ihrer abermaligen Mission zurückkam um Andere zu trösten, hörte ich einen Schuß und sah das arme unschuldige Geschöpf todt umfallen. Es muß ein zufällig gefeuerter Schuß gewesen sein, der sie traf. Ich möchte nichts anderes annehmen. Es machte mich im Herzen krank und indem ich mich von der Scene wegwandte, erhob ich unwillkürlich meine Augen zum Himmel und dachte, Großer Gott, ist das Krieg? Als ich am nächsten Tage wieder dahin kam, lag ihre Leiche noch da mit dem Brod an ihrer Seite und dem zerbrochenen Krug, worin wenige Tropfen Wasser ihren Zweck anzeigten. Wir begruben sie und während wir ihr Grab gruben, flogen die Kanonenkugeln dicht wie Hagel an uns vorbei.

Veranlassung.

Ein Satz im „Expreß": Wenn der Redakteur der Tribune glaubte, was er sagt, so würde er seine einträgliche Druckerei in eine Vereins-Anstalt à la Fourier umwandeln.

Antwort.

Wenn unser Rathgeber uns in Fourier's Werken, mit denen er so vertraut zu sein scheint, irgend eine Stelle, oder Regel, ein Prinzip, oder eine Vorschrift zeigen kann, welche eine Vertheilung des Reinertrags nach Köpfen ohne Rücksicht auf Fähigkeit, Geschicklichkeit, Erfahrung zc. vorschreibt, so wollen wir irgend eine Dummheit als wahr annehmen, die er vorschlägt. Und weiterhin: Was die Verwirklichung der Fourieristischen Grundsätze betrifft, so hat der Redakteur der Tribune mehrere Tausend Dollars ausgegeben und wird noch mehr ausgeben, wenn er es hat. Ob er dabei sich von seinem eigenen Urtheil oder dem des „Expreß" in Bezug auf Zeit und Manier der Maßregeln leiten läßt, durch die er seinen Glauben bethätigt, wird er, wenn es dazu kommt, in gehörige Erwägung ziehen. Er hat nie einen Dollar ausgegeben, den er nicht durch harte Arbeit verdient, und von Allem was er noch erwerben mag, betrachtet er sich nur als der von der Vorsehung ernannte Verwalter, der verpflichtet ist, es zum Besten der Menschheit zu gebrauchen. Wahrscheinlich wird es ihm nie gelingen, den „Expreß" zu überzeugen, daß er ehrlich, aufrichtig, oder wohlmeinend ist, allein darauf kommt es nicht an.

Er hat sich vorgenommen, ein für alle Male einer Art Angriff zu begegnen, die unter einer gewissen Klasse seiner Gegner Mode geworden ist und kann kaum gezwungen werden, ihn noch einmal zu berücksichtigen.

Veranlassung.

Eine Anspielung des „Courier und Enquirer" auf Greeley's Diät, Anzug, sozialistische Ideen, Philosophie zc.

Antwort.

Es ist wahr, daß der Redakteur der Tribune hauptsächlich, nicht ausschließlich, von Pflanzenstoffen lebt, aber seine Leser hat er nie damit geplagt. Es ärgert s i e nicht, warum sollte sich der Herr Oberst darüber erbosen? .... Es ist schlimm für die Philosophie, daß ein so geringer Mann als ihre Verkörperung dastehen soll, während das Christenthum seinen Repräsentanten in dem Helden findet, der am hellen Sonntag ein Duell mit dem Achtbaren Tom. Marshall hatte, allein das Unglück fügte es einmal so.

Was unsere persönliche Erscheinung betrifft, so scheint es mir jetzt gerade nicht Zeit, viel zu sagen, um die Fluth von Unsinn, der dem Volke der Stadt Uebligkeit verursacht, einzudämmen. Vor einiger Zeit setzte irgend ein Langohr ein Gerücht von des Redakteurs Nachlässigkeit im Anzuge in Umlauf, und seit dieser Zeit hat jeder Dummkopf von gleich gemeinem Charakter den Unsinn wiederholt und vergrößert, bis er von seinem Ursprung im Albany „Mikroskop" in die Spalten des „Courier und Enquirer" heruntersank, wobei er natürlich von Stufe zu Stufe dümmer wurde. Bei alledem hat der Gegenstand dieses einfältigen Spaßes während dieser Zeit wahrscheinlich immer bessere Kleider getragen, als zwei Drittel der ihn zu Angreifenden, bessere Kleider, als irgend Einer derselben tragen könnte, wenn sie ihre Schulden auf andere Weise, als durch Bankerott bezahlten; und wenn sie reinlicher sein wollten, als er, so müßten sie sich wenigstens zweimal täglich recht gehörig baden. Der Redakteur der Tribune ist der Sohn eines armen und bescheidenen Farmers, kam, noch minderjährig, nach New York, ohne auf zweihundert Meilen Entfernung einen Freund zu haben, hatte zehn Dollars in seiner Tasche und außerdem sehr wenig Gepäck. Nie erhielt er von irgend einem Verwandten einen einzigen Dollar und hat Jahrelang unter einer Schuldenlast gearbeitet, die ihm durch die Fehler Anderer und durch den Ruin von 1837 aufgebürdet wurde, und von der er jetzt erst Hoffnung hat, sich zu befreien. Von nun an mag er im Stand sein, sich mehr zu putzen, wenn seine Freunde dies für wesentlich halten sollten; er selbst hat nicht viel Zeit damit zu verschwenden. Daß er je ein excentrisches Wesen affectirte, ist unwahr, und sicherlich würde kein Anzug, den er je trug, ein solches Aufsehen im Broadway erregen, als der, den James Watson Webb getragen haben würde, hätte Governor Seward nicht Gnade für Recht ergehen lassen. Der Himmel gebe, daß sein Angreifer nie einem anderen Whig=Governor eine solche Last aufbürde. Wir lassen ihn fallen.

[Oberst Webb war wegen eines Duells zu zwei Jahren Correctionshaus verurtheilt worden, aber Governor Seward begnadigte ihn, ehe er einen einzigen Tag abgesessen hatte.]

Veranlassung.

Der „Expreß" hatte ihn einen „Ungläubigen" genannt.

Antwort.

Der Redakteur der Tribune ist nie etwas Anderes, als ein Christ, und seit manchen Jahren ein Mitglied einer christlichen Kirche gewesen. Er sprach oder schrieb nie ein Wort, um Unglauben zu vertheidigen.

Aber alle Wahrheit ist am „Expreß" weggeworfen, der uns nie verzeihen kann, daß wir so ungläubig sind, daß wir an täglichen und wöchentlichen Ausgaben einen weit größeren Absatz haben, als er.

Veranlassung.

Briefe, welche die Opposition gegen den Mexicanischen Krieg beklagten.

Antwort.

Wir haben den festen Glauben, daß wir dem Lande am besten dadurch dienen, daß wir unserem Schöpfer in allen Stücken gehorchen, und der befiehlt uns, offenes, klares Zeugniß gegen jede Art Unrecht, wie plausibel es auch scheinen mag, abzulegen, und jeden lügenhaften Vorwand zu entlarven, unter welchem Leute ihre Hände durch das Blut Anderer besudeln. Wir glauben nicht, daß unserm Lande ein solcher Krieg zum Gedeihen gereichen werde. Er mag siegreich enden, wir mögen dadurch einen außerordentlichen Zuwachs an Gebiet erlangen, aber diese Siege, diese Erwerbungen werden sich dadurch in Calamitäten verwandeln, daß sie die öffentliche Moral verderben, das Volk mit Stolz füllen, in ihm die Gier nach Gold und Eroberung erregen und veranlassen, in dem Handel mit Indien und der Herrschaft zur See diejenigen Segnungen zu suchen, welche nur das Resultat friedlicher und genügsamer Arbeit sind. Ebenso sicher, als das Weltall einen Herrscher hat, wird jeder Acker Landes, den wir durch diesen Krieg erwerben, unserer Nation zum Fluch und zur Quelle endloser Calamitäten werden.

Veranlassung.

Für das Weib ist unserer Ansicht nach der angemessenste Platz zu Hause an ihrem eigenen Heerd und unter ihren eigenen Kindern, aber die Tribune möchte aus ihr einen öffentlichen Charakter machen, sie in Hosen stecken oder auf Stelzen stellen, oder sie kopfüber in irgend eine Fourieristische Anstalt stürzen. Expreß.

Antwort.

Folgendes enthält der Expreß vom selben Datum: „Im Parktheater verläßt uns die graziöse Auguste, deren Benefit gestern Abend trotz des schlechten Wetters, eine fashionable und zahlreiche Menge besuchte, für eine Zeit. Zu ihrem Lobe haben wir jetzt nichts zuzufügen, außer daß wir die Hoffnung ausspre=

chen, sie möge sehr bald wieder hier auf der Bühne erscheinen. Ihre Schönheit, Grazie, Delicatesse und feinen Manieren haben ihr als Künstlerin einen hervorragenden Platz gegeben und auch im Privatleben erfreut sie sich des besten Rufes in jeder Beziehung des Lebens.

Veranlassung.

Unsere ganze Nationalschuld beträgt weniger als die Zinsen für dreißig Tage von der Schuld Großbrittaniens und dennoch nennen uns die Engländer bankerott. Boston Post.

Antwort.

Aber England zahlt seine Zinsen, so groß sie sein mögen, und, wenn die Vereinigten Staaten ihre Schulden, so gering sie sind, nicht zahlen, warum sollte man sie nicht bankerott nennen?

Veranlassung.

Die Anklage, daß die Tribune das Recht dem momentanen Vortheil geopfert habe.

Antwort.

Alte Geschichten lassen sich öfters sehr handgreiflich in der gegenwärtigen Zeit anwenden. Wir finden folgende Anekdote in einem Wechselblatt:

„John, warum bringst Du den Wagen in diesem Zustande nach Hause?"

„Ich brach ihn als ich auf einen Baumstumpf fuhr."

„Wo?"

„Hinten im Wald, eine halbe Meile oder mehr von hier."

„Aber warum bist Du gegen den Stumpfen gefahren, konntest Du ihn nicht sehen und in gerader Linie fahren?"

„Ich fuhr in gerader Linie und gerade deshalb fuhr ich gegen ihn. Der Stumpf stand gerade in der Mitte des Weges.

„Warum fuhrst Du nicht um ihn herum?"

„Weil der Stumpf nicht in der Mitte hätte stehen sollen. Er hatte kein Recht dazu und ich hatte ein Recht in gerader Linie zu fahren."

„Das ist wahr, John, der Stumpf hätte nicht da sein sollen, aber ich wundere mich doch, daß Du dumm genug warst, nicht zu erwägen, daß er einmal da war und daran brechen mußte."

„Potztausend, Vater, glaubst Du, daß ich gedenke, immer in meinen Rechten nachzugeben? Ich bin entschlossen, auf meinem Recht zu bestehen und wenn ich dadurch noch größeren Schaden leide."

„Well, John, alles was ich Dir zu sagen habe, ist, künftig mußt Du Dir Deinen eigenen Wagen stellen."

Veranlassung.

Die Anwendung des Worts „Bäh" als Antwort auf eine Beweisführung der Tribune.

Antwort.

Wir stimmen damit überein, daß jedes Thier seine Gefühle in der ihm angeborenen Sprache ausdrückt.

Veranlassung.

Conservativ ist die Regel.

Entgegnung.

Der hartnäckige Conservative gleicht einem Pferde auf einer Fähre. Das Pferd mag rückwärts gehen, aber das Boot geht voran und mit ihm das Thier.

Veranlassung.

Ein Correspondent wollte die Ansicht beweisen, daß Sklavenhalter das Recht haben, mit ihren Sklaven in die neuen Territorien zu ziehen, gerade wie die Dörfler ein Recht haben, Thiere aller Art auf die Gemeindeweide zu treiben.

Antwort.

Falsch, Herr! Wenn ein Mann seine Gänse auf die Gemeindeweide treibt und dadurch die Weide für Kühe und Pferde verdirbt, so haben die anderen Dörfler das Recht, die Gänse wegzutreiben, selbst mit Gewalt.

Und in dieser Weise kämpfte die Tribune und im Kampfe gedieh sie. Oefter und öfter mußte sie Beiblätter ausgeben, die Abonnentenliste wuchs beständig, und die häufige Auslassung aller Anzeigen bewies, daß ein unabhängiger Mann die wenigst populären Ansichten vertheidigen könne und dennoch nicht durch Hunger zum Stillschweigen zu bringen sei.

Dreizehntes Kapitel.

Drei Monate im Congreß.

Von dem Wahlfeldzug von 1848, als Taylor und Fillmore die Whigkandidaten waren, hielt sich die Tribune bis spät im Sommer hartnäckig zurück. Greeley hatte sich der Nomination Taylors vom ersten Tage, wo sie vorgeschlagen worden, widersetzt. Er bekämpfte sie bei der Convention in Philadelphia und brauchte all' seinen Einfluß, um die Nomination Henry Clays' zu bewirken. Sobald die Abstimmung zu Gunsten Taylors entschieden hatte und als er nach New York zurückgekehrt war, konnte er seinen Mißmuth nicht genug unterdrücken, um den Namen der Candidaten, wie gewöhnlich geschieht, über der Spalte der Leitartikel drucken zu lassen. Er hörte auf, sich der Nomination Taylors zu widersetzen, aber Beistand wollte er keinen leisten. Die Liste der Whigkandidaten erschien in der Tribune, als Parteiblatt, erst am 29. September und selbst dann willigte er nur mit großem Widerstreben ein. Zwei Tage vorher hatte er zu-

fällig einer Versammlung von Whigs in Baur=
hall=Garten beigewohnt. Die Anwesenden
erblickten ihn bald und auf vieles stürmisches
Verlangen hielt er etwa folgende kurze Rede.

„Ich hoffe, Mitbürger, daß ich mich nie
fürchten oder schämen werde vor einer Ver=
sammlung von Whigs meine Ansichten über
schwebende und politische Fragen darzulegen.
Und obgleich ich bis zu diesem Augenblicke
keine Andeutung hatte, daß meine Anwesen=
heit gewünscht, oder erwartet wurde, so bin ich
doch um so mehr bereit, Ihrem Rufe zu ent=
sprechen, als ich selbst von dieser Redner=
bühne Anspielungen auf irgend ein großes Ge=
heimniß gehört habe, das nun aufgeklärt wer=
den sollte und welches mein Verfahren betrifft
Und ein beredter Freund von Kentucky erklärt
sich sogar bereit, mich persönlich zu besuchen,
um mich zu versöhnen. Wenn irgend ein Ge=
heimniß in dieser Sache ist, so will ich mein
Bestes thun, um es zu entwirren. Aber
ich habe gar keine Enthüllungen zu machen.
Als ich die Nomination Gen. Taylors am Tage
darauf ankündigte, erklärte ich, daß ich dieselbe
unterstützen wolle, wenn kein anderer Weg die
Wahl von Lewis Caß zu hindern vorliege.
Dieses Versprechen habe ich feierlich gemacht
und ich werde es treu halten. Und da un=
möglich irgend ein Anderer, als entweder Caß,
oder Taylor gewählt werden kann, so werde ich
künftig die in Philadelphia nominirten Candi=
daten unterstützen und für ihre Erwählung
thun, was ich kann. Aber ich habe meine An=
sicht über die Nomination Gen. Taylors nicht
geändert und halte sie noch immer für unklug
und ungerecht.

„Von Gen. Taylor persönlich habe ich nur
immer mit Achtung gesprochen aber ich glaube,
daß ein Mann von höheren, größeren Ver=
diensten, höherer Fähigkeit und größerer Po=
pularität hätte gewählt werden sollen. Ich
kann nicht sagen, daß ich ihn mit Enthusias=
mus unterstütze, denn ich fühle keinen. Und
dennoch, während ich Ihnen gestehe, daß mir
nicht viel daran liegt, ob Gen. Taylor gewählt
wird, darf ich nicht vergessen, daß andere mit
ihm stehen, oder fallen. Und unter diesen
sind Fillmore und Fish und Patterson, mit
denen allen ich, seitdem ich das Stimmrecht
ausübe, noch immer treulich für die Sache der
Whigs zusammengekämpft habe und die jetzt
zu verlassen, ein Verrath wäre. Ich kann nicht
vergessen, daß wenn Gen. Taylor gewählt
wird, wir nicht allein eine Whig=Regierung
sondern auch einen Whig=Congreß haben wer=
den. Wird Caß gewählt, so geschieht dies
zugleich mit einem „Locofoco" Congreß. Wer
kann von mir verlangen, daß ich alle diese
Vortheile wegen meiner Opposition gegen
Gen. Taylor übersehen.

Und nun die Free=Soil=Frage — was soll
ihr Schicksal sein? Ich vermuthe es sind einige
Free=Soiler hier (Ja, ja, wir alle sind Free=
Soiler). Ich meine diejenigen, für welche

die Frage, ob Sklaverei beschränkt werden
soll, alle andern in Tragweite übertrifft. Ich
frage diese, was sie von Gen. Caß mit einem
Locofoco=Congreß hoffen und erwarten dür=
fen, ob sie erwarten, daß Sklaverei unter die=
sen Umständen aus California und New Me=
rico gehalten werden kann? Ich erwarte es
nicht. Und ich appellire an jeden Whig und
bitte ihn, sich diese Frage selbst zu stellen:
Wie wünschen Süd Carolina und Texas daß
du stimmest? Können Sie es bezweifeln, daß
ihre bittere Gegner frohlocken würden, wenn
sie hörten, daß Sie beschlossen, die Whigs zu
verlassen und zugeben, daß Gen. Caß als Prä=
sident erwählt werde zusammen mit einem ge=
fügigen Congreß. Ich kann es nicht bezwei=
feln, und ich halte das Verfahren nicht für
weise welches meine bittersten Gegner freudig
anrathen und billigen werden.

Darüber, daß Gen. Taylor in dieser Frage
gesunde Ansichten habe, fehlen mir die Be=
weise, aber ich halte dafür, daß er sich durch
seine Briefe verbindlich gemacht hat, den ge=
setzgebenden Körper die Entscheidung der
Fragen zu überlassen und denselben nicht zu
beeinflussen. Ich glaube nicht, daß ein Whig=
Congreß seine Einwilligung zur Ausdehnung
der Sklaverei geben wird und daß ein Whig=
Präsident einen Streit mit dem Congreß und
der in der Partei vorherrschenden Ansicht be=
ginnen wird. Mit diesem Vertrauen werde
ich die Nomination der Whigs unterstützen,
und hoffe, daß dadurch die Free=Soil=Sache
gewinnen wird und daß in nicht zu langer
Zeit ein Amendement zur Bundesverfassung
die Erwählung der Posthalter und anderen
Localbeamten dem Volk überläßt und dem
Präsident die enorme und ganz unrepu=
blikanische Gewalt abnimmt, wegen deren
jetzt die ganze politische Thätigkeit des
Volkes in der Präsidentenwahl sich concen=
trirt. Dies sind meine Ansichten, und ich
hoffe, daß man hinter ihnen ferner kein Ge=
heimniß sehen wird."

Dieser Rede folgten große Beifallsbezeu=
gungen. Man fühlte, daß ein bedeutendes
Hinderniß für Gen. Taylor's Erwählung
weggeräumt sei, und daß jetzt die Whigs in
geschlossener Phalanx zu marschiren könnten. An dem Tag, welcher die=
sen Triumph sah, wurde Horace Greeley in
das Repräsentantenhaus gewählt. Durch
den Tod eines Mitgliedes war dessen Sitz leer
geworden. Greeley wurde nur für die
Sitzung und zwar eine kurze von nur drei
Monaten gewählt. Wie er nominirt wurde,
erklärt er selbst in einem späteren Artikel über
die korrupte Maschinerie der Primärwahlen:
„Ein Redacteur der Tribune wurde durch diese
Maschinerie erwählt. Ja, wirklich! Er wurde
erwählt, neunzig Tage im Congreß zu sitzen
und ist darauf nicht im Geringsten stolz. Aber
man muß bedenken, daß die Convention nicht
gewählt war, um ihn zu nominiren und, ver=

muthen wir, auch gar nicht daran dachten, bis sie einstimmig einen andern nominirt hatten, der ganz unerwarteter Maßen ablehnte, und dann nahm man einen von Uns um dessen Stelle einzunehmen. Wir wissen nicht, ob damals die Primärwahlen ebenso korrupt waren, als jetzt, oder nicht, uns scheint aber, daß sie beständig schlimmer geworden sind — nichts für ungut — es ist Zeit, wir führen eine Reform ein!"

Durch seine Nomination kam viel Feuer in die Agitation, und er fand enthusiastische Anhänger. Seine Majorität über seinen Gegner betrug 3177 von 5985 abgegebenen Stimmen. Seine Majorität war bedeutend größer, als die für Gen. Taylor in demselben Distrikte.

Während dieser drei unruhigen und aufregenden Monate hielt er zwei Punkte im Auge. Der erste war, seine Pflicht als Volksvertreter zu thun, und der zweite, das Volk vollständig und klar darüber aufzuklären, was für ein Haus das Repräsentantenhaus ist und wie die Geschäfte dort besorgt werden. Wegen des ersteren Punktes war er pünktlich und beständig im Sitzungssaale anwesend. Für den zweiten Punkt sorgte er durch tägliche Briefe an die Tribune, die er aber nicht an seinem Pult im Saale und während der Verhandlung, sondern in seinem Privatzimmer vor oder nach der täglichen Sitzung schrieb.

Deßhalb werden wir dieses Capitel in angemessener Weise in der Form eines Tagebuches einrichten.

December 4. Dies war Montag, der erste Tag der Sitzung. Horace Greeley leistete den Eid und erhielt einen Sitz.

December 5. Er kündete an, daß er einen Gesetzentwurf einbringen werde, um die Speculationen in Congreßland zu entmuthigen und den Unbemittelten darauf Heimstätte zu geben.

December 6. Er schrieb einen Brief an die Tribune, in welchem er die ersten Eindrücke im Repräsentantenhause schilderte und sich ziemlich derb aussprach. Er sprach sehr streng von der Gewissenlosigkeit von Mitgliedern, die ihren Gehalt ziehen und dennoch nie den Frühsitzungen beiwohnen, und obgleich hunderte von Gesetzentwürfen für endliche Entscheidung fertig sind und der Verlust jedes Tages am Schlusse des Congresses zehn Angelegenheiten unerledigt läßt.

December 13. Herr Greeley bringt sein Landreformgesetz ein. Es bestimmt Folgendes:

1. Daß irgend ein Bürger, oder ein Ausländer, der die Absicht, Bürger zu werden, erklärt hat, einen Vorkaufs- oder " preemption claim" Anspruch auf 160 Acker Congreßland machen darf, auf welchen er sich niederlassen, die er bestellen und zu irgend einer Zeit während einer Frist von drei Jahren vom Tag der Registrirung des Anspruchs für den Re-

gierungspreis, nämlich für ein und ein viertel Dollar per Acker ersteben kann, vorausgesetzt er besitzt kein anderes Eigenthum an, oder Ansprüche auf Ländereien.

2. Daß das Congreß-Landbureau, bei welchem ein solcher Anspruch erhoben wird, einen Verkaufs-„Warrant" ausstellen soll, welcher dem Ansprucherhebenden für sieben Jahre den Besitz schützt.

3. Daß der Besitzer eines solchen Warrants, welcher eidlich erhärtet, daß er die Absicht habe, stets auf diesem Lande zu wohnen und es zu bestellen, der Eigner eines Striches von 40 Ackern, die er sich aus der Strecke von 160 Ackern auswählen darf, werden soll, und der Vater einer Familie mag achtzig Acker auswählen.

4. Daß, wenn es nicht an wirkliche Colonisten verkauft wird, der Preis fünf Dollars per Acker sein soll.

5. Daß falsche eidliche Erhärtungen, mittelst deren Land unter den Bestimmungen dieses Gesetzes erworben wurde, mit dreijähriger Einsperrung bei harter Arbeit in einem Zuchthaus, einer Geldbuße von nicht mehr als $1000 und dem Verluste des betrügerisch erworbenen Landes bestraft werden soll.

Dezbr. 16. Das Folgende erschien in der Tribune:

„In Bezug auf zahlreiche Gesuche um Abdrücke der Botschaft des Präsidenten mit den begleitenden Urkunden möchte ich sagen, daß diese Urkunde mit Dokumenten wahrscheinlich einen Band von wenigstens zwölf- bis vierzehn hundert Oktavseiten bilden und drei Karten enthalten wird, deren Bereitung die Veröffentlichung noch um ein paar Wochen verzögern werden. Ich werde die mir zukommenden Exemplare sobald als möglich vertheilen, aber ich kann nicht die Hälfte der darum Bittenden befriedigen. Da jeder Senator beinahe zwei hundert Exemplare, von Mitgliedern des Hauses dagegen jeder nur sechszig derselben erhält, so ist es klar, daß Gesuche an Senatoren, namentlich der kleineren Staaten, am leichtesten zum Erfolg führen werden."

Dezbr. 18. Herr Greeley beantragte folgenden Beschluß:

Beschlossen, daß der Marineminister ersucht wird, darüber Erkundigung einzuziehen, ob es möglich und thunlich ist, die ganze, oder einen Theil unserer Kriegsflotte im Stillen Ocean dafür zu verwenden, amerikanische Bürger und deren Gepäck zu mäßigen Preisen von Panama und den Häfen an der Mericanischen Küste des Stillen Oceans nach San Francisco in Californien zu transportiren.

Dies war das Jahr des Goldfiebers. Das Schicksal des Antrags wollen wir in des Antragstellers eigenen Worten geben:

„Montag," schrieb er, „war ein Tag zur Einbringung von Anträgen. Man fing mit Ohio an und New York kam erst um zwei Uhr an die Reihe und ich erhielt eine Gelegenheit.

Der Antrag wurde eingereicht, allein es konnte nur mit einstimmiger Bewilligung darüber verhandelt werden, und diese wurde verweigert. Er wird deßhalb um einen Tag zurückgelegt und natürlich nie verhandelt werden. Nachdem alle Staaten aufgerufen worden waren, erhob ich mich und bat das Haus, den Antrag als so modifizirt zu betrachten, daß die Frage statt an den Marine-Minister an das Marine-Committee des Hauses selbst gerichtet werde, wodurch sofortige Verhandlung der Geschäftsordnung gemäß möglich wurde. Es half nichts. Zwei oder Drei auf der anderen Seite riefen „Ich opponire!" und der Antrag wurde zurückgelegt, wie alle diejenigen, über welche zu sprechen ein Mitglied die Absicht hat. Demnach wird der Antrag in dieser Sitzung nicht mehr verhandelt werden."

Dezbr. 19. Herr Greeley hielt, was die Berichterstatter eine „einfache, eindrückliche Rede" nennen, und zwar über den Tarif, namentlich über die Stelle der Botschaft, in welcher der Präsident von den Fabrikanten als einer „aristokratischen, nach ausschließlichen Vorrechten strebenden Klasse" spricht.

Dezbr. 22. An diesem Tage erschien in der Tribune die berühmte Bloßstellung des Unfugs der „Meilen-Gelder", welche Congreßmitglieder ziehen. Die Geschichte dieser Enthüllung berichtet Greeley im Whig-Almanach für 1850:

„Anfangs Dezember ging ich zum Sergeant-at-arms (dem Zahlmeister des Hauses) um einen Theil meiner Diäten rc. zu ziehen. Die von diesem Beamten benutzte Tabelle wurde mir vorgelegt, welche den Betrag des jedem Mitglied des Hauses bewilligten Meilengeldes enthielt. Viele dieser Beträge fielen mir als übermäßig hoch auf und ich suchte mich zu erinnern, ob jemals in den Zeitungen der Betrag dieser Bewilligungen veröffentlicht worden sei, konnte mich dessen aber nicht erinnern. Auf Befragen erfuhr ich, daß die Tabelle jedesmal in einem gewissen Buche, betitelt „Oeffentliche Rechnungen", abgedruckt wurde, welches aber nicht für die Vertheilung bestimmt sei. Selbst in diesem Band für 1848, der seit meiner Bloßstellung dieses Unfugs gedruckt ist, ist der Abdruck ganz unterlassen, so daß ich sie jetzt in gar keinem öffentlichen Dokument finden kann. Ich konnte mich nicht daran erinnern, je ein Exemplar gesehen zu haben, obgleich meine Gehülfen sich ein solches verschafft und bei der Anfertigung des Almanachs für letztes Jahr benutzt hatten. Es schien mir deßhalb wünschenswerth, daß die Tabelle zur Kenntniß des Publikums gebracht werde, und ich beschloß, dies thun zu lassen.

Aber wie? Einige Fälle auszuwählen, in welchen, wie mir schien, das größte Uebermaß vorkam, und diese allein abzudrucken, würde mir den Vorwurf der Parteilichkeit und der persönlichen Bitterkeit zugezogen haben. Kein anderer Weg schien mir zuläſſig und anständig, als den Betrag des Meilengeldes für jedes Mitglied mit den nöthigen Erläuterungen abzudrucken. Ich beschäftigte deßhalb meine früheren Schreiber in einem der Departements und ließ mir eine Tabelle machen, welche Folgendes enthielt:

1. Den Namen jedes Mitgliedes.

2. Die wirkliche Entfernung seines Wohnortes von Washington auf der kürzesten Postroute.

3. Die Entfernung, für welche Meilengelder bewilligt wurde.

4. Der einem Jeden bewilligte Betrag.

5. Das Uebermaß, d. h. der Unterschied zwischen dem Betrag, wäre er nach der direktesten Postroute berechnet worden und dem wirklich angesprochenen und erhaltenen Betrag.

Diese Tabelle wurde gemacht und an die Tribune geschickt, in welcher sie erschien.

In den einleitenden Bemerkungen tadelte Greeley ausdrücklich das Gesetz, als den Urheber dieser enormen Verschwendung. Niemand soll schließen, daß dieses Uebermaß dem Gesetze widerspricht, denn es ist nicht so. Alle Mitglieder sind „Achtbare" Leute, und wenn irgend ein ehrfurchtsloser Ungläubiger dies bezweifelt, so erinnern wir nur an den Titel, der ihrem Namen in den Zeitungen vorgesetzt wird (Hon. verkürzt für Honorable, d. h. „achtbar". Der Uebersetzer), und ich vermuthe, Jeder hat nur so viel verlangt, als das Gesetz ihm bewilligt. Dieses Gesetz sagt ausdrücklich, daß jedes Mitglied die Summe von acht Dollars für jede zwanzig Meilen Entfernung erhalten soll, die er beim Hin- und Herreisen zurücklegen mußte, und zwar auf der gewöhnlichen Route, und natürlich, wenn die gewöhnliche Route von Californien nach Washington um das Cap Horn geht, oder das betreffende Mitglied dies anzunehmen vorzieht, so wird ein Mitglied dieses Embryo-Staates zu einer Summe von $12,000 an Meilengelder für jede Sitzung berechtigt sein. Wir vermuthen, daß Jeder genau nur so viel berechnet hat, als das Gesetz erlaubt, und deßhalb stellen wir die dringende Frage: „Sollte dieses Gesetz nicht geändert werden?" Es zeigt sich, daß die ganze Zahl von Meilen, die nach solchen „Umwegen" berechnet war, 18,303 war, was zu 40 Cents die Meile eine Summe von $73,492.60 ergibt. Mit zwölf Ausnahmen, zeigt sich es, hatte jedes Mitglied mehr Meilengeld gezogen, als es gesetzlich ansprechen durfte. Das Uebermaß steigert sich von einem Betrage von weniger als zwei Dollars zu ein tausend Dollars. Betrachtet man dies nur als die Spekulation eines Redakteurs, so war die Bloßstellung dieses Unfugs eine der besten, die eine New Yorker Zeitung je gemacht hat. Die Wirkung war sofortig und ungeheuer. Die Landzeitungen griffen sie gierig auf, und in wenig Tagen sprach die ganze Nation von nichts Anderem. Was die Wirkung im Congreß und auf die Laufbahn des Urhebers war, werden wir gleich sehen.

5

December 23. Greeley schrieb einen Brief an die Tribune, in welchem er die Manöver schildert, durch welche der Kongreß, obgleich er gesetzlich sich nur auf drei hintereinander folgenden Tage vertagen kann, dennoch es fertig bringt, während der ganzen Weihnachtsfeiertage müßig zu gehen, d. h. von ein oder zwei Tage vor Weihnachten bis ein oder zwei nach Neujahr: „Als ich gestern Abend nach Baltimore fuhr, wurde mir angedeutet, daß ich gerade so gut nach New York durchreisen könne, da vor der ersten Woche im Januar nichts vorgenommen werde. Aber ich kam mit dem Entschluß zurück, wenigstens zu sehen, wie das gemacht werde. Man that es durch zwei „Bisse" in die Kirsche." Man vertagte sich von Samstag auf den Mittwoch und nachdem man sich zwei Tage einen Anschein von Arbeitsamkeit gegeben hatte, am Freitag wieder bis nach Neujahrstag.

Greeley widersetzte sich der Vertagung und verlangte namentliche Abstimmung, dies wurde aber verweigert und der „erste Biß in die Kirsche" wurde vollbracht. Die alten Soldaten im Hause waren ihm zu schlau, wie er sagte, aber er druckte wenigstens die Namen Derjenigen ab, welche für Vertagung stimmten.

December 27. Heute brach der lang aufgebäufte Zorn des Congresses über die Bloßstellung des Meilengelder-Unfugs, der drei Tage gegährt hatte, aus. Der Herr, der den Zapfen aus dem Fasse schlug, war Sawner von Ohio, Herr „Bratwurst Sawner," wie ihn die Tribune zu nennen pflegte. Dem Herrn Sawner war ein Uebermaß von $281.60 angeschrieben worden und er erhob sich, um eine privilegirte Frage zu stellen. Eine lange und bittere Debatte folgte erstens über die Frage, ob die Bloßstellung überhaupt debattirt werden und dann, was damit geschehen solle. Es wurde endlich nach langem Kampfe und Lärmen entschieden, es sei ein für Debatte angemessener Gegenstand und Turner von Illinois, dessen Uebermaß die Summe von $998.40 erreicht, beantragte eine Reihe von Beschlüssen, von welchen der folgende der wichtigste war: Beschlossen, daß eine im New York Tribune im Dezember 1848 gemachte Veröffentlichung des Betrags der Meilengelder, welche Mitglieder ziehen, einem Comite mit der Instruktion übergeben werden soll, sich darüber zu erkundigen und danach zu berichten, ob jene Tabelle nicht in Wirklichkeit eine Beschuldigung des Betrugs gegen die meisten Mitglieder des Hauses in Bezug auf Meilengelder enthalte und wenn dies nach der Ansicht des Comite's der Fall sei zu berichten, ob ein Betrug stattgefunden habe oder nicht."

Die Rede, mit welcher Turner seine Anträge befürwortet war nicht im liebenswürdigsten Humor gehalten, wurde auch nicht mit der großartigen Ruhe gesprochen, die die Beredtsamkeit eines wahren Gesetzgebers charakterisirt.

Die folgende Stellen wollen wir zur Probe zeigen:

„Er wünsche jetzt die Aufmerksamkeit des Hauses namentlich auf die Anlage zu lenken, welche der Redacteur der Tribune gemacht habe, Anklagen, von denen er, der Redner, beweisen wolle, daß die meisten, wenn nicht alle absolut falsch seien und daß das Individuum, das sie gemacht, nur von dem gemeinen, heuchlerischen, boshaften Wunsch belebt gewesen sei, den Congreß vor der Nation in ein falsches, nicht beneidenswerthes Licht zu setzen, oder daß seine Motive noch niederträchtiger gewesen, nämlich die, sich dadurch eine Eintags-Berühmtheit verschaffen zu wollen, daß er der ganzen Welt mit großem Pomp ankündigt, er der Schreiber, habe etwas entdeckt, was er für Betrug halte. Der ganze betreffende Artikel sei voller grober Irrthümer und willentlich und wissentlich falscher Behauptungen und die Motive seien ebenso niedrig und gewissenlos, als jemals ein Zeitungsschreiber gehabt habe.

„Vielleicht wisse der Herr (er bitte um Verzeihung) oder das Individuum, oder vielleicht das „Ding," von welchem der Artikel berührt, nicht, daß seine (Turner's) Landestheile nicht von Eisenbahnen durchschnitten und von Omnibuslinien durchkreuzt sind, wie die Stadt New York. Sie hätten keine anderen Verbindungsmittel als die mächtigen Flüsse und Seen des Westens und er könne auf keinen anderen Weg Washington erreichen. Das Gesetz über Meilengelder autorisire Mitglieder dieselben nach den directesten, gewöhnlich bereisten Routen zu berechnen und aus seinem Distrikte sei nie Einer nach Washington oder irgend einer anderen nördlichen Stadt gekommen, als über die Seen und die Flüsse. Andere „Achtbare" folgten und ließen sich in ähnlicher Weise aus. Greeley saß während dessen im größten Gleichmuth da und hörte mehrere Stunden lang die Schmähungen gegen ihn an, ohne eine einzige zu versuchen. Endlich, in einer Pause des Sturms, erhob er sich und kündigte an, daß wenn die Frage des Beschlusses erledigt sei, er eine „previlegirte Frage" stellen werde. Die folgende wohlgewürdte Conversation folgte:

„Thompson von Indiana beantragt, die Beschlüsse auf den Tisch zu legen."

„Namentliche Abstimmung wurde verlangt und beschlossen. Resultat — 28 für „Ja," 128 für „Nein."

„Als die Sache wieder beim Stellen der „vorläufigen Frage" vorkam, fragte Fries den Sprecher (Präsident des Hauses), ob die Frage getheilt werden könne. Der Sprecher sagte, die Frage könne nach der Zahl der Beschlüsse getheilt werden."

„Eine Anzahl Mitglieder ersuchte hier Herrn Evans, den Antrag auf die vorläufige Frage zurückzuziehen, mit andern Worten, Greeley sprechen zu lassen."

„Evans lehnte das ab und wünschte seine Gründe dafür anzugeben, nämlich daß der Herr von New York zu einer Anzahl Zuhörern gesprochen habe, an welche die Andern sich nicht richten könnten.

„Wenn der Herr irgend ein Mitglied des Hauses angreifen wolle, so thue er es hier."

„Der Sprecher gebot hier Einhalt; er wurde nicht vollständig verstanden, man nahm aber an, es sei nicht erlaubt, persönlich von irgend einem Mitglied des Hauses zu sprechen."

„Evans sagte, er spreche von dem Redacteur der New Yorker Tribune und er bestand darauf, daß dieser Herr nicht das Recht habe, zu antworten."

(Laute Rufe aus allen Theilen des Hauses, „Laßt ihn sprechen," vermischt mit Zeichen der Mißbilligung).

Es wurde dann über den Antrag auf „die vorläufige Frage" verhandelt, derselbe aber nicht unterstützt.

Greeley trat sodann auf. Nachdem er von der Kritik gesprochen hatte, die dem Artikel der Tribune über den Meilengelder-Unfug zu Theil geworden war, sagte er, keiner der Herren habe daraus irgend eine Stelle angeführt, wodurch von einem Mitglied des Hauses gesagt werde, es habe einen ungesetzlichen Anspruch gemacht. Nur die Frage „Sollte das Gesetz geändert werden?" ist behandelt, die Frage, ob das Meilengeld nach der direktesten Route statt der sogenannten „gewöhnlich benutzten" berechnet werden solle, wodurch ein Mann, der aus dem Mittelpunkt von Ohio kommt, über Sandusky, Albany, New York, Philadelphia und Baltimore reisen und hiernach Meilengelder berechnen könne. Wenn Einer ein solches Verfahren für anständig halte, so habe er nichts dagegen einzuwenden. Aber er frage, ob nach einer solchen Route die Reisegelder berechnet werden sollten.

Hier wurde er von Turner mit der Frage unterbrochen, ob er, Greeley, den fraglichen Artikel geschrieben habe.

Greeley erklärte, er selbst habe die Einleitung geschrieben; die Abschrift der Tabellen aus den Büchern des Hauses und den Rechnungen des Senats habe er durch einen Reporter unter seiner eigenen Leitung machen lassen. Dieser Reporter sei ein früherer Clerk in dem Ober-Postamte, Howard Douglas mit Namen, und er habe die neuesten Bücher im Postamt consultirt, welche die Entfernung der verschiedenen Postämter von Washington enthalten, und aus diesen Büchern habe er eine Tabelle unparteiisch und gewissenhaft gefertigt, welche möglicher Weise mit Irrthümern in einer oder zwei Stellen, die Entfernung genau angebe. Bei jedem einzelnen Mitgliede sei die Entfernung, die er bei seiner Berechnung zu Grund gelegt und die auf der kürzesten Route angegeben und hiernach berechnet werde, wieviel Einer mehr erhalte, als ihm bei der direktesten Route gebührt; also nicht, was er ungesetzlich

an Ueberschuß erhalten, sondern was sein gesetzlicher Anspruch sein würde, wäre er nach dem Prinzip der direktesten Route berechnet worden.

In diesem Augenblicke wünscht King von Georgia, eine Bemerkung zu machen und ein Wort zu sagen. Der Herr habe gesagt, die betreffenden Mitglieder hätten die Berechnung gemacht, was aber ihn selbst (King) betreffe, so habe er dem Komite für die Berechnung der Meilengelder immer Nachricht über die Entfernung seines Wohnortes von Washington verweigert und immer erklärt, nichts damit zu thun zu haben. Er habe deßhalb die Berechnung nicht gemacht.

Greeley fuhr in seiner Rede fort und sagte, alles dies zeige seiner Ansicht nach die Nothwendigkeit einer neuen Regel für den Gegenstand, denn wie das Haus sehe, versuchten einzelne Mitglieder die Verantwortlichkeit dadurch los zu werden, daß sie dieselbe auf andere Schultern wälzen. Niemand will die Berechnung gemacht haben, und dennoch ist es gewiß, daß ein Uebermaß von $60,000 oder $70,000 berechnet und vom Schatzamt gezahlt worden sei.

Herr King unterbrach ihn hier mit der Frage, ob er ihn (King) beschuldige, die Abwälzung der Verantwortlichkeit zu versuchen. „Sagt der Herr das?"

Herr Greeley erwiderte, er habe nur gesagt, daß auf eine oder die andere Weise ein übermäßiger Betrag von Meilengeldern berechnet und vom Schatzamt bezahlt worden sei. Dieses Geld könne erspart werden. Bei Mitgliedern des Congresses solle dieselbe Regel gelten wie bei anderen Personen.

Herr King fragte ihn, ob der Herr von New York ihn richtig verstanden habe, denn er habe dessen Antwort nicht deutlich verstanden. Er, King, habe gesagt, er habe nie etwas mit der Berechnung von Meilengeldern zu thun gehabt und dennoch glaube er gehört zu haben, daß der Herr von New York äußerte, er, King, habe versucht, sich der Verantwortlichkeit zu entziehen.

Herr Greeley sagte, er habe von keinem besonderen Mitglied gesprochen.

Herr King fragte, warum er denn diesen Ausdruck gewählt habe? Greeley's Worte gingen in dem Lärm verloren, welcher dadurch entstand, daß die Mitglieder ihre Sitze verließen und sich in die Mitte des Saales drängten.

Der Sprecher rief das Haus zur Ordnung und ersuchte die Mitglieder, ihre Sitze einzunehmen.

Greeley fuhr fort. In dem betreffenden Artikel, sagte er, sei keine Andeutung enthalten, daß irgend ein Mitglied seine Meilengelder selbst berechnet habe, nur daß irgend ein Uebermaß von $60,000 bis $70,000 gefordert und gezahlt worden sei. Die Thatsachen im Allgemeinen seien angegeben worden, aus welchen hervorgehe, daß das Gesetz geändert

werden sollte, und einige andere Fälle seien
angeführt worden, um zu beweisen, daß das
Gesetz schlecht arbeite, z. B. ein früheres Mit=
glied von Ohio habe nur für vierhundert Mei=
len zu der Zeit berechnet, als er den ganzen
Weg zu Pferd zurücklegen mußte, jetzt aber
verlangt das Mitglied für denselben Distrikt
Gelder für acht oder neun hundert. Sollte
das wirklich in Richtigkeit sein? Die ganze
Controverse betreffe diesen Punkt. Jetzt werde
die Reise mit viel größerer Leichtigkeit zurück=
gelegt als früher, und dennoch werden höhere
Meilengelder, mitunter viel höhere, verlangt.
Der Herr von Ohio, der diese Discussion be=
gonnen, habe beweisen wollen, es sei irgend
ein Fehler in der Berechnung der Entfernung
gemacht worden. Dem könne er, Greeley,
nicht abhelfen. Die Bücher des Postamts
seien benutzt worden und man habe sich darauf
verlassen, und wenn ein Zeitungsschreiber nur
die Fälle einzelner Mitglieder ausgewählt und
ihre Forderungen bloßgestellt hätte, so würde
man es für einen unterhändigen Angriff ge=
halten haben.

Herr Turner lenkte die Aufmerksamkeit des
„Herrn von New York" auf die Thatsache, daß
das Postamt selbst das fragliche Buch wegen
seinen Mangels an correcten Angaben abge=
schafft habe. Er fragte, ob er das nicht wisse.

Herr Greeley antwortete, im Artikel selbst
werde bemerkt, daß das Postamt die Entfer=
nung nicht nach diesem Buch berechne. Alle
möglichen Milderungs= und Entschuldigungs=
gründe seien in dem betreffenden Artikel gege=
ben worden aber er frage das Haus und es
haben alle darüber zu verfügen, warum das
Gesetz nicht geändert werden solle, um mehr
Gerechtigkeit und Gleichheit hinein zu bringen.

Herr Sawyer wünschte dem Herrn von New
York eine Frage zu stellen. Er beklagte sich,
der Artikel habe ihm Unrecht gethan, es sei
darin gesagt, er wohne etwa dreihundert Mei=
len näher, als sein Nachbar (Herr Schenk,) ob=
gleich sein Kollege in dem Hause angegeben, er
wohne einige sechszig oder siebenzig Meilen
weiter.

Nun wolle er wissen, warum der Herr diese
Berechnung gegen ihn allein und nicht auch
gegen seine Collegen gerichtet habe.

Herr Greeley erwiderte, er versichere den
Herrn von Ohio, als er nicht glaube, daß von
dem Tage, daß er nach Washington kam, bis
zum gegenwärtigen je an ihn gedacht habe.
Er habe dieselben einfach von den Büchern des
Postamtes nach der von einem früheren Beam=
ten dieser Departements gemachten Abschriften
entnommen.

Nach vielem Wortgefecht derselben Art wurde
der Beschluß angenommen, das Komite er=
nannt, demnächst vertagte sich das Haus.
Greeley ging heim und schrieb einen etwas sati=
rischen Brief über die Verhandlungen des
Tages. Die bemerkenswerteste Stelle in die=
sem Brief war die folgende:

„Erst gestern sagte mir ein Senator, daß,
obgleich er entschieden gegen die Reduktion der
Meilengelder für das Haus sei, er erklären
müsse, daß wenn das Haus nicht aufhöre,
Vorschläge für Einschränkung bloß für Bun=
combe (für den Effect auf ihre Wähler) zu ma=
chen und dann zum Senat mit der Bitte zu
laufen, sie durchfallen zu lassen, so würde er
die Annahme des Gesetzes zur Reduktion der
Meilengelder befürworten, wenn es an den
Senat komme, nur um das Haus für seine
Heuchelei zu bestrafen.

Jan. 2. Herr Greeley beantragte einen
Beschluß, welcher den Finanzminister ersucht,
dem Hause die Vortheile mitzutheilen, welche
daraus entstehen, daß in dem Tarif von 1846
auf gewisse Fabrikate aus Wolle und Hanf,
Zölle gelegt habe, welche, die auf das Rohma=
terial von fünf bis zehn Prozent übersteigen
und wenn kein Vortheil daraus erwachsen, an=
zugeben, welche Maßregeln nothwendig seien.

Januar 3. Dieser Antrag kam zur Ver=
handlung.

Januar 4. Der Kongreß zeigte heute seinen
Zorn über die Meilengelder-Enthüllung in
wahrhaft außerordentlicher Manier. Gerade
in der letzten Sitzung dieses Congresses waren
die Meilengelder für die Boten, welche von den
Wahlmännern in den verschiedenen Staaten
ernannt werden, um die Protokolle ihrer Ab=
stimmung für die Aemter des Präsidenten und
Vicepräsidenten nach Washington zu bringen,
auf zwölf und einen halben Cent für Hin= wie
für Herreise reducirt worden. Jetzt sehen aber
die Mitglieder des Hauses, daß entweder die
Meilengelder der Boten erhöht, oder ihre eige=
nen reducirt werden müssen. „Demgemäß,"
schrieb Herr Greeley, „wurde sofort beim Se=
nat ein gemeinsamer Beschluß eingebracht,
(joint resolution) wodurch die Meilengelder
der Boten verdoppelt wurden und sie wurde
von der erlauchten Körperschaft sofort ange=
nommen. Erst heute, als die Sache im Hause
vorkam, merkte ich, wie weit sie gediehen sei
und auch hier wurde sie mit einer unanstän=
digen Eile durchgesetzt, die mit ihrem Charakter
harmonirte. Es wurde keinem Komite erlaubt,
sie zu prüfen, sondern mit der Peitsche und
Spore, durch den Kunstkniff der vorläufigen
Frage rc. und die bloße numerische Uebermacht
durchgesetzt und den Präsidenten zum Unter=
zeichnen zugeschickt.

Jan. 7. Das Drucker=Bankett wurde heute
in Washington gehalten und Herr Greeley
hielt eine Rede. Er brachte einen Toast auf:

„Der Blitzstrahl der Intelligenz, der sich
krachend auf alle Tyranneien stürzt und Thro=
nen in den Staub zieht! Möge er schnell
die Welt erleuchten!"

Jan. 9. Die zweite Debatte über die Mei=
lengelder kam heute vor. Sie wurde so ver=
anlaßt.

Der folgende Posten im Budget lag zur
Bewilligung vor. Für Diäten und Meilen=

gelder von Senatoren, Mitgliedern des Repräsentantenhauses und Delegaten $768.200.

Herr Embree schlug ein Amendement vor, wonach die Meilengelder beider Häuser des Congresses künftig nach der kürzesten Postroute von ihren betreffenden Wohnorten nach Washington berechnet werden sollen.

Die darüber entstehende Debatte war lang und sehr belebt, aber merkwürdiger Weise fand die Bloßstellung des Meilengelder-Unfugs bei dieser Gelegenheit entschiedene Vertheidiger und das Haus war in sehr guter Laune. Wenn der Leser begierig ist, zu wissen, was diesen erfreulichen Wechsel herbeigeführt, so mag er die Aufklärung in der Stelle eines Redners finden, der im Laufe der Debatte sagte, er habe nicht eine einzige Zeitung gelesen, die das Verhalten des Herrn aus New York nicht billigen und niemals habe ein Redacteur eines Blattes die wahren Ansichten des Volkes ausgesprochen und in irgend einer Weise die Anstrengungen des Herrn aus New York für Einschränkung bei dieser ungerechtfertigten Berechnung der Meilengelder gebilligt.

Die Debatte schloß mit einer munteren Unterhaltung über reisende "dead heads."

Herr Murphy sagte, bei der Hinreise habe er New York um fünf Uhr Abends verlassen, habe in Philadelphia zu Abend gegessen, dann den Zug wieder bestiegen, gut geschlafen und sei um 8 Uhr Morgens angelangt. Die Meilengelder betrugen neunzig Dollars.

Herr Root fragte, ob er die Passage als dead head gemacht habe. (Gelächter).

Herr Murphy antwortete unter großer Heiterkeit und vielem Gelächter des Hauses, er wisse nur von einem Mitglied der Delegation von New York, auf das sich diese Phrase anwenden lasse.

Herr Root sagte, obgleich sein Freund von New York sich leicht aus allen Schwierigkeiten herauszuziehen wisse, so sei es doch möglich, daß er die Bedeutung der von ihm gebrauchten Ausdrücke nicht verstehe. Er wolle ihn benachrichtigen, daß der Ausdruck von Dampfbooten von Leuten gebraucht werde, welche die Befugniß zu reisen hätten, ohne dafür zu zahlen. [Diese Anspielung verursachte große Heiterkeit im Hause, da man vermuthete, sie beziehe sich auf die zwei Redacteure im Hause, Levin von Pennsylvania und der Herr von New York, Greeley. Aber Herr Root fuhr fort zu sprechen und sagte, er sei gegen alle persönlichen Anspielungen. Er gebrauche solche nie und billige sie nicht von Andern.

Levin. Ich wollte nur sagen —

Root. Ich fürchte —

Die Confusion und Heiterkeit überschallte hier die wenigen von Levin gesprochenen Worte.

Herr Greeley bat um's Wort.

Sprecher. Der Herr aus New York verschiebe seine Rede bis das Haus zur Ordnung kommt.

Nach hergestellter Ordnung sagte Herr Greeley, er könne nicht wissen, was der Redacteur „Philadelphia Sun" der Herr von Pennsylvania [Levin] in solchem Falle gethan habe. Wenn aber irgend einem der Herren so viel daran gelegen sei, so möge er erfahren, daß er [Greeley] nie auf einer der verschiedenen Bahnen ohne Bezahlung gereist sei, nie in seinem Leben. Einer der Eigenthümer der Bahn habe ihm gesagt, er dürfe es thun, aber er habe es nie gethan.

Jan. 10. Der Sklavenhandel im Distrikt Columbia war der Gegenstand der Discussion und der Theil, den Greeley daran nahm, war folgender Maßen beschrieben: Während der ganzen Debatte am Mittwoch versuchte Herr Greeley bei jeder Gelegenheit, das Wort zu bekommen und erhielt es auch schließlich, aber der Sprecher entschied nach einiger Ueberlegung daß dem Herrn Wentworth von Illinois das Wort gebühre, weil er einen privilegirten Antrag gestellt. (Hätte Herr Greeley das Wort erhalten, so würde er im Wesentlichen Folgendes gesagt haben, wobei man bemerken muß, daß in der Einleitung auf die Rede des Herrn Sawyer angespielt wurde und natürlich erst ausgedacht werden konnte, nachdem diese Rede gehalten war. Dann folgt die Rede, welche kurz und überzeugend war.

Jan. 10. Die dritte Debatte über die Meilengelder.

Herr Greeley, der sich drei Tage lang bemüht hatte, das Wort zu erhalten, bekam es endlich und vertheidigte sein Verfahren. Für zwei für seine Biographie wichtige Stellen seiner Rede müssen wir hier Platz finden:

—„Der Herr hielt es für gut, von meinem Geschäft als Redakteur zu sprechen und klagt mich an, in dieser Halle eine Zeitung zu redigiren. Die fremdartigen und aufregenden Scenen um mich waren für mich so anziehend, daß sie meine ungetheilte Aufmerksamkeit auf sich zogen, und ich glaube nicht, daß es ein Mitglied des Hauses gibt, das an seinem Pulte weniger geschrieben hat, als ich, und ich habe nicht einen einzigen Artikel hier geschrieben. Dafür ist Zeit genug vor und nach unserer täglichen Sitzung.

Aber der Herr deutet entweder an, oder drückt offen seinen Verdacht aus, daß ich meine Pflichten als Mitglied des Hauses vernachlässigt habe, um eigene Geschäfte zu besorgen. Diese Behauptung kann ich positiv verneinen. Mit Ausnahme einer kurzen Sitzung über ein gewisse Privatpersonen betreffendes Gesetz bin ich zusammen nur eine Stunde, selbst keine halbe, abwesend gewesen. Ich habe nie für zeitige Vertagung gestimmt oder für Vertagung auf den nächsten Tag. Meinen Namen wird man bei jeder namentlichen Abstimmung eingetragen finden, und da der Herr mir auch verwirft, ich habe meine Pflichten als Mitglied

eines Committee's (das für öffentliche Lände=
reien) vernachlässigt, so appellire ich an dessen
Vorsitzer, der beweisen wird, daß ich nie bei
einer Sitzung des Committee's gefehlt habe,
noch bei einer eines Sub=Committee's, und
daß ich mich nie der Arbeit entzogen habe.
Und ich hoffe, daß, ob an meinem Platz oder
nicht, ich einen ebenso großen Theil der diesem
Haus zukommenden Arbeit thun werde, als
der Herr von Mississippi für wünschenswerth
hält.

Und nun, Herr Vorsitzender, noch ein Wort
über die Hauptfrage. Ich weiß sehr wohl und
wußte es von Anfang an, welch ein niedriges,
verächtliches Demagogengeschäft der Versuch,
Einschränkungen in der Verwendung des
Schatzes der Nation einzuführen, immer ge=
wesen ist. Es ist keine Arbeit für seine Herren,
und selbst für Redakteure unpassend. Ihre
Arbeit, meine Herren, ist eines feinen Mannes
würdig, es ist die des Ausgebens, Verschwen=
dens, Vertheilens und Nehmens. Aber Ein=
schränkungen zu versuchen ist immer ein solches
vulgäres, bettelhaftes Zweipenny = Geschäft.
Es sieht armselig und geizig aus. Außerdem
trägt es sich nie zu, daß diese Versuche den
rechten Platz treffen. „Schlage höher, schlage
niedriger," heißt es immer. Mit anderer Leute
Geld liberal zu sein, großmütig gegen sich
selbst und seine Freunde, das ist's, was Je=
mand populär macht und empfiehlt. Fahren
Sie so fort. Kümmern Sie sich nie um die
Kosten und schimpfen Sie auf Ihre Gläubiger,
als ob sie Abkömmlinge von Judas Ischariot
seien. Leider, Herr Vorsitzender, lag ich nicht
in einem feinen Haus in der Wiege!"

Jan. 14. Er arbeitete eine andere Rede
über einen bekannten Sklavenfall aus, welcher
zu jener Zeit viel Aufmerksamkeit erregte. Der
Titel ist: Meine Rede über Pacheco und seine
Neger.

Jan. 16. Das Meilengeld=Committee machte
seinen Bericht, sprach die Mitglieder von jedem
Verdachte frei, verdammte die Bloßstellung
und bat um Entlassung.

Jan. 17. Eine „laufende" Debatte über
Meilengeld, viele Rathschläge für die Abände=
rung des Gesetzes wurden gegeben, aber die
vorgeschlagene Reform wurde in Wirklichkeit
niedergestimmt. Folgendes Gespräch kam vor
in Bezug auf Greeley's eigene Meilengelder.
Wir lassen ihn selbst sprechen:

Nachdem das Haus wieder in das Committee
des Ganzen gegangen war und das Budget
für Civildienst und das Departement der äuße=
ren Angelegenheiten vorgenommen hatte, über
welche Herr Murphy gerade sprach, verließ ich
den Sitzungssaal, um irgend ein Geschäft zu
besorgen und war sehr erstaunt, bei meiner
Rückkehr zu hören, daß Herr Murphy über
mich selbst sprach. Als ich eintrat, fuhr er in
folgenden Worten fort:

„Da der Herr jetzt selbst gegenwärtig ist, so
will ich wiederholen, was ich behauptet habe,

nämlich, daß derselbe Herr, der diese Meilen=
gelder=Geschichte angefangen hat, selbst seine
Rechnung nach der gewöhnlich benutzten und
nicht nach der direktesten Route gemacht hat.
Er sagt mir nach, ich habe $3.20 zu viel ge=
nommen, aber ich wohne eine Meile hinter ihm
und fordere nicht mehr."

Greeley: „Der Herr ist gänzlich im Irrthum.
Als ich fand, daß mir $184 Meilengelder gut=
geschrieben waren für 230 Meilen, beauftragte
ich den Zahlmeister, diesen Irrthum zu berich=
tigen um die Summe auf $180 für 225 Meilen
festzusetzen. Ich habe mich seither nicht darüber
befragt, vermuthe aber, daß er es gethan hat.
Demgemäß verlange ich nicht so viel, als der
Herr von Brooklyn, obgleich statt näher ich
etwa zwei oder drei Meilen weiter als er von
der Stadt wohne, oder volle 229 Meilen auf
der kürzesten Postroute."

Richardson von Illinois: „Hat der Herr
nicht selbst die Entfernung auf 230 Meilen be=
rechnet?"

Greeley: „Ja, mein Herr, ich that dies zu=
erst; als ich aber erfuhr, daß es nach dem Post=
Almanach von 1842 eine kürzere Route gab
als die nach welcher das Meilengeld von New
York berechnet war, so ging ich sogleich zum
Zahlmeister, machte ihn darauf aufmerksam
und bat um Berichtigung des Fehlers. Da
ich vier Meilen hinter der Post von New York
wohne, so hätte ich mit Recht die Berechnung
gelten lassen können, wie sie zuerst war, aber
ich that es nicht."

Jan. 18. Greeley's Ansichten über die Re=
form des Meilengeldes und Diätenwesens wer=
den in der Tribune dargelegt:

1. Man reduzire die Meilengelder auf eine
liberale, aber nicht verschwenderische Vergü=
tung für den Zeitverlust und die Auslagen der
Reise.

2. Man reduzire die Diäten bis zu einem
Minimum von $5 per Tag, oder, wie wir vor=
ziehen würden, $8, wobei Sonntage und Tage,
an welchen sich das Haus vertagt, und alle
Tage an welchen das Mitglied, außer wegen
Krankheit, nicht anwesend war, abgerechnet
werden.

3. Wenn ein Mitglied sechs Sitzungen im
Haus oder Senat, oder beiden, mitgemacht
hat, so sollen seine Diäten um fünfzig Prozent
erhöht werden, und wenn er in zwölf Sitzungen
gedient, so sollen sie doppelt so viel betragen,
als die eines neuen Mitglieds.

4. Man zahle dem Vorsitzenden jedes Com=
mittee's und allen Mitgliedern der wichtigsten
und am meisten angestrengten Committee's in
jedem Hause fünfzig Prozent höhere Diäten
und dem Vorsitzenden der drei verantwortlich=
sten (z. B. für Mittel und Wege, Justiz und
Ansprüche) das Doppelte. Dem Sprecher gebe
man das Doppelte oder Dreifache.

5. Man verkürze die „langen Sitzungen"
auf vier Monate; dauern sie länger, so erhalten
die Mitglieder bloß die Hälfte ihrer Diäten.

Jan. 22. Heute bedeckte sich das Repräsentantenhaus mit Ruhm. Herr Greeley schlug vor, dem Gesetz für allgemeine Bewilligung (general appropriation) einen Artikel zuzufügen, wonach Mitglieder nur wenn sie durch Krankheit oder Amtsgeschäfte verhindert sind, beizuwohnen, Diäten für die Tage ziehen sollen, an denen sie bei den Sitzungen nicht anwesend waren. „Gerade während dieser Sitzung," sagte Herr Greeley in einer Rede über den Gegenstand, „sind einige Mitglieder wochenlang abwesend gewesen, um Privatgeschäfte zu besorgen, während die Committee's fast täglich wegen Mangels an einem „Quorum" (der Anzahl, welche anwesend sein muß, um eine Sitzung zu halten) unfähig waren, voranzugehen. Dies ist ein großes Unrecht gegen ihre Auftraggeber und ebenso gegen diejenigen Mitglieder, welche in ihren Sitzen bleiben und die Arbeit thun."

Was darauf folgte, wird in einem Brief an die Tribune berichtet:

„Hierauf trat der Achtbare Henry C. Murphy von Brooklyn (es sieht ihm ähnlich) auf und beantragte folgenden Zusatz zu dem obigen Artikel:

„Und ebenso soll für diejenige Zeit ein Abzug gemacht werden, während deren sich im Hause anwesende Mitglieder mit der Redaktion von Zeitungen beschäftigen."

Da kein Einwand erhoben wurde, nahm das Haus mit dem hohen Sinn für das Schickliche und Angemessene, welches sein ganzes Verfahren charakterisirte, das Amendement an.

Und darauf wurde der ganze Artikel verworfen.

Um die Verschwendung der öffentlichen Gelder durch die in jedem Hause üblichen Extra-Vergütungen von $250 an jeden Unterbeamten, wie Schreiber, Boten, Pagen 2c., die an sich schon einen übermäßigen Lohn erhielten (und ihre Zahl sei Legion) zu verhüten, beantragte Herr Greeley folgenden neuen Artikel zuzufügen:

„Und es wird ferner bestimmt, daß es hinfüro für keines der beiden Häuser gesetzlich sein soll, von seinem „Contingentfund" eine besondere Gratifikation an irgend eine Person zu beschließen, und daß jede Bewilligung öffentlicher Gelder nur dann zulässig sein soll, wenn beide Häuser darin übereinstimmen."

Dieser Antrag wurde natürlich niedergestimmt, und am letzten oder vorletzten Tage der Sitzung wird natürlich jedes Haus durch den Antrag auf Bewilligung der üblichen Gratifikation an die schon übermäßig bezahlten Unterbeamten überrumpelt werden, und er wird wahrscheinlich durchgehen, obgleich mir versichert wird, es sei schon gegen das Gesetz. Allein was hilft das?"

Jan. 25. Herr Greeley, als Mitglied des Committee's für öffentliche Ländereien, berichtet über ein Gesetz für Reduktion des für Land an der Küste des Oberen Sees (Lake Superior)

geforderten Preises. Im „Committee des Ganzen" beantragte er, in dem Militärbudget den Posten von $38,000 für das Rekrutenanwerben auszustreichen. Verworfen. Herr Greeley beantragte später am Tage, die Meilengelder der Offiziere und Beamten nach der kürzesten Route zu berechnen. Verworfen. Die eindringlichste Stelle in seiner Rede über das Rekrutenanwerben war die folgende:

„Herr Vorsitzer! Von allen Scheußlichkeiten und Ungerechtigkeiten, die dieses Land schänden, sind die des Rekrutenwerbens, denke ich, die größten. Ich weiß nicht, ob die Regierung so viele Betrügereien bestraft, als sie durch dieses System veranlaßt. Ich selbst kenne etwas davon und noch mehr ist mir durch Andere hinterbracht worden. Ein nicht überschlauer, armer Mann, der dem Trunke etwas ergeben ist, erwacht von der Betäubung des Rausches, in welchem er sich durch irgend ein Vergehen entehrt hat, oder vielleicht hat er sein Geld verjubelt und nicht mehr die Mittel, seine Familie zu ernähren. Er schämt sich, nach Haus zu gehen.

Er schämt sich seinen Freunden zu begegnen, die ihn als einen achtbaren und nüchternen Mann gekannt haben. In diesem Augenblicke des Wahnsinns und Schreckens nähert sich ihm der Versucher, beschreibt die Freuden des Soldatenlebens in glänzenden Bildern und bewegt ihn, sich anwerben zu lassen. Zweifelsohne sind schon oft Männer betrunken gemacht worden, um sie zum Eintritt zu vermögen, denn derjenige, welcher einen annehmbaren Rekruten bringt, erhält Vergütung. Alle Arten falscher Vorspiegelungen werden beständig gemacht, absurde Hoffnungen auf Promotion und Ruhm werden erregt und wenn der Rekrut seiner Sinne nicht mehr mächtig ist, verpflichtet er sich für eine Zeit, die vielleicht sein ganzes Leben umfaßt. Bald ergreift ihn die Reue und er bittet um Entlassung, seine verzweifelnde Frau kommt und fleht, seine hungernden Kinder flehen. Alles ist vergebens, Shylock muß sein Pfund Fleisch haben und der Gatte und Vater wird für Jahre, vielleicht für immer seiner Familie entrissen. Unmöglich kann eine „christliche Nation" eines so scheußlichen Systems bedürfen und ich bitte das Haus seine Abschaffung zu beschließen.

Jan. 31. Im Komite des Ganzen war die Bewilligung für die Marine auf der Tagesordnung. Herr Greeley schlug ein Amendement vor, welches die Zahl der Ober-(Warrant) Officiere reducirt. Verworfen. Ebenso sprach er für Abschaffung der Grog-Ration.

Februar 1. Herr Greeley stellte den Antrag, daß kein Marineofficier befördert werden soll, so lange als Officiere höheren Rangs unbeschäftigt seien. Verworfen.

Februar 14. Herr Greeley brachte folgenden Beschluß ein:

Beschlossen, — daß das Justiz-Komite angewiesen werde, auszufinden, ob in unseren Gesetzen oder in den Entscheidungen des Obergerichts irgend etwas ist, was die brittischen Grundsätze: „Einmal Unterthan, immer Unterthan," anerkannt und zu berichten, welche Schritte der Congreß thun müsse um die Gesetze so zu ändern, daß sie folgerichtig und klar den amerikanischen Grundsitz, welcher das

Recht jedes Menschen von seinem Vaterlande aus- und in ein anderes Land einzuwandern, und dadurch, daß er im Letztern Bürger wird, alle Pflichten des Unterthanen abzustreifen, anerkennt.

Es wurde Einwand erhoben und der Beschluß wurde deßhalb der Regel nach zurückgezogen.

Das Gebäude der Tribune.

Februar 26. Dem Vorschlage, die Regelung der Gränzfrage zwischen New Mexico und Texas dem obersten Gerichtshof zuzuweisen, widersetzt sich Herr Greeley, weil, wie er sagte, die Majorität der Richter Sklavenhalter sei.

Feb. 27. Das Komite, an welches Herr Greeley's Land-Reform-Gesetz verwiesen worden war, bat um Entlassung. Herr Greeley verlangte namentliche Abstimmung. Verworfen. Ein Antrag, das Gesetz auf den Tisch zu legen wurde angenommen und der auf namentliche Abstimmung dabei wieder verworfen. An den Debatten über die Organi-

sation der neuen Territorien wie California 2c. nahm Herr Greeley bedeutenden Antheil.

März 4. Der letzte Tag der Sitzung. Es war ein Samstag. Des Budget war noch nicht angenommen. Ebenso war auch das Gesetz für die Organisation der neuen, im merikanischen Krieg erworbenen Territorien noch nicht angenommen worden. Es war eine Nacht des Kampfes, Lärmens, der Heftigkeit, obgleich die Interessen ganzer ausgedehnter Reiche im Spiele standen. Einige Sätze aus Herrn Greeley's eigenem Bericht geben uns eine Vorstellung von den Scenen. Endlich, nachdem wir die Nacht bis um 5 Uhr

Morgens durchwacht hatten, war die Redse=
ligkeit der Mitglieder im Reden unter allen
Arten von Vorwänden erschöpft und eine er=
wünschte Stelle trat ein. Die Verschwen=
dungssucht hatte sich an der Bewilligung
von Gratificationen an beinah jeden Unter=
beamten gesättigt und der Senat ließ mir's
wissen, daß er das „Walker Amendement" auf=
gegeben habe, wie alle andern Einwendungen
und daß er das Gesetz einfach als eine Be=
willigung des Budgets angenommen habe.
Er hatte also das Amendement des Hauses
dadurch zu Nichts gemacht, daß es sein eige=
nes aufgab. Gleich darauf kam die Zustim=
mung des Senats zu dem im Hause ange=
nommenen Gesetz, welches die Zollgesetze auf
California ausdehnt und ein Bote wurde mit
beiden Gesetzen an Herrn Polk (der noch als
Präsident behandelt wurde) geschickt, um ihn
im Irving House, wohin er sich kurz vorher
zurückgezogen hatte, aus dem ersten Schlaf zu
wecken und die Unterzeichnung der beiden Ge=
setze zu verschaffen. In gehöriger Zeit — sie
schien uns sehr lange, da es mittlerweile lichter
Tag geworden war — war das Haus zur
Vertagung bereit. Der Sprecher, Herr Win=
throp, hielt eine beredte und gefühlvolle An=
rede als er den Stuhl verließ und am hellen
Sonnenschein eines Sonntags-Morgens, dop=
pelt unangenehm nach einer regnerischen und
nebeligen Woche, die im Hause durch wil=
des Ringen und boshafte Zänkereien unterein=
ander und mit dem Präsidenten characterisirt
war, vertagte sich das Haus für immer.
Wie ich erfahre, hat sich der Senat noch nicht
vertagt; die Ueberbleibsel sind um den Stuhl
des Vice-Präsidenten versammelt und noch
damit beschäftigt, Jedermann eine Extra-Gra=
tification zu bewilligen und wenn der Schatz
noch nicht leer ist, fahren sie vielleicht noch in
dieser Belustigung fort. Ich habe das schon
oft mit Ekel angesehen, ging deßhalb nicht in
die Halle des Senats, sondern schlich müd
nach Hause.

März 6. Herr Greeley war einer der drei=
tausend Besucher des „Inaugurationsballes"
und er beschreibt ihn als ein schweißtreibendes
Gedränge.

„Ich ging" sagte er, „um den Präsidenten
zu sehen, der mir nie vorher unter den Augen
gekommen war, um die Aufnahme zu beobach=
ten, welche er von den vielen Tausenden An=
wesenden empfangen worden. Ich kam, um
geistvolle Gesichter und nicht leichte Füßchen zu
sehen. Eine Stunde lang war ich zufrieden,
mir das immer wechselnde Panorama von Se=
natorenköpfen, mit Epauletten bedeckten Schul=
tern von großen Rednern und brunetten Schön=
heiten und von Aemterjägern anzuziehen.—Die
Stunde der Stunden ist gekommen. Das
Geflüster wird leiser und der neue Präsident
kommt die große Treppe herab, we'che im Ball=
saale endigt und das Gedränge scheidet sich in

zwei Kolonnen, um den Präsidenten zu empfan=
gen.

Zwischen diesem schritt Gen. Taylor mit Be=
gleitung zu beiden Seiten durch den Saal und
dann zwischen anderen ähnlichen Kolonnen
zurück, sich beständig verbeugend und die An=
wesenden grüßend. Namentlich den Damen
schenkte er große Aufmerksamkeit und er wurde
überall mit herzlichen Beglückwünschungen
empfangen. Alle wünschten ihm Erfolg in sei=
ner neuen und schwierigen Stelle, selbst Die=
jenigen, welche am härtesten arbeiteten, um
seine Erwählung zu verhindern.

Aber hier, wie bei der Inauguration, zeigte
sich so gut wie gar kein Enthusiasmus. Dann
und wann wird ein „Hurrah" versucht, ist aber
so wenig erfolgreich, daß der tollkühne Rädels=
führer der erste ist, der über den Fehlschlag
lacht.

„Die Leute scheinen nicht viel zum Hurrah=
rufen aufgelegt zu sein," sagte ich zu einem
ursprünglichen Taylor-Mann.

„Nei—ei—ein, sie rufen nicht viel Hurrah.
Man weiß eben nicht, ob es auf einem Balle
anständig ist."

Allerdings die Möglichkeit, daß es als un=
anständig kritisirt werden könnte, war genü=
gend, um allen Enthusiasmus im Zügel zu
halten. Wie Macbeth's Amen blieb das Hoch
im Rachen stecken und Alles ging nach
den strengsten Regeln des Anstandes her.

Man denke sich aber, der alte „Hal" (Henry
Clay. Der Uebersetzer) wäre diese große Treppe
herabgekommen, eben in das Amt des Präsi=
denten der Vereinigten Staaten eingeführt,
und eine Elite von drei tausend Repräsentanten
der Whigs und der Whig-Schönheiten wäre
zugegen gewesen. Hätte das Gebäude nicht
von dem donnernden Hurrah ihres Jubels ge=
zittert, hätte bei einer solchen Gelegenheit irgend
Jemand es erst in ernste Erwägung ziehen
können, ob es anständig sei, ein Hoch auszu=
bringen? Wer Lust hat, mag dem großen
Aemtervertheiler Schmeicheleien sagen und in
jeder Handlung oder in jedem Zug eine Aehn=
lichkeit mit Washington finden. Ich bescheide
mich, zu warten, zu wachen und zu hoffen.
Ich verbrenne keinen Weihrauch auf seinem
Altar und verschwende Alles schmeichelnden
Phrasen. Von aller dieser imponirenden
Pracht, so reich an äußerem Glanz, so arm an
Gefühl, wende ich mich weg um an Den zu
denken, der den Mittelpunkt in diesem großen
Panorama bilden sollte, an den jetzt machtlosen
Unvergeßlichen, der weit hinter jenen Bergen
wohnt, ich gedenke des beredten Kämpen für
die Emancipation der Neger, die amerikanische
Industrie und für Freiheit in beiden Hemi=
sphären, dessen Stamm die Herzen der lange
niedergedrückten Söhne von Leonidas und
Xenophon ermuthigte, dessen Vertheidigung
der Sache der südamerikanischen Unabhängig=
keit den versammelten Reiterschaaren B'lvar's
vorgelesen wurde und sie so begeisterte, daß sie

endlich die Myrmidonen spanischer Tyrannen von dem Continent trieben. Mein Herz ist bei ihm in seiner fernen südlichen Heimath, mit ihm, der schon so lange für Sklaven= Emanzipation, amerikanische Industrie ꝛc. ge= stritten, und hernach mit ebenso viel Ruhm dieses Gelüste nach Eroberung bekämpfte und geißelte.

Laßt diese jubelnden Tausende in glühendem Wein dem Sieger von Monterey.und Buena Vista zutrinken. Ich ziehe meine stille Kammer vor, wo ich ein Glas krystallhelles Wasser auf den alten begeisternden Toast leeren werde:

„Dein Hoch, Harry Clay!"

März 9. Herr Greeley ist nach New York zurückgekehrt. Heute nahm er von seinen Wählern in einem langen Briefe in der Tri= bune Abschied, in welchem er die Vorgänge der Sitzung überblickte, das Gesammtresultat als „Fehlschlag" bezeichnete und sich als dafür nicht verantwortlich erklärte.

Das waren seine Schlußworte:

„Meine Arbeit als Ihr Diener ist gethan, ob wohl oder übel, hängt von Ihrem Urtheil ab. Möglicher Weise machte ich Fehler bei der Abstimmung über schwierige und ver= wickelte Fragen, worüber ich durch „Ja" oder „Nein" und ohne einen Augenblick Zeit für Ueberlegung zu haben, meine Ansicht kund= geben mußte. Wenn dem so ist, wenn Sie einen Fehler entdecken können, und Sie finden meinen Namen in jeder Namensliste der bei einer namentlichen Abstimmung gegenwärtigen Mitglieder, dann verdammen Sie mich, wie sich's gehört. Ich wünsche wirklich, es würden in unseren Zeitungen weniger Reden und mehr von den Anträgen und der Abstimmung über dieselben berichtet. Das würde der Masse des Volkes ein viel klareres Bild von der Art und Weise geben, wie ihre öffentlichen Geschäfte besorgt werden. Mein Nachfolger ist bereits erwählt und ich kann kaum in den Verdacht kommen, mich bei Ihnen nochmals einzuschmei= cheln zu wollen, wenn ich die Hoffnung aus= spreche, daß es ihm gelingen werde, denselben Eifer in Ihrem Dienst mit größerer Wirksam= keit, dieselbe Furchtlosigkeit mit größerer Popu= larität zu vereinigen. Es ist wahr, daß mich mitunter die Folgen meiner Bloßstellung des Meilengelder=Unfugs etwas belästigt haben, aber ich habe nie gewünscht, es nicht gethan zu haben, auch dachte ich nie daran, Jemand dafür um Verzeihung zu bitten und ich bin sicher, daß, hätten Sie, was unzweifelhaft in Ihrer Macht war, einen strikter rechtlichen und furchtloseren Mann als mich in das Reprä= sentantenhaus geschickt, derselbe sich bei einem großen Theil der Mitglieder noch unbe= liebter gemacht hätte als ich. Ich danke Ihnen herzlich dafür, daß Sie mir Gelegenheit gaben, etwas vom öffentlichen Leben zu sehen, und hoffe, daß ich diese Erfahrung nicht allein für mich, sondern für das ganze Publikum nützlich machen kann. Indem ich hiermit aufhöre Ihr

Agent zu sein, habe ich Sie nur noch um eine kleine Gunst zu bitten, und ich hoffe, meine Freunde werden sie ohne Zögerung gewähren. Nämlich Sie werden mich sehr verbinden, wenn Sie sich daran erinnern, daß mein Name einfach ist

Horace Greeley."

Nur aus dem kleinen Städtchen Nord-Fair= field in Ohio kam ein herzlicher Zuruf: „Wohl= gethan!" ꝛc. Die Bürger dort hielten eine Versammlung, um ihre Billigung seines Ver= fahrens auszusprechen. Er antwortete in einem charakteristischen Brief:

„Ich bitte Euch," sagte er darin, „weniger an die figurirenden Personen, als an die Maßregeln zu denken. Wenn es Einer für gut finden sollte, Euch zu sagen, daß ich un= ehrlich, oder ehrgeizig, oder „hohlherzig" in dieser Angelegenheit gehandelt habe, so ver= liert keine Zeit, um ihn zu widerlegen, sondern leitet seine Aufmerksamkeit darauf, ob die Mei= lengelder=Berechnung eine ehrliche ist, oder nicht. Darin hat das Publikum ein Interesse, nicht an die Beweggründe dieses oder jenes Mannes. Wenn mich Jemand einen Heuch= ler und Demagogen nennt, so ist das für das Land nicht so kostspielig, als wenn Einer $1664 dafür rechnet, daß er von Illinois als Congreß= mann nach Washington geht und als ehrlicher Mann zurückkommt.

Vierzehntes Kapitel.

Drei Monate in Europa.

Horace Greeley war einer der dreitausend Amerikaner, welche im Jahre 1851 um der Weltausstellung in London beizuwohnen, über den Ocean segelten und er, wie viele Andere, ergriffen die Gelegenheit, um eine schnelle Reise durch die zugänglichsten Theile des euro= päischen Continentes zu machen. Es war die längste Erholungsreise, die er je unternommen. Dies ist indessen nicht der rechte Ausdruck. Die Himmelsfarbe machte sich anders, der Mann änderte sich nicht und seine Arbeiten in Europa waren ebenso ununterbrochen und anstrengend, als sie in Amerika gewesen und waren auch ihrer Art nach nicht sehr verschieden. Er reiste schnell und schnell folgen wir ihm:

Am Samstag den 16. April 1851 segelte das Dampfschiff Baltic von seinem Dock am Fuße der Canalstreet in New York ab und Horace Greeley war Einer seiner zweihundert Passagiere. Es war ein kalter, rauher Tag; im Nordosten war der Himmel bewölkt und zeigte, daß ein Sturm im Anzug sei.

Der Dock war mit Menschen bedeckt wie dies an Dämpfertagen gewöhnlich und als das un= geheure Schiff sich in Bewegung setzte und der wohlbekannte, unvermeidliche weiße Hut unter der das Verdeck füllenden Masse erblickt wurde, brachen Greeley's zahlreich versammelte Freunde in ein herzliches „Hoch" aus, in dem andere Zuschauer einstimmten. Er nahm seinen Hut ab und schwang ihn als Antwort und Gruß, während der Dampfer wie eine schwarze Wolke sich entfernte.

Es war eine außerordentlich unangenehme Ueberfahrt, obgleich nicht sehr stürmisch. Der Nordost=Wind, der über die Stadt wehte, als der Dampfer segelte, begleitete denselben auf dem ganzen Wege, wie ein treuer Bruder. Nur dann und wann drehte er sich ein paar Punkte, gab dem Schiff, es sei dem für etwa sechs Stunden, einen günstigen Wind.

Noch vor vier Uhr am ersten Tage, ehe der Dampfer fünf Meilen vor Sandy hook entfernt war, kamen die Qualen der Seekrankheit über den armen Horace und warfen ihn nieder. Um sechs Uhr Abends fand ihn ein Freund, gänzlich hülflos zurückgebeugt, im Rauchzimmer. Er überredete ihn in die Kajüte hinabzusteigen und half ihm dabei. Er hatte nur noch Kraft genug die Stiefel auszuziehen und sich in seine Koje zu werfen, wo er vierundzwanzig Stunden blieb. Dann gelang es ihm, sich auf das Verdeck zu ziehen, aber ein gegen ihn beständig blasender Wind und die rauhe See war zu mächtig für ihn und während der ganzen Ueberfahrt war er nicht eine Stunde lang gesund und glücklich. Natürlich hatte er keine sehr günstige Idee von der Seefahrt. Er hielt dafür, daß eine Seereise von zwölf Tagen nach den Qualen, die sie verursacht, einer zweimonatlichen Dienstzeit im Zuchthause gleichkommt oder fünfjährigen Leiden am Lande. Der einzige Trost für ihn war, daß die Stürme, welche die Vergnügen suchenden Passagiere des Baltic so sehr genirten die mit Einwanderern beladenen Schiffe, denen sie stündlich begegneten, um so schneller in das Land der Unternehmung und Hoffnung trieben. Seine eigenen Leiden hielt er für leicht, verglichen mit denen der Massen, welche in den erstickend heißen Zwischendecken zusammengedrängt waren.

Am 28. April, Abends 7 Uhr, landeten die Passagiere unter einem bleifarbigen Himmel und leise tröpfelnden Regen in Liverpool. Sie wurden in einem Schleppboot vom Dampfer abgeholt, das man, so dachte Greeley, in New York nicht nehmen würde, um Kehricht zu fahren. Was das Wetter betrifft, so schrieb er im ersten Brief, er habe sich allmälig an einen grauen Himmel und beständiges Regnen gewöhnt. Er rieth Amerikanern, am Tag ihrer Abreise nach Europa sich noch einmal lange und gehörig die Sonne anzusehen, um sie bei ihrer Rückkunft wieder zu erkennen, denn, was man in England „Sonne" nennt, wird nur gelegentlich vorgezeigt und gleicht eher einer gekochten Rübe, als dem amerikanischen gleichbenannten Gegenstand. Von Liverpool sah er nicht viel, es machte auf ihn einen unangenehmen Eindruck.

Am 1. Mai wurde die Ausstellung eröffnet und der Reisende sah das Gepränge in und außerhalb des Kristallpalastes. Der Tag war — für England wenigstens — sehr schön. Er hielt den Londoner Sonnenschein für etwas weniger glänzend als das amerikanische Mondlicht, und wunderte sich, wie die englische Regierung es über's Gewissen bringen könne, solches Licht auch noch zu besteuern. Die Prozession der Königin mit ihrer Begleitung schien ihm nicht sehr großartig, er dachte die amerikanischen Feuerleute und Odd Fellows könnten etwas Besseres zeigen, aber es war doch etwas Neues, eine Königin, einen Hof und einen Adel zu sehen, die die Industrie ehren. Er freute sich, die Königin im Zuge zu sehen, obgleich ihr ihr Geschäft nicht mit dem Zeitgeist übereinzustimmen schien und hoffte, es werde vor langer Zeit aus der Mode kommen. Er konnte aber nicht einsehen, was die Oberhundehüter, der „Knappe der Stola," die Oberkleiderbewahrerin und solche schwerfällige Versteinerungen mit der großen Industrie=Ausstellung zu thun hätten. Die Oberkleiderbewahrerin mache weder, noch verwahre sie Kleider. Die Damen des Schlafzimmers wüßten nicht anders mit Betten umzugehen als darin zu schlafen. Die Ehrenposten um die Person der Königin sollten von den Abkömmlingen von Watts und Arkwright, den wahren Besiegern Napoleons, eingenommen werden und unter den fremden Botschaftern hätten die Söhne eines Fitch, Whitney, Fulton, Daguerre und Morse sein sollen. Auch hätten die weniger auffallenden Stellen nicht dem „Goldstab," „Silberstab" und ähnliche Dummheiten, sondern den Gärtnern, Zimmerleuten, Polsterern (man stelle sich vor daß ein „Goldstab" diese Stelle gelesen hat), eingeräumt werden sollen. Der Reisende bedenkt indessen doch, daß wir ähnlichen Unsinn jenseits des Oceans haben und hält ein, um die Hoffnung auszudrücken, daß man, ehe das Jahrhundert vorübergehe, e i n e n A n d e r e n a l s e i n e n G e n e r a l z u m P r ä s i d e n ten w ä h l e n könne.

Vor der Ankunft Greeley's in London war er von dem amerikanischen Commissär zum Mitglied der Jury über Eisenwaaren ernannt worden. Zu jener Zeit waren so wenig Amerikaner in London, die nicht selbst Aussteller waren, daß er diese Auszeichnung nicht ablehnen zu können glaubte und beinah einen ganzen Monat widmete er jeden Tag fünf Stunden von 10 Uhr Morgens bis 3 Uhr Nachmittags der Erfüllung seiner Pflicht als Mitglied der Jury und untersuchte die Gegenstände, über welche sie entscheiden sollten. Wenige Reisende in Europa würden den ersten Monat einer so anstrengenden Pflicht widmen.

Zum Lohn hatte er, daß seine amtliche Stellung ihm Gelegenheit gab, vielseitige Kenntnisse zu erwerben und Erkundigungen einzuziehen, Beobachtungen und Bekanntschaft zu machen, die er nicht hätte machen können, wäre er ein gewöhnlicher Besucher gewesen. Unter anderen Vortheilen gewann er einen Sitz bei einem Bankett, welches die Londoner Commissäre denjenigen anderer Länder in Richmond gaben und dem viele Repräsentanten der Wissenschaft, des Talents und Rangs beider Halbkugeln beiwohnten. Es war der besondere Wunsch des Präsidenten der Commission, Lord Ashburton, daß der Toast auf den Architekten des Krystallpalastes, Herrn Paxton, von einem Amerikaner ausgebracht werden sollte und Herr Riddle, der Commissär für Amerika, bezeichnete Horace Greeley für diese Aufgabe. Die Rede, welche er bei dieser Gelegenheit hielt, war kurz, angemessen und so charakteristisch, daß ich sie hier wieder gebe:

Herr Greeley sprach auf Ansuchen des Präsidenten: „Mein eigenes Vaterland. Mylords und meine Herren, wo die Natur noch so rauh und unbesiegt, wo die Bevölkerung noch so dünn gesäet ist und die Motive für menschliche Energie noch so zahlreich und verschiedenartig ist, ist es ganz natürlich, daß wir der Arbeit große Ehre erzeigen und namentlich derjenigen Arbeit, welche Erfindungen oder Entdeckungen macht, durch welche Arbeitszeit verkürzt und die Wirksamkeit des Fleißes erhöht wird.

Natürlich mußte deßhalb dieses große Unternehmen, welches sich zur Aufgabe stellt, eine vergleichende Uebersicht der Industrie aller Nationen zu ermöglichen, mit großem, lebhaftem und allgemeinem Interesse betrachtet und besprochen werden, ein Interesse, das sich nicht messen läßt nach der Ausdehnung unserer Beiträge. Denn wir sind noch die jüngste der Nationen. Wir können noch wenige Früchte fabrizirender Thätigkeit und künstlerischen Geschickes aufweisen, und sie sind so sehr für unseren eigenen Gebrauch nöthig, daß wir sie nicht drei tausend Meilen weit, nur um sie auszustellen, schicken können. Demnach ist es sicher, daß der Fortschritt dieser großen Ausstellung von dem ersten Keimen des Planes bis zu der vollständigen Verwirklichung, die wir heute feiern, in den Salons von Europa nicht sorgfältiger beobachtet wurde, als bei dem Feuer des Schmiedes und der Arbeitsbank des Handwerkers in Amerika. Namentlich fanden die Hoffnungen und Befürchtungen statt, welche auf dieser Seite sich gegenseitig Platz machten, in Bezug auf das Ausstellungsgebäude, die Zweifel über die Möglichkeit ein hinlänglich großes und bequemes Gebäude zu errichten um die Beiträge der ganzen Welt aufzunehmen und vortheilhaft auszustellen, die Besorgniß, es möge dem Wasser Durchgang erlauben, die bestimmten Behauptungen, es könne nicht bei Zeiten fertig sein, und jetzt wird die Nachricht, daß alle diese Zweifel geschwunden und alle Hindernisse entfernt sind, dort mit ungemischter Befriedigung aufgenommen worden sein.

Ich hoffe meine Herren, daß unter den Früchten dieser Ausstellung wir eine größere und tiefere Achtung vor dem Werth der Arbeit und namentlich vor den Heerführern der Industrie zählen werden, durch deren erfolgreich ausgeführte Pläne unsere Race so rasch auf ihrem Fortschritt zu einer erhabeneren und wohlthätigeren Bestimmung vorwärts gedrängt wird.

Ebensowenig werden wir die Verdienste der weisen Staatsmänner zu verkennen scheinen, durch deren Maßregeln die Thätigkeit und das Wohl der Nation erhöht wird — auch nicht des braven Soldaten, der freudig sein Blut zur Vertheidigung der Rechte und der Ehre seines Vaterlandes vergießt — auch nicht des geheiligten Lehrers, dessen Lehren und Wandel unsere Schritte auf dem Lebenspfade leiten, wenn wir auch jenen Heerführern der Industrie Ehre erzeigen, deren thränenlose Siege keinen Fluß mit Blut röthen, deren siegreicher Marsch nicht durch das Seufzen der Wittwen und die Schreie der Waisen bezeichnet werden.

Ich trinke deßhalb auf

„die Gesundheit Joseph Paxtons, des Architekten des Krystallpalastes. Ehre gebührt ihm, der den Fleiß und die Menschen ehrt."

Diese Rede wurde nicht in den Bericht über das Banquett, welches die englischen Blätter brachten, aufgenommen, selbst der Name des Redners wurde nicht erwähnt. Diese Unterlassung gab ihm Gelegenheit, der „London Times" für ihre Behauptung, daß Genauigkeit in den Berichten für den englischen Reporter ein Religionspunkt sei, heimzuleuchten. Herr Greeley selbst schrieb die Rede nieder und sie wurde in der Tribune veröffentlicht.

Die sogenannten Sehenswürdigkeiten in und um London machten auf Horace Greeley keinen großen Eindruck. Einen Tag brachte er in Hampton Court zu, welches er als ein Gebäude „etwas größer als das Astorhaus, nur etwas niedriger und mit weniger Zimmern" beschreibt. Die Westminster-Abtei schien ihm nur eine „barbarische Verschwendung hoher Bögen, gemalter Fenster, der Bildhauerei, des Anstriches und aller anderen Mittel, worin Zeit und Geld verschwendet wird, eine geschmacklose Ueberladung, wie die Glieder - Verrenkungen einer Sybille ohne ihre Inspiration." Denjenigen Theil des Gebäudes, der dem Gottesdienst geweiht ist, fand er für diesen Zweck weniger angemessen, als eine „Fünfzigtausend Dollars Kirche" in New York. Die neue Sitte des „Intonirens" beim Gottesdienst kam ihm vor, als hätte sich der Bruder Tuck auf die Kanzel geschlichen und versuche die breite Sprache der Methodisten und zugleich die Nasentöne des Neu-Engländers nachzuäffen.

Er lehnte es ab, nach den Epsom-Wettrennen zu gehen und zog vor, das Wohlgefallen an dem Rennen mit Schwindlern, Dieben und Spielern zu theilen. Er fand indessen Zeit, die „Modell-Logirhäuser", die

Volksbäder, und eine sogenannte „Zerlumpte Schule" (Schule für arme Kinder) zu besuchen. Die Letztgenannte rührte ihn tief. Um mit seinen eigenen Worten zu sprechen, fühlte er dabei, daß er bisher zu wenig gesagt, zu wenig gethan, gewagt, geopfert habe, um die öffentliche Aufmerksamkeit auf die höllischen Ungerechtigkeiten und Mißbräuche, an denen die civilisirte Gesellschaft in der ganzen Christenheit leidet, zu lenken. Er beeilte sich, diesen Scenen den Rücken zu kehren und bat durch ein Geldgeschenk um Verzeihung für sein plötzliches Scheiden.

Während seines Aufenthalts in London wohnte er der jährlichen Versammlung der Brittischen Gesellschaft „für Abschaffung der Sklaverei" bei und hielt eine Rede, die durch ihre neuen und unerwarteten Ideen viel Aufsehen erregte. Die discutirte Frage war: „Was können wir Britten thun, um die Abschaffung der Sklaverei zu beschleunigen?" Drei farbige Herren und ein Mitglied des Parlaments hatten Großbrittannien als das „Land der wahren Freiheit und Gleichheit" gepriesen und die Britten gebeten, den die Sklaverei vertheidigenden Geistlichen die Anerkennung zu verweigern, den Gebrauch der Produkte der Sklaven-Arbeit zu vermeiden, und die freien Farbigen bei der Erbauung von Schulen für ihre Kinder zu unterstützen. Einer dieser farbigen Redner hatte beim Eintritt Horace Greeley's bemerkt und Gelegenheit genommen, seinen Namen mit sehr schmeichelhaften Bemerkungen zu erwähnen. Hierauf wurde der Gegenstand dieser Bemerkungen eingeladen, auf der Bühne Platz zu nehmen und später auch aufgefordert, eine Rede zu halten. Und beide Einladungen nahm er bereitwilligst an. Er sprach etwa fünfzehn Minuten. Er begann mit der Erwähnung der Thatsache, daß die Sklaverei sich in Amerika namentlich dadurch zu rechtfertigen suche, daß Diejenigen, welche die niedrigste Arbeit verrichten, überall und namentlich in England eine niedrige Stelle einnähmen und schlecht bezahlt würden. Deßhalb rieth er den Brittischen Abolitionisten erstens, zu Hause dafür zu sorgen, daß die entwürdigte Klasse der Arbeiter höheren Lohn erhalte und besser gestellt werde und den Mann als Mann ohne Rücksicht auf Farbe, Race oder Rang, zu achten; zweitens, energische Anstrengungen zu machen, um in England die gesellschaftlichen Uebel und Leiden auszurotten, bei Hinweisung, auf welche die Sklavenhalter und ihre Freunde die Sklaverei zu rechtfertigen suchen und drittens, unsere Sklavenstaaten durch Tausende intelligenter, moralischer und arbeitsamer Kolonisten zu bevölkern, welche schweigend, durch ihr Beispiel den praktischen Beweis gegen die Behauptung liefern würden, daß Ackerbau in dem südlichen Staate nur mit Sklavenarbeit gedeihen und der große südliche Stapelartikel nur mit Sklavenarbeit producirt werden könnte.

Man hörte diesen Rathschlägen mit respektvoller Aufmerksamkeit zu, aber sie erhielten nicht den „donnernden Beifall," der die Beredtsamkeit der früheren Redner belohnt hatte.

Unser Reisender wohnte der zweiten Aufführung von Bulwers Lustspiel „Wir sind so schlimm, als wir scheinen" im Devonshire House bei, wobei Charles Dickens, Douglaß Jerrold und andere literarische Größen als Schauspieler auftreten. Er hatte keine große Hoffnung auf den Erfolg des Unternehmens, aber ihm schien es wenigstens ein Versuch, die Lage unglücklicher englischer Schriftsteller zu bessern, deren Werke zu stehlen, wir Amerikaner die löbliche Gewohnheit haben und denen er sich persönlich als zu Dank verbunden ansehe. Der Preis eines Billets für die erste Vorstellung war fünf Pfund, oder fünfundzwanzig Dollars. Er bat um ein solches, kam aber zu spät und mußte sich damit begnügen für die zweite Vorstellung ein Billet zu zwei Pfund, zehn Dollars zu kaufen. Das Stück selbst schien ihm etwas langweilig und die Vorstellung erhielt ihren hauptsächlichen Reiz durch die Persönlichkeit der Mitwirkenden, welche für Dilettanten recht gut aber nicht vorzüglich spielten. Dickens paßte nicht für die Hauptrolle. Stattliche, großartige Manieren harmonirten, so schien es hier, nicht mit Dickens Character, aber er zeichnete sich in der Scene aus, in welcher er, als Buchhändler verkleidet, die Tugend eines armen Schriftstellers in Versuchung zieht. In dem Nachspiele indessen, in welchem der „Novellist" hinter einander einen Bedienten, einen feinen Herrn und einen Kranken darstellte, schien ihm dessen Spiel vollkommen und er erfreute sich dessen ungemein.

Herr Greeley dachte, die angebornen Talente für einen großen Schauspieler seien niemals so gut angewendet worden, als Dickens that, indem er sich auf die Schriftstellerei legte. Es war nach halb ein Uhr Nachts, als der Vorhang fiel und die sämmtlichen Zuhörer sich nach dem Speisesaal begaben, wo der Herzog von Devonshire ein prachtvolles, verschwenderisches Abendessen hatte in Bereitschaft setzen lassen. „Ich wagte nicht," sagt Greeley, „davon zu genießen, aber wahrscheinlich bereuten Diejenigen, welche blieben es nicht vor dem Morgen." Er verließ den herzoglichen Palast um ein Uhr, gerade als die Violinen eine Einladung zum Tanz zu spielen begannen, welche anzunehmen, flinke Füßchen sich sehnten.

Während Greeley's Anwesenheit in London wurde die Aufhebung der Steuern auf Zeitungen innerhalb und außerhalb des Parlamentes befürwortet. Diese Steuer bestanden in Auflagen auf Anzeigen und eine Stempel-Gebühr von einem Penny auf jede Zeitung und Zeitschrift, welche Nachrichten brachte. Ein Parlaments-Komite, aus acht Mitgliedern des Unterhauses bestehend, nämlich den Herren T. Milner Gibson, Tufnell, Ewart, Cobben, Rich, Adair, Hamilton und J.

Walmsey Baronet, hatten die Sache unter Berathung, und Herr Greeley als Repräsentant der einzigen ganz freien Presse in der Welt wurde eingeladen, dem Komite seine Erfahrungen mitzutheilen. Seine in zwei Sitzungen gemachte Aussage hatte zweifellos viel Einfluß auf die spätere Entscheidung im Parlament. Die Auflage auf Zeitungen wurde ganz abgeschafft. Der Penny-Stempel wurde nur als Quelle des Einkommens beibehalten und mußte schließlich auch dem Verlangen der Nation weichen.

Nachdem unser Reisender sieben geschäftige Wochen in London diesem prachtvollen Babylon, wie er es nannte, zugebracht hatte, reiste er nach Paris auf der kostspieligsten und natürlich auch schnellsten Route. Dover, das altmodisch, fremdartig aussehende Dover, hielt er für eine armselige Geschichte und das Dampfboot, welches ihn nach Calais bringen sollte, erschien ihm als ein Exemplar einer der langen engen, Kanalbooten ähnlichen Schiffe, welche die Engländer so sehr lieben. Nach zwei Stunden Seekrankheit, kam er in Calais, welches ihm durch seine Eigenthümlichkeit auffiel, an. Hier wurde er eine Stunde aufgehalten, bekam für 37½ Cents ein schlechtes Mittagessen und ließ sich ein Paar Guineeen mit nicht zu großem Verlust für französisches Geld einwechseln. Dann bestieg er den Courierzug und kam um halb drei Uhr am Sonntag Morgen, vier Stunden nach der in den Anzeigen festgesetzten Zeit, in Paris an. Die Umständlichkeit im Zollhaus verursachte ihm nicht viel Zeitverlust. „Zuerst verstand ich nicht," sagte er, „wie die Zahl an meinem Koffer etwas anderes bedeuten könne als zweiundfünfzig, aber ein Freund rieth mir bei Zeiten, diese Zahl dem Zollbeamten als „sänk an tub" anzugeben, demgemäß machte ich meinen ersten Versuch in französischer Aussprache und es gelang mir, mich verständlich zu machen.

Um Tagesanbruch am Sonntag Morgen erreichte er das Hotel Choiseul in der Rue St. Honoré, wo er Obdach, aber kein Bett fand. Nach dem Frühstück ging er dann aus, um sich in Paris umzusehen, und das Erste war, daß er die „Madeleine"-Kirche besuchte und der großen Messe beiwohnte, die er für eine prachtvolle, aber unerklärliche Ceremonie hielt.

Acht Tage war alles, was der unermüdliche Mann für den Aufenthalt in der vergnügungssüchtigen Hauptstadt opfern konnte, aber er wandte seine Zeit gut an. Der Obelisk von Luxor, den man von den Ufern des Nils nach Paris gebracht hatte, der mit geheimnißvollen Inschriften bedeckt war, und viertausend Jahre lang dem Wind und Regen getrotzt hatte, was ihn mehr interessirte als irgend etwas anderes. Seinen Augen erschienen die Tuilerien nur als eine unregelmäßige Reihe von Gebäuden, welche wenig Schön-heiten im Baustyl aufweisen konnten und nur durch ihre Ausdehnung fesselte. In der französischen Oper sah er das musikalische Drama „Azael, der Verschwender," hielt es aber nur während dreier Akten aus. „Ein solches Potpourri von Trinken, Beten, Tanzen und „Delilah"-list hatte er vorher nie gesehen." „Um einen Engländer kennen zu lernen," sagt er, „muß man ihn in seine Familie folgen, um einen Franzosen zu verstehen, muß man mit ihm ins Theater gehen und ihn während des Ballets beobachten, dessen Wiege und Heimath Frankreich ist. Obgleich ich selbst nicht tanze, sehe ich gerne tanzen, aber die Stellungen und Verrenkungen im Ballet sind widerlich und geschmacklos und die Tendenz einer Vorstellung, wie ich sie an jenem Abend sah, gemein, sinnlich, teuflisch."

Die „Notre Dame" erschien ihm nicht allein als die schönste Kirche, sondern überhaupt als das imponirendste Gebäude in Paris, und für den Gottesdienst bei Weitem geeigneter als die „feuchte, dunkle, gefängnißähnliche Abtei von Westminster." „Das Stadthaus in Paris, sowie das in New York, sollten um einen Stock höher sein," meinte er. Im Pallast zu Versailles sah er weitere Beweise für den Egoismus der Könige, die lange leidende Geduld der Nationen und die kriechende Unterwürfigkeit der Künstler, wenn die Könige ihre vorzüglichsten Gönner sind. Umgeworfene Wagen, Pferde, die von Speeren durchbohrt sich im Todeskampfe wälzen, Soldaten, die durch Kanonenkugeln verstümmelt, von Musketenschüssen durchbohrt waren, und deren bleiche Gesichter den nahen Tod anzeigten; das waren die Bilder, die er während einer stundenlangen Wanderung durch die zahllosen, prachtvollen Hallen überall wiederkehren sah. Die Abwechselung eines nicht bemalten Vorzimmers war dem Auge gefällig. In Gemälden und Statuen war es überall der kriegerische Ruhm, der verherrlicht wurde und deren Anblick die Begünstigten unter der gallischen Jugend durch mehrere Generationen bewundern und sich dessen freuen konnten. Der Gesammteindruck ist blendend und bethörend, sein Zweck ist nur, den Krieg als immer ruhmvoll und Frankreich als immer triumphirend darzustellen. Durch solche Mittel sorgt man dafür, daß das Geschäft des Körperverstümmelns und Waisenfabrizirens erhalten wird.

Im Louvre brachte der Reisende aber den größten Theil zweier ganzer Tage in entzückter Bewunderung der prachtvollen Gemäldegallerie zu. —

Wer nur drei Tage in einem fremden Lande zugebracht hat, soll sich nie verführen lassen, dessen Zukunft zu prophezeien. Frankreich figurirte zur Zeit von Greeley's Anwesenheit als Republik und Louis Napoleon hatte den Titel „Präsident". Für einen entschiedenen Republikaner, wie Horace Greeley, war es sehr natürlich, daß die erste Frage, die er stellte, war: „Wird sich die Republik halten?" und es amüsirt Einen jetzt, einen Brief zu lesen, in welchem er am dritten Tage nach seiner Ankunft sein volles Vertrauen auf ihre Fortdauer aussprach und sie vorhersagte: „Sowohl durch ihre eigene Kraft, wie durch den Zwist unter ihren Gegnern ist die Sicherheit der Republik festgestellt;" und weiterhin: „Der Geist der Zeit ist auf der volksthümlichen Seite;" und wiederum: „Ein offener Angriff des Autokraten würde sie sicher noch stärker machen. Eine Verlängerung der Macht Napoleons (nicht wahrscheinlich) würde denselben Erfolg haben.

Andere Eindrücke, welche die erlebten Scenen auf den Reisenden machten, stimmten mehr mit der Wahrheit überein. Die englische Presse stellte Frankreich täglich als von Verbrechern, Bankerotteuren, Bettlern und Wahnsinnigen bevölkert dar. Aber er fand es in einem ebenso ruhigen und gedeihlichen Zustand, wie England selbst. Er sah auf den Tafeln der Gasthöfe und reichen Banquiers weniger Silbergeschirr, aber überall entdeckte er Zeichen einer allgemeinen, doch nicht sehr in die Augen fallenden Geschäftigkeit. Er fand die Franzosen intelligent, lebhaft, höflich, zuvorkommend, menschenfreundlich, die Vergnügungen liebend, aber sehr gern bereit, Andere daran sich erfreuen zu lassen, zugleich aber leidenschaftlich unbeständig, sinnlich und aller Ehrfurcht baar. Für ihn schien Paris, das Paradies der Sinne, Tausende zu enthalten, die für Freiheit zu sterben bereit waren, aber gar Keine, die verstanden, welche Bedeutung ein Mäßigkeits-Gelübde habe. Die Armen schienen in Paris weniger zu leiden, als in London, allein in London fand er zehn menschenfreundliche Vereine auf einen in Paris. In Paris sah er nichts von der kriechenden Unterthänigkeit in dem Betragen der Armen gegen die Reichen, welches in London bei ihm Ekel und Mitleid erregt hatte.

„Hundert Prinzen und Herzöge," schrieb er, „erregen in Paris weniger Aufsehen, als ein Einziger in London. Denn die Demokratie triumphirte in den Pariser Salons viel früher, als sie ihre erste Barrikade errichtete," und noch einmal wunderte er sich über die schiefe Anschauungsweise, welche Jemand, der Paris gesehen, die schließliche Abschaffung der Republik voraussehen läßt. „Und wenn," fügte er hinzu, „bei der nächsten Präsidentenwahl anstatt eines Generals, oder professionellen Politikers ein bescheidener und ehrgeizloser Bürger als Candidat aufgestellt werden sollte, dessen Ruf sich auf stille Rechtschaffenheit gründet und der sein Brod bei ehrlicher Arbeit verdient hat, so hoffe ich zu hören, daß er trotz des verfassungswidrigen Abschaffens des allgemeinen Stimmrechts gewählt werden wird." So hoffte er, daß im Jahr 1852 Frankreich, das „unbeständige, ruhmsüchtige Frankreich", das thun würde, was, wie er nur als eitle Hoff-

nung annahm, Amerika um das Jahr 1900 thun würde, d. h. Jemand Anders als einen General zum Präsidenten wählen.

Am 16. reiste er nach Lyon. Für einen ungeduldigen Reisenden, wie Horace Greeley, waren schon die langweiligen Formalitäten auf europäischen Eisenbahnen hinlänglich beschwerlich, aber das Paß-Unwesen erboste ihn über alle Maßen. Eine der wenigen Anekdoten, welche er in seinen Briefen an die Tribune zu erzählen Zeit fand, betrifft diesen Punkt.

„Jeder, der in Paris einem Fremden Logis gibt," schreibt er, „muß sogleich feststellen, daß derselbe einen Paß hat, an dem nichts auszusetzen ist; thut er das nicht, so setzt sich der Wirth einer Geldstrafe aus. Als nun von zwei Amerikanern die Vorlage ihrer Pässe verlangt wurde, producirten sie solche in gehöriger Form, aber die Beschäftigung, welche darin benannt wurde, konnte der Pariser nicht begreifen. Der Eine wurde als Bummler (loafer) angeführt, der Andere als Klopffechter (rowdy) und die Amerikaner erklärten ihnen, daß sie, obgleich diese Beschäftigungen in Amerika sehr populär seien, dennoch das französische Wort, welches ihre Bedeutung vollständig wiedergäbe, nicht wüßten. Der Wirth war mit dem Namenszug Daniel Webster's, der bezeugte, daß Alles in Ordnung sei, nicht zufrieden und wandte sich an einen befreundeten Amerikaner um eine Uebersetzung dieser unübersetzbaren Beschäftigungen, aber ich bin nicht sicher, daß er dort volle Aufklärung erhielt. Ich dächte, jeder Amerikaner, der drei Tage lang das Paßwesen, wie es in Europa existirt, ertragen hat, wird mit neu auflodernder Flamme der Vaterlands- und Freiheitsliebe wieder in die Heimath eilen. Auf der langen Eisenbahnfahrt nach Lyon wurde der Reisende beinahe durch den Tabacksrauch in den Waggons erstickt. Seine Reisegefährten waren lauter Franzosen, die den ganzen Tag durch pufften; zuerst Alle mit einander, dann drei, zwei, jedenfalls Einer, bis sie alle am Abend bei Dijon ausgestiegen wo, ehe er Zeit hatte, sich zur bessern Atmosphäre zu gratuliren, ein anderer Franzose einstieg und zu rauchen anfing."

„Alles war eine direkte und klare Uebertretung der Vorschriften, welche in dem Waggon angelebt waren," sagte er, „aber wann hat sich je ein Raucher um Gesetz oder Anstand bekümmert?" Er drückte seine Nase fleißig an das Fenster und spionirte, so viel er konnte, den Ackerbau, die Häuser und das Landvolk aus. Er entdeckte, daß ein Yankee in einem Tag zwei Mal so viel Gras mähen könne, als ein Franzose, aber im Durchschnitt nicht so viel von einem Acker erhalte als der Letztere. Er fand, daß die Frauen mehr als die Hälfte der Arbeit auf dem Lande verrichteten, daß die Geräthe primitiv und schwerfällig, und die Heuwägen armselig klein, daß die Häuser der Bauern niedrig, klein, mit hohen, steilen Dächern versehen und zusammengedrängt seien.

und daß der Werth nicht eines einzigen über hundert Dollars betrage, daß Obstbäume bedauerlich selten und die Viehställe nur für das Auge der Gläubigen sichtbar seien. Er erreichte Chalons sur Saone um neun Uhr Abends und ging am Nachmittag des folgenden Tages mit dem Dampfboot nach Lyon. Lyon, der Hauptsitz der Seiden-Manufakturen lieferte ihm, wie man hätte voraussetzen können, Material für einen trefflichen Brief über Zollschutz, in denen er versuchte, zu beweisen, daß es nicht zum Besten der Menschheit ist, daß hunderttausend Seidenweber auf einem oder zwei Quadratmeilen zusammengedrängt leben.

Von Lyon fuhr der Reisende über die Alpen nach Turin. Der diese Reise beschreibende Brief enthält, außer den gewöhnlichen Beobachtungen über Weizen, Gras, Obstbäume und schlechte Landwirthschaft. eine kleine Zugabe zu unserem Vorrathe von persönlichen Anekdoten. Die „Diligence" hatte in Chambery, der Hauptstadt von Savoyen, für das Frühstück Rast gemacht. „Die Speisen," schreibt er, „waren reichlich und in guter Qualität vorhanden. Wein war ebenso an Ueberfluß zu haben, und dabei umsonst, aber Thee, Kaffee und Chocolate mußten besonders bestellt und bezahlt werden. Es gelang mir indessen nicht, eine Tasse Chocolate zu erhalten. Sie entschuldigten sich damit, daß keine Zeit mehr sei, sie zu machen. Ich konnte deßhalb nicht begreifen warum ich mehr bezahlen mußte als Andere, aber wer Englisch spricht, kann natürlich nicht mit Franzosen und Italienern Schritt halten, so nahm ich das mir angebotene kleine Geld an und reiste weiter. In der Kutsche war indessen ein Engländer, der auf der Route bekannt und des Französischen nicht mit Italienieren kundig war. Ich wagte, ihm meinen Mangel an Begriffsvermögen zu gestehen, wie folgt:

„Herr Nachbar, warum mußte ich drei Franken für Frühstück zahlen und alle Uebrigen jeder nur zwei und einen halben?"

„Ich weiß das nicht; tranken Sie vielleicht Thee oder Kaffe?"

„Nein ich trinke nichts der Art."

„Dann haben Sie sich vielleicht Hände und Gesicht gewaschen?"

„Nun, das könnte möglich sein. Es sieht mir ähnlich."

„O, daran liegt es dann, der halbe Frank war für das Waschbecken und das Handtuch!"

„Ah, oui, oui. Das erklärte die Milch in der Kokusnuß."

Horace Greeley war in Italien. Eine der ersten Beobachtungen die er in diesem Zauberland machte, war, daß er nie ein Land gesehen habe, welches der Drainirpflüge (sub-soil plows) so sehr bedürfe, als Italien und auch Leute die sie handhaben könnten. Ist das nicht erfrischend? Es war klar, man hatte von dem italienischen Himmel zu viel Wesens gemacht. Endlich kam ein Reisender über die Alpen, der ein Auge für die Bedürfnisse des Bodens hatte.

Herr Greeley brachte drei Wochen in Italien zu und machte kurze Besuche in Turin, Pisa, Genua, Florenz, Bologna, Venedig, Mailand; eine Woche lang war er in Rom. In Genua fand er aus, daß das Königreich Sardinien auf eine Bevölkerung von vier Millionen sechzig tausend Priester ernähre, aber keine fünf tausend Elementarlehrer und daß die sämmtlichen Schulhäuser in Genua keine fünfzig tausend Dollars werth seien, während der Werth der Kirchen vier Millionen betrage. „Die Schaufelhüte der Schwarzröcke," werfen einen solchen Schatten auf das Land, daß das Korn wegen Mangel an Sonnenschein nicht wachsen kann." Pisa, dachte er auch, habe hunderttausend Dollars übrig, um Feuerwerke am Namenstag seines Schutzheiligen zu bestreiten, könne aber nichts für Volksschulen erübrigen. In Florenz besuchte er Hiram Powers, mit dem er einige vergnügte Stunden verlebte. Er fühlte daß dessen „Griechischer Sklave" und „Fischerknabe" nicht gerade die größten Meisterwerke waren, aber er prophezeite, daß Powers im Gegensatz zu Alexander dem Großen noch Reiche zu erobern habe, aber von dessen Proserpina und Psyche," sagte er, „sie kämen irgend einem Kunstwerke des Alterthums gleich. In Bologna war für ihn das Merkwürdigste ein großes Segeltuch, welches eine halbe Meile lang über der Mitte der Straße befestigt war. Ihm schien es, als ob man diese Idee borgen könne. Als er in Venedig ankam wurde seine Reisetasche untersucht um etwaigen steuerpflichtigen Tabak zu finden, und er bemerkt darüber, daß wenn der Zollwächter bei ihm mehr Tabak finden könnte, als die gewöhnliche Ungezogenheit der Raucher ihn zwinge in seinen Kleidern umherzutragen, so gebe er ihm Erlaubniß sein, Greeley's, gesammtes Vermögen zu confisciren. In Venedig sah er unter tausend Zeichen der Fäulniß nur ein einziges Zeichen des Fortschritts. Es war eine Gondel mit dem Wort „Omnibus" als Titel und omnibus (aus dem Lateinischen „für Alle," „von Allen"), meinte er, deute auf eine Association zur Erreichung eines gemeinsamen Zweckes an, diese einfache, aber so außerordentlich wohlthätige Idee, welche bestimmt ist, die Verhältnisse der Industrie und Production umzugestalten, und an die Stelle der Einschränkung und des Elends, Ueberfluß und Wohlbehagen zu setzen. „Für die Menschheit," fügt er hinzu, „kommt dieses belebende Wort noch bei Zeiten, für Venedig leider zu spät."

Den größeren Theil der Woche in Rom brachte er in den Gemäldegallerien zu, und, während sich seine Augen an den mannigfaltigen Schönheiten ergötzten drängten sich ihm praktische Ideen darüber auf, wie man diesen

Reichthum von Schönheiten zum Eigenthum Aller machen könnte. „Es ist schon gut," dachte er, „daß es irgendwo in der Welt ein Emporium der schönen Künste giebt, aber es ist nicht gut daß das Herz alles Blut absorbirt und die Glieder ihres Antheils beraubt und wenn Rom sich nur für moralisch verpflichtet halten wollte, nicht allein zu empfangen, sondern auch zu geben, und so viele seiner Meisterwerke an andere Städte abzulassen, als es ersparen könnte, wodurch es in den Stand gesetzt würde, andere Kunstwerke aus anderen Theilen der Welt zu beschaffen und seinen Sammlungen durch Werke anderer Schulen eine Verschiedenartigkeit zu geben, und dadurch werthvoller zu machen, so würde es der Sache der Kunst einen bedeutenden Dienst erweisen und den Dank der Welt verdienen, ohne seine eigene Vortheile zu schmälern.

Unter anderen Sehenswürdigkeiten in Rom scheint das Kolosseum den dauerndsten Eindruck auf den Reisenden gemacht zu haben. Seinen Besuch machte er zu einer glücklichen Stunde. Während er langsam um den riesigen Raum schritt, übte ein Detachement französischer Reiter seine Pferde am östlichen Ende, während aus einem benachbarten Haine der Trommelschlag die Gegenwart von Fußvolk verrieth. Endlich ritten die Ersteren langsam hinweg und die Aufmerksamkeit der Reitenden lenkte sich auf eine Gruppe Italiener, die im Innern langsam hin und her marschirten und dabei sangen.

„Wir traten ein," sagt Greeley, „und wurden Zeugen einer fremdartigen, aber eindrucksreichen Ceremonie.

Unter den römischen Ueberlieferungen giebt es eine, wonach Viele der ersten Christen von ihren heidnischen Verfolgern gezwungen wurden, hier als Gladiatoren zu kämpfen und zu sterben, zur Strafe für ihren ungehorsamen, hochverrätherischen Widerstand gegen das „niedere Recht," [das Recht der Gewalt], mit welchem die hohen Priestern und Richter jener Tage in ihren Predigten und Urtheilen diejenigen bedrohten, welche im neuen Glauben beharrten. Seitdem der Schutt aus dem Kolosseum entfernt ist, sind vierzehn kleine Oratorien (Kapellen) im Innern errichtet worden und hier werden zu gewissen Stunden Gebete verrichtet für die Seelenruhe der christlichen Märtyrer, die im Kolosseum umkamen. Solche Gebete wurden auch bei dieser Gelegenheit hergesagt. Zwanzig oder dreißig Leute, Geistliche und Mönche, wie ich vermuthe, gingen zum Theil mit entblößten Häuptern. Andere mit ihren Köpfen vollständig durch Mäntel mit Kaputzen verhüllt, so daß nur zwei Löcher für die Augen offen blieben, von einer großen Anzahl Frauen umgeben, langsam und wehmüthig von einer Kapelle zur anderen intonirten Gebete auf dem Wege, zündeten die Kerzen auf dem Altare an, knieten nieder und beteten einige Minuten. Dann erhoben sie sich und schritten zur nächsten Kapelle, bis vor einer jeden Gottesdienst verrichtet worden war.

Die Gebete waren zweifellos inbrünstig, aber der Gesang war entschieden nicht gut, dennoch war die ganze Scene, während die untergehende Sonne ihre röthlichen Strahlen durch die zertrümmerten Bögen warf und die Mauertrümmer beleuchtete, mit den wenigen französischen Soldaten, die theilnahmslos dastanden, eigenthümlich malerisch und rührend, wenigstens für mich.

Ich entfernte mich, ehe sie fertig waren, um die feuchte Nachtluft zu vermeiden, aber lange und stürmische Jahre müssen vergehen, ehe dieser Sonnenuntergang und die wehmüthigen Gebete im Kolosseum aus meinem Gedächtniß schwinden werden."

Die Sankt Peters-Kirche nennt er den Niagara unter den Gebäuden und wie das große Katarakt, bringt der erste Anblick eine Enttäuschung. In der Sixtinischen Kapelle bemerkte er ein Gemälde, welches die Ermordung des Admirals Coligny in der Bartholomäus-Nacht vorstellte und er war neugierig zu wissen, zu welch anderem Zwecke, als dem der Billigung dieser Mordnacht das Gemälde dort angebracht sei. —

Der 10. Juli war der letzte Tag, den der Reisende in Italien zubrachte. Eine rasche Reise trug ihn dann durch die Schweiz, Deutschland, Belgien und das nordöstliche Frankreich nach England. In der Schweiz sah er überall Zeichen frugaler Thätigkeit und häuslicher Zufriedenheit. Keine Bettler bestürmten, keine Beamten betrogen ihn, obgleich sein Aeußeres verrieth, daß er ein Fremder sei. Ein aufrichtigeres, freundlicheres, mehr wahre Religiosität zeigendes Volk, als die katholischen Schweizer hatte er nie gesehen; die Vorzüge über die Italiener, welche sie zeigten, schienen ihm ihren Ursprung in der republikanischen Institution des Landes zu haben. Die Deutschen gefielen ihm namentlich wegen ihres guten Humors, ihrer Freundlichkeit, Zuvorkommenheit, ihrer Bescheidenheit, Ruhe und Selbstachtung.

Es gefiel ihm auch, in den Cajüten deutscher Dampfschiffe wohlgekleidete junge Damen zu sehen, die ihre zu Hause bereiteten Speisen ungenirt aus den Taschen holten und, ohne sich um Andere zu kümmern, verzehrten. „Eine Arbeiterin in einer Lowell-Fabrik würde dies unter ihrer Würde gehalten und eine New Yorker Putzmacherin dabei Krämpfe bekommen haben."

„Nirgendwo," sagt er, „fand ich Aristokratie als ein so eingewurzeltes Uebel, wie in England."

Rasch durcheilte er nun den Norden von England, dann Schottland und Irland, was zusammen die letzte Woche seines Aufenthaltes in Europa ausfüllte. Das prächtige alte Edinburg übertraf seine Erwartungen. Ihn belustigte die Leidenschaft der Edinburger für Denkmäler zur Erinnerung an große Männer.

6

Glasgow, dachte er, sieht einer amerikanischen Stadt ähnlicher, als irgend eine andere in Europa. „Es ist halb Pittsburg, halb Philadelphia." Irland schien ihm selbst in seinen besten Theilen noch verödeter, elender, als er erwartet hatte. Wie jeder gesehene Uebelstand

bei ihm sofort unwillkührlich Pläne zur Reform hervorruft, zeigt ein Rathschlag für Irlands Befreiung von dem Fluche der Unwissenheit:

„Die katholischen Bischöfe," sagt er, „sollten sich zu einem ernsten und würdigen Aufruf an Lehrer vereinigen, und Tausende und Zehn=

Horace Greeley's Landhaus.

tausende williger und fähiger Lehrer werden aus Klöstern, Seminarien und Pallästen, selbst aus fremden Ländern kommen, und ohne weitere Belohnung, als ihren Unterhalt ihre Zeit und Arbeit dem Lehrstande widmen."

Leider ist diese anscheinend praktische Idee unausführbar.

Nur für einen einzigen Vorfall auf seiner Reise durch Irland haben wir hier Platz:

„Als ich eines Tages mit einem Freund durch eine der entlegenen Straßen von Galway, nahe dem Ausflusse der Seen, spazieren

ging, kam ich auf ein etwa zehnjähriges Mädchen, welches harte Bach=Kieselsteine in Stücke schlug, um den Weg auszubessern. Wir hielten still und mein Freund fragte sie, wieviel sie für die Arbeit erhalte? Die Antwort war: „Sechs Penny's die Fuhre. „Und wie lange brauchst Du, um eine Fuhre klein zu machen?" „Ungefähr vierzehn Tage"!!!

Er schloß seine kurze „Skizze von Irland" mit den Worten:

„Armes, unglückliches Irland!" Und dennoch ruft er nach einer ruhigeren und vollstän=

digeren Uebersicht über Irlands Lage nach einer Aufzählung seiner Hülfsquellen und der Mittel für seine Regeneration, welche langsam aber sicher arbeiteten, aus: „Irland wird noch in eine solche Lage kommen, daß seine Söhne in weitentfernten Ländern mit Gefühlen des Stolzes, die nicht mit Trauer gemischt sind, auf ihr altes Vaterland zeigen werden. Aber ach, wann wird dies der Fall sein?"

Am Mittwoch den 6. August war Greeley wieder an Bord der „Baltic" auf der Rückreise.

„Ich freue mich," schreibt er am Morgen seiner Abreise, „darüber, daß von nun an jede Stunde die Strecke, welche mich von meinem Vaterlande trennt, verringert, dessen Vortheile und Segnungen diese viermonatliche Abwesenheit mir tiefer als je eingeprägt haben. Mit ungewöhnlichem Entzücken sehe ich den Kiel unseres stattlichen Schiffes nach der untergehenden Sonne gerichtet und versuche zu begreifen, daß in zehn Tagen ich Diejenigen wiedersehen werde, die ich am besten kenne und am meisten liebe. Horch! der letzte Kanonenschuß zeigt an, daß das Postboot uns verlassen hat und daß wir wieder unsere Seereise begonnen haben. Die europäische Küste verliert sich allmählich. Alles umher ist eine Wasserwüste, und jetzt mit Gott über und dem Tod unter uns trotzt unser tapferes Schiff mit seinen zusammengedrängten Passagieren wieder den Gefahren der mächtigen Tiefe. Möge die unendliche Gnade unsere Reise begleiten und uns sicher in die Heimath bringen, denn fern von Haus zu sterben, fern von unseren Familien, scheint einer der größten Unglücksfälle zu sein, die mich betreffen könnten."

Neptun, der Gott des Meeres, war unseren Reisenden bei der Rückreise geneigter, als auf der Hinreise. Der Himmel war heiterer, die Winde waren günstiger und milder. Nach zehn Tagen, die für ihn nicht zu unangenehm waren, kam er an der Küste von Manhattan an. Das Schiff erreichte den Dock etwa um sechs Uhr Morgens, so daß die erwartenden Morgenblätter die Nachrichten nicht mehr bringen konnten, die der Redakteur der Tribune auf der Reise für Veröffentlichung zusammengestellt hatte. Sobald er am Ufer angekommen war, eilte er in die Druckerei, um durch ein Extrablatt die Neuigkeiten vor allen anderen Zeitungen zu bringen. Die Setzer waren natürlich Alle schon weggegangen, und die Zeitungsträger mußten von ihren Betten oder vom Frühstück weggerufen werden. Während dessen begab sich der ungestüme Redakteur selbst, mit seinen eigenen Händen, an die Arbeit, setzte Alles und half mit, bis die Form in die Druckerei getragen werden konnte. Nach ein oder zwei Stunden hallten die Straßen wieder von dem Rufe „Extra-Tribune, Ankunft der Baltic!" Erst dann und nicht eher konnte man den Redakteur der Tribune in der Ecke eines Omnibus sehen, wie er langsam die Stadt hinauf nach seiner Wohnung in der 19ten Straße fuhr.

Fünfzehntes Kapitel.

Horace Greeley's Vorlesungen und Vorträge.

Im Jahr 1850 erschien, verlegt von den Gebrüdern Harper, ein Buch, welches eine Sammlung von zehn seiner Vorlesungen und kürzeren Aufsätze enthielt und den Titel hatte „Rathschläge für Reformen". Andere seiner Vorlesungen sind als Broschüren erschienen, von welchen eine betitelt: „Was lehren uns die Schwesterkünste in Bezug auf den Ackerbau?" welche vor der „Staat Indiana Ackerbau-Gesellschaft" bei ihrer jährlichen Ausstellung in Lafayette im Oktober 1853 gehalten wurde und eine der besten ist, die Herr Greeley je schrieb. Aber kehren wir zu den „Rathschlägen für Reformen" zurück. Das Titelblatt enthält drei Motto's, von denen zwei den Gedichten von Henry Ware und Charles Mackay entnommen sind, und eine Stelle aus einer Rede Henry Ward Beecher's enthält, die wir hier übergehen wollen.

Die Widmung ist äußerst charakteristisch. Sie wirft viel Licht auf die Mission, die sich der Mann auserkoren hatte und die Art, wie er sie erfüllte.

„Den Großmüthigen, Hoffnungsvollen, den Wohlthätigen, die in dem festen und freudigen Glauben an die endlose Güte und Unpartheilichkeit unseres Vaters und Schöpfers das Vertrauen hegen, daß die Irrthümer, die Verbrechen, das Elend, welche lange die Erde zur Hölle gemacht haben, dereinst in eine viel erhabenere und ausgedehntere Herrschaft der Wahrheit, Tugend und des Glückes verwandelt und vergessen sein werden, widmet diesen Band mit Achtung und Wohlwollen

Der Verfasser."

„Die Erde ist keine Hölle." Der Ausdruck scheint barsch und ungerecht. Die Erde ist keine Hölle! Ihre Segnungen übersteigen das Elend welches sie erzeugt. Es giebt kaum ein einziges Geschöpf in der Welt, das nicht während seiner ganzen Existenz von mehr Freuden als Leiden erzählen kann, das mit mehr tugendhafte Handlungen, als Vergehen aufweisen kann und dennoch, vergleichen wir die Welt mit dem Zustand, wie ihn sich ein wohlthätiges Herz wünscht, so ist sie der Hölle genug ähnlich, nur in diesem Sinne billigen wir die Sprache des „Verfassers."

Die Vorrede benachrichtigt uns, daß die Vorlesungen durch Einladungen Seitens der literarischen Vereine und „Lyceums," gewöhnlich aus Leuten der unteren Stände zusammengesetzt, wie sie in jedem Dorf und

Landstädtchen existiren, veranlaßt, daß sie in den Jahren von 1842 bis 1848 alle in der Eile niedergeschrieben worden seien, um einer langen vorher angenommenen Einladung nachzukommen und deren Verfassung unter dem Drucke anderer Geschäfte bis auf den letzten Augenblick verschoben war. Ein Beruf, der selten eine Pause in der Arbeit (und diese nicht biel länger als einen Tag) zuläßt, und dessen Forderungen, jetzt so drückend, sich beständig erhöhen und ausdehnen entschuldigt immer hinlänglich die Eile und Zerstreutheit, in welchem Viele dieser Vorlesungen niedergeschrieben wurden. Niemals konnte er diese Arbeit mehr als einen ganzen, selten einen halben Tag widmen. Erst Monate nachdem der Letzte geschrieben worden war, kam ihm die Idee, sie zu sammeln und drucken zu lassen und eine eilige Revision war alles, was er ihnen geben konnte.

Die elf so erschienenen Vorlesungen Horace Greeleys, welche vor uns liegen, haben verschiedenartige Titel, aber der behandelte Gegenstand ist immer derselbe, nämlich die „Emancipation der Arbeit," ihre Emancipation von Unwissenheit, Laster, Knechtschaft, Unsicherheit, Armuth. Diese bildet das große Thema für Horace Greeley, mochte er Vorlesungen oder Leitartikel für die Tribune schreiben. Spricht er von der Sklaverei, so ist es die Schande welche sie auf die Arbeit bringt, auf der er am Längsten verweilt. Fordert er den Schutzzoll, so ist es im Namen und zum Besten der amerikanischen Arbeiter, damit deren Geist sich durch die Verschiedenartigkeit ihrer Arbeit ausbilde und ihre Stellung durch ihre reichliche Nachfrage nach Arbeitskräften die der Landleute durch nahegelegene Absatzplätze für ihre Produkte bessere. Wenn er von Gelehrsamkeit spricht, so beklagt er daß die Wissenschaft und Arbeit nicht Hand in Hand gehen und beantragt ihre gemeinsame Verwendung in solchen Schulen, wo die Schüler außer den gewöhnlichen Schulfächern zugleich ein Handwerk lernen und die Kosten ihrer Erziehung gänzlich oder theilweise durch Arbeit für die Anstalt zu bestreiten, sogenannte "manuel labor schools." Spricht er vom menschlichen Leben, so kann er nicht umhin, seine Zuhörer daran zu erinnern, daß das schreiende Bedürfniß unserer Zeit darin zu finden ist, daß die großen Hülfsquellen des Genie's und der Wissenschaft praktisch und gründlich in ihrer Anwendung auf Ackerbau, die mechanischen Künste und die noch rohen und unverbesserten Methoden der Erdbearbeit angewendet werden und nicht nur zu dem Zweck, diese Arbeiten zu beschleunigen und wirksamer zu machen, sondern auch damit die Wohlthaten der Verbesserungen in wenigstens gleichem Maße denen zukommen mögen, deren Gelegenheit, sich durch Arbeit zu ernähren, an sich schon im besten Falle, unzureichend durch den Wechsel leiden oder ganz gestört werden.

Spricht er von der Characterbildung, so bittet er alle, welche nach einem Character streben, wie ihn die heutige Zeit erfordert, alle Einrichtungen, Uebungen, Gebräuche gehörig zu untersuchen, um auszufinden, durch welche Bedingungen und Umstände faule Arroganz und Schurkerei fett werden, während Arbeit vergebens um Beschäftigung bettelt.

Bei der Vorlesung über das Volksschulwesen mahnt er uns daran, daß die engen, kalten, schmutzigen Räume, die mit Ausnahme der Kälte und des Regens jeden andern Besuch zurückschrecken, nicht geeignet sind, um den Schülern erhabene Ideen über das Leben, seine Ziele und Pflichten einzuprägen. Und wer gezwungen ist, jeden Morgen zu fragen: „Wo soll ich heute mein Brod hernehmen?" wahrscheinlich nicht oft fragt: „Durch welche That soll ich diesen Tag auszeichnen?" Oder als humoristische Illustration erzählt er die Geschichte Thomas und seinem Oberst:

„Thomas," sagte am Rio Grande ein Oberst zu einem seiner Leute, „wie kann ein so guter Soldat, wie du bist, sich bei jeder Gelegenheit so durch Betrunkenheit gemein machen." „Herr Oberst," antwortete der Soldat, „wie können Sie alle Tugenden, die den Menschen zieren, für sieben Dollars den Monat verlangen?"

„Die Probleme, welche," sagt er, „das Gehirn des Arbeiters auf der ganzen Erde jetzt beschäftigen, welche unaufhörlich nach Lösung schreien und deren Schreie nicht mehr unterdrückt werden können, sondern immer lauter und heftiger werden sind die folgenden:

Warum sollten diejenigen, durch deren Arbeit alle Bequemlichkeiten und Luxusartikel producirt und zugänglich gemacht werden und einen geringen Theil derselben genießen? Warum sollte ein Mann, der arbeitsfähig nur willig ist zu arbeiten, aus Mangel an Beschäftigung müßig gehen in einer Welt, wo so viel nothwendige Arbeit ungeduldig des Arbeiters harrt? Warum muß ein Mann einen Theil seiner Unabhängigkeit aufgeben, wenn er eine Beschäftigung annimmt, um sich und seine Familie ehrlich zu ernähren?

Warum sollte der Mann, der getreulich für einen Andern arbeitet und dabei weniger als den Werth seiner Arbeit bezieht, gewöhnlich als der Theil angesehen werden, der zu mehr Dank verpflichtet ist, als Derjenige, der die Arbeit kauft und ein gutes Geschäft dabei macht. Warum sollten Spekulanten und Pläne-macher so stolz in ihren Equipagen fahren, während ehrbare Arbeiter müde und bescheiden zu Fuß nach Haus gehen?

Wem sind alle Gefühle der Menschlichkeit so fremd, daß er nie über diese und ähnliche Fragen nachgedacht hätte, ob er nun stolz in der Carosse sitze, oder müde heimkehre?

„Vor allen Dingen," sagt der Verfasser der „Rathschläge für Reform," „muß ich entschieden meine Meinung dahin aussprechen, daß das größte Hinderniß für die Erhebung des Arbeiters sein eigener Mangel an Sparsamkeit, seine Unwissenheit und der Mangel an moralischem Werth ist."

Diese Seite vertritt er sehr wohl in einer „Skizze der Laufbahn eines erfolgreichen Geschäftsmannes." „Ein scharfer Beobachter," sagt er in der Vorlesung, „würde ihn schon in der Schulstube unter seinen Mitschülern ausgewählt und gesagt haben: Hier ist der Junge, der Präsident einer Bank, der Besitzer großer Fabriken und ganzer Vierecke von Häusern sein wird. Verfolge seine Geschichte genau," fügt er hinzu, „und Du wirst finden, daß er als Knabe sparsam und frugal war, daß er Ausgaben und kostspielige Belustigungen ver-

Herr Greeley und Herr Dana im Redactions-Zimmer.

mied, daß er nur selten Delikatessen aß oder etwas trank, und dann nur, wenn ihn Andere einluden, daß er selten auf Bällen und in Gesellschaften gesehen wurde, daß er sich nicht vor einer beschwerlichen Arbeit sträubte, wenn eine Aussicht da war, etwas zu verdienen, daß er seine Zeit zu Rath hielt und es fertig brachte, daß jede Stunde vollständig zählte, gleichviel ob für Vorbereitungen für die Arbeit, oder für einträgliche Arbeit selbst. Selten ließ er sich durch die unter Anderen vorherrschende Ansicht, das Geschäft passe sich nicht für ihn und sei zu beschwerlich, von der Arbeit abschrecken. Schon während seiner Minderjährigkeit legte er etwas Geld zurück und dies half ihm sehr, als er sein eigenes Geschäft anfing. Er heirathete zur rechten Zeit, wählte sich eine anständige, haushälterische Frau, lebte eingeschränkt und arbeitete beständig, bis er die Ueberzeugung hatte, daß er etwas besser leben und seine Zeit besser anwenden könne als bei dem Pfluge, oder der Werkbank. So kamen die ersten tausend Dollars langsam, aber sicher, die nächsten kamen leichter, wegen der Hülfe, welche die ersten leisteten, so daß er jetzt, scheinbar mit geringer Mühe und Anstrengung,

Tausende zu seinem Schatze fügt. Sprich zu einem solchen Manne von den Entbehrungen des Armen und er wird Dir sagen, daß dessen Sohn die Ausgabe für Tabak und Getränke bestreiten kann, wie er selbst es in dessen Alter nicht konnte, und daß er jetzt manchen Armen auf dem Markte beim Ankauf von Delikatessen treffe, die nicht mit seinen Mitteln harmonirten. Sprichst Du von der Schwierigkeit, Beschäftigung zu finden, so wird er sagen, daß er, als er arm war, nie eine solche Schwierigkeit gefunden habe. Wenn er keine zwanzig Dollars monatlich auf seinem Geschäft verdienen konnte, so habe er irgend eine andere Arbeit angenommen, die ihm zehn oder fünf eintrug, und wenn er nichts Besseres zu thun finden konnte, so kehrte er Straßen, oder reinigte Ställe 2c. 2c.

So spricht der Conservative. So sieht der Sieger auf das Schlachtfeld des Lebens.

Herr Greeley machte keinen Versuch, das Raisonnement der wohlhabenden oder reichen Conservativen zu widerlegen. Nur einen Augenblick verweilt er bei der Thatsache, daß, während das Leben in der That eine Schlacht ist, es nicht eine die das Maximum von Grundbesitz in den Besitz eines Einzelnen festsetzen, welche die Phrase „eine Tage-Arbeit" definiren, welche dafür Sorge tragen, daß auch nicht ein einziges Kind in Unwissenheit heranwachse, welche den Verkauf von Alkohol und ähnlichen Getränken verbieten.

In diesem Buche, „Rathschläge für Reformen," gibt es zwei kurze Stellen, welche die Essenz von Horace Greeley's Lehren in Bezug auf die Mittel zur materiellen und geistigen Hebung des Volkes enthalten. Die folgende ist ein Auszug aus einer Vorlesung über das Verhältniß der Gelehrsamkeit zur Arbeit. Er wendet sich an die Wohlerzogenen und Leute von wissenschaftlichem Beruf: „Warum sollten die Wohlerzogenen nicht als Klasse dafür sorgen, daß sich eine Atmosphäre nicht nur von exemplarischem Charakter in Bezug auf Moral und Verfeinerung, sondern auch der Nützlichkeit und Wohlthätigkeit bilde. Warum sollten nicht der Geistliche, der Arzt, der Anwalt in einem Landstädtchen etwas mehr als die Gönner und Befürworter jeder liberalen Idee, die Lehrer und Verbreiter von allen neuen Ideen in Wissenschaft und Philosophie — Modelle von Rechtschaffenheit, Zuvorkommenheit und überall geltend gemachter humaner Gesinnung, sondern selbst in einer materiellen Sphäre als allgemeine Wohlthäter gepriesen und gesegnet werden?

Warum sollten sie nicht Alle und überall, wie (es freut mich es zu sagen), hier und da einige als Muster von Weisheit und Thätigkeit im Ackerbau dastehen und in ihren Farmen und Gärten schweigende und doch eindringlich predigende Zeugen oder Wohlthaten der Voraussicht, der genauen Berechnung, der gründlichen Kenntnisse und der getreulichen Pflichterfüllung sein? Nein, noch mehr! Warum sollten die Wohlerzogenen nicht über-

all jene großen und wichtigen Wahrheiten er Natur lehren, welche die Chemie und andere Wissenschaften jetzt zum Besten der Industrie enthüllen, sie lesen und verbreiten durch Vorlesungen, Aufsätze, Unterhaltungen, wie durch praktische Anwendung? Warum sollten sie nicht, ohne sich aufzudrängen, freiwillig dem Landmann, dem Handwerker und dem Arbeiter in jedem anderen Fache zeigen, wie er am besten die blinden Kräfte der Elemente zu Hülfe rufe und sie sich zu Dienern mache. Alles dies kann die Klasse der Wohlerzogenen und Unterrichteter thun, wenn sie wirklich diese Eigenschaften besitzen und alles dies ist klärlich ein Theil der Pflichten, welche ihnen die Vorsehung auferlegt hat. Sie mögen es thun und dann werden sie die ihnen gebührende Stelle an der Spitze des Volkes, als Leiter der öffentlichen Meinung und die allgemein verehrten Wohlthäter des ganzen Geschlechtes einnehmen."

Ein großer Theil meiner Zuhörer besteht aus solchen wohlunterrichteten und erzogenen Männern und ich spreche für die wesentliche Unabhängigkeit dieser Klasse nicht allein, oder vorzüglich um ihrer Selbstwillen, sondern wegen des allgemeinen Interesses, welches die ganze Menschheit daran hat. Wenn mich meine Sinne nicht ganz trügen, so sehe ich ganz deutlich ein tiefgewurzeltes sich weitverbreitendes Uebel vor mir, welches den Einfluß geistiger und moralischer Ueberlegenheit lähmt und zu Nichts macht. Der Advocat ist, so weit sein Geschäft angeht, gewöhnlich nur Advocat. Er kann nur durch die Advocatur leben, oder hat keine Mittel sich zu ernähren. Ebenso ist es mit dem Arzte und ach! auch mit dem Geistlichen. Auch er findet sich oft zu bald von einer großen, kostspieligen Familie umringt, von denen wenige oder gar keine daran gewöhnt worden sind, im Schweiß ihres Angesichts ihr Brod zu verdienen und die sich, wenn sie aufgewachsen sind, auf ihn verlassen. Dieser Sohn muß auf die Akademie (höhere Bürgerschule) ferner auf das Colleg geschickt werden. Die eine Tochter muß in ein kostspieliges Institut geschickt werden, die andere bedarf eines theuren Pianos und alles soll aus seinem Gehalt bestritten werden, welcher anständig ist, doch kaum hinreicht, um allen gemachten Anforderungen zu genügen. Wie kann ein solcher Mann — und er ist bei alledem ein Mann — mit allen diesen Sorgen, Ausgaben, Schulden, die ihn erdrücken, hoffen, zu allen Zeiten der Verantwortlichkeit seines hohen Berufs nachzukommen, im Stande zu sein. Er darf fließend und gefühlvoll gegen Sünde im Allgemeinen sprechen, denn das kann auch dem empfindlichsten Eigenthümer eines reichausgestatteten Hundert-Dollar-Kirchenstuhles nicht erzürnen. Wenn er es aber wagt, offenherzig und furchtlos die anständigen speziellen Laster dieses Reichsten und Liberalsten unter seiner Gemeinde bloßzustellen, sagt er zu dem Verkäufer flüssigen Giftes: „Dein Handwerk ist Mord, Dein Reichthum der Preis des Verderbens." Wenn er zu dem, der Geld anhäuft, dadurch, daß er ehrlichen Arbeitern geringen Lohn zahlt, und die Armen immer ärmer macht spricht: „Spotte Gottes nicht, wenn Du einen widerstrebenden Thaler in die Missionskasse zahlst; in ganz Neuseeland gibt es keinen solchen Heiden, wie Du bist, der die Kirche besucht, um die Mahnungen seines Gewissens fernzuhalten und seinem Charakter einen Firniß zu geben. „Du bist der Mann, denn ich sage es euch, Freunde, er kann es nicht bestreiten, seine finanzielle Lage erlaubt es ihm nicht, seinen Pflichten in allen Stücken getreulich nachzukommen. Unter Tausenden mag es Einen geben, aber kaum mehr. Wir verstehen die tiefe Bedeutung des Gesetzes jener alten Kirche nicht halb, welches rücksichtslos und ohne Ausnahme jedem Geistlichen das Cölibat auferlegte.

Die wirkliche Existenz der Kirche, als einer über der Masse stehenden starken Macht, welche dem Volk Gesetze gibt und nicht jeden Tag Gesetze vom Volk erhält, hängt von seiner Beibehaltung ab und wenn wir uns je eines christlichen Predigerstandes erfreuen, welcher systematisch und sofort und furchtlos jede Art Uebel angreift 'und Krieg, Sklaverei und alle nichtswürdigen Pläne, um die Gelüste des Einen auf Kosten Anderer zu befriedigen, bekämpft, so wird es geschehen durch die Reform, welche ich befürworte, eine Reform, welche den Geistlichen von seiner Gemeinde unabhängig macht und ihn in den Stand setzt, Allen offen und männlich zu sagen:

Ihr mögt aufhören zu zahlen, aber ich werde nicht aufhören zu predigen, so lang als Ihr Laster habt, die getadelt werden müssen und ich die Kraft habe, den Tadel auszusprechen! Ich lebe größtentheils von der Arbeit meiner Hände und kann mich ganz davon ernähren, wenn es für die furchtlose Erfüllung meiner Amtspflichten nöthig werden sollte.

Noch eine Illustration meiner Ansicht will ich zufügen.

Ich werde speziell von Thatsachen sprechen, welche zu meiner eigenen Kenntniß gekommen sind und ich bitte Euch, meine Ermahnungen zu Herz zu nehmen. Ich spreche von Dingen, an denen auch Ihr, Freunde und Mitglieder dieser (literarischen) Phönix und Union, Vereine, Euch eine Lehre entnehmen könnt. Jedes Jahr schickt aus unseren Collegien eine Armee von tüchtigen jungen Leuten in das Land, welche ihre geringen Mittel beinahe oder gänzlich erschöpft haben, um, was man eine Erziehung nennt, zu bekommen und nun eine Beschäftigung suchen, durch welche sie die Mittel erwerben können, um sich speziell einem höheren Beruf zu widmen. Einige finden eine Schreiberstelle mit geringem Gehalt, die sie nothgedrungen annehmen müssen, aber der größere Theil wirft sich auf Literatur, sie suchen

entweder Diejenigen, die jünger sind als sie, in einer Familie oder über die ganze Welt durch die Presse zu unterrichten. Hunderte eilen sofort in die Städte und auf die Zeitungs-Officinen, um Beschäftigung im Verfassen von Leit- und andern Artikeln, oder als Berichterstatter zu finden. Alle haben schöne Träume und Erwartungen großen Ruhms und Reichthums vor sich, während ihnen der Wolf des Hungers auf den Fersen folgt. Die Armen! Sie sehen nicht ein, daß die Umstände, unter welchen sie das literarische Feld betreten wollen, die Möglichkeit des Erfolges beinahe ausschließt.

Sie wenden sich an das Publikum nicht mit Gedanken, die einen Ausdruck suchen, sondern mit einem Magen, dem es nach Brod verlangt. Sie suchen die Presse nicht um Gedanken auszudrücken, die ihr Leben in Gefahr bringen könnten, sondern um ihr eigenes Leben zu erhalten. Seht Ihr nicht, unter welch großen Nachtheilen diese Schaar ihre gewählte Laufbahn betritt, auch wenn Einer derselben Glück hat, einen Platz zu finden. Er ist von einer Masse umringt; überall stößt er an die Ellbogen von Hunderten, die zu irgend einem Preis Beschäftigung suchen. Er darf nicht schreiben, was er fühlt, sondern er muß schreiben, was ein Anderer braucht; er muß auf Befehl bedauern oder sich freuen, und er muß für den heutigen Tag arbeiten, und darf es nicht wagen, etwas zu schreiben, was dieser heutige Tag nicht billigt. Und glaubt Ihr, daß man auf ein solches Fundament einen erhabenen und dauerhaften Ruhm bauen könne, einen preiswürdigen Erfolg irgend welcher Art. Ich sage Euch, meine junge Freunde: Es ist weit davon entfernt, es ist kaum möglich.

Für große Empfindungen und erhabene Ziele giebt es kaum etwas Gefährlicheres, kaum etwas, was mehr droht, den Mann zu einem bloßen Plänemacher und zum Arbeiten für eigene Existenz und selbstsüchtige Befriedigung von Gelüsten zu stempeln. Ich sage deshalb in vollem Ernst zu allen Jünglingen, welche ihrem Mitmenschen nützlich werden und durch Literatur hervorragen wollen: Sucht erst eine Stellung, die Euch pekuniäre Unabhängigkeit verschaffen wird, von der Arbeit Eurer Fäuste zu leben, von dem Schweiß Eures Angesichts und betrachtet das als den ersten Schritt, den Ihr zu thun habt.

Wenn Ihr täglich drei Schillinge durch harte aber mäßige Arbeit verdienen könnt, so lernt es zufrieden von zwei Schillingen zu leben und erhaltet Euch Eure geistigen Fähigkeiten frisch und gesund, um zu beobachten und zu denken und dadurch bereitet Ihr Euch auf Eure gewählte Laufbahn vor. Endlich, wenn ein Geist, der mit wohl verdauten Ideen gefüllt ist, ihnen einen Ausdruck zu verleihen, sich sehnt, so fangt an, von Zeit zu Zeit mit kräftigen, kurzen Worten für die nächste passende Zeitung oder Zeitschrift zu schreiben. Sucht nicht eher

Bezahlung als bis Bezahlung Euch sucht, dann nehmt sie an, wenn es der Mühe werth ist und riskirt nicht das Opfer Eurer Unabhängigkeit und das Aufgeben von Arbeiten, welche Euch sicherer sind. Nur auf diese Weise läßt sich die angemessene Würde eines literarischen Characters erhalten und erneuern. So lange aber, als Jeder der fähig ist, oder sich dafür hält, Andere zu belehren, danach strebt seine Fähigleiten so bald und so hoch als möglich zu verkaufen, so lange kann ich nicht hoffen, daß das Publikum veranlaßt wird, die Lehren oder den Lehrer mit großer Ehrfurcht zu betrachten."

Dies ist im Wesentlichen Horace Greeley's Botschaft an die Wohlerzogenen und Unterrichteten.

Ich komme jetzt an die Vorlesung über die Organisation der Arbeit und wähle daraus einen kürzeren Bericht, aus welchem der Leser ersehen kann, welche Rathschläge er den Arbeitern gab. Die Geschichte mag historisch werthvoll werden, weil das darin entwickelte Prinzip in der Zukunft der Industrie eine große Stelle spielen kann.

Es ist möglich, daß das Prinzip des Despotismus, auf welches das Verhältniß zwischen Capital und Arbeit sich basirt, gar nicht zur Erhaltung und zum Gedeihen der Industrie nöthig ist, obgleich nur durch dasselbe bisher ein Zustand dauernden Gedeihens möglich gemacht wurde. Hier ist die Geschichte, und sie ist der Beachtung werth:

„Der erste und wichtigste Schritt, um eine Reform unseres gegenwärtigen gesellschaftlichen Zustandes zu bewirken, ist die Organisation der Arbeit. Diese muß allmählich, stufenweise ermöglicht werden. Ich habe jetzt die Absicht, statt eine Theorie der Arbeitsreform zu erklären, ein jetzt in der Nähe von Cincinnati versuchtes Experiment darzulegen, welches sich in keinem wichtigen Punkt von zwölf, oder zwanzig ähnlichen Unternehmungen unterscheidet, die bereits in verschiedenen Theilen der Vereinigten Staaten begonnen worden sind, wenn ich nicht von der zwanzigsten Zahl derer sprechen will, die von den Arbeitern von Paris und anderen Theilen Frankreichs errichtet worden sind.

Das Geschäft des Formen- oder Matrizenmachens (für Eisen- und Erz-Güsse), wie es immer genannt werden mag, ist eines der ausgedehntesten und thätigsten in der Industrie von Cincinnati, und ich glaube, daß dort der Arbeiter gewöhnlich so gut, wie irgendwo anders, bezahlt wird. Der Arbeitslohn wird nach dem Stück berechnet nach einer festgestellten Preisliste, so daß jeder Arbeiter, gleichviel in welchem Theil des Geschäfts, nach dem bezahlt wird, was er allein, oder mit Hülfe Anderer, verdient hat, und das ist ein Maßstab für sein Geschick und seinen Fleiß, und die Zahlung ist nicht eine Ueberschlagssumme für das, was, wie man vermuthet, der Arbeiter verdient hat, sei es beim Tag, der Woche, oder dem Monat.

Ich weiß keinen Grund, warum die Formenmacher von Cincinnati nicht ebenso leicht nach dem alten System zufriedengestellt werden, als irgend welche andere. Und bei alledem arbeitet das System doch nicht gut, selbst nicht für Diese. Außer dem allgemeinen Mangel an stabiler Nachfrage nach Arbeitskräften und dem immer größer werdenden Druck der Concurrenz, kamen immer von Zeit zu Zeit wieder Tage der flauen Geschäfte, eine "morte saison," die gewöhnlich im Januar, wenn der Winterbedarf an Oefen befriedigt war, anfing, und zwei oder drei Monate dauerte, bis die Frühjahrsarbeiten begannen. In dieser müßigen Zwischenzeit wurden die früher gemachten Ersparnisse gewöhnlich aufgezehrt, so daß Alles in Allem Jeder das Jahr hindurch keine zehn Dollars zurücklegte. Nach und nach kam es zu einer Collision über den Lohn und das Ende war ein Strike, worin der Arbeiter Monate lang das Experiment versuchte, seinen Kopf gegen die Wand zu rennen. Wie das endete, ohne Rücksicht darauf, welche die Sieger und welche die Besiegten waren, kann sich der Leser leicht denken. Ich habe nie gehört, daß Uebel, so groß und verwickelt, wie die, unter welchen der Arbeit das Herz ausgefressen wird, dadurch kurirt wurden, daß man Monate oder Wochen lang nichts thut.

Endlich — aber ich glaube, erst nachdem der Strike durch ein Abkommen zwischen beiden Theilen beendigt war, sagten einige der Formenmacher zu einander: „Müßiggehen bringt uns keine Heilung von unseren Leiden, warum sollten wir uns nicht selbst Beschäftigung geben?" Endlich beschlossen sie es zu versuchen, und mitten im Winter 1847 auf 48, als viele solcher Leute ohne Arbeit und die Geschäfte ungewöhnlich niedergedrückt waren, bildeten sie eine Genossenschaft nach den Vorschriften des allgemeinen Gesetzes für industrielle Unternehmungen, welches in Ohio in Kraft und dem von New York sehr ähnlich ist, und versuchten die „Union Gießerei der Vereinigten Formenmacher" zu gründen. Es waren ihrer ungefähr zwanzig, welche die Sache unternahmen, und Alles, was sie zusammentragen konnten, belief sich auf $2500 in Aktien von je $25. Hiermit erwarben sie ein günstig gelegenes Stück Land, dicht am Ufer des Ohio, acht Meilen von Cincinnati, mit welchem es durch den Whitewater-Canal ein schnelles und billiges Verbindungsmittel hatte. Mit ihrem Capital kauften sie einige Modelle, Werkzeuge, eine Dampfmaschine, bezahlten für das Land und $500 als Abschlagssumme für ein Gießerei-Gebäude, welches eine Firma in Cincinnati, die wußte, daß das Grundstück vollständige Sicherheit gewährte, zum Theil auf langen Credit für sie errichtete und die es nicht als eine Handlung der Mildthätigkeit angesehen haben will. Eisen und Kohlen ꝛc., die nöthig waren, um anzufangen, mußten auf Credit gekauft werden.

Nachdem sie Direktoren, einen Obergießer und einen Geschäfts-Agenten erwählt hatten, von denen der Letztgenannte in Cincinnati einen Laden eröffnen, Material an- und Waaren verkaufen sollte, fing die Genossenschaft der Formenmacher im August 1848 zu arbeiten an. Ihre Räumlichkeiten waren sehr beschränkt, sind indessen allmählich ausgedehnt worden, so daß jetzt ihre Gießerei die besteingerichteste am ganzen Fluß ist. Ebenso ist ihr Vorrath an Modellen und anderem Geräthe einer der größten und ihre Anlagen für das Laden und Ausladen von Booten, die Eisen, Kohlen ꝛc. transportiren, beinahe „vollkommen" zu nennen. Sie begannen mit zehn Theilhabern, die alle mitarbeiteten, diese Zahl ist allmählich bis zu vierzig angewachsen, und in keiner Gießerei in Amerika gibt es bessere Arbeiter als diese.

Ich verstehe mich ein wenig auf Gußsachen und ich versichere Sie, daß man keine schönere Waaren dieser Art sehen kann, als die „Industrie-Gießerei" in ihrem Laden in Cincinnati aufweisen kann. Und das ist ja ganz natürlich, denn jeder Arbeiter ist ja Theilhaber der Firma und es ist in seinem Interesse, daß nicht allein seine eigene Arbeit von der besten Sorte sei, sondern auch die der anderen. Jedes Stück wird vor der Absendung gehörig untersucht, wird es unvollkommen befunden, so fällt der Verlust auf denjenigen der ihn veranlaßt hat. Allein dies kommt selten vor.

Mit jedem Mitglied wird eine genaue Rechnung gehalten. Er erhält Credit für jede Arbeit nach der Cincinnati Preisliste; man zahlt ihm von seinem Verdienste so viel, als er braucht, der Rest wird für die Ausdehnung des Geschäfts oder Bezahlung der Schulden verwendet und das Mitglied erhält dafür weitere Actien. Wenn alle Schulden bezahlt sind und ein angemessener Vorrath von Werkzeugen und anderen nöthigen Geräthschaften angekauft ist, dann gedenken sie, jedem Mann seinen Verdienst wöchentlich baar zu zahlen, und sie werden es thun können. Ich hoffe indessen, sie werden noch Land kaufen, darauf gute und bequeme Häuser bauen, dieselben mit Gärten und Baumpflanzungen umgeben und beschließen, als Brüder zu leben, wie sie schon als Brüder arbeiten. Gewöhnlich kann man mit hundert Dollars, als Einzelner nicht mehr kaufen als man für fünfundsiebzig erhält, wenn alle sich zu deren Ankauf in Massen vereinigen.

Als ich sie besuchte, verdienten die Mitglieder im Durchschnitt jeder fünfzehn Dollars und sie gedachten damit fortzufahren. Natürlich arbeiteten sie sehr hart. Manche verbrauchen weniger als vier Dollars die Woche und keiner mehr als acht. Ihr Agent ist einer von ihren Leuten, der mehrere Monate nach der Eröffnung des Geschäfts mit ihnen gearbeitet hatte. Oft hat er berichten müssen:

„Ich kann euch heute kein Geld bezahlen," und nie hörte er ein unwilliges Murmeln. Bei einer Gelegenheit ging er hinunter und sagte: „Hier sind meine Bücher. Ihr seht, wie viel ich eingenommen habe und wohin das meiste gegangen ist. Hier sind hundert Dollars, das ist Alles was übrig ist." Die Mitglieder beriethen sich, berechneten und antworteten: „Was wir für Kost und Logis für eine Woche brauchen, ist etwa fünfzig Dollars und das beste ist, Du nimmst die andern fünfzig wieder zurück, das Geschäft mag ihrer bedürfen, ehe die Woche vorüber ist." Als ich dort war, hatten sie eine Rechnung für Eisen, eine andere für Kohlen zu zahlen und eine Schiffsladung Kohlen für den Winter einzulegen, was alles vorräthige Geld wegnahm, so daß in drei Wochen keiner einen einzigen Dollar erhielt; und dennoch fiel es keinem ein, sich zu beklagen, denn Alle wußten, daß die Verzögerung nicht durch das Interesse eines Anderen, sondern durch ihr eigenes dictirt wurde. Auch wußten sie, daß die Sicherheit der Bezahlung nicht von der Frugalität, oder der Verschwendungssucht eines Arbeitgebers abhing, der den Ertrag des Geschäftes und ihrer Arbeit in einer unglücklichen Spekulation, oder luxuriösen Lebensweise vergeudete. Was sie das Jahr hindurch verdient hatten, konnten sie als Oefen und andere Gußwaaren um sich sehen, wonach in Cincinnati große Nachfrage war, und die wegen eines Kanalbruchs zeitweilig nicht abgesandt werden konnten; sie wußten daß Eisen und Kohlen für die Winter-Arbeit vorräthig waren, und daß sie das Gebäude über ihren Köpfen und die Werkzeuge in ihren Händen eigneten. Und während andere Formenmacher nur dann und wann Arbeit hatten, wie die Geschäfte gerade gingen, war kein Mitglied der Genossenschaft einen Tag lang wegen Arbeitsmangel müßig gewesen. Natürlich vermehrt sich das Capital, und die Gefahr, an einem künftigen Tag das Geschäft aufgeben zu müssen, wird beständig geringer. Das Geschäftskapital dieser Genossenschaft soll bis auf $18,000 gebracht werden, von denen $7000 bereits einbezahlt sind, meistens in Arbeit. Der Rest ist durch Unterschriften mehrerer Genossen gedeckt, und wird so schnell als möglich in Arbeit einbezahlt werden.

Wenn dies geschehen ist, dann erhält jeder Mann wöchentlich volle Zahlung für seine Arbeit und am Jahresschluß die Dividende von seinen Actien. Seit dem Anfang des Geschäftes im August des letzten Jahres hat jeder Arbeiter von $300 bis $600 zurückgelegt, obgleich diejenigen, welche sich seither anschlossen, natürlich weniger verdienten. Wenige, oder gar Keine hatten vorher in fünf Jahren so viel erspart, als sie in einem Jahr thaten, als sie für sich selbst arbeiteten. Der Gesammtwerth ihrer Producte bis zu meinem Besuche belief sich auf $30,000 und damals producirten sie im Durchschnitt monatlich für $5000, was sie beizubehalten gedenken.

Der gesammte reine Nutzen von dem Geschäft, nachdem die Arbeit der festgesetzten Preisliste gemäß bezahlt ist, wird an die Aktionäre in Dividenden vertheilt.

Die Beamten der Genossenschaft sind der Agent, der Obergießer und fünf Directoren, die jährlich gewählt, aber im Falle der Nothwendigkeit durch andere ersetzt werden können. Ein Lesezimmer und Bibliothek werden sofort errichtet werden. Ein geräumiges Kost- und Logishaus wird, wenn auch nicht auf Kosten der Genossenschaft, bald gebaut werden. Auf einer weiten Strecke von dem Orte wird kein Schnapps verkauft und ist wenig oder keine Nachfrage danach. Diejenigen ursprünglichen Mitglieder, welche nicht sehr nüßlig waren, haben es fürs Beste gehalten, auszuverkaufen und wegzuziehen.

Soll man nun annehmen können, daß die Million von Mieth-Arbeitern, welche im Lande existiren und nur dann Arbeit haben, wenn es anderen Leuten gefällig ist, ihnen Beschäftigung zu geben und die müßig gehen müssen, wenn dies nicht der Fall, diese kleine Erzählung, die ich so klar gemacht habe, als in meinen Kräften stand, lesen können, ohne dadurch zu energischer Handlung aufgestört zu werden. Selbst angenommen, sie erhalten, was sie, wenn sie Beschäftigung haben, verdienen, was aber gewöhnlich nicht der Fall ist — denn wie könnten ihre Arbeitgeber dadurch reich werden, daß sie die Arbeit anderer Leute kaufen und deren Produkt wieder verkaufen — sollte nicht diese einfache Thatsache, daß die Mitglieder dieser Genossenschaft von Arbeitern nie der Beschäftigung ermangeln, wenn sie solche wünschen, und nie der Erlaubniß eines Arbeitgebers bedürfen, wenn sie es vorziehen, nicht zu arbeiten, die öffentliche Aufmerksamkeit auf sich ziehen? Wer ist so sklavisch gesinnt, daß er nicht lieber als gleichberechtigtes Mitglied eines Gemeinwesens, denn als der Unterthan eines Despoten arbeiten wollte?

Wer möchte sich nicht der süßen Freiheit an Arbeits- ebenso wie an Feiertagen erfreuen? Gibt es ein Geschöpf, das alles dies für reine Phantasie und Nebel hält, welchen die kalte Zugluft harter Erfahrungen bald verwehen wird? Selbst angenommen, diese Genossenschaft würde, sei es durch einen Fehler in ihrer Organisation, oder Unredlichkeit, oder durch andere Mißgriffe der Mitglieder, zusammenbrechen, was würde das beweisen? Würde das ein besserer Beweis für die Unausführbarkeit industrieller Genossenschaften sein, als der Schiffbruch und Tod von Columbus bei seiner zweiten oder dritten Reise nach Amerika ein Beweis dafür gewesen wäre, daß die „Neue Welt" gar nicht existire?"

Die Geschichte ist jetzt vollständig erzählt, nur die Katastrophe fehlt noch. Sie kann in einem Wort erzählt werden, und das ist „Fehlschlag."

Die Genossenschaft existirte etwa zwei Jahre. Dann brach sie zusammen, aber, wie mir bestimmt versichert wird, nicht wegen irgend eines Mangels in dem System, sondern wegen vollständigen Stillstandes im Verlauf, welcher nicht allein diese Genossenschaft, sondern auch Andere in demselben Geschäft ruinirte. Sie machten ihre Formen und Güsse nach dem Genossenschafts-Prinzip, machten sie gut, hielten aus, so lange sie verkaufen konnten und — dann hörten sie auf.

Sechszehntes Kapitel.

Greeley wird Farmer.

Im Jahre 1852 kämpfte die Tribune mannhaft für Winfield Scott und kümmerte sich nicht viel um des Candidaten auffallende Anstrengungen als Volksredner. Als die Wahlschlacht vorüber war, erkannte sie mit guter Laune die vollendete Thatsache an, sprach scherzend von der „seligen Whig-Partei", erklärte, für die Zukunft von allen Parteien unabhängig zu sein und versprach, auch künftig für die Grundsätze zu streiten, die sie durch ihre Parteinahme für die Whigs zu verwirklichen gehofft hatte. Sie werde, sagte sie, nach wie vor gegen die Ausdehnung der Sklaverei und für freie Heimstätten kämpfen, die Flibustier denunciren und das s. g. „Maine" (Prohibitiv-) Gesetz befürworten. In Bezug auf den letztbenannten Punkt gebe ich folgenden kurzen Artikel:

„Doctor," sagte ein mürrischer, schwer leidender Kranker, der viel Geld für Arzeneien bezahlt hatte, ohne die guten Wirkungen zu spüren, „Doctor, mir scheint, daß Ihre Arzeneien die Krankheit nicht erreichen; warum zielen Sie nicht nach der Wurzel der Krankheit?" „Well, wenn Sie darauf bestehen, will ich es thun!" war die rasche Antwort. Der Doctor nahm seinen Stock und zertrümmerte die Branntweinflasche, die auf dem Tische stand.

Da Horace Greeley sein Interesse an Partei-Politik verloren hatte, so wandte sich seine Aufmerksamkeit auf den Ackerbau. Er sehnte sich nach der Ruhe und den stillen Freuden des Landlebens.

„Was mich betrifft," sagte er beim Schlusse einer Anrede an die Indiana Staats-Ackerbau-Gesellschaft, im October 1852, „was mich betrifft, der lange auf den stürmischen Wellen zweifelhaften Kämpfens und harter Anstrengungen umhergeworfen worden ist, so habe ich, seit die Schatten der vierziger Jahre auf mich fielen, die Sehnsucht des Wanderers nach dem heimathlichen Dörfchen gefühlt, wo er sich in der Kindheit an seiner Mutter Knie drängte und an ihrem Busen in den Schlummer gewiegt wurde. Das nüchterne Bergab des Lebens vertreibt viele Illusionen, aber es entwickelt und stärkt in uns die vielleicht lange Jahre zurückgedrängte Liebe zu jener theuern Hütte, unserer Heimath. Und so habe ich am späteren Nachmittag meines Lebens einige Acker auf dem weiten Rücken des stillen Landes erworben, habe dahin meine Familienschätze gebracht und beschlossen, die Mühen und Angst des Stadtlebens wenigstens wöchentlich um einen Tag zu bestehlen. Und schon jetzt fühle ich, daß ich mehr Nutzen an dem Experiment haben werde, als es kostet.

Schon jetzt finde ich in der Ruhe des e i n e n Tages eine Arznei für die fieberischen, aufreibenden Sorgen der Woche, welche ihn entschließt. Schon murmelt mir mein Bächlein ein besänftigendes Abendlied für mein brennendes, pulsirendes Gehirn und meine Bäume, sanft vom frischen Winde bewegt, wispern in mein Ohr etwas vom gelobigten Vertrauen auf Gott. Und auf diese Art verwirklicht in meinen Gedanken, obgleich immer nur für einen einzigen Tag, die höhere Freude, welche des Landmanns Lebensberuf erheitern wird, wenn eine bessere und umfassendere Erziehung die angeborene thierische Rohheit besänftigt und Wissenschaft ihm ihre Schätze zu Hülfe geschickt haben wird, um die Arbeit von der Bürde der Erschöpfung zu befreien, während ihr Resultat vervierfacht wird und die unermeßliche Erde mit Schönheit und Ueberfluß krönt.

Der Theil des „stillen Landes" von dem er in dieser beredsamen Stelle spricht ist, eine Farm von fünfzig Ackern in Chappaqua, Westchester County, nahe bei Newcastle und dicht an der Harlem-Eisenbahn, vierunddreißig Meilen von New York entfernt. Dorthin zieht sich der ermüdete Redacteur jeden Samstag Morgen mit dem Frühzug zurück und dort bleibt, er bis er am Sonntag Morgen zeitig genug zurückkehrt, um die Frühpredigt des als Kanzelredner berühmten Chapin zu hören. Während dieses Tages leitet und unterstützt er die Arbeiter auf seinem Gute und nur an diesem Tage allein.

Aus der Kirche geht er an die Arbeit.

Wunderbare Aenderungen hat dieses Gut erlebt, seit Greeley sein Eigenthümer geworden ist! Was es war, als er es kaufte, kann man aus einer anderen Stelle derselben Rede ersehen: „Ich ging einst um eine Farm von fünfzig Ackern zu sehen, die ich kaufen wollte und die einige vierzig Meilen von New York entfernt ist. Der Eigenthümer war auf der Farm geboren und, wie ich glaube, auch sein Vater, aber sie war nicht sehr einträglich und gedachte, sie zu verkaufen und nach dem Westen zu ziehen. Spät im Juni ging ich mit ihm dahin. Wir durchschritten einen wohl mit Mist gefüllten Hof, welcher während der Jahreszeit noch nicht berührt worden war und von

danach einem Kornfeld von fünf Acker, hinter welchem ein gleich großes Kartoffelfeld lag. „Nachbar," fragte ich, erstaunt, „wie konnten Sie so viel Dung dicht an ihrem Ackerland liegen lassen und zehn Acker ohne irgend welchen Mist bepflanzen?" „Oh," sagte er, „im Frühjahr war ich oft krank und konnte keine Zeit finden, den Dung zu fahren." „Nun, wenn Sie aber fünf Acker bepflanzt und allen Mist darauf gefahren hätten, so würden Sie doch eine größere Erndte gehabt haben." „Well, das ist möglich," war des armen Farmers Antwort. Es schien ihm nie zuvor eingefallen zu sein, daß er einen Theil des Landes sich selbst hätte überlassen können. Wäre er bis zu dieser Folgerung vorgeschritten, so hätte er vielleicht den weiteren Schluß zu ziehen gewagt, daß es weniger kostspielig und viel einträglicher ist, von fünf Ackern eine v o l l e, als von zehn eine h a l b e Erndte zu ziehen. Ich bedaure, sagen zu müssen, daß es im Osten noch viele solche Farmer gibt. „Aber," hätte er hinzufügen können, „Horace Greeley ist keiner derselben."

Die Farm in ihrem gegenwärtigen Zustand ist ein praktischer Commentar zu den oft wiederholten, in der Tribune ertheilten Rathschlägen für rationelle Landwirthschaft. Sie bestand aus Wald, Sumpf, ausgesaugtem Hochland in ziemlich gleichen Verhältnissen. Im Wald, der einen guten Bestand von „Hickory," „Hemlock," Eisenholz und Eichbäumen hat, ist ein kleines weißangestrichenes Haus verborgen, das Horace Greeley für wenige hundert Dollars bauen ließ. Die Ställe und Scheunen sind weit kostspieliger und befinden sich am Fuße des Hügels, auf dem das Haus steht und sind von Gärten umringt. Das sumpfige Land, welches früher sehr feucht und ganz unfruchtbar war, ist durch Anwendung von Gräben und Röhren trocken gelegt worden. Auf den Marschen wurde der Rasen abgenommen und verbrannt, das Land gepflügt, bepflanzt und in einen Zustand hoher Fruchtbarkeit gebracht. Das Hochland wurde für die Bewässerung vorbereitet, wobei ein Bach das Wasser lieferte, der früher durch eine tiefe Schlucht ablief. Jetzt ist er eingedämmt und ein Reservoir gebildet worden, von welchem Wasserröhren nach jedem Felde gehen und wo das Wasser durch bloßes Umdrehen eines Hahnens angelassen werden kann. Wenn das Land gehörig bepflanzt, oder besäet ist, und, wie die Saat aufschießt sie gehörig gepflegt wird, so hängt der Erfolg des Landmanns von zwei Dingen ab, nämlich Wasser und Sonnenschein. Die Wissenschaft hat den Farmer theilweise gelehrt, wie er die Wirkung der Letzteren zu regeln habe, und in Bezug auf den Ersteren hat sie ihn in den Stand gesetzt, den Vorrath vollständig zu kontrolliren. Der Abhang eines Hügels, Mauern, Glasdeckel, Bäume, Vorhänge aus Segeltuch können benutzt werden, um die Sonnenstrahlen nach Belieben zu concentriren oder abzuwehren.

Bewässerung und Entwässerung setzen den Landmann beinah in Stand, sich von dem launischen Wetter unabhängig zu machen. An allen Operationen auf seiner kleinen Farm nimmt Horace Greeley das lebhafte Interesse und er gedenkt, seine Nachbarn durch den außerordentlichen Ertrag seiner Felder in Erstaunen zu versetzen, sobald alles in Bereitschaft ist.

Als er eines Tages den trockengelegten Sumpf überblickte, der jetzt mit Wellen blühenden Flachses bedeckt ist, rief er aus. „Alles Andere, was ich je geschaffen habe, mag vergehen; was ich aber hier ausgeführt, wird dauern!"

Wir fügen hier einen interessanten Bericht über den Besuch Theodor Tilton's, des Redakteurs des „New York Independant" bei Horace Greeley, den er vor einigen Jahren in seinem eigenen Blatte unter dem Titel „Eines Redakteurs Besuch auf der Farm eines Redakteurs" lieferte:

„Drei Monate lang war ich in der Stadt eingeschlossen gewesen, noch hatten meine Augen sich an keinem grünen Felde ergötzt, bis Herr Greeley die vorige Woche sagte. Kommen Sie am Samstag zu mir und bringen Sie den Tag auf meiner Farm zu.

Herrn Greeley's Farm ist in Chappaqua, einer Station, welche, obgleich an der Harlem Eisenbahn, doch nicht zu weit von New York entfernt ist. Jeden Freitag Abend verläßt unser ehrwürdige Freund die Officin im Printing house Square und fährt, von den Anstrengungen der Woche ermüdet, auf das Land, um seinen eigenen Klee zu riechen, seinem eigenen Vieh zuzurufen und von dem Wasser seiner eigenen Felsenquelle zu kosten. Alles dies erfrischt ihn und macht ihn in vierundzwanzig Stunden wieder jung. Seine Farm liefert Gemüse für den New Yorker Markt und gute Artikel für die Tribune, gerade wie eine gewisse Farm in Peekskill, (Henry Ward Beecher's) Aepfel für New York und Predigten für Brooklyn liefert. Welch' anderes Land in der Welt kann bessere Erndten eintragen.

Als wir uns der Station näherten, hörte ich einen Passagier zu dem andern sagen:

„Wir kommen jetzt zu Horace Greeley's Landsitz."

„Ich vermuthe'" sagte der Andere, „er lebt dort wie ein großer Herr."

„Nein, er lebt wie ein Tagelöhner," war die Antwort.

Ich konnte nicht umhin, mich umzudrehen, und zu bemerken:

„Nun, er arbeitet auch, wie ein Tagelöhner!"

Dieser geschäftige Mann lebt im Walde in einem romantischen Winkel, der von der Welt durch Palisaden von Waldbäumen abgeschlossen ist. Dort ruht er sich von der Arbeit

aus, legt seine Feder nieder, um die Art zu schultern und hat dort zwölf Jahre lang Buch-, Kastanien-, Ahorn- und Eichenbäume gefällt und dennoch stehen seine Wälder nah. Er kann einen Baum eben so gut fällen und eben so gut zu Fenzriegeln spalten, als Abraham Lincoln und könnte auch eine eben so gute Proclamation schreiben.

„Ich bin stolz auf meine Eichen," sagte er, als wir im Schatten einiger alten Bäume standen, welche einst ihre Blätter in demjenigen Wind schüttelten, der Hendrick Hudson's Segel blähte. Es waren auch einige Andere, noch ältere da, die schon zu Zeiten von Columbus und der Entdeckung der neuen Welt existirt haben mußten.

„Wenden Sie Sklavenarbeit an?" fragte ich. —

„Wir wollen über das Gut gehen, und vielleicht treffen wir einige Contrabander."

Ich fand in der That, ob Wunder der Zeiten, daß das beste Blut von Süd-Carolina Horace Greeley's Acker bebauten.

Niemals hat es siebzig Acker von größerer Mannigfaltigkeit gegeben, als auf diesem Gute. Wiesen, Gemüse- und Obstgarten, Schluchten, felsige Abhänge, Wasserfälle, Urwald, Alles dicht zusammengedrängt. Ein Theil ist eben, wie eine Sandwüste und ein anderer ist so steil, daß selbst eine Ziege nicht hinauf klimmen kann. Es repräsentirt die Natur in ihrer Wildheit, wie im Zustande der Bezähmung, es ist eine kleine Schweiz.

Es waren unserer drei. Der dritte war unser Freund Morton, dem die Gänse zischten, weil er die berühmten Goldfedern macht.

„Lassen Sie uns unsere Becher an der Felsenquelle füllen," sagte unser Wirth, der wegen seiner Vorliebe für kaltes Wasser bekannt ist. Nachdem wir uns an der Quelle besser, als am besten Wein gelabt, setzten wir uns auf die Felsen des Wasserfalls nieder, entblößten unsere Arme und trauchten sie tief in den Wirbel, bis das Blut gekühlt war und wir wie Riesen erfrischt, aufstanden. Mitunter macht dieses Bächlein nach einem heftigen Regen lose Streiche und, wie der Wolf in der Fabel, hat es einst einen Damm durchbrochen. Aber wie eine Kokete ersetzt er durch seine äußeren Reize, was ihm an guten Sitten abgeht. Hätten wir Brodkrumen bei uns gehabt, so wären uns die Fische im Teiche bis in die Hände geschwommen, aber leider hatten wir die Brosamen vergessen. Greeley spricht zu Zeiten mit den Fischen aber gerade, wie sie thaten, als der heilige Antonius ihnen predigte, drehen sie ihre Schwänze herum und schwimmen fort.

Im Obstgarten hielten uns die Obstbäume eine Strafpredigt. Sie trugen so gute Früchte, lebten so nützliches Leben, machten sich ihre Gelegenheiten so gut zu Nutzen und standen in so guten Geruch! „An ihren Früchten sollt ihr sie erkennen" ist ein Urtheil, welches für die Bäume gewöhnlich nicht so harsch ist, als für die Menschen. Siehe diese Reinettenbäume, deren Zweige sich beugen wie die des indischen Feigenbaumes und welche die Erde mit dem Uebergewicht reifender Früchte berühren.

„Wie bringen Sie es fertig, Ihre Obstbäume so fruchtbar zu machen?" fragte ich.

„Ein Apfelbaum," antwortete er, „gleicht einer Kuh, die angebunden ist. Man muß ihnen die Nahrung hinbringen, oder sie verhungern."

Greeley's Apfelbäume leben, als tränken sie aus den Strömen Edens, welche dereinst den Versuchendsten aller Früchte nährten.

Jedes Feld erinnerte uns an Douglas Jerrold's Bericht über Australien, wo, „wenn man die Erde mit der Hacke kitzelt, sie lachend eine reichliche Ernte schenkt."

Auf dem höchsten Punkte des Landes öffneten sich uns ein halbes Dutzend wundervoller Aussichten, auf der einen Seite auf ein wellenförmiges Land, das aussieht, als ob es Gott bei der Schöpfung nur mit dem Finger berührt habe, ohne zu drücken, auf der anderen auf Bergketten, welche nördlich nach Mount Kisco zulaufen, und auf eine dritte, wo wir in einen so tiefen Abgrund hinabsehen, daß es uns schwindelt und wir in Versuchung gerathen, uns kopfüber hinabzustürzen. —

Ein kleiner Rausch mag mitunter nicht nur ein Heer vernichten, sondern sogar die Welt umstülpen.

Fragt da Jemand, wie Horace Greeley Zeit findet, seine Farm zu bewirthschaften? Ich antworte: Des Farmers Frau versteht sich gut auf die Bewirthschaftung. Der Garten, das Treibhaus mit zahllosen Blumentöpfen, nicht bloß gewöhnliche Blumen, sondern merkwürdige Pflanzen aus allen Ländern enthaltend, sind speziell unter ihrer Obhut.

Mit der Zeit sehen wir auf unserer Uhr, daß es Zeit sei für den Zug, der uns zurückbringen sollte. Wir nahmen den besten Theil der ganzen Farm mit uns, den Eigenthümer selbst. Er ist ein bescheidener Mann, macht weniger Ansprüche, als irgend einer seiner Nachbarn, hat ein Gesicht so unschuldig und ein Herz so rein, wie das eines Kindes. So nahm er seinen Stock in die Hand und verließ seine gesegneten Felder, um sie während sechs Tagen nicht mehr zu sehen. Wenn Jemand ein Paradies besitzt, so ist es eine That der Selbstverleugnung, ein Opfer, nur einen Tag in der Woche dort zuzubringen. Aber in dieser Welt muß viele harte Arbeit verrichtet werden und er ist einer der Männer, die bestimmt sind, dieselbe zu verrichten. Wenn nur Alle so treulich ihre Arbeit verrichteten! Und gerade wegen seiner Arbeit wird man sich seiner erinnern lange nachdem seine zwei Besucher an diesem Sommertage begraben und vergessen sein werden.

Siebenzehntes Kapitel.

Horace Greeley in einem französischen Gefängniß.

Im Jahr 1865, zur Zeit als die erste Pariser Welt-Industrie-Ausstellung gehalten wurde, nahm Herr Greeley sich wieder ein paar Monate Ferien und ging nach Europa. Die Ueberfahrt war nichts weniger, als angenehm.

Bei seiner Ankunft in Paris begann er sofort mit der mühseligen Arbeit der Erforschung aller Sehenswürdigkeiten und zeigte den gewöhnlichen Eifer. Täglich wurden die Leser der Tribune durch seine Briefe von seinen Beobachtungen in Kenntniß gesetzt.

Während er damit beschäftigt war, alle die interessanten Gegenstände in der französischen Hauptstadt zu besehen, widerfuhr ihm etwas ganz Neues, nämlich er wurde wegen einer Schuld verhaftet, die er auf sich geladen hatte. Er sagt in einem seiner aus Paris datirten Briefe an die Tribune:

„Ich habe schon Vieles in meinem Leben durchgemacht und manches Neue gesehen, habe Berge bestiegen und Höhlen durchkrochen und mich durch das Eis der Gletscher fortgearbeitet. Ich hatte Venedig und Cincinnati, Dublin, Mineral Point, Niagara und den St. Gotthard gesehen und glaubte, etwas von der Welt zu kennen. Ich bin auch schon zum Beklagten in verschiedenen Klagen wegen Verleumdungen erwählt worden.

Ich habe zwanzig Staaten in Amerika bereist, habe aber außer in New York nie das Innere eines Gefängnisses gesehen. Jetzt bin ich sechs Wochen hier in Paris gewesen und dennoch hatte ich nie daran gedacht, ein Schuldgefängniß zu besuchen, und wahrscheinlich wäre ich nächste Woche ebenso unwissend in dieser Beziehung, wie bei meiner Ankunft, weggegangen, wenn mir nicht die Umstände ganz unerwarteter Weise Gelegenheit gegeben hätten, das Innere des berühmten "Maison de détention," oder Schuldgefängnisses, 70 Rue de Clichy, kennen zu lernen. Ich denke, daß eine wahrheitsgetreue Schilderung dessen, was ich hier gesehen, belehrend und unterhaltend sein muß; auch vermuthe ich, daß wenn ich selbst sie nicht erzähle, Andere sie erzählen werden, und ich kenne Keinen, der sie so genau erzählen kann, wie ich; deßhalb höre man die grause Geschichte:

Ich war in dem Industriepalast gewesen und von dort nach meinem Logis zurückgekehrt, als, etwas vor vier Uhr Nachmittags, vier fremde Herren mich besuchten. Mit Hülfe meines Bedienten hörte ich bald, daß sie einen Verhaftungsbefehl gegen mich hatten und zwar auf die Klage eines Bildhauers Namens Lechesne, welcher behauptete, eine Bildsäule nach der New Yorker Industrie-Ausstellung geschickt zu haben, welche dort, oder auf dem Wege dahin zerbrochen wurde, so daß sie ihm nicht zurückgestellt werden konnte, und wirklich nicht zurückgestellt wurde und deßhalb von mir, als einen Direktor der „New Yorker Krystall-Palast-Gesellschaft" verlangte, daß ich ihm $2500 bezahle. Da ich gerade nicht so viel kleines Geld bei mir hatte, auch im entgegengesetzten Falle gar nicht daran dachte, zu zahlen, so blieb mir nichts anderes übrig, als dies zu erklären, worauf man mir andeutete ich sei arretirt und müsse mit ihnen gehen. Dies that ich auch bereitwilligst. Wir fuhren direkt nach der Wohnung des Bildhauers am anderen Ende von Paris, warteten dort eine lange halbe Stunde, bis er bereit war und fuhren dann zu dem Richter, der den Befehl erlassen hatte. In kurzen Worten erklärte ich ihm wie die Sache sich verhalte, worauf er mich fragte, ob ich Bürgschaft geben könne. Ich antwortete ihm, ich könne ihm gute Sicherheit dafür geben, daß ich zur verlangten Zeit vor Gericht erscheine, daß ich aber keinen Menschen in Paris kenne, den ich darum ansprechen möchte, für mich für einen so hohen Betrag Sicherheit zu geben. Nach kurzem Gespräch nannte ich Richter Piatt, Secretär des amerikanischen Gesandten, als einen, der für mein Erscheinen Bürgschaft geben werde und dies wurde bereitwilligst von allen zugestanden. Zweimal erklärte ich ihnen, daß ich lieber ins Gefängniß gehen, als einen Freund darum bitten wolle, für Zahlung dieses Anspruchs Bürgschaft zu leisten, und ich weiß, daß sie mich alle vollständig begriffen. Mit Ausnahme des Richters fuhren wir also alle nach der amerikanischen Gesandtschaft. Hier fanden wir auch Richter P., welcher gern bereit war, die verlangte Sicherheit zu leisten. Allein jetzt weigerten sich die Kläger und sein Anwalt, Herrn Piatt unter irgend einer Bedingung als Bürgen anzunehmen, da derselbe wegen seines Amtes nicht verhaftet werden könne. Während wir disputirten, kam Herr Maunsell B. Field, der Commissär für die Vereinigten Staaten bei der Industrie-Ausstellung, und bot sich in derselben Weise, wie Richter Piatt als Bürgen an, aber es half nichts. Darauf erbot sich Herr Field, das Geld aufzubringen, aber ich sagte: „Nein, wenn die andere Seite nicht in dieses Uebereinkommen willigte, so werde ich gar keine Bürgschaft leisten und ins Gefängniß gehen." Es kam zu einem Zank und Gedränge, während dessen ich halb unbewußt aus dem Wagen stieg. Natürlich wurde mir sofort befohlen, wieder einzusteigen und ich gehorchte, sobald ich den Befehl verstanden, aber wir fingen bei dieser Zeit alle an leidenschaftlich zu werden. Nun bedeutet das Gefängniß für mich nichts anderes, als daß ich zur verlangten Zeit mich vor Gericht stellen wollte, und da ich bereit war, dafür irgend welche Bürgschaft zu leisten, womit sich die andere Seite zuerst einverstanden erklärt hatte, so

schien mir deren Forderungen unverschämt. Da es nun für mich zu spät war, um einige Freunde bei einem Mittagsessen in der Restauration "Trois frères Provencan" wie versprochen, zu treffen, so schloß ich die Discussion dadurch, daß ich darauf bestand, wegzufahren.

Im nächsten Augenblick fuhren wir über die Avenue des Champs Elysées, und hier trug sich zu, daß unsere Pferde mit einem andern Gespann in Collision kamen, scheu wurden und davon liefen, bis sie gegen einen Baum fuhren und den Wagen zerbrachen. Die andern verließen denselben. Ich versuchte es ebenfalls, aber ich wurde auf sehr rauhe Manier zurückgestoßen und mit ganz unnöthiger Energie festgehalten, obgleich die Leute doch Gelegenheit genug gehabt hatten, zu sehen, daß ich keine Gedanken an Flucht hege, im Gegentheil war ich entschlossen, mich dieser angenehmen Bekanntschaft so viel als möglich zu erfreuen. Endlich mußten sie einen andern Wagen besorgen und mich hineinsetzen, aber sie machten davon eine solche Parade und hielten mich mit solchem Diensteifer fest, daß ich wieder beinah ärgerlich wurde, denn dies ist eine der frequentirtesten Straßen in Paris. Indessen wurde Alles in Güte arrangirt und wir kamen endlich in dieser geräumigen, solid gebauten und wohlbewachten Anstalt, Nr. 70 Rue de Clichy, an.

Durch drei oder vier schwere eiserne Thüren wurde ich in das Büreau des Directors gebracht und dort mit Anstand empfangen. Es wurde mir eröffnet, daß ich dort bis neun Uhr bleiben müsse, da der Richter mir erlaubt habe, bis zu dieser Stunde einen Bürger zu bringen. Vergebens stellte ich ihm vor, daß ich keine Bürgschaft leisten wolle und ihn bitte, mir eine Zelle anzuweisen. Allein ich mußte bis neun Uhr in dem Büreau bleiben, wo ich mich damit belustigte, den Gefangenen beim Ballspiel zuzusehen.

Mein erster Besucher war Richter Mason, der Gesandte der Vereinigten Staaten, in Begleitung seines Attachés Herrn Kirby. Er hatte auf dem Gesandtschaftslocal von meinem Mißgeschick gehört und war bereit, mir auf jede Weise beizustehen. Ich erzählte dem Richter Mason, daß ich weder Geld noch Bürgschaft brauche, sondern nur einen tüchtigen französischen Advocaten der meine englischen Angaben verstehen und daß ich einen solchen sofort zu sehen wünsche. Richter Mason verließ mich und versprach bei James Munroe, dem amerikanischen Bankier vorzusprechen, daß er mir, sobald als möglich, einen Anwalt senden werde. Dies geschah, aber es war schon acht Uhr an einem Samstag Abend, eine Zeit, zu welcher die besten Pariser Advocaten bereits auf ihren Landsitzen waren und kein Anwalt von Ruf konnte damals gefunden werden.

Eingesteckt.

Um die bezeichnete Stunde wurde ich endlich eingeführt! und zu allen Privilegien von Clichy zugelassen. Um zehn Uhr zogen sich alle Bewohner auf ihre betreffenden Zimmer (acht Fuß lang und fünf Fuß breit) zurück, und ein höflicher Beamter kam und jagte alle, die da nichts zu thun hatten, fort und schloß uns ein. Ich glaube nicht, daß ich je in einem Zustande so vollkommener Sicherheit geschlafen habe. Um sieben Uhr heute Morgen wurde die Zelle aufgeschlossen und ich mußte künftig selbst für die Sicherheit meiner Habseligkeiten sorgen. Wir gehen hier in Clichy immer zeitig zu Bett und stehen zeitig wieder auf, was man von vielen Gasthöfen in Paris nicht rühmen kann.

Die Ausstattung der Schlafzimmer ist nicht gerade sehr verschwenderisch. Die Betttücher sehen etwa so braun wie die Rinde des Hickory aus (meine waren indessen rein); aber es läßt sich nicht viel erwarten, da wir nur vier Sous (Cents) täglich für unsere Schlafstätte zu zahlen haben. Das Bett ist nicht besonders gut, aber ich habe in schlechteren geschlafen. Am Fenster giebt es keine Vorhänge oder Jalousien, sondern statt deren vier dicke, aufrechte, eiserne Stangen. Ich habe zwei Stühle (einen weniger als mir zukommt), eine Art Buffet, das einmal rein gewesen sein mag. Die Waschschüssel, die vielleicht ein Pint hält und den Halb-Pint-Krug muß ich mir bestellen und selbst bezahlen. Ich schäme mich, zu gestehen, daß ich nicht besonders gut geschlafen habe, allein, nie schlief ich gut in einem fremden Platze.

Heute Morgen begab ich mich in das gemeinsame Zimmer im ersten Stock und fand dort einen Amerikaner von Boston, der mich oft gesehen hatte, und sogleich erkannte, obwohl ich mich seiner nicht erinnern konnte. Er schien etwas erstaunt zu sein, mich hier zu sehen. Er wollte mich das letzte Mal im Astor House gesehen haben, und wir bestellten Frühstück für Beide auf mein Zimmer. Es war gerade keine ausgezeichnete Mahlzeit, aber wir erfreuten uns ihrer doch. Dann machte er mich mit einigen andern unter unsern Mitbewohnern bekannt und vier von uns beschlossen, nach beendigtem Geschäfte zusammen zu sprechen. Vor dem Frühstück, wußte sich ein Freund aus der Außenwelt (M. Vattemare), Zugang zu mir zu verschaffen, obgleich die Regulationen der Anstalt erst um zehn Uhr Besuche zu lassen. Vor allen Dingen bedurfte ich eines Advocaten, der noch nicht beschafft werden konnte, sodann amerikanischer Gesetzbücher, und Herr Vattemare wußte, wo er sich dieselben sofort verschaffen konnte. Ich hatte sie in meinem Besitz und alle Citationen lange, ehe sie nöthig waren, bereit. Aber ich will meine eigene Angelegenheiten eine Zeit lang ruhig lassen, und meine Beobachtungen über Clichy zum Besten zu geben.

Dies ist vielleicht das einzige große Wohn- und Logirhaus in Paris, in welchem nie Einer Hunger leidet. Jeder hier Detinirte erhält täglich einen Frank, um seine Bedürfnisse davon zu bestreiten. Zahlt der Gläubiger diesen Betrag nicht, so wird der Schuldner sofort entlassen. Während seiner Anwesenheit erhält er den Betrag alle drei Tage ausbezahlt. Hiervon werden täglich vier Sous für die Schlafstelle und ein Sou für Feuer (in der Küche) abgezogen, so daß er noch fünfzehn Sous übrig hat. Dies genügt wenigstens, um Brod zu kaufen. Aber unter den Gefangenen bestand immer und wird immer bestehen eine sogenannte „Philanthropische Gesellschaft", welche dadurch, daß eine große Zahl zusammen die Küche bestreiten und besorgen und das Gekochte hernach vertheilen, im Stande sind, jedem Mitglied ein ziemlich gutes Mittagessen für sechszehn Sous zu liefern und ein kärglicheres für nur neun Sous. Wer kein anderes Einkommen als den sicher kommenden Frank per Tag hat, kann wenigstens jeden andern Tag sich ein Neun Sous Mittagessen kaufen und am Sonntag zu sechszehn Sous speisen, wenn er es fertig bringt, an den anderen Tagen nur von Brod und Wasser zu leben, oder zufällig zwei Tage in jeder Woche so krank ist, daß er nichts bedarf. Ich bedauere, daß bei hohe Preis der Lebensmittel in neuerer Zeit die Hülfsmittel der Philantropischen Gesellschaft sehr reduzirt hat, so daß sie sich gezwungen sieht, das Publikum um Hülfe anzurufen und ich hoffe, die Bitte wird Erfolg haben. Es ist ein Beispiel der Wohlthaten der Genossenschaft, das Niemand bestreiten kann.

Ich habe nie eine freundlichere und angenehmere Gesellschaft gefunden, als in Clichy. Ehe ich zwei Stunden seit Morgen in dem gemeinsamen Zimmer gewesen war, und obgleich die Meisten nur Französisch und ich nur Englisch spreche, war doch mein Fall in seinen Umrissen sehr allgemein bekannt und in einer Stunde hatte ich ein Dutzend gute Freunde. Hätte ich Französisch sprechen können, so wären es deren hundert gewesen. Natürlich sind es nicht lauter Heilige, sie machen aber auch keinen Anspruch auf diesen Titel. Manche sind unverbesserliche Verschwender, zügellos lebende Männer, die durch die Gesellschaft noch zügelloser lebender Frauen in's Verderben gezogen worden. Wahrscheinlich gibt es ein paar unglückliche arme Teufel unter uns und wahrscheinlich auch ein paar Narren, obgleich im Ganzen genommen meine Leidensgefährten sich recht wohl mit der durchschnittlich auf den Boulevards, oder im Broadway getroffenen Masse in Bezug auf Kenntnisse und Talente vergleichen können. Mehrere sind Männer von entschiedener Fähigkeit und Energie.

Drei oder vier unter ihnen haben mir dadurch, daß sie Dokumente abschrieben, oder

übersetzten, wichtige Dienste geleistet, und nie
wurde mir so eifrige und sachgemäße Hülfe ge=
leistet, als von diesen Eintagsbekanntschaften,
und ich erkühnte mich nicht, einem derselben
Geld für seine Arbeit anzubieten. Wo, außer=
halb Clichy, könnte man dergleichen finden? —
Ich will mich freimüthig erklären. Von Frei=
heit will ich nicht sprechen und Ausländern nur
rathen, in dem Lobe ihrer eigenen freien Ein=
richtungen so bescheiden wie möglich zu sein,
was aber Gleichheit und Brüderlichkeit betrifft,
so habe ich deren in Frankreich mehr als irgend=
wo anders in Europa getroffen. Dennoch
haben wir das gesellschaftliche Millennium
selbst nicht in Clichy getroffen. Einige von
uns waren durch ihre Geburt dazu bestimmt,
um die härteste und schlechtest bezahlte Arbeit
zu verrichten, Andere, um träge und verschwen=
derisch von dem Ertrage der Arbeit Anderer zu
leben. Natürlich werden diese Mängel in
einem unvernünftigen und in Fäulniß begriffe=
nen gesellschaftlichen Zustand nicht ohne Wei=
teres dadurch geheilt, daß Einer plötzlich nach
diesem „Hotel de Clichy" abgeführt wird.
Einige von uns können kochen, während
Andere nur zu essen verstehen und deßhalb in
der Bereitung ihrer Kost der Hülfe bedürfen,
da uns keine fertige Mahlzeiten geliefert wer=
den und unser Umgang mit der äußeren Welt
vielfachen Beschränkungen unterliegt. Die=
jenigen, welche vorher gut gelebt haben und
anständige Summen auszugeben gewohnt sind,
haben höchst wahrscheinlich Geldsummen bei
sich, oder denen die Unglücksvögel, die nur ein
bettelhaftes Einkommen von hundert oder etwas
mehr und dies Stipendium von einem Frank
per Tag haben, gern etwas durch allerlei Ge=
fälligkeiten verdienen möchten. Einer derselben
schloß sich sofort an mich an, sobald ich von
meinem Zimmer Besitz genommen hatte. Er
machte mein Bett, brachte mir eine Wasch=
schüssel und Krug, Feuerzeug, Lichter ꝛc., wo=
für ich ihn zu bezahlen gedenke, denn diese
Gegenstände werden in Clichy nicht für Noth=
wendigkeiten, sondern für überflüssig gehalten.
Aber solche aristokratische Unterschiede wie zwi=
schen „Herr und Diener" werden in dieser
Gemeinschaft nicht geduldet. Dieser menschen=
freundliche Bursche ist als mein auxiliaire
(Hülfeleistender) bekannt. Wo anders in der
Welt hat man es verstanden, die harte Wirk=
lichkeit dieser Welt mit einem so graziösen Fei=
genblatt zu verhüllen. Ebenso geht es mit den
Titeln.
In Amerika haben wir alle Titel abgeschwo=
ren und die Folge ist nur, daß jeder einen
Titel hat, sei es „Achtbar, oder Ehrwürdig,"
General, Oberst oder wenigstens ein Esquire."
Aber hier in Clichy sind alle solche leere und
sinnlose Titel als nutzlose, veraltete Möbel ab=
geschafft worden und sogar Familienvor=
nahmen theilen dieses Schicksal. Jeder Gast
wird nach der Nummer seines Zimmers be=
nannt. Die des Meinen ist 139, und wenn

ich einen Besuch erhalte, so kommt der Commis=
sionär aus der nächsten Halle in unser ein=
sames Zimmer und ruft aus Cent trente neuf
und so rufend steigt er die Treppen hinauf, bis
er in dem fünften Stock kommt, wo mein
„Allerheiligstes" gelegen ist. Mein „Auxi=
liaire" wohnt in 54 und wenn ich seiner be=
darf, so ruf ich Sänkankatter nach demselben
Grundsatz. Deßhalb sind trotz leichter Ver=
schiedenheit in Vermögensumständen, der Neid,
die Eifersüchteleien und der kleinliche Ehrgeiz,
die die Mehrzahl der Menschheit in beständi=
ger Aufregung und Gährung halten, hier un=
bekannt. Von spitzigen Anzüglichkeiten und
Denunciationen Anderer im Laufe des Ge=
sprächs habe ich nie das Geringste gemerkt.
Einige Personen in der Außenwelt werden mit
nichts weniger als schmeichelhaften Worten
erwähnt, und gewisse Gesetze und Gewohn=
heiten erhalten „Segenssprüche," welche sie
reichlich verdienen, aber unter uns selbst
herrscht Harmonie und gegenseitige Zuvor=
kommenheit. Wie könnte sich Meurice's Gast=
hof, oder das Hotel de Ville oder selbst die
Tuilerien in dieser Beziehung mit uns ver=
gleichen?
Die Kochkunst ist ein Punkt, auf den die
Franzosen viel halten und mit Recht, denn
darin gehen sie mit der Inspiration des Genies
zu Werke. In Clichy finde ich indessen keinen
Beweis dafür und es scheint uns, daß selbst ein
Franzose unter dem Druck der Schulden und
der Haft nicht zum Koche qualifizirt ist.
Mein „auxiliaire" thut alles Mögliche,
aber seine Geldmittel sind beschränkt und wenn
fünfzig Leute um einen Ofen tanzen, auf dem
nur wenige Töpfe und Kessel zu finden sind,
so mag ihn das in Verwirrung bringen.
Selbst unser heutiges Mittagessen (Unserer
vier, zwei Yankees, ein englischer Kaufmann
und ein italienischer Bankier, ließen uns heute
ein Mittagessen, von einer Restauration der
Außenwelt holen) war nicht, was wir erwartet
hatten.
Nichtsdestoweniger unterhielten wir uns sehr
gut und nach Tisch gesellte sich ein Englän=
der zu uns, der bei Weitem der Interessanteste
der Gesellschaft war. Sein Fall ist so belch=
rend, daß ich ihn mittheilen muß. Er ist
überall gewesen und versteht alle Arten von
Geschäften, ist aber namentlich in Chemie und
Metallurgie zu Hause. Erst vor sechs Wochen
war er noch ein Colebrenner in Rouen und
hatten ein ausgedehntes Geschäft, bis eine große
Firma fallirt, was seinen Theilhaber so er=
schreckte, daß er mit den gesammten Geldmit=
teln ausriß und mein Freund genöthigt war,
Bankerott zu machen. Er rief seine Gläubi=
ger, achtzig an der Zahl, zusammen und sagte
ihnen: „Dies ist meine Lage, ernennen Sie
Ihre eigene Kassirer, betreiben Sie das Geschäft
mit Klugheit und Alle werden bezahlt werden.
Die sämmtlichen Gläubiger, unter ihnen ein
Bankier mit einer Forderung von 45,000

Franks, waren damit einverstanden und Alles wurde sofort geordnet. Aber ein früher entlassener Beamter des Geschäfts, der demselben jetzt Kraft Urtheils 15,000 Francs schuldet, sagte: „Hier habe ich eine Gelegenheit, mich zu rächen," ließ meinen Freund als ausländischen Schuldner arretiren und hierher bringen, obgleich dieser Jahre lang das ausgedehnteste Geschäft dieser Art in Frankreich betrieben und bis zum Tage seiner Arretirung der Regierung jährlich 1500 Francs an Licenzgebühr gezahlt hatte, wofür er das Recht hatte viele hundert Franzosen mit der Verwandlung werthlosen Torfs in Coke zu beschäftigen. In gehöriger Zeit wird er befreit werden und vielleicht seine Verfolger belangen; allein der Letztere besitzt Mittel und zwischenzeitlich wird das Geschäft von dem Kassirer besorgt, während der Einzige, der es leiten kann, in Paris im Gefängniß sitzt. Dies ist bloß ein einziger Fall von vielen ähnlichen. Selbst wo ein Betrug selbst im Werke ist, habe ich immer die Schuldhaft gehaßt, und verdammt, aber nie wußte ich so genau, warum ich es that, wie jetzt.

Um zu meiner eigenen Angelegenheit zurückzukehren, habe ich heute den ganzen Tag einen meiner Freunde nach dem andern daran zu überzeugen gesucht, daß ich weder Geld noch Bürgschaft nöthig habe und nichts thun will, bis ich einen guten französischen Advokaten zu Rath gezogen, um zu sehen, wie ich stehe, und, wo möglich, ein Verhör vor einem Richter gehabt habe.

Ich weiß, daß der Richter weder wünschte, noch erwartete, daß ich hierher geschickt würde und ich suche mir wegen dringlicher Umstände so bald als möglich eine Verhandlung zu verschaffen, was nicht so leicht geht, wenn ich in Freiheit bin.

Sagt er, daß meine Verhaftung gerechtfertigt ist, dann wird das Bürgschaftleisten wenig helfen, denn es gibt vierzig Andere, die ähnliche Ansprüche gegen die Krystall-Palast-Gesellschaft für Beschädigung oder Verlust ausgestelter Gegenstände haben.

Wenn ich persönlich dafür verantwortlich bin, so ist ganz Frankreich für mich ein Gefängniß. Nach einer Berathung mit einem Advokaten werde ich wissen, was ich zu thun habe. Selbst im schlimmsten Falle würde es mir höchst unangenehm sein, mir von Jemand 12,000 Francs vorschießen oder dafür Bürgschaft leisten zu lassen, bis ich weiß, daß es kein anderes Mittel gibt.

Ich habe so viel Unheil gesehen, das durch Bürgschaftleisten entstand, daß, wenn ich irgend einen anderen Ausweg finde, ich Niemand darum bitten mag. „Helft Einander" ist eine gute Vorschrift, die aber abscheulich mißbraucht wird.

Wer sich in Verlegenheit befindet, ist zu sehr geneigt, sogleich zu seinen Freunden zu laufen und ein halbes Dutzend gerathen in Verlegenheit, wo es nur einer hätte zu sein brauchen.

Elend kann nicht leichter vervielfältigt werden, als durch übel angewendetes Mitleiden. Versuche erst, deine eigene Last zu schultern.

Seine Befreiung, außerhalb Clichy.

Es hat sich heute alles gerade so ereignet, wie ich gehofft und berechnet hatte. Meine Freunde hatten zwei tüchtige Anwälte besorgt, mit denen ich heute Morgen eine Conferenz hatte. Heute Nachmittag um drei Uhr hatten wir eine Verhandlung und alles war bereit. Richter Piatts amtliche Bescheinigung für die in unserem Staate in Betreff der Verbindlichkeit von Incorporatoren geltenden Gesetze ist für mich von wesentlichem Nutzen gewesen, und, als meine Advokaten fragten: „Wo ist der Beweis dafür, daß dies Vermögen der New Yorker Gesellschaft jetzt in den Händen eines Curators ist?" antwortete ich, „der Herr, der mit mir sprach, als Sie herein kamen, weiß das ganz genau. Vielleicht ist er noch da?" Es wurde nach ihm geschickt und er auch dort gefunden. So verschwor sich alles zu meinem Besten und um vier Uhr kamen meine Anwälte nach Clichy und erlösten mich, ohne daß ich meine Freunde wegen Bürgschaft, oder Deponirung von Geldern hatte zu belästigen brauchen.

Ich verließ Paris und fühlte, daß ich es satt hatte. Es ist eine anziehende Stadt für denjenigen, der Vergnügungen für den Zweck des Lebens hält. Müßte ich aber fünf Jahre in Europa in der Verbannung zubringen, so würde ich wahrscheinlich zwei in Großbritannien und je eins in Deutschland, Italien und der Schweiz und höchstens einen Monat in Frankreich mit Einschluß seiner Hauptstadt zubringen. Das Leben ist hier zu oberflächlich, zu materiell, zu egoistisch. Ich könnte mich nicht in einer Stadt zufrieden geben, die weder ein Tabernakel, noch ein Exeter Hall hat, und auch kein Bedürfniß darnach hält. Vefay's und die Trois frères Provencaux sind in ihrem Fache gut genug, ersetzen aber seine nicht.

Achtzehntes Kapitel.

Der thätliche Angriff eines Mitglieds des Congresses auf Herrn Greeley.

Während Franklin Pierce und James Buchanan Präsidenten waren, zur Zeit, als die Agitation der Sklavenfrage allmälich zur Krisis führte, brachte Herr Greeley dies Jahr mehrere Monate in Washington zu, um über die Verhandlungen des Congresses zu berichten. Während er dies that, zog er sich die Feindschaft von Albert Rust von Arkansas, einem

7

Mitglied des Congresses, zu, und zwar durch folgende Bemerkungen über dessen Verfahren während des Streites über die Wahl des Sprechers im Repräsentantenhaus, welcher schließlich in der Erwählung von N. P. Banks endigte. Die folgende war die Anstoß gebende Stelle:

„Ich bin etwas mit menschlicher Erniedrigung bekannt, aber es schien mir heute, als ob Rust's Antrag im Haus ein unanständigerer war, als je in einer gesetzgebenden Versammlung gestellt worden ist.“

Dies erschien in der Tribune vom Januar 1856. Einige Stunden nach der Ankunft der Zeitung in Washington bethätigte Herr Rust seine Entrüstung in der Weise, wie sie Herr Greeley in folgendem Briefe beschreibt:

„Seitdem ich hier bin, habe ich viel von Mißhandlungen gehört, denen ich ausgesetzt sei, aber bis heute hat nur ein einziger Mann versucht, mich thätlich anzugreifen, und er war so betrunken, daß er seine Faust nicht sehr wirksam benutzen konnte. Ich weiß überhaupt nicht, daß mich bis jetzt irgend Jemand thätlich angegriffen hat.

Auf meinem Heimweg vom Capitol sprach ich mit zwei Herren. Es war am Nachmittag, nach der Vertagung. Plötzlich trat ein Fremder auf mich zu und ersuchte mich um eine kurze Unterredung. Ich stand still, während meine Freunde weiter gingen. Der Fremde schien ein noch junger Mann zu sein, sechs Fuß hoch, und muß über zweihundert Pfund wiegen. Er fragte mich:

„Heißen Sie Greeley?“

„Jawohl.“

„Geben Sie Satisfaction?“

„Das kommt auf Umstände an.“

Kaum hatte ich diese Worte gesprochen, als er mir einen betäubenden Schlag auf die rechte Seite des Kopfes versetzte, welchem zwei oder drei andere schnell folgten. Meine Hände waren noch in den Taschen meines Ueberrocks, denn ich dachte nicht daran, daß er schlagen würde. Er warf mich gegen das Geländer des Trottoirs zwischen dem Capitol und der Avenue, schlug mich aber nicht zu Boden. Ich erhob mich so bald, als möglich, sah ihn mehrere Schritte von mir und mehrere Personen um uns stehen, oder sich zwischen uns drängen. Ich fragte, wie der Mann heiße, und der Herr, den ich anredete, fing mir mit einem Fluche zu antworten: „Sie werden das bald genug hören“; aber bald kamen einige Freunde heran, die mir mittheilten, es sei Albert Rust von Arkansas. Er gab keinen Grund für seinen Angriff an, aber ich schloß, daß er in meiner Kritik seines Versuchs, Herrn Banks als Candidat für die Würde des Sprechers aus dem Feld zu drängen, den er durch den Antrag auf einen Beschluß, welcher alle gegenwärtigen Candidaten ersucht, zurückzutreten, gemacht hatte, und welche Kritik in der Tribune vom Donnerstag erschienen war, zu finden sei. Ich hielt das für einen gemeinen Kniff und sagte

es in klaren Worten. Auch jetzt, nachdem ich die persönliche Bekanntschaft des Antragstellers gemacht, habe ich keine andere Ansicht.

Der Raufbold drehte sich und ging die Avenue hinunter. Ich folgte in Unterhaltung mit zwei Freunden. Als wir 4½Straße überschritten, blieben diese zurück, um mit ein paar Bekannten zu sprechen, und ich ging dem National Hotel zu, wobei ich mich bald unter einer Schaar Fremder fand. Einer derselben drehte sich gegen mich um und ich sah, daß es mein früherer Angreifer war, welcher sagte:

„Kennen Sie mich jetzt?“

Ich antwortete: „Sie sind Rust von Arkansas.“ Er sagte etwas, was er thun würde, wenn ich ein „Combattant“ wäre (ihm auf Waffen Satisfaction gäbe) und ich antwortete, daß ich von diesem Umstand keinen Vortheil erwarte. Hierauf zog er einen schweren Stock und führte damit einen heftigen Schlag nach meinem Kopfe, den ich mit dem linken Arm auffing, so daß er außer einer ziemlichen Beule keinen Schaden anrichtete. Er versuchte, mich noch einmal zu schlagen und ich, mich näher an ihn zu drängen um ihn zu umschlingen, als mehrere Personen dazwischen traten und uns trennten. Ich habe gar nicht nach ihm geschlagen, selbst keinen Finger an ihn gelegt, aber hätte ich es thun können, so würde mich gefreut und ich würde es für eine öffentliche Pflicht gehalten haben, ihn niederzuschlagen. Ich bin über die Bewegung seiner Hand an der Avenue nicht im Unklaren und bin sicher, daß er nach seinem Pistole in seinem Gürtel griff. Die ihn umgebenden Leute waren beinahe alle aus dem Süden, wie er zweifellos wußte, ehe er mich angriff.

Ich vermuthe, dies ist nicht die letzte Gewaltthat, der ich mich aussetze. Als ich hierher kam, war es mir klar, daß meine Aussichten lebendig oder todt nach New York zurückzukehren ungefähr gleich waren, denn es ist mein Geschäft, Gauchelei zu entlarven, Gemeinheiten an den Pranger zu stellen, und selbst in ruhigeren Zeiten ist dies ein etwas riskirtes Geschäft. Aber ich werde gerade so lange hier bleiben, als ich für gut finde, und mich sehr klar aussprechen, dabei aber versuchen, Alle anständig und gerecht zu behandeln. Mein Urtheil mag oft barsch sein und es mögen selbst in Bezug auf Thatsachen Irrthümer unterlaufen, aber ich werde immer bereit sein, diese und mein Urtheil zu berichtigen. Ich werde keine Waffen tragen und mich in keine Schlägereien einlassen, aber ich werde sicherlich nicht davonlaufen und mich so gut vertheidigen, wie ich kann.“

Der Redakteur der Tribune, obgleich arg mißhandelt, wurde nicht an seinen journalistischen Arbeiten verhindert. Einige Herren, die ihn an jenem Abend besuchten, fanden ihn, wie gewöhnlich, am Schreibtisch, obgleich er kalte Aufschläge auf Kopf und Arm machen mußte.

Dieser Angriff führte zu heftiger Kritik in den Zeitungen, aber Niemand drückte die öffentliche Meinung so klar aus, als der „Albany Knickerbocker", welcher sagte:

„Der Bursche, der Horace Greeley thätlich mißhandelte, ist im Stande, seine eigene Mutter zu prügeln."

Ein Theil des Publikums tadelte Herrn Greeley, weil er den betrunkenen Raufbold nicht gerichtlich belangte. Hierauf antwortete er mit folgenden Gründen für die Unterlassung eines solchen Schrittes:

1. Ich kenne diesen Herrn Rust nicht. Von seiner persönlichen Erscheinung kannte ich gar nichts, ehe er den Angriff machte. Wäre ich vor Gericht, so könnte ich den Mann, der mich mißhandelte, sicherlich identificiren. Würde ich aber von einer Grand Jury gefragt: „Wie wissen Sie, daß der Mann, der Sie schlug, Albert Rust von Arkansas, Mitglied des Repräsentantenhauses, war, so könnte ich nur antworten, Jemand, der beim Angriff zugegen war, habe so gesagt, und dies wäre kein genügender Beweis gewesen. Ich sah ihn nie im Hause so genau an, daß ich ihn hätte identificiren können und nur einmal wurde er mir als solcher gezeigt, und das war, als er mir den Rücken drehte und wegging.

2. Die Klage gegen Herrn Rust wurde nicht durch die Bürger oder Behörden von Washington veranlaßt. Kein Zeuge sah sich veranlaßt, Klage zu erheben. Nichts geschah, bis, etwa zwei oder drei Wochen später, ein Anwalt aus dem Staat New York nach Washington ging, um gerichtliche Schritte zu thun und die Klage veranlaßte. Hätte ich bei seiner Klage als der hauptsächliche wenn auch nicht einzige Zeuge für die Anklage figurirt, so wäre ich in den Verdacht gekommen, sie veranlaßt zu haben. Das wollte ich aber nicht. Wenn ich es für gut finde, zu klagen, bedarf ich keinen Schirm, mich dahinter zu verbergen.

3. Ich habe keine Lust, für Prügel Zahlung zu nehmen, selbst wenn das Geld in die öffentliche Kasse geht, und ich kenne die Stimmung unserer Bundes-Hauptstadt gar zu gut, um zu glauben, daß ein Redakteur, der ein Gegner der Sklaverei ist, irgend eine Aussicht hat, in gehöriger Weise Genugtuung zu erlangen, wenn er gegen ein Mitglied des Congresses vom Süden eine Criminalklage erhebt. Wenn der Preis für Prügel jemals festgestellt werden sollte, so möchte ich ihn von einer nördlichen Jury abgeschätzt haben.

4. Ich habe vorgezogen, meinen Gegner so zu behandeln, durch die sich seines Betragens schämt und dies scheint mir gelungen zu sein. Wenigstens will ich so annehmen.

Die Veranlassung zu diesem Angriff war der Widerstand der Tribune gegen jenen von der Aristokratie des Südens entworfenen Plan für Ausdehnung der Sklaverei. Wenn der Leser die Spalten der Tribune nur jene Tagen durchliest, so wird er finden, daß der Ton, in welchem die Sklaverei behandelt wurde, sehr gemäßigt war.

Nichtsdestoweniger brachte sie hunderte von Artikeln welche, die Sklaverei entschieden bekämpften und that mehr als alle andere dazu beitrugen, um eine Partei zu gründen, die stark genug war, den Wahlkampf für die Präsidentschaft mit hinlänglichen Aussichten auf Erfolg zu beginnen.

Aus der Masse von Greeley's eigenen Artikeln aus jener Periode wählen wir für dieses Buch einen oder zwei aus:

Correspondenz über Sklaverei.

„An Herrn Horace Greeley:

„Theurer Herr: — Ich wohne in einem für „Abolitionisten" nicht sehr angenehmen Orte; und wir, die Ihre Zeitung lesen, ebenfalls.

„Geben Sie uns eine kurze, sehr faßliche Skizze eines Planes für Abschaffung der Sklaverei, so daß ich meinen Freunden, die die Sklaverei vertheidigen, Ihre „Platform" zeigen kann.

„Ich wünsche Ihrer Zeitung allen Erfolg.

„Albany, Mo., den 18. Januar 1859.

Antwort.

New York, den 29. Januar 1859.

Lieber Herr: Ihr Schreiben vom 17. d. M. ist in meinen Händen. Sie fragen mich, warum ich die Abschaffung der Sklaverei für wünschenswerth halte und ich antworte Folgendes:

1. Weil naturgemäß jede erwachsene Person das Recht hat, die Geistesgaben, die ihnen Gott gegeben, ebenso seine Muskeln, Sehnen, nur zur eigenen Ernährung und der seiner Familie zu benutzen. Deßhalb ist es unrecht, ihn der Controlle über diese Gaben zu berauben und ihn zum hülflosen Werkzeug für die Vergnügungen und die Bereicherung Anderer herabzuwürdigen.

2. Weil die Vermischung von Weißen und Schwarzen in derselben Gemeinde, oder Gesellschaft, ein unvermeidliches Resultat der Sklaverei, der moralischen Reinheit und der gesellschaftlichen Entwickelung keiner der beiden Racen vortheilhaft ist. Es wäre besser sie besondere Staaten bilden zu lassen.

3. Weil die Erde so bebaut und die verschiedenen Zweige der Industrie so verschiedenartiger Natur sein sollte, daß der Ackerbau in jedem Jahre, statt das Land auszusaugen, dessen Fruchtbarkeit vermehre. Dadurch, daß die Sklaverei eine weite Strecke zwischen dem Bebauer des Landes und dem Fabrikanten existiren läßt, machte sie dies unmöglich.

4. Weil jedes menschliche Wesen einen Anspruch hat auf die vollständigste Ausbildung seines Verstandes durch Erziehung, Lesen, Studiren rc. Dies scheint mir einer der haupt=

sächlichsten Gründe zu sein, die die Vorsehung hatte, als sie die Menschen auf die Erde setzte. Die Sklaverei ist unvereinbar mit dieser Selbstausbildung, da sie den Sklaven selbst verbietet, zu lesen oder zu schreiben.

5. Die Sklaverei ist unvereinbar mit den Grundlagen unserer Einrichtungen, denn diese sind „die unveräußerlichen Menschenrechte." Sie ist ein Haupthinderniß für die Ausbreitung republikanischer Einrichtung durch die ganze Welt und bilden in andern Ländern einen stehenden Grund für Vorwürfe gegen unser Land. Die bewaffneten Despoten erfreuen sich dieses Umstandes und benutzen ihn. Für die Tyrannen von Oestreich und Frankreich sind sie mehr werth als Hunderttausend Bajonette.

6. Die Sklaverei ist der Hauptgrund für die Uneinigkeit und den Haß, der zwischen uns existirt. Sie erhält uns beständig in einem Zustande des Zwistes, der Eifersucht, der Feindschaft. Wäre sie abgeschafft, so würden wir nie davon träumen, uns mit einander zu schlagen, oder die Union aufzulösen.

7. Die Sklaverei trägt bedeutend dazu bei, die principloseste Partei und die verderbtesten Demagogen in der Gewalt zu halten, die unser Land je gesehen hat.

8. Die Sklaverei macht Einige reich, aber unter ihrem Einflusse hinkt die große Masse selbst der Freien in einem Zustand der Trägheit, Demoralisation und des Elendes. Sie verhindert den Erwerb von Reichthum. Sie macht das Land werthlos und hält die Bevölkerung so dünn, daß Gemeindeschulen meistens unmöglich errichtet werden können. Aus diesen und anderen Gründen gehöre ich zu denen, welche für die baldigste und vollständigste Abschaffung menschlicher, namentlich amerikanischer Sklaverei wirken.

Ihr
Horace Greeley.

An W. C. Cowan, Wohlgeb.,
Albany, Gentry Co., Missouri.

Correspondenz mit einem Sklavenhalter.

Aufforderung zum Ankauf eines Sklaven.

————Virginia, den 7. März.

An Herrn Horace Greeley.

Ich bitte um Entschuldigung dafür, daß ich Sie mit diesem Schreiben bebellige. Sie beanspruchen den Titel eines Menschenfreundes und sind als ein Kämpfer für die Neger bekannt. Ich habe die Absicht, Ihnen in gutem Glauben einen Vorschlag zu machen, durch dessen Annahme Sie der Welt, wenn es Ihnen beliebt, ein Beweis liefern können, daß Sie die menschenfreundliche Grundsätze ausüben, die Sie predigen. •

Ich kenne einen Sklaven, der für Freiheit reif ist. Er ist intelligent, kann lesen und schreiben und in einem gewissen Maße Buch

führen, ist ein guter Zimmermann und Tischler, ein ehrlicher Mann und geachtetes Mitglied einer christlichen Kirche. Mehrere Jahre lang hatte er sich selbst gemiethet, seinem Eigenthümer einen guten Preis für seine Arbeit bezahlt, Geld erspart und seine Frau wie einige seiner Kinder freigekauft; zwei seiner älteren Kinder sind noch Sklaven.

Der Eigenthümer dieses Mannes will ihn und seine Kinder, die noch Sklaven sind, auf das Ansuchen des Sklaven an mich verkaufen, aber ich habe nicht die Mittel dazu und hätte ich sie, so würde mir die Lust dazu fehlen.

Ich vermuthe, daß man diesen Mann und seine zwei Söhne für $1500 kaufen und die ganze Familie nach einem Freistaat bringen könnte. Es ist mir eingefallen, daß Sie vielleicht selbst im Stande sind, oder Jemand wissen, der diese Summe für einen so guten Zweck hergeben würde. Es würde mich freuen in dieser Sache mitzuhelfen, die Sklaven zu emancipiren und außer Landes zu schaffen, und ich bitte Sie, mit mir darüber zu korrespondiren.

Wenn sie etwas über mich wissen wollen, so erkundigen Sie sich bei (hier kommen die Namen verschiedener wohlbekannten Personen deren Mittheilung wir unterlassen) oder bei irgend einem Redakteure in Richmond.

Ich kann Ihnen jede erwünschte Sicherheit dafür geben, daß die aufgebrachten Summen dem Zwecke gemäß verwandt werden.

Ich sollte noch hinzufügen, daß diese Sklaven fast ganz weiß sind. Die Frau ist eine Person von ausgezeichnetem Ruf und die Kinder sind hübsch und talentvoll.

Ich habe vielleicht eben so wenig Sympathie mit Abolitionisten, als Sie mit Sklavenhaltern. Ich halte Sklaven und hoffe das mein ganzes Leben durch zu thun. Da ich durch persönliche Erfahrung etwas davon kenne, bis ich besser im Stand bin, darüber zu urtheilen, als Sie es sein können, und ich nehme die Gelegenheit zu sagen, daß Sie und Ihre Helfershelfer die schlechtesten Freunde der Sklaven sind. Diese sind in bei weitem besserem Zustande als Ihre weißen Sklaven, aber, wie bei andern Menschen, ist es möglich, sie mit ihrem Schicksal unzufrieden zu machen. Aus dieser Unzufriedenheit, die Sie verursachen, kommt es zur Insubordination und so ersetzen Sie uns in die unangenehme Nothwendigkeit sie härter zu behandeln. Lassen Sie uns in Ruh Herr Greeley.

Sie mögen fragen, warum ich gerade diese Familie emanzipirt sehen möchte. Ich antworte, weil das beinahe weiße Leute sind, weil sie theilweise eine gute Erziehung hatten, fleißig, moralisch, und für Freiheit reif sind. Ich kenne Hunderte von Sklaven, aber nur ein Dutzend, welche frei zu sein würdig sind, und ich kenne viele freie Neger: aber mit wenigen Ausnahmen sind sie unwissender, unmoralischer und niedriger als unsere Sklaven.

Ihr ergebenster Diener N. N.

Antwort.

New=York, den 11. März 1857.

Mein lieber Herr! Ihr Schreiben vom 7ten d. M. ist mir zugekommen und es fängt mit einem großen Irrthum an. Sie sagen, ich beanspruche ein großer „Menschenfreund" zu sein. Ich mache keine solchen Prätensionen, überhaupt wenig von irgend einer Art. Die Welt beurtheilt mich nach meinen Thaten und ich füge mich schweigend in ihren Ausspruch.

Wenn ich nur dadurch den Ruf eines Menschenfreundes verdienen kann, daß ich beinahe weiße Neger kaufe, welche deren Eigenthümer für nicht mehr zur Sklaverei tauglich halten, dann habe ich keine Lust, diesen Titel zu verdienen. Ich bin weit davon entfernt sie zu kaufen und wünsche nicht, daß diese Klasse durch Ankauf, oder auf andere Weise emanzipirt werde, so lange als die große Masse ihrer Brüder in Sklaverei bleibt. Im Gegentheil, ich wünsche, daß sie bleiben, wo sie sind, und ihren weißen Onkeln und Vettern in's Gesicht sehen und beständig an das höllische System erinnern, dessen Opfer sie sind, und an die Verbrechen, welche nach dem Eingeständniß von Sklavenhaltern gegen sie verübt werden.

Nein, mein Herr, ich habe einen zu tiefen Haß gegen Sklaverei, um ein Einschläferungsmittel für das Gewissen der Sklavenhalter anschaffen zu helfen, indem ich Solche loskaufe, welche, wie Sie selbst sagen, nicht länger verdienen Sklaven zu sein.

Ihr Ansuchen, Sie in den Sklavenstaaten in Ruhe zu lassen, werde ich gehörig beachten. Ich bitte nur Ihre Congreß=Mitglieder und Richter des Bundes=Obergerichts dasselbe mit uns zu thun. Ihr „Nebraska=Gesetz" und „Dred Scott Entscheidung" regen uns in einem Grade auf, der alles friedliche Einvernehmen unmöglich macht, denn Sie zwingen den freien Staaten trotz alles Widerstandes die Sklaverei auf.

Ihr 2c.
Horace Greeley.

Neunzehntes Kapitel.

Ueber die Ebenen nach Californien.

Im Sommer 1859 machte Horace Greeley seine bekannte Reise über die Ebenen nach Californien und, wie seine Gewohnheit war, theilte er den Lesern der Tribune seine Erlebnisse mit.

Von Pikes Peak rief er der Civilisation „Lebewohl."

Mai 12. Chicago. Zum letzten Mal Chocolate und tägliche Zeitungen beim Frühstück.

Mai 23. Leavenworth. Schellenzug und Bäder sagen uns Adieu.

Mai 24. Topeka. Letztes Auftreten von Beefsteaks und anderen als blechenen Waschschüsseln; ditto des Barbiers.

Mai 26. Manhattan. Die letzten Kartoffeln und Eier; desgleichen Stühle.

Mai 27. Junction City. Letzte Heimsuchung durch einen Stiefelwichser. Ein Bretterverschlag als Schlafzimmer.

Mai 28. Pipe Creek. Bänke, als Sitze bei Mahlzeiten, verschwinden. Als Substitute erscheinen Säcke und Kisten. Wir (zwei Zeitungsschreiber) kritzeln unsere Briefe im Postwagen, der uns bei Tage getragen hat und bei Nacht Logis geben muß. Gewitter im Westen und Süden. Aussicht auf ein gehöriges Regenwetter für morgen. Verschiedene verdächtig aussehende Löcher in der Leinwanddecke des Wagens. Wir verlassen uns auf unseren Muth und Gummidecken.

Er sieht die Büffel.

Gestern, den ganzen Tag, bedeckten sie das Land um uns, oft erschienen sie auf den Hügeln wie eine in Schlachtordnung aufgestellte Armee. Den kleinen Wäldchen und Baumgruppen, welche hier und dort in den Thälern auftauchen, nahen sie sich nicht gern, zweifellos durch harte Erfahrung gewitzigt, denn dort verstecken sich oft Indianer, um mit Bogen auf sie zu schießen. Wenn sie in dem Gras der engen Thäler und Schluchten weiden, so stellen sie immer sorgfältig ihre Vorposten auf den Hügelketten aus, von denen man eine weite Aussicht über das umliegende Land hat. Wird ein Alarm gegeben, so stürzen sie alle in der Richtung fort, in welcher nach dem Urtheil ihres Führers Sicherheit zu finden ist. Dies gibt uns Gelegenheit, sie in der vortheilhaftesten Lage zu sehen. Sie ziehen nach Norden. Wenn alarmirt, galoppiren sie in ihrer linkischen aber schnellen Weise nach dem Süden, oder nach Verstecken, wo sie bisher Sicherheit gefunden haben. Natürlich müssen diejenigen, welche nördlich von uns sind, häufig unseren Weg kreuzen, oft nur einige Ruthen vor uns. Mitunter halten sie und schlagen einen anderen Weg ein wenn sie uns sehen, etwa hundert Ruthen von uns drehen sie sich und folgen ihrem Führer blindlings, und wir werden dicht bei ihnen sein, ehe der letzte unseren Weg überschritten hat.

Was den Reisenden am Meisten erstaunt, ist ihre ungeheure Anzahl. Eine Million ist eine große Zahl, aber ich bin sicher, daß wir gestern so viele sahen. Auf einer Strecke von zehn Quadrat=Meilen hätten sie nicht alle stehen können. Sie bedeckten das ganze Land wie eine schwarze Wolke. Der Boden ist sehr gut und mit ihrem Lieblingsgrase bedeckt und dennoch wird es alles so glatt abgeweidet, wie eine übermäßig besetzte Schafweide in einem trocknen August. Seit wir sie zuerst erblickten, sind wir hundert Meilen gereist, auf welcher Strecke wir sie beständig um uns sahen und ehe wir durch diese Heerde passirt sind, mußten wir noch fünfundzwanzig Meilen fahren.

Ich bezweifle, daß das zahme Rindvieh in den Vereinigten Staaten seinen wilden Vettern an Zahl gleich kommt, sein Gewicht ist jedenfalls viel geringer, als das der Letzteren.

Ein alter Feind.

Die letzten vier Tage haben wir auf siebenzehn Postsäcken gesessen, von denen wenigstens sechszehn mit Berichten des Patent-Amts gefüllt sind, alle Werke, welche nach Bewilligung des Congresses auf öffentliche, (auf deine Kosten, Leser,) gedruckt und jetzt frankirt von „J. M. Bernhisel M. C.," auf dem Wege nach Utah sind.

Greeley verbreitet Schrecken.

Während der Redakteur der Tribune über den Continent reiste, enthielt eine Californier Zeitung einen satirischen Artikel, worin angegeben war, Greeley sei auf dem Wege nach Californien, um den Befehl über alle dort befindlichen Flibustier zu übernehmen, daß Henningsen und Walter sich ihm mit Schnüren anschließen würden, die sie in den Atlantischen Staaten angeworben und daß die ganze Bande unter dem Oberbefehl Horace Greeley einen Einfall in Mexico machen werde, sich in den Besitz des Landes zu setzen. Ein Exemplar dieser Zeitung fiel in die Hände des Gouverneurs von Mazatlan und er erließ ofort eine Proklamation, worin es hieß, ein gewisser Horace Greeley, ein „teuflischer, äußerst blutdürstiger und ruchloser Mann, schlimmer selbst als der schändliche Walter, oder einer der Söldlinge Miramons, ein Mann, dessen Namen Tausende von Herzen in den Ver. Staaten mit Schrecken erfülle, so vielfältig seine Verbrechen und so roh sein Benehmen, stehe jetzt an der Spitze der größten Flibustierbande, die jetzt zusammengekommen ist, um in Mexico einzufallen. Er ermahnte das Volk, sich auf Alles gefaßt zu machen und schloß damit, daß er sagte: Dieser gefährliche Bursche ist keiner der gewöhnlichen Freibeuter, diese wollen bloß rauben, er aber dürstet nach Blut."

Dreizehn Stunden in Sacramento.

Vom Augenblick seiner Ankunft in Californien bis zu seiner Abreise wurde Greeley als ein Gast behandelt. Wir geben folgenden Auszug aus der Sacramento Union vom 2. August 1859.

„Greeley ist gekommen und gegangen. Er war etwas weniger als dreizehn Stunden hier, hielt eine Rede, als er bewillkommt wurde, nahm an einem ihm zu Ehren gegebenen Bankett Theil, gab nur eine Vorlesung und nahm eine gehörige Nachtruhe, um am Morgen wieder um fünf Uhr aufzustehen, und einen Sitz in dem Eilwagen zu nehmen, der eine Stunde später nach Gras Valley abgeht, eine Strecke von 60—70 Meilen, durch rauhes Bergland. Sein schnelles, geschäftsmäßiges, methodisches Wesen, sein Geschick im Zusammenfassen von Thatsachen und Beweisgründe in kurzen Stegreif-Reden, empfiehlt ihn dem Publikum in diesem Lande, wenn er auch keine andere Eigenschaften hätte. Die praktischen Rathschläge für den Bau der Ueberland-Eisenbahn mit den ernsten eindringlichen Mienen, mit der er sie vortrug, machten einen ausgezeichneten Eindruck.

In Folsom wurde er von einem von hier dahin geschickten Committee empfangen und hielt eine kurze Anrede. Die Menge wollte sich zuerst etwas mit ihm belustigen und seine eigenthümliche altmodische Erscheinung verspotten, ehe er aber mit dem zweiten, dritten Satz fertig war, wurde ihre Aufmerksamkeit gefesselt und er wurde durch Beifall unterbrochen und geehrt, und am Schluß brachten sie ihm ein donnerndes „Hoch". Und diese gute Meinung von Horace Greeley erstreckt sich auf alle Klassen, mit Ausnahme vielleicht der Ultra-Demokraten aus dem Süden, und man fühlt allgemein den Wunsch, etwas mehr von diesem Redakteur zu hören, der für 220,000 Leser schreibt, die alle an ihn glauben. Der Unterschied zwischen diesem „Abolitionist und elendem Fanatiker", wie ihn der demokratische „San Francisco Herald" nennt, und unseren demokratischen Senatoren und Congreß-Mitgliedern ist namentlich auffallend. Der Erstere, voll ehrlicher Absicht und Energie, legt die Nothwendigkeit einer solchen Bahn dar und die Pflichten unserer Bürger in dieser Rücksicht, während die Anderen es unter ihrer Würde halten, uns nur ihre Ansichten mitzutheilen.

Der Umstand, daß der Herausgeber der Tribune die Aufmerksamkeit des ganzen Volkes unmittelbar nach seiner Rückkehr von dieser langen Reise auf die Eisenbahn lenken und ihre Herstellung befürworten will, wird im Osten mehr Gewicht haben, als Alles was Gwin (Senator) jemals im Congreß sprach, oder sprechen könnte. Es wird ein äußerst werthvolles Zeugniß für die Tragweite des Unternehmens sein.

Greeley in San Francisco.

In der bedeutendsten Stadt Californiens war der Herausgeber der Tribune wieder der „Gast des Volkes." In folgenden Worten beschreibt das „Bülletin" seine Erscheinung bei einer öffentlichen Versammlung:

„Die Massen-Versammlung für die Große Pacific-Eisenbahn, welche am 17. August vor dem Oriental Hotel bei Gelegenheit der Anwesenheit von Horace Greeley stattfand, war eine imponirende Demonstration.

Um acht Uhr rief Ira P. Rankin die Versammlung zur Ordnung und schlug einen Präsidenten und Sekretär vor.

Sobald die Versammlung organisirt war, erschien Horace Greeley auf dem Stand, wurde vom Präsidenten, Oberst Crockett, vorgestellt und begann seine Rede.

Diese Rede hatte großen Erfolg. Er sprach beinahe eine Stunde lang. Seine Sprache war auffallend klar und correct. In manchen Theilen der Rede, namentlich gegen das Ende, zeigte er große Beredsamkeit.''

Es ist unmöglich, den guten Einfluß, welchen Greeley's Besuch in Californien hatte, zu überschätzen. Er kräftigte alle möglichen Bestrebungen und bestärkte Jeden, der damit übereinstimmte.

„Erinnern Sie sich immer daran, meine Freunde,'' sagte er am Schluß einer Rede über Ackerbau, „daß der Zweck alles wirklichen Ackerbaues, wie aller anderen industriellen Anstrengungen, immer die Entwicklung und Vervollkommnung des Menschengeschlechts ist. Wenn das Menschengeschlecht nicht an Kenntnissen, Fleiß, Mäßigkeit und Tugend zunimmt, so ist aller Fortschritt trügerisch, und nimmt es daran zu, so braucht man an nichts zu verzweifeln. Laßt uns bei allen Versammlungen, Ausstellungen ꝛc. fragen: Hat das Volk um uns an Intelligenz gewonnen? Sind unsere Schulen wirksamer, sind unsere Leute besser unterrichtet und tugendhafter, als vor dreißig, oder zehn Jahren?''

Und in keiner Rede unterließ er, mit Rücksicht auf den bevorstehenden Wahlkampf die Grundsätze der neugegründeten republikanischen Partei auseinanderzusetzen und die Pläne der südlichen Sklavenhalter-Partei zu entlarven.''

Zwanzigstes Kapitel.

Horace Greeley arbeitet gegen die Nomination Sewards durch die Chicago Convention in 1860.

Am sechszehnten Mai 1860 versammelte sich in Chicago die National-Convention der republikanischen Partei zum Zwecke der Nomination von Candidaten für die Aemter des Präsidenten und Vice-Präsidenten. Horace Greeley war Mitglied als Delegat für Oregon. Man erwartete allgemein, daß William H. Seward von New York die Nomination erhalten werde und zwar gleich bei der ersten Abstimmung. Dies geschah indessen nicht und Abraham Lincoln wurde als Candidat erwählt. Die Person, welche am Meisten dazu beitrug, die Hoffnungen Sewards zu vereiteln, war der Herausgeber der New York Tribune. Wenigstens wollen wir alles Ernstes versichern, daß, hätte sich Herr Greeley mit dem Einfluß seiner Zeitung herzlich für Seward erklärt, derselbe nominirt worden wäre. Greeley gab folgende Gründe für sein Verfahren an:

„Ich war schon vor geraumer Zeit zur Ueberzeugung gekommen, daß die Nomination von Ex-Gouverneur Seward als Candidat für die Präsidentschaft weder räthlich sei, noch die Wahl sichere und dennoch vermied ich aus guten Gründen mich um eine Stelle als Delegat zu bewerben um der Convention beizuwohnen. Als ich aber vor etwa vier oder fünf Wochen Briefe von Oregon erhielt, worin ich benachrichtigt wurde, daß von den sechs Delegaten aus jenem Staate, die dazu erwählt waren und die Absicht hatten, dahin zu gehen, nur zwei kommen konnten und daß Leander Holmes, einer dieser Beiden welchem das Recht Stellvertreter zu ernennen, gegeben war, mich dazu ernannt habe und mich bat, statt seiner zu handeln, da glaubte ich nicht ablehnen zu dürfen. Von den vier Briefen, die gleichzeitig ankamen, nämlich einer von jenem Herrn Holmes, ein zweiter von Herrn Corbett, Vorsitzender des Staatskomite's ein dritter von dem Redakteur des einflußreichsten republikanischen Blattes und der vierte von einem früheren Journalisten von Bedeutung erklärten sich wenigstens drei für Richter Bates von Missouri. Die Volksstimmung sei für diesen Herrn, sagten sie, und dies war sehr natürlich, da ein großer Theil der Bewohner Oregons aus Missouri eingewandert war. Ein Anderer erwähnte Abraham Lincoln.

Ich ging nach Chicago, um mein Bestes für die Nomination von Richter Bates zu thun, es sei denn, daß dort eine andere Auswahl nothwendig erscheine.

Richter Bates war nach meinem Dafürhalten der rechte Mann, um die große Masse conservativer, ruhiger Leute anzuziehen, die sich bisher von der republikanischen Partei fernhielten, nicht weil sie unsere Grundsätze mißbilligten, sondern weil sie gelehrt waren uns aus anderen Gründen zu mißtrauen. Ich hielt ihn für den Mann, dessen Erwählung die Territorien der freien Arbeit sichern und die Sklavenstaaten mit der wachsenden Macht der republikanischen Partei versöhnen werde. Namentlich aber hoffte ich, daß die Nomination von Bates der Sache der Emancipation im Staate Missouri einen solchen Aufschwung geben werde, daß ihr nicht länger widerstanden werden könnte. Und noch jetzt, da Jedermann dem erfolgreichen Candidaten Kränze zuwirft, so daß, wäre er nicht von hoher Statur, er in Gefahr käme, darunter begraben zu werden, wiederhole ich, der diesen Candidaten schon seit zehn Jahren genau gekannt und geachtet hat, mir noch immer die Wahl des Richters Bates, den ich nie in meinem Leben gesehen, dem ich auch nie geschrieben habe, weiser geschienen wäre. Ich sage dies, obgleich ich weiß, daß seine Nomination von beinahe der ganzen Partei mißbilligt worden wäre, daß Tausende geschworen hätten, Bates nie zu unterstützen, und daß andere Nominationen gedacht und versucht worden wären. Aber ich

9

hielt mir immer die Thatsache vor Augen, daß in Missouri man die Nomination von Bates wünschte, daß viele Andere dort für ihn ge= stimmt haben und, daß dadurch seine Erwäh= lung durchgesetzt und für die Sache der freien Arbeit von der größten Wichtigkeit ge= wesen wäre.

Es giebt keinen treueren und verdienstvolle= ren Republikaner, als Abraham Lincoln, wahr= scheinlich konnte durch keine Nomination der Partei mehr gesichert werden und dennoch fühle ich, daß die Wahl von Edward Bates zweckmäßiger, muthiger und versöhnlicher ge= wesen wäre."

Dann giebt er an, daß die wahre Ursache der Niederlage Seward's nicht seine, Greeley's, Opposition, sondern die von den Delegaten von New Jersey, Pennsylvania und Indiana ausgesprochene Ueberzeugung war, daß die Nomination Seward's die dortigen Staats= wahlen gefährden würde.

Dieser Artikel in der Tribune führt zu einer Entgegnung von Henry J. Raymond von der New York Times. Bei seiner Rückkehr von der Chicago Convention besuchte Raymond seinen Freund Seward in Auburn und schrieb von dort einen Brief an die Times, worin er das Verfahren Greeley's persönlichen Motiven zuschrieb. Folgendes ist der wichtigste Theil des Artikels:

„Ich sehe aus der heutigen Tribune, daß sie eine lange und persönliche Erklärung Seitens des Herrn Greeley bezüglich seines Verfahrens bei der Chicago Convention enthält. Für einen thätigen Politiker ist es nie leicht, die Geschichte seines eigenen Verfahrens zu schreiben. Ist er ein eitler Mann, so übertreibt er seinen Ein= fluß, ist er aber zu bescheiden, so unterschätzt er ihn. Ich habe kaum zu bemerken, daß Herr Greeley in den letztgenannten Irrthum verfiel. Mit seiner angeborenen Großmuth gibt er Anderen Credit für etwas, was ihm ganz be= sonders zuzuschreiben ist. Die Haupt=Arbeit in Chicago war die Niederlage Seward's, das war das einzige und spezielle Ziel, das er sich gesetzt hatte, und für welches er Anstrengungen machte. Die schließlich gemachte Nomination war gänzlich das Werk des Zufalls und wurde bei Weitem mehr durch das Gebrülle der der Convention beiwohnenden Menschenmasse, als durch die Arbeit der Delegaten herbeigeführt. Für Seward's Niederlage machte er größere Anstrengungen, als die ganze Blair=Familie und alle die indirect interessirten Candidaten für die Aemter der Governors, denen er be= scheiden die Ehre zuschreibt. Er hatte spezielle Qualifikationen für die Aufgabe und arbeitete mit großer Inbrunst. Zwanzig Jahre lang hatte er die politischen Prinzipien und Maß= regeln Seward's in dem einflußreichsten Blatt des Landes vertheidigt. Namentlich im Westen war es ihm gelungen, die die Sklaverei be= kämpfenden Prinzipien, welche Herrn Seward's öffentliche Laufbahn charakterisirten, dem Volke

einzuprägen. Er hatte dessen Ansichten über Naturalisation und über die „Know=nothing= Partei gegen die Angriffe der Letzteren verthei= digt. Er hatte dessen Wiedererwählung in den Senat befürwortet; er hatte ihn in Ausdrücken der Feindseligkeit gegen die Sklaverei noch übertroffen; er hatte die mildernden Umstände für Diejenigen, welche es versucht, die Sklaverei mit Waffengewalt abzuschaffen, nachgewiesen, und die Gesetze, welche die Auslieferung flüch= tiger Sklaven geboten, angegriffen. Seit langen Jahren war er als Seward's persön= licher Freund und Anhänger bekannt. Alle diese Dinge gaben ihm großen Einfluß bei den entschiedensten Republikanern im Lande und solches Gewicht, daß er in Allem, was Gover= nor Seward betraf, als Autorität angesehen wurde. Sein Einfluß war deßhalb am größten, weil er für Seward's persönlichen Freund ge= halten wurde, den bloß die Ueberzeugung, daß die Wohlfahrt des Landes und der Triumph der republikanischen Partei das Opfer forderten, zum Widerstand getrieben hatte.

Seit mehr als sechs Monaten hatte Herr Greeley durch Artikel in der Tribune dieses Verfahren vorbereitet. Zweifel über Seward's Popularität wurden eher angedeutet, als offen ausgesprochen. Oertliche Vorurtheile und Feindschaften wurden übertrieben. Er stellte vor, daß Parteiflügel und Männer, die Herrn Seward und der republikanischen Partei feind= lich seien, besänftigt werden müßten, und daß man die Partei dadurch zu einer nationalen machen müsse, daß die Sklavenstaaten bei der Nomination zu Rathe gezogen würden. Alles dies hatte die öffentliche Meinung schon mit Mißtrauen gegen Seward erfüllt und schon viel dazu beigetragen, die Partei zu demorali= siren und die Delegaten auf die persönlichen Vorstellungen und Betheuerungen, welche spä= ter angewandt wurden, vorbereitet. Er schmei= chelte sich in die Gunst der Delegaten durch Betheuerung der Freundschaft für Seward ein, sagte aber seine Niederlage selbst im Staat New York als das unvermeidliche Resultat der No= mination voraus.

Herr Greeley muß es zum großen Theil der Rachsucht Desjenigen, gegen den er Krieg führte, verdanken, daß er Erfolg hatte. Es war einigen Freunden Seward's bekannt, daß vor beinahe sechs Jahren, im November 1854, es zwar privatim, aber ausdrücklich, alle polit= ische Freundschaft für das Bündniß mit Governor Seward abgebrochen und ihm mit seiner Feindschaft gedroht hatte, und zwar ein= zig und allein, weil Seward ihm niemals bei dem Streben nach einer Stelle geholfen, weil er nie seine (Greeley's) Ansprüche auf Beför= derung anerkannt und dagegen die Beförde= rung persönlicher Feinde desselben begünstigt habe, die der Partei bei Weitem weniger Dienste geleistet hätten, als er. Und dennoch wurde von dieser Thatsache kein Gebrauch gemacht, obgleich es klar ist, daß sie die nachtheiligen

Wirkungen der Vorstellungen dieses angeb=
lichen Freundes verhindert haben würden, der
nur die Rachsucht eines getäuschten Aemter=
jägers zu befriedigen suchte. Man erlaubte
ihm, den Delegationen von Vermont, New
Hampshire, Ohio, Indiana und anderen Staa=
ten, die alle Seward's Nomination begünstig=
ten, vorzustellen, daß, obgleich er dieselbe aus
persönlicher und politischer Freundschaft wün=
sche, er sein Urtheil doch dahin abgeben müsse,
daß sie den Erfolg der Partei gefährde. An=
gefeuert durch einen langjährigen Haß und
durch die Nachsicht des Angegriffenen beschützt,
im Besitz des Vertrauens Derjenigen, die er
beeinflussen wollte, konnte er des Erfolges nicht
ermangeln."

Der Leser wird bemerkt haben, daß Herr
Raymond auf einen Privatbrief Greeley's an
Herrn Seward, von November 1854, anspielt,
in welchem der Erstere alle politische Freund=
schaft mit dem Führer der republikanischen
Partei aufgab und ihn sogar bedrohte. Herr
Greeley verlangte sofort die Veröffentlichung
des Briefes, und dieses geschah auch nach
einiger Zeit.

Er lautet, wie folgt:

Horace Greeley an Wm. H. Seward.

New=York, am 11. November 1854.
Governor Seward. Die Wahl ist vorüber
und ihre Resultate sind genügend festgestellt.
Dies scheint mir eine angemessene Zeit, um
Ihnen die Auflösung der politischen Firma
„Seward, Weed und Greeley" durch den Aus=
tritt des jüngsten Theilhabers anzuzeigen, wel=
cher Austritt am Morgen nach dem ersten
Dienstag im Februar stattfinden soll. Und da
es meinerseits eine große Anmaßung sein
mag, zu glauben, daß eine solche Firma je
existirte, namentlich nachdem ich durch einen
Leitartikel von der Hand des Ober=Redakteurs
des „Albany Evening Journal" (Weed) vor
mehr als einem Jahre aus der Whig=Partei
ausrangirt worden bin, worin erklärt wurde,
daß ich derselben nicht länger zum Nutzen, oder
zur Zierde gereiche, so werden Sie mir sicherlich
einige angemessene Reminiscenzen erlauben.

Ich war ein armer, junger Drucker und
Herausgeber eines literarischen Blattes; ich
war bekannt als ein sehr thätiger und bitterer
Whig, der aber kein Streben hatte, außerhalb
seines Viertels bekannt zu sein, als, kurz nach
der politischen Revolution von 1837, ich eines
Tages nach dem City Hotel gerufen und dort
zwei fremden Herren, Namens Thurlow Weed
und Lewis Benedict von Albany, vorgestellt
wurde. Sie sagten mir, daß sie Partei be=
schlossen habe, ein wohlfeiles Campagneblatt
von einer gewissen Art in Albany zu gründen,
und daß ich zum Redakteur erkoren worden sei.
Diese Ankündigung mußte Einem, der nie die
Aufmerksamkeit großer Herren gesucht und
nicht als Schreiber für Parteiblätter bekannt
war, nur schmeichelhaft erscheinen, und ich

ging gern auf ihre Vorschläge ein. Sie baten
mich, den jährlichen Gehalt anzugeben, den ich
verlangte. Ich forderte $1000. Sie gingen
darauf ein, und ich that die Arbeit mit aller
mir zu Gebot stehenden Fähigkeit. Es war
eine Arbeit, die nicht in die Augen fiel und
keine Sensation machte, aber ich that sie gern
und gut.

Als sie beendigt war, vertheilten Sie, der
erwählte Governor, Aemter, die von $3000
bis $20,000 jährlich eintrugen, an Ihre Freunde
und Landsleute. Ich aber kehrte in meine
Speicherstube und zu meiner Kruste Brod zu=
rück und fing wieder den verzweifelten Kampf
mit Schulden an, die schlechte Theilhaber im
Geschäft und die unglücklichen Ereignisse des
Jahres 1837 mir zugezogen hatten. Ich glaube
nicht, daß es mir damals einfiel, daß eine jener
fetten Stellen mir, ohne gegen Andere unge=
recht zu werden, hätte angeboten werden kön=
nen, aber ich denke jetzt, es hätte Ihnen ein=
fallen sollen. Allein selbst wenn es mir ein=
gefallen wäre, so hätte ich doch nicht darum
bitten können.

Es scheint mir, das hätte nicht nöthig sein
sollen. Ich erinnere mich nur daran, daß kein
Freund in Albany sich nach meinen Geldver=
hältnissen erkundigte, daß Ihr (aber nicht mein)
Freund, Robert C. Wetmore, Einer derjenigen
war, durch den Sie hier Aemter und Würden
vertheilten und daß solche ergebene Leute, wie
A. St. Wells und John Hooks von Ihnen
aus der Armuth herausgezogen und in einen
Zustand der Unabhängigkeit gehoben wurden,
was, wie ich mich freue zu sagen, bei mir nicht
geschah und dennoch muß ich gestehen, daß
ich mich mit Dankbarkeit jeder Nachfrage über
meine finanzielle Lage erinnert haben würde,
und daß eine solche höchst angemessen gewesen
wäre.

In der Harrison Campagne von 1840
wurde ich wiederum beauftragt, ein Campagne=
Blatt zu redigiren. Ich that es, war auch
dessen Verleger und hätte, trotz seines niedrigen
Preises, etwas dabei verdienen sollen, aber
meine äußerst reducirten Umstände verhinderten
es. Sie zwangen mich viele Extra=Arbeiten
thun zu lassen, wie Drucken, Falten, Adressi=
ren und die dadurch entstehenden Kosten
ruinirten mich beinahe.

Am Schlusse war ich noch immer arm und
in Schulden, aber meine Stellung vor der Welt
hatte sich etwas gebessert.

Jetzt folgte die große Aemterhetze in Wash=
ington. Ganze Regimenter von Aemterjägern
zogen dahin, von denen Keiner (und wenn ich
es selbst sage, so ist es doch wahr), soviel für
Gen. Harrison's Nomination und Erwählung
gethan hatte, als der Unterzeichnete.

Ich verlangte und erwartete nichts, aber
Sie, Governor Seward, hätten darum bitten
sollen, daß ich zum Posthalter in New York
ernannt werde. Dies wäre wahrscheinlich
vergebens gewesen, aber als eine Handlung

der Anerkennung wäre das weder verschwendet noch unverdient gewesen.

Bald darauf gründete ich die Tribune, weil ich von Freunden dazu aufgefordert wurde und weil ein solches Blatt nöthig erschien. Es wurde mir pekuniäre Hilfe zugesagt und man hätte sie mir angedeihen lassen können, ohne daß Jemand dabei etwas riskirte. Alles, was ich je erhielt, war ein Darlehn von $1000 von James Cogeshall (Gott segne sein Andenken). Ich bat nicht darum und ich glaube, es ist der einzige Fall, wo mir je ein Parteifreund mit Geldmitteln beigestanden hat. Es freut mich indessen, daß er vor seinem Tode vollständig bezahlt wurde.

Und hier möge es mir vergönnt sein, eine angenehme Erinnerung ehrend zu erwähnen. Als die Whigpartei unter ihrer Regierung Stellen zu vergeben hatte, wurde nie an mich gedacht. Als wir aber in 1842—1843 gar keine Gewalt hatten, da wurde ich von den Whigs mit der Nomination für die Stelle eines Staatsdruckers beehrt; als wir hingegen wieder in der Lage waren, einen Staatsdrucker nicht nur zu nominiren, sondern auch zu erwählen, erhielt Weed die Stelle, was nicht mehr als Recht war. Und dennoch ist es etwas werth, zu wissen, daß ich zu einer Zeit, wo es kein zu großes Opfer schien, als zu den Ihrigen gehörig gezählt wurde. Wenn seit jener Zeit eine neue Stelle gegründet wurde, expreß, um die Emolumente dem Herrn M. J. Raymond zuzuweisen und Herrn St. John in Stand zu setzen, seine „Times" als das Organ der Whig-Staatsverwaltung auszurufen, so sollte ich mich dessen wohl mit noch größerer Dankbarkeit erinnern.

Im Jahr 1848 stieg wieder Ihr Stern und durch Ihre Erwählung in den Senat wurden meine wärmsten Hoffnungen realisirt. Ich war damals nicht mehr in Noth und hatte eben so wenig Anspruch auf, als Wunsch nach Anerkennung meiner Verdienste durch General Taylor; aber mir scheint, ich hatte Ansprüche auf Nachsicht Ihrerseits. Was ich dann erhielt, war eine demüthigende Strafpredigt in der Verleumdungsklage von Redfield und Prinzle und die Verpflichtung, sie in meinem eigenen und dem anderen Blatte unserer vermutheten Firma zu veröffentlichen. Ich hielt damals und halte noch diese Strafpredigt für in unnöthigem Maße grausam und beschämend. Nachdem ich den Klägern meine Spalten ohne Beschränkung geöffnet, kamen sie zu mir und verlangten den Namen ihres Angreifers. Ich gab ihnen denselben und es war ein vollständig verantwortlicher Mann. Sie weigerten denselben anzunehmen, es sei denn, daß er einer der vier oder fünf reichsten Leute in Batavia wäre und dennoch wußten diese Herren stets, daß es keiner derselben war. Das, was sie verlangten, wollten sie nicht annehmen und verklagten mich statt dessen auf Geldentschädigung und Geld wollten Sie denjenigen verschaffen,

soviel Sie konnten. Ich glaube nicht, daß Sie das Recht hatten, mich in solchem Maße in Ihren und des Publikums Augen zu erniedrigen. Mir scheint, Sie wollten Ihre richterliche Strenge und Furchtlosigkeit auf meine Kosten an's Licht stellen und daß Sie eine bessere Gelegenheit hatten, mit diesen Eigenschaften zu paradiren, als Webb sich so frühzeitig an Sie um Begnadigung wandte, die er so wenig verdiente. Seine Zeitung zahlt Ihnen jetzt den Lohn dafür.

Meine Ansichten über Ihre und unsere Pflichten in Bezug auf „Fusion," das Nebraskagesetz und Parteinamen habe ich der Oeffentlichkeit übergeben und habe keine Lust sie hier zu wiederholen. Ich habe ebenso darauf eingespielt, daß Weed mich aus der Partei auszujäten suchte, und mein Verbrechen bestand darin, daß ich in diesen wie in anderen Dingen heute das gethan habe, was vorsichtigere Politiker erst morgen thun.

Lassen Sie mich von der letzten Campagne sprechen. Ich wurde einmal für neunzig Tage in den Congreß gewählt, und nur um James Brooks in den Stand zu setzen, denselben Sitz vier Jahre lang auszunehmen. Es ist mir, glaube ich, niemals eingefallen, irgend einem Menschen anzudeuten, daß ich gerne für irgend eine Stelle vorgeschlagen werden möchte. Aber James W. White (Sie wissen kaum, welch ein guter und treuer Mann er ist,) schlug mich als Candidat für den Congreß vor, und die aus Brooksleuten bestehende Delegation dachte, ich könne ihrem Günstlinge durchhelfen, und so wurde ich als Zweiter auf dem Pferde vorgeschlagen. Aber in diesem Frühjahr, als die Debatte über das Nebraskagesetz einen neuen Zustand der Dinge im Norden herbeigeführt hatte, schlugen ein oder zwei persönliche Freunde mich als Candidaten für Congreßmitglied vor und ich entmuthigte sie nicht. Bald darauf kamen Personen, durch deren Einfluß hernach Clark vorgeschlagen wurde, zu mir und fragten mich, ob ich die Stimmen der Know-nothings (Nativisten) sichern wolle. Ich sagte ihnen, daß ich dies weder thun wolle noch könne, sie im Gegentheil zurückweise. Hierauf stimmten sie für Clark.

Ich sagte nichts und that nichts. Hunderte von Leuten kamen zu mir um zu fragen, wen wir für das Amt des Gouverneurs vorschlagen sollten. Mitunter erwähnte ich Patterson, und spielte nie auf mich selbst an. Nach einiger Zeit kam Weed, ließ mich zu sich rufen und erklärte mir, aus welchen Gründen er mich nicht für jene Stelle unterstützen könne, und dennoch hatte ich nie auf seine Unterstützung gerechnet.

Ich glaube nicht, daß Weed mich insultiren wollte, aber er that es dennoch. Was er in jener vorsichtig gehaltenen Erklärung andeutete, war, daß ich als Candidat für die Gouverneurswürde Ihre Aussichten ruiniren würde. Vielleicht war das richtig; aber ich hatte in keiner Weise um seine oder Ihre Hülfe gebeten, und mir schien, dies hätte viel passender meinen Freunden als direkt mir gesagt werden können. Ich glaube, daß ich als Whig nicht hätte erwählt werden können. Wären Sie und er mir aber günstig gewesen, so hätte es eine hinlängliche Partei im Staate gegeben, um mich zu erwählen, ohne Ihre Wiedererwählung (in den Senat) zu gefährden."

Vergebens wies ich darauf hin, daß ich mich gar nicht um die Nomination beworben habe. Endlich wurde ich durch seine Ausdrucksweise (die vielleicht wohl gemeint, aber als an mich gerichtet, sehr provocirend war), dazu hingerissen zu sagen: „Nun, dann nominiren Sie Patterson für Gouverneur und mich für dessen Lieutenant, dann werden wir sehen, ob ich wirklich so verhaßt bin."

Es war mir nichts an der Erwählung als Lieutenant-Gouverneur gelegen, aber es hätte mir Freuden gemacht, Candidat zu sein. Ich möchte mich gern mit allen meinen Feinden auf einmal herum schlagen, statt, was ich satt habe, mich mit Einzelnen zu balgen. Ich wäre wahrscheinlich unterlegen, allein ich weiß, daß mein Name der Partei geholfen hätte und daß es für mein Blatt ein Vortheil gewesen wäre.

Man hielt es für's Beste, anders zu verfahren. Kein anderer mir so feindlicherer Mann hätte vorgeschlagen werden können, als derjenige der nominirt und erwählt wurde. H. J. Raymond erhielt die Nomination; mir wurde der saure Apfel, ihn unterstützen zu müssen, hingeschoben. Und Gouverneur Seward, ich habe ehrlich dafür gestritten, wenn dies Ihnen auch anmaßend erscheint.

Die wenigen Anstrengungen, die gemacht wurden, kamen von mir. Selbst Weed (ich spreche von seinem Blatt) war lau, während die Zeitung Raymond's (die Times) nur dessen Interessen verfocht und sich im Uebrigen nicht um den Kampf kümmerte, wie er von Anfang angekündigt hatte. Wegen seines beständigen Lavirens hat dieses Blatt in hiesiger Stadt etwa 20,000 Abonnenten, die Tribune dagegen wegen ihrer unzweideutigen Stellung nur etwa 8,000. Von den 20,000 Lesern der Times wage ich zu behaupten, daß mehr für Ullmann und Scroggs, als für Clark und Raymond stimmten, und zugleich, daß von meinen 8,000 Abonnenten in demselben Umkreis neun Zehntel für Clark und Raymond und nur sehr wenige für Ullmann und Scroggs ihre Stimmen abgaben. Ich hatte also den schwersten Theil des Kampfes auszufechten und eine große Verantwortlichkeit auf mich zu nehmen, um zu verhindern, daß sich die Whigs, um Fernando Wood zu schlagen, auf James W. Barker einigten. Wäre Barker hier gewählt worden, so könnte Keiner von uns sich hier zeigen, ohne ausgezischt zu werden und der Knownothingis-

mus würde wie ein Prairiefeuer durch den ganzen Staat gelaufen sein.

Auf das Risico, mir Barker's Freunde zu Widersachern zu machen, verhinderte ich dessen Erwählung und das Blatt Raymond's hat mich darüber zurechtzuweisen versucht. Im kritischen Augenblick erklärte es sich gegen John Wheeler und für Charles H. Marshall (der Ihr gefährlichster Feind im Repräsentantenhaus geworden wäre), und selbst das Blatt „Ihres Obersten, oder Generals" (Webb), welches mit mir die Candidatur Wheeler's unterstützte, machte im letzten Augenblick „Rechtsum kehrt" und erklärte sich für Marshall. Die Tribune dagegen hielt fest bei Wheeler. Ich freue mich, daß diese Leute, die sich so plötzlich drehten, nicht alle ihre Abonnenten mit sich nehmen konnten.

Governor Seward! Ich weiß es, verschiedene Ihrer Freunde halten mich für ein großes Hinderniß Ihrer Bestrebungen, ich weiß, daß z. B. John Schoolcraft darauf besteht, daß Sie und Weed nie mehr mit mir gemeinschaftliche Sache machen sollen. Ich hoffe, daß Sie nicht mehr in diese Verlegenheit kommen werden. Ich hoffe auch, daß ich Ihnen nie Opposition machen muß. Ich habe keinen andern Wunsch, als mich allmälich aus dem Zeitungsgeschäft herauszuwinden und zu meiner Familie nach Europa zu eilen, wo ich geraume Zeit zu verbleiben gedenke, wenigstens lang genug, bis mein fieberhaft brennendes Gehirn etwas abgekühlt ist und ich mich von den Wirkungen der Ueberanstrengung wieder erholt habe.

Alles, warum ich bitte, ist, daß wir uns am Morgen nach dem ersten Dienstag im Februar, wie oben angegeben, uns gegenseitig die Rechnungen quittiren, und daß ich künftig ohne Rücksicht auf die Vergangenheit ein solches Verfahren einschlagen darf, wie ich für gut halte.

Sie haben mir oft Freundschaftsdienste geleistet. Lassen Sie mich mit der Versicherung schließen, daß ich mich deren stets mit Dankbarkeit erinnern werde.

Ihr ergebenster
Horace Greeley.

An den Achtbaren William H. Seward
dahier."

Greeley bemerkte in Bezug auf diesen Brief, daß derselbe die Anlage, er habe aus persönlichem Hasse gegen die Nomination Seward's gearbeitet, nicht beweise.

Unter den lächerlichen Folgen, die Greeley's Verfahren nach sich zog, bringen wir die folgende Correspondenz:

„Aurora, N. Y., den 19. Mai 1860.
An die Verleger der Tribune.

Von dem Tage ihres ersten Erscheinens sind wir Abonnenten der Tribune gewesen, trotz aller ihrer "Isms" (verrückter Einfälle).

Sie brauchen uns dieselbe nicht mehr zuzuschicken, und wir bedauern nur, daß wir noch drei Cents für diesen Brief verschwenden müssen.

Mit den besten Wünschen für Sie
Ergebenst
Morgan & Mosher."

Antwort.

„Das schmerzliche Bedauern, welches Sie in Ihrem Brief vom 19. ausdrücken, hat mich tief gerührt. Ich schließe die Drei Cents Briefmarke ein, um den von Ihnen bedauerten Verlust zu ersetzen und verbleibe

Mit größter Gemüthsruhe
Ihr 2c.
Horace Greeley.

An die Herren Morgan & Mosher,
Aurora, Cayuga Co., N. Y.

Die Freunde Seward's brauchten nicht lange auf eine Gelegenheit, sich zu rächen, zu warten. Im Februar 1861 war Herr Greeley der bedeutendste der Candidaten für die Stelle eines V. St. Senators für den Staat New York. Sein Nebenbuhler war bei den Republikanern William M. Evarts, einer der ausgezeichnetsten Advokaten in der Stadt New York. Bei einer Berathung der Republikaner behufs der Nomination hielten sich die Stimmen gegenseitig so sehr die Wagschale, daß es zu keinem Resultat kommen konnte. Bei der zehnten Abstimmung gaben die Freunde von Herrn Evarts diesen als Candidaten auf, erklärten sich für Richter Ira Harris von Albany und bewirkten dessen Nomination. Während dieser Versammlung war Thurlow Weed in einem anderen Zimmer des Capitols und dirigirte die Manöver. Als bei der achten Abstimmung es sich herausstellte, daß Greeley wieder fünf neue Stimmen erhalten hatte, wurden sogleich die Stimmzettel für Harris ausgegeben, und zwar von den Helfershelfern Weed's. Große Aufregung herrschte jetzt im Saale, und als bei der neunten Abstimmung sich neun und fünfzig Stimmen für Harris zeigten, war es sicher, daß derselbe beim nächsten Ballot nominirt werden würde. Als bei demselben festgestellt war, daß er sechzig Stimmen erhalten, lief Alles nach Weed. Er wurde aus dem Zimmer des Governors herausgezogen und von jubelnden Freunden umringt.

Hiermit hätte die Fehde zwischen den beiden alten Freunden beschlossen werden sollen. Jeder hatte dem Andern einen Lieblingsplan zu Nichte gemacht. Sie hätten sich nun versöhnen und wieder zum Besten des Landes Hand in Hand gehen sollen. Aber menschliche Leidenschaften werden nicht so leicht unterdrückt, und aus Gegnern in der Politik wurden sie schließlich zu persönlichen Feinden.

Indessen muß ich [James Parton] hierbei bemerken, daß ich selbst einige Tage nach der Erwählung Lincoln's Herrn Greeley sagen hörte: „Wenn man mich um Rath fragte bezüglich der Zusammensetzung des Cabinets für Herrn Lincoln, so würde ich die Ernennung Seward's als Staats-Sekretär anrathen. Er ist der Mann für diesen Platz und wird dem Lande Ehre machen."

Einundzwanzigstes Kapitel.

Horace Greeley während der Rebellion.

Horace Greeley konnte lange nicht daran glauben, daß der Süden beabsichtigte, die Streitfrage durch die Waffen entscheiden zu lassen. Von Jugend auf war er daran gewöhnt, bei jeder Präsidentenwahl Drohungen von „Secession" zu hören und er war geneigt, die drohende Stellung als ein Theil des alten Systems der Einschränkung anzusehen, wodurch der Süden so lange die Macht in seinen Händen gehalten hatte. In einem Artikel über die Haltung von Süd-Carolina bediente er sich einer Sprache, die sowohl von Freunden wie von Feinden mißdeutet wurde. Er spielte auf die Stelle der Unabhängigkeitserklärung an, worin es heißt, daß die Regierungen ihre Rechte an der Einwilligung der Regierten herleiten müssen und fügte hinzu:

„Mit ganzem Herzen nehmen wir diesen Grundsatz an. Er ist durchaus gesund, wohlthätig und würde, wenn es allgemein angenommen, endloses Blutvergießen verhüten. Und wenn im Jahr 1776 der Austritt von drei Millionen Colonisten in Amerika aus dem brittischen Reiche rechtfertigte, warum sollte er nicht im Jahr 1861 den Austritt von fünf Millionen Südländern aus dem Bund entschuldigen? Wenn wir hierüber im Irrthum sind, so mag man es uns nachweisen. Während wir unsererseits das Recht des Sklavenhaltens, Sklaven gegen deren Willen zu eigenen in Abrede stellen, können wir nicht einsehen, welches Recht zwanzig Millionen haben, zehn oder selbst fünf Millionen gegen deren Willen durch Waffengewalt in einem ihnen verhaßten Bund zu halten. Natürlich geben wir zu daß dieser Grundsatz Jeffersons, wie irgend ein anderes allgemeines Prinzip zu weit ausgedehnt werden kann. Uns ist es klar, daß z. B. Governors Island nicht aus dem Staate und dem Bunde austreten und den Franzosen oder Engländern erlauben kann sein Gebiet mit Batterien zu bedecken, die unseren Hafen und die Stadt beherrschen. Es giebt kaum ein einziges großes Prinzip, welches nicht auf diese Art zu unsinnigen Folgerungen führt. Wenn aber sieben oder acht aneinander grenzende Staaten gehörig vertreten, nach Washington kommen und erklären: „Der Bund ist uns verhaßt, wir sind ausgetreten und lassen euch die Wahl, ob ihr in unseren Austritt einwilligen und alle Seitenfragen gütlich schlichten, oder auf der anderen Seite versuchen wollt, uns mit Gewalt zur Abhängigkeit zu zwingen," so könnten wir die Anwendung von Zwang und Unterdrückung nicht billigen und wir halten dies nicht für gerecht. Wir verehren das Recht der Selbstregierung als geheiligt, selbst wenn diejenigen es ansprechen, welche es anderen nicht zugestehen wollen.

Was nun die Frage der politischen Zweckmäßigkeit betrifft so bemerken wir:

Süd-Carolina wird austreten, das ist gewiß. Die nördlichen Sklaven- oder Grenzstaaten, sträuben sich, ihrem Beispiel zu folgen, denn Süd-Carolina hat sie durch sein dictatorisches extremes Verfahren schwer beleidigt. Was es erwartet und wünscht, ist, mit der Bundesregierung in Kampf zu kommen, um sich dadurch die Sympathie und Mithülfe jedes Sklavenstaates zu sichern und wenigstens der Sympathie einer Minderheit in den freien Staaten. Es läßt sich leicht wünschen, daß dies schnell eine politische Revolution herbeiführen würde, welche den Sklaven Alles und mehr ersetzen würde, als sie durch die Wahl von 1860 verloren hat. Und gerade dies möchten wir verhindern. Wir möchten die Austretenden dem Hasse und der Verachtung, welche die Feinde der Union verdienen, aussetzen, und nicht als die tapfern, aber irregeleiteten Kämpfer für die Rechte ihres Landstriches zum Gegenstand des Mitleides machen.

Wir sind überzeugt, daß die neue Regierung in eine höchst kritische Lage kommen wird. Sie muß sich bemühen, die Gesetze aufrecht zu halten und auszuführen, gegen die empörende Sklavenhalter ebensowohl, als gegen flüchtige Sklaven. Der neue Präsident muß die ihm durch seinen Amtseid auferlegten Verpflichtungen erfüllen, wie schamvoll auch sein Vorgänger dieselben vernachlässigt hat.

Wir fürchten, südliche Tollheit wird uns in einen blutigen Kampf stürzen, den Alle bedauern werden. Wenn aber je sieben oder acht Staaten Agenten nach Washington senden und erklären: „Wir möchten aus der Union austreten," dann würden wir, von unserer Liebe fürs menschliche getrieben, ausrufen: „Lasset sie gehen." Und wir vermögen nicht einzusehen, wie wir die entgegengesetzte Meinung vertheidigen könnten, ohne mit den unveräußerlichen Menschenrechten in Gegensatz zu kommen, welche höher sind, als alle politische Einrichtungen, so bequem und vortheilhaft sie auch sein mögen."

Diese Bemerkungen erschienen in der Tribune vom 17. Dezember 1860. Am 21. desselben Monats fuhr er in folgender Sprache fort:

„Wir glauben, daß die Regierungen zum Besten des Völker und nicht die Völker zum Besten der Regierungen geschaffen worden sind und daß die Letzteren ihre Macht von der Einwilligung der Regierten herleiten müssen und wenn ein Theil der Union, der groß genug ist, um eine unabhängige Nation zu bilden, es

für angemessen hält, zu erklären: „Wir wünschen uns von Euch zu trennen," so werden wir sagen — „und hoffentlich wird Achtung vor sich selbst, wenn nicht der Hinblick auf das Princip der Selbstregierung das übrige amerikanische Volk bestimmen, zu sagen: „So geht." Wir hatten nie eine so üble Meinung von uns selbst oder unseren Nachbarn, daß wir wünschten, Andere in einer ihnen verhaßten Verbindung mit uns zu halten. Aber die Auflösung des Bundes kann man nicht in der Zeit thun, welche nöthig ist, um ein Kartenhaus umzuwerfen.

Man lasse die Baumwollenstaaten, oder sechs oder mehr Staaten unzweideutig erklären. „Wir wollen aus der Union treten und vorschlagen, dies friedlich und ohne Aufreizung zu thun und wir werden thun, was wir können, um ihnen herauszuhelfen, nicht weil wir wünschen, daß sie gehen, sondern weil die Idee, sie mit Gewalt zurückzuhalten, uns anwidert. Alles, was wir verlangen, ist, daß sie uns Zeit lassen, um dies ohne Blutvergießen zu Stande zu bringen."

Solche Leitartikel scheinen zu der Sorte nichtssagenden Raisonnements zu gehören, welche ein Redakteur oft äußern muß, wenn die öffentliche Meinung zugleich fieberhaft aufgeregt und unschlüssig ist. Er wußte recht wohl, daß die Frage der Secession nicht im Süden discutirt und nie dem Volke zur freien Abstimmung vorgelegt werden würde und daß man nichtsweniger thun würde, als ruhig und friedlich auf das Vorgehen des Volkes und der Regierung zu warten.

„Ich glaube nicht," schrieb er am 21. Januar 1861 „an die Einstimmigkeit des Südens in Bezug auf Secession, weil es klar ist, daß die Verschwörer selbst nicht daran glauben. Wäre dies der Fall, so würden sie die Frage direkt dem Volke ihrer betreffenden Staaten vorlegen, aber selbst in Süd-Carolina wagen sie nicht, dies zu thun. Wo sie ihre Einwilligung zur Volksabstimmung gegeben, haben sie es mit offenbarem Sträuben gethan und aus dem Drange der Nothwendigkeit."

Und wiederum an demselben Tage:

„Was ich verlange, ist der Beweis dafür, daß das südliche Volk wirklich die Trennung von den freien Staaten verlangt. Werde ich überzeugt, daß das wirklich seine feste Absicht ist, so werde ich ihm freudig helfen, um diesen Zweck zu erreichen. Aber bis jetzt habe ich nur dafür Beweise, daß sie den Norden einschüchtern und zwingen wollen, ihnen Conzessionen zu machen. Viele der Emissäre in den Grenzstaaten sagen ihren Zuhörern, daß sie nicht gerade die Union aufzulösen wünschen, sondern nur Das sichern wollen, was sie ihre „Rechte in der Union" nennen. Da nun beinahe das ganze Volk in den Sklavenstaaten dies wünscht, so beweist das gegenwärtige brüske Drohen mit Secession gar nichts. Maryland und Virginien denken nicht daran, die

Union in Stücke zu brechen, aber es würde ihnen das höchste Vergnügen machen, den Norden durch Drohungen zu einem Compromiß zu nötigen. Das ist es, was ihre Demonstrationen beweisen, und nichts mehr."

In demselben Artikel sagt er: „Ich leugne das Recht eines Staates, oder eines Dutzends Staaten, die Union aufzulösen. Nur in derselben Art, wie sie gebildet wurde, kann sie gesetzlich aufgelöst werden, nämlich durch die freie Zustimmung aller interessirten Theile. Ein Staat tritt in die Union durch einen Vertrag, bei welchem er auf der einen und die constitutionelle Majorität im Congresse auf der anderen Seite die contrahirenden Theile sind. Er kann nur durch ähnliche Einwilligung Aller, oder durch Revolution austreten. Es ist schon Anarchie, das Recht der Secession nur anzuerkennen. Unser Bundesstaat würde dadurch in einen losen Staatenbund verwandelt und sein Ruin wäre sicher."

Selbst am Tage seines Amts-Antrittes erwartete Abraham Lincoln noch eine friedliche Lösung unserer Schwierigkeit und drückte das in Unterhaltung mit Herrn Greeley und anderen Freunden aus.

Allein nach wenigen Wochen wurde die Frage: „Ob Krieg, oder Frieden?" im Hafen von Charleston entschieden, und von jener Stunde an gab die Tribune der Regierung in dem Versuch, die Rebellion durch Waffengewalt zu unterdrücken, ihre vollste und wirksamste Unterstützung.

Die Schlacht bei Bull Run kostete dem Redakteur der Tribune beinahe das Leben.

Einige der enthusiastischen Leute von den Schreibern der Tribune hatten in ihrer Ungeduld einen kurzen Artikel in die Hauptspalte gesetzt und längere Zeit darin gehalten, welcher ungefähr so lautete:

„Das Feldgeschrei der Nation!"

„Auf, nach Richmond! Vorwärts, nach Richmond! Der Rebellen-Congreß darf nicht die Erlaubniß erhalten, dort am 20. Juli zusammenzutreten. An diesem Tage muß die Stadt in den Händen der Bundes-Armee sein!

Als sich das Unglück ereignete, das so plötzlich und Alles erschütternd kam, war Herr Greeley beinahe außer sich vor Schrecken. Zu dem natürlichen Zurückschrecken vor Krieg und Blutvergießen, welches jeder civilisirte Mensch fühlt, kamen vielleicht Gewissensbisse, weil er der Zeitung erlaubt hatte, die Regierung zu einem Vorgehen aufzuhetzen, welches, wie die Ereignisse zeigten, entweder verspätet oder verfrüht war. Er lehnte indessen die Verantwortlichkeit nicht ab. Im Juli 1861 schrieb er:

„Ich wünsche, daß sich das Publikum darüber vollständig klar sei, daß ich die Verantwortlichkeit für die Artikel, welche die Regierung zu einem energischen Vormarsch der großen Bundesarmee gegen Richmond riethen, nicht von mir abwälzen will, obgleich dieses Feld-

geschrei: „Auf, nach Richmond!" c. nicht von mir berührte und ich vorgezogen haben würde, es nicht zu wiederholen. Ich dachte, jene Armee von hunderttausend Mann könne vor dem 20. d. M. in Richmond sein, und zugleich, daß dies von großer Wichtigkeit gewesen wäre. Und wenn nur irgend Jemand einbildet, daß ich, oder irgend Einer im Redaktions-Bureau der Tribune je eine solche Strategie empfohlen, oder erdacht hätte, welche von den hunderttausend nur dreißigtausend Mann gegen neunzigtausend Rebellen, welche durch ein Labyrinth von Schanzen und verdeckten Batterien geschützt waren, vorschob, dem sage ich: „Alle Beweisgründe sind an einem Solchen verloren." Wenn man meiner als Sündenbockes für alle militärischen Schnitzer des letzten Monats bedarf, so mag das sein. Individuen müssen sterben, damit die Nation lebe. Wenn ich ihr dadurch am besten dienen kann, so will ich meinen Kopf freudig auf den Block legen."

Einige Tage später zog er sich auf seine Farm zurück und lag bald an einer Hirnentzündung darnieder. Während der nächsten sechs Wochen hatte er kaum eine Kunde von den Ereignissen. Seine wundervolle Gesundheit ist nie auf eine solche Probe gestellt worden, und mit knapper Noth kam er mit dem Leben davon.

Horace Greeley war einer der Ersten, welche zu der Ueberzeugung kamen, daß ohne die Hülfe des Negers die Rebellion nicht unterdrückt werden könne. Nach der Niederlage Gen. McClellan's und dessen Rückzug von Chickahominy, im August 1862, richtete er durch die Tribune einen Brief an den Präsidenten, betitelt: „Die Bitte von zwanzig Millionen," in welchem er den Präsidenten ernstlich bat, das Gesetz, welches dem Sklaven, der in unsere Linien komme, Freiheit gibt, und dasjenige für Confiskation von Rebellen-Eigenthum, ausführen zu lassen. „Wir brauchen nothwendig Kundschafter, Führer, Spione, Köche, Fuhrleute, Schanzgräber, Holzhauer, die wir von den Negern im Süden erhalten können, gleichviel, ob wir ihnen erlauben, mit uns zu kämpfen, oder nicht; ohne sie können wir nie Erfolg haben."

Auf diese öffentliche Berufung an den Präsidenten antwortete derselbe, wie folgt:

Im weißen Haus zu Washington, den 22. August 1862.

An den achtbaren Horace Greeley:

Lieber Herr: — Ich habe soeben Ihr Schreiben vom 10ten gelesen, welches durch die Spalten der New York Tribune an mich gerichtet worden ist. Wenn darin gewisse Thatsachen oder Vermuthungen erwähnt sind, welche, wie ich weiß, irrthümlich sind, so will ich dieselben jetzt nicht berichtigen. Wenn ferner es darin unlogische Schlüsse gibt, so habe ich jetzt keine Absicht, darüber eine Discussion zu beginnen. Und wenn sich darin eine gewisse Ungeduld und ein etwas dictatorischer

Ton zeigt, so will ich deßhalb einem alten Freunde, der, wie ich weiß, das Herz auf dem rechten Flecke hat, nicht zürnen.

Was die Politik betrifft, welche ich „zu befolgen scheine," so habe ich nicht die Absicht jemand darüber im Unklaren zu lassen.

Ich möchte gern die Union retten und zwar auf dem kürzesten Wege, der uns nach der Verfassung offen steht. Je schneller wir die Bundesautorität herstellen, desto schneller wird die Union wieder das werden, was sie war. Wenn es Leute gibt, die die Union nicht gerettet sehen möchten, wenn nicht zugleich die Sklaverei gerettet wird, so stimme ich nicht mit ihnen überein. Mein Ziel in diesem Kampf ist die Erhaltung der Union und nicht die Erhaltung oder die Abschaffung der Sklaverei. Wenn ich die Nation retten kann, ohne einen Sklaven frei zu machen, so werde ich es thun. Wenn ich es dadurch thun könnte daß ich einige frei mache und andere nicht, so würde ich auch das thun. Wenn ich etwas in Bezug auf Sklaven und die Farbigen thue, so ist es, weil ich glaube, daß es hilft, um die Union zu retten, und wenn ich etwas unterlasse, so geschieht es, weil ich glaube daß es nicht hilft, die Union zu retten. Ich werde weniger thun, wenn ich glaube, daß was ich thue der Sache schadet und werde mehr thun wenn mir klar ist, daß Mehrthun der Sache vorwärts hilft. Ich werde versuchen Irrthümer zu berichtigen, wenn es sich zeigt, daß es Irrthümer sind und neue Ansichten annehmen, sobald es sich zeigen wird, daß sie richtig sind. Hier habe ich mein Ziel nach meiner Ansicht über amtliche Pflichten dargestellt und beabsichtige nicht meinen oft ausgedrückten persönlichen Wunsch, daß alle Menschen und überall frei sein möchten, aufzugeben.

Ihr &c.

A. Lincoln.

Als Antwort auf diesen Brief veröffentlicht Herr Greeley Folgendes:

Theurer Herr: Obgleich ich keine Antwort auf meinen früheren Brief erwartete außer durch ihre Amtshandlungen, danke ich Ihnen dafür, daß Sie mir einen solchen bewilligt haben, namentlich weil sie mir Gelegenheit gibt, zu erklären, daß meinen Gedanken nichts ferner lag, als einen Zweifel an Ihrer Aufrichtigkeit und Ihrem brennenden Eifer für die Rettung der Union auszusprechen. Ich zweifelte nie und habe Ihnen Freund der je bezweifelte, daß sie vor Allem wünschen, daß die jetzt verhöhnte Autorität der Republik wieder hergestellt, und ihr Gebiet ungeschmälert bleiben werde. Beabsichtigen Sie dieses zu thun dadurch, daß Sie die Gesetze anerkennen, befolgen und ausführen, oder daß Sie dieselben ignoriren, unbeachtet lassen und ihnen trotzen?

Ich berief mich auf das Landgesetz. Der Niedrigste hat ein klares Recht, den Schutz der Gesetze anzusprechen, selbst gegen den Höchsten. Dieses Gesetz erklärt in Uebereinstimmung mit dem Völkerrecht, Naturrecht und dem göttlichen Recht, daß ein Hochverräther, der jetzt mit dem höllischen Versuche, unsere Nation zu zerstören, beschäftigt ist, dadurch jedes Recht, menschliche Geschöpfe als Sklaven zu halten, verwirkt hat. Was ich von Ihnen verlange, ist, daß Sie deutlich und öffentlich anerkennen, daß dieses Gesetz ausgeführt werden muß, wo die Autorität des Bundes anerkannt wird. Ich kann ihnen Fälle anführen, wo Sklaven, welche Hochverräthern entflohen und den Schutz unserer Fahnen suchten von Soldaten der Bundes-Armee angegriffen, verwundet, ermordet worden sind und Diese dafür von Ihrem commandirenden General weder bestraft noch zurecht gewiesen worden sind, um zu beweisen, daß es ihre Pflicht ist, energische Maßregeln in dieser Beziehung zu ergreifen, Maßregeln wodurch das Gesetz öffentlich verkündet und überall vollstreckt wird, wo Ihre oder des Bundes Autorität als die höchste anerkannt ist. Durch jede Stunde welche versäumt wird, ehe der Hochverrath diesen betäubenden Schlag erhält, wird die Rebellion gestärkt und die Sache der Nation gefährdet.

Als Fremont den Sklaven der Rebellion Befreiung ankündigte, nöthigten Sie ihn, Ihre Proclamation nach den Buchstaben der existirenden Gesetze zu modificiren. Sie hatten offenbar das Recht, dies zu thun. Ich verlange jetzt daß auch Sie dem Prinzip folgen, welches Sie auf so strenge Weise gegen ihn angewendet haben. Ich verlange, daß Sie Ihre Generäle und Admiräle, oder Commodore instruiren, daß künftig keine loyale Person wenigstens keiner, der bereit ist der nationalen Sache Dienste zu leisten, als Sklave eines Hochverräthers anerkannt werden soll. Keine zu Recht bestehende Regierung ist je von einer so grundlosen und verbrecherischen Rebellion angegriffen worden, wie sie die Sklavenhalter gegen unsere Existenz als Nation angefangen haben, und ich bin sicher, daß niemand je zaudern würde, eine solche einfache Handlung der Selbstvertheidigung zu begehen, wie diejenige ist, wonach die Leute, welche uns gern helfen möchten, von ihren Pflichten als Sklaven der Hochverräther entbunden werden, welche durch ein Blutmeer waden, um die Nation zu zerstören. Sechszig Jahre allgemeiner und unbegrenzter Unterwürfigkeit unter den Sklavenhaltern vermögen nicht, mir dieses hinlänglich klar zu machen.

Herr Präsident! Ich bitte Sie flehentlichst die Thatsache ins Auge zu fassen, daß die Anhänger der Sklaverei in allen Theilen des Landes, in Maryland ebenso gut, als in Mississippi und Washington wie in Richmond heute Ihre Feinde und unversöhnliche Gegner jedes Versuches sind, die nationale Autorität dadurch wiederherzustellen, daß die Angriffe Schaden erleiden. Für diese ist nicht Abraham Lincoln, sondern Jefferson Davis Präsident. Sie mögen dieselben durch Conscription zwingen, den Militairdienst zu verrichten, aber sie werden nur unter den Fahnen der Rebellion kämpfen. Hier in New York giebt es keinen Mann, der an Sklaverei glaubt, sie liebt und ihr ferneres Bestehen wünscht, daß die Rebellion unterdrückt werde. Er würde es bei Weitem vorziehen, die Republik dadurch zu retten, daß die Angreifer erkauft und pensionirt würden. Für ihn ist die Union, wie sie war eine Union, deren Präsident Sie nicht sind und Keiner, der Freiheit für Alle wünscht, jemals sein könnte.

Wenn dies Wahrheiten sind, so sind sie sicherlich von der größten Wichtigkeit. Dadurch, daß Sie denselben Ihre Augen schließen, können Sie das Ziel, welches Sie mit so großem Eifer erstreben, nicht erreichen. Ihr Todfeind wird durch keine Nebel getäuscht, welche Ihre Sehkraft täuschen mag. Er schreitet direct auf sein Ziel los, kennt alle Ihre schwachen Seiten und verräth nicht gerne seine Befürchtung, daß sie diese schwache Punkte sehen und ausbeuten möchten.

Gott füge, daß diese Befürchtungen prophetisch seien, daß sie diese großen Wahrheiten, welche auf den Seiten der Geschichte glänzen werden, bei Zeiten anerkennen, daß dieselben von unseren Kindern gelesen werden mögen, wenn sie sich über die Rettung der Nation freuen und daß sie nicht ausgelöscht werden, wenn das Geläute unserer nationalen Existenz durch Zerstörung und Feuer vernichtet wird, daß sie rasch zu der Ueberzeugung kommen und dieselbe durch Maßregeln bethätigen mögen, daß Sklaverei wirksam und durch Freiheit bekämpft werden kann, ist der Wunsch

Ihres ergebensten
Horace Greeley.

New York, den 24. August 1862.

Neunundzwanzig Tage nach dem Datum dieser Antwort wurde die Emancipation der Sklaven proklamirt. Ich glaube nicht, daß Herr Greeley vor ihrem Erscheinen des schließlichen Triumphes der Union über ihre Gegner sicher war, aber von jenem Tage an hatte er das vollständigste Vertrauen auf einen günstigen Ausgang. Einen oder zwei Tage später traf ich ihn zufällig am Broadway und seine strahlenden Augen bewiesen aufs Deutlichste, daß seiner Ueberzeugung nach der endliche Triumph der Nation gesichert sei.

Herrn Greeley's Versuche Frieden zu stiften, sind wohl in der Erinnerung Aller. Man hatte sich zuerst im December 1862 an ihn gewendet und in Folgendem beschreibt er die Umstände:

„Gewisse Personen, welche dem Frieden günstig waren, hatten uns angesprochen und gebeten, sie zu unterstützen. Da wir immer gewünscht hatten, daß Friede so rasch wie möglich unter Berücksichtigung der Hoffnungen im Interesse der menschlichen Gesellschaft, welche sich in der Erhaltung der amerikanischen Republik

verwirklichen, geschlossen werde, hörten wir diese Bitten an und beschlossen, Alles zu thun, was in unseren Kräften stand, um einen anständigen Frieden zu schließen. Hierfür haben wir getreulich gearbeitet, so lange als uns eine Hoffnung auf Erfolg blieb und waren bereit, den Zorn und die Entfremdung erprobter Freunde zu ertragen, wenn wir nur mit irgend einem persönlichen Opfer das Ende dieses zerstörenden Krieges herbeiführen könnten. Ein Privatbrief, welchen wir um diese Zeit dem eifrigsten Friedensvermittler schrieben, ist von demjenigen, ohne dazu irgendwie befugt zu sein, der Oeffentlichkeit übergeben worden. Er lautet wie folgt:

„An Herrn W. C. Jewett, Washington, D. C.

Theurer Herr! Was Sie immer thun mögen, um unserem leidenden Volke den Frieden zurückzugeben, ziehen Sie folgende Punkte in Erwägung:

1. Alle Unterhandlungen müssen stattfinden zwischen der Regierung der Vereinigten Staaten und den Behörden der Confederation.

2. Keine nicht mit gehörigen Vollmachten versehene Personen dürfen etwas damit zu thun haben. Was Sie thun können ist nur das, einen Weg für solche Verhandlungen anzubahnen.

Zu solchen Unterhandlungen kann unsere Regierung nicht vorschreiten, ohne daß sie gehörig, wenn auch in förmlicher Weise, versichert ist, daß die Conföderirten die ersten Schritte thaten. Der Bruch rührt von ihnen her, und sie müssen zuerst ihre Bereitwilligkeit zeigen, Frieden zu schließen.

3. Will man die Sache vor ein Schiedsgericht bringen, so kann dies nur unter folgenden Bedingungen geschehen:

Erstens, der Schiedsrichter darf keine Macht sein, welche für irgend einen der streitenden Theile eine Vorliebe oder Vorurtheil gegen einen derselben gezeigt hat.

Zweitens, sie darf keine Interessen an der Zerstückelung unseres Landes haben.

Drittens, sie darf nicht wünschen, daß unser republikanisches Regierungsprinzip des Erfolges ermangle.

Sowohl England wie Frankreich müssen nothwendig ausgeschlossen werden, da sie thatsächlich den Wunsch ausgesprochen haben, daß unsere Republik in Stücke fallen und Louis Napoleon ein spezielles Interesse daran hat zu beweisen, daß Republiken nicht von Dauer sind. Denn wenn die Republik eine legitime wohlthätige Staatsform ist, was muß dann das Urtheil der Geschichte über Den sein, der die französische Republik zerstört hat?

Sie werden, denke ich, keinen aufrichtigen Freund der Union finden, der wünscht, daß unsere Regierung etwas in der Angelegenheit thue, es sei denn, nachdem die Conföderirten einen aufrichtigen, offenherzigen Vorschlag gemacht haben, der ein Schiedsgericht, aus einer oder mehreren befreundeten Mächten bestehend, vorschlägt. Ich kann Niemand als einen Feind der Union ansehen, der wahre Friedens-Vorschläge zur Schau trägt.

Ihr ꝛc.

Horace Greeley.“

Herr Jewett machte demgemäß alle Versuche, die er konnte, um zu erfahren, ob und was die Rebellen in dieser Beziehung thun wollten. Kein versöhnliches Wort, keine Bitte um schiedsrichterlichen Austrag wurde geäußert. Natürlich wünschten sie Frieden, dadurch daß wir nachgäben und ihnen Alles bewilligten, was sie wünschten, mit Einschluß von Vielem, was sie jetzt nicht haben und nie vorher hatten. Mit anderen Worten: Nachdem sie von dem Stimmkasten und der Rednerbühne an das Schwert und die Bayonnette appellirt, beabsichtigten sie den Streit dadurch zu beendigen, daß sie die Rolle des Siegers spielten und von uns als Besiegte Nachgiebigkeit verlangten, gerade wie sie den Kampf anfingen. Und nach Wochen vergeblichen Wartens auf Friedens-Vorschläge Seitens der Rebellen mußte er es schließlich aufgeben, ohne nur den geringsten Schatten eines solchen Vorschlags zu sehen. Und dadurch sind wir zu der Ueberzeugung gekommen, daß die Führer der Rebellen nie eine versöhnliche Maßregel autorisirten.

Im Juli 1864 erneute Herr Jewett seine Bemühungen und Herr Greeley sah sich bewogen, folgenden Brief an den Präsidenten zu richten:

Horace Greeley an Präsident Lincoln.

„New York, den 7. Juli 1864.

Mein lieber Herr! Ich wage es, einen Brief und eine telegraphische Depesche einzuschließen, die ich gestern von unserm unabweisbaren Freund Colorado Jewett aus Niagara erhalten habe.

Ich halte dafür, daß dieselben Aufmerksamkeit verdienen. Natürlich will ich mich nicht für Jewett's positive Behauptung verbürgen, daß seine Freunde in Niagara Vollmacht von Seiten J. D.'s (Jefferson Davis) besitzen, obgleich ich nicht zweifle, daß sie dieselben zu haben glauben. Allein es scheint mir wenigstens zu beweisen, daß die Confederirten sich überall nach Frieden sehnen. Dies scheint zweifellos. Und deßhalb wage ich ferner, Sie daran zu erinnern, daß unser blutendes, bankerottes, beinahe in den letzten Zügen liegendes Land ebenfalls sich nach Frieden sehnt und bei der Aussicht auf neue Conscriptionen, neue Verwüstungen und neues Blutvergießen schaudert, und daß die Ansicht, die Regierung mit ihren hauptsächlichen Anhängern habe keine Lust, Frieden zu schließen, und es unterlassen, günstige Gelegenheiten zu diesem Zweck zu benutzen, jetzt großen Schaden anrichtet und, wenn das Gegentheil nicht bewiesen ist, bei der herannahenden Wahl noch größeren anrichten wird.

Es genügt nicht, daß wir uns nach einem dauernden Frieden sehnen, wir müssen dies auch dem größten Zweifler gegenüber beweisen. Die Thatsache, daß A. H. Stevens vor einem Jahre nicht die Erlaubniß erhielt, nach Washington zu kommen, um dort eine Conferenz mit den Behörden zu halten, hat viel geschadet, und der Ton der Versammlung bei der letzten National-Convention war nicht geeignet, um denselben gut zu machen. Ich flehe Sie an, zur passenden Zeit und wie Sie es für gut halten, den südlichen Rebellen solche Friedensvorschläge zu machen, die der Unparteiische für offen und großmüthig erklären muß. Und wenn es nur mit Rücksicht auf die wichtige Wahl, die bald in Nord Carolina bevorsteht, und auf die Conscription in den freien Staaten wäre, so sollte dies sofort geschehen. Ich würde das „freie Geleit,“ welches die Gesandten der Rebellion verlangen, bewilligen, nachdem dieselben vorher ihr Ehrenwort gegeben, keine Beobachtungen anzustellen und keine Mittheilungen an ihre Anhänger in den loyalen Staaten zu machen, aber vielleicht mögen Sie gute Gründe haben, dies nicht zu thun. Aber gleichviel, ob auf diese oder andere Weise, bitte ich Sie flehentlichst, dafür zu sorgen, daß das Volk im Süden es verstehe, daß Sie und wir alle den Frieden wünschen und daß wir liberale Bedingungen bewilligen werden. Ich nehme mir die Freiheit den folgenden

Plan für den Ausgleich

vorzuschlagen:

1. Die Union wird wieder hergestellt und für unauflösbar erklärt.

2. Die Sklaverei wird auf dem ganzen Gebiete gänzlich und für immer abgeschafft.

3. Vollständige Amnestie für alle politische Verbrechen und Wiedereinsetzung der Bürger jedes Staates in die Vorrechte der Bürger der Vereinigten Staaten.

4. Die Union hat den Sklavenstaaten, den loyalen eben so gut, wie den in Rebellion Begriffenen $400,000,000, wörtlich vierhundert Millionen Dollars in fünf Procent Obligationen zu zahlen, welche nach dem Verhältniß der Sklavenbevölkerung, gemäß dem Census von 1860 vertheilt werden sollen als Entschädigung für den Verlust, den die loyalen Bürger durch Abschaffung der Sklaverei erleiden. Jeder Staat soll seinen Antheil erhalten, sobald seine Gesetzgebung diesen Ausgleich ratificirt hat. Die Obligationen werden der Gesetzgebung zur uneingeschränkten Disposition gestellt.

5. Die Sklavenstaaten haben künftig Ansprüche auf Vertretung im Repräsentantenhause nach Maßgabe ihrer ganzen Bevölkerung, statt wie früher, nach der in der Verfassung für die Vertretung der Sklavenstaaten vorgeschriebenen Norm (d. h. je drei Stimmen für fünf Sklaven), weil jetzt alle frei sind.

6. Eine National-Convention soll sich sobald als möglich versammeln, um diesen Ausgleich zu ratificiren und solche Aenderungen in der Verfassung zu machen, welche räthlich erscheinen mögen.

Herr Präsident, ich fürchte, Sie wissen nicht, wie sehr das Volk sich nach irgend einem Frieden sehnt, der sich mit der Aufrechthaltung der Union und mit den Forderungen der Ehre verträgt und wie freudig es dessen Abschluß begrüßen würde. Und wie kann man sich darüber wundern, wenn man erwägt, daß der Dollar „Greenback" nur vierzig Cents in Gold werth ist, und daß bald die Conscription für die dritte Million Soldaten beginnen soll.

Ich will nicht behaupten, daß wir jetzt einen ehrenhaften Frieden erreichen können, aber ich sage soviel, daß wenn Sie den Rebellen einen aufrichtigen Frieden zu Bedingungen, die ein Unparteiische für gerecht erklären würde, vorschlagen, dies im schlimmsten Falle ein großer Vortheil (und einer den wir leider sehr nothwendig brauchen), für die Sache der Nation sein würde. Es mag uns vor einem Aufstand im Norden bewahren.

Ihr 2c.   Horace Greeley.
An A. Lincoln, Präsident, in Washington.

P. S. Selbst wenn es nicht zweckmäßig erscheinen sollte, den Rebellen einen Vorschlag zu machen, halte ich dennoch entschieden dafür, daß es jedenfalls wünschenswerth sei, daß irgend ein Vorschlag, den sie möglicher Weise machen, empfangen und entweder angenommen, oder verworfen werde. Ich bitte Sie, die jetzt in Niagara befindlichen Agenten ihre Vollmachten und Vorschläge zeigen zu lassen.
H. G.

Nach Empfang dieses Briefes ersuchte der Präsident Herrn Greeley, nach Niagara zu gehen und mit den vermutheten Commissären der Rebellion eine Conferenz zu halten. Sehr gegen seinen Willen kam er diesem Ersuchen nach. Ich brauche indessen kaum zu bemerken, daß seine Anstrengungen vergeblich waren und er kehrte nach New York sehr unbefriedigt mit dem Resultate seiner Mission und mit der Haltung der Regierung zurück. Er machte dieselbe Erfahrung wie Benjamin Franklin, nämlich, daß, so sehr auch die Friedensstifter in der künftigen Welt gesegnet werden mögen, sie auf dieser mehr Flüche als Segenssprüche zum Lohn erhalten. Seit jener Zeit haben die Ereignisse bewiesen, daß zu keiner Zeit während des Krieges die Rebellenregierung irgend einen Friedensvorschlag in Erwägung gezogen haben würde, es sei denn, daß derselbe zur Trennung führe.

Das Tribunegebäude wird während der Aufläufe von 1863 angegriffen.

Im Anfang des Krieges kam es zu einer kleinen Friedensstörung in Nassau Street, gegenüber dem Büreau des New York Herald, und zwar in Folge der zweideutigen Stellung, welche der Herald in Bezug auf den beginnenden Kampf einzunehmen schien.

Nachdem aber die Flagge der Vereinigten Staaten an einem der Fenster angebracht worden war, begrüßte der Volkshaufe dieselbe und zerstreute sich.

Dieser Vorfall wurde von der Tribune in einer Weise berichtet, welche die Vermuthung andeutete, der Herald kümmere sich nicht viel darum, welche Flagge dort wehe, die der Union, oder der Rebellion, und daß nur die Drohungen der Volksmasse seine Wahl bestimmt hätten. Der Herausgeber des Herald ärgerte sich sehr über diesen Bericht und schien entschlossen, blutige Rache an seinem Nachbar zu nehmen. Während der zwei nächsten Jahre enthielt beinahe jedes Blatt des Herald einen kürzeren, oder längeren Artikel, worin die Tribune und ihr Redacteur als Urheber des Krieges denuncirt und dem Volkshasse preisgegeben wurden, wobei er andeutete, das Volk werde dies allmälich einsehen und dann den Redacteur am nächsten Lampenpfahl aufhängen.

Man könnte wahrscheinlich zwei hundert Artikel wie den folgenden während der ersten zwei Jahre des Krieges in den Spalten des Herald finden:

„Dieser verrückte Schuft, der jetzt gleiche Rechte für Schwarze wie für Weiße befürwortet, behauptete früher mit gleicher Beharrlichkeit und Zuversicht, daß die Menschen alles Eigenthum gemeinsam besitzen, daß alle Männer zusammen leben und alle Frauen gemeine H.... sein sollten. Diese verdammenswerthen Theorien sind unter dem Namen von „Fourierismus, Phalanrismus, freie Liebe" von Greeley in den Spalten der Tribune dargelegt und befürwortet worden, und Eine nach der Andern sind diese abscheulichen Mißgeburten erwürgt worden, bis jetzt nur noch eine von der verfluchten Nachkommenschaft übrig bleibt und das ist „Abolitionismus." Hierdurch hat er versucht, die Union in Stücke zu reißen und Neger mit Weißen politisch wie gesellschaftlich auf gleichen Fuß zu stellen. Mit den anderen verrückten Einfällen richtete er vielen Schaden an und lockte manche unschuldige Person vom Pfade der Tugend. Durch diesen letzten hat er uns in einen blutigen Krieg verwickelt, worin Tausende werthvoller Leben geopfert wurden. Zweifelsohne wird Greeley's Abolitionismus schließlich unterdrückt werden, wie seine früheren „Ismen", aber mit welch schrecklichen Kosten an Blut und Geld kann dies nur ausgeführt werden. Wenn die weiße Race der schwarzen im Kampf gegenübersteht, so muß die eine oder andere der beiden ausgerottet werden! Und darauf arbeitet Greeley mit seinem Werkzeug, dem schwarzen Pfaffen Gannett, eifrig los. Vernünftige Personen beider Racen hassen und verachten ihn."

In manchen anderen Artikeln wurde die

Canaille aufgefordert, Herrn Greeley zum ersten Opfer ihrer Rache zu machen. „Wenn wir beschließen," jagt der Herald, „die Abolitionisten aufzuhängen, so wird Greeley einen Ehrenplatz, als der Erste oder Letzte unter den Aufgehängten erhalten. Wir versprechen ihm diese hohe Ehre."

Endlich wurden diese Anstrengungen mit einem kleinen Erfolg gekrönt. Das Gebäude der Tribune wurde während der im Jahr 1863 bei Gelegenheit der Conscription ausgebrochenen Volks-Aufläufen von einem „Mob" angegriffen, und der Ober-Redakteur würde sicherlich sein Leben verloren haben, hätten nicht seine Freunde Vorsichts-Maßregeln getroffen. Ich bin zufällig Augenzeuge bei dem Versuche, das Gebäude zu zerstören gewesen. Am Montag, dem ersten Tag der Unruhen, ging ich mit meiner Frau die vierzehnte Straße hinunter. Ich hatte den ganzen Tag am Schreibtisch zugebracht und bedurfte der Erholung. Nahe der Ecke der fünften Avenue wurden wir aus unserm traumähnlichen Zustand durch einen großen Stein geweckt, der vor uns auf das Pflaster fiel und von dem Geheul vieler Stimmen begleitet war, sowie von dem raschen Galopp eines Pferdes, auf welchem ein Farbiger saß. Wir sahen zugleich einen Haufen zerlumpter, gemein aussehender Männer und Knaben, jeden mit einem langen Stock, oder einer Latte, und einen oder zwei mit einem rostigen Gewehr bewaffnet. Sie marschirten schnell, aber ohne Ordnung auf den Trottoirs und der Straße und nahmen vielleicht eine Strecke von einer Viertelmeile ein. Es mögen ihrer einige hundert gewesen sein. Der Stein, durch den unsere Aufmerksamkeit angezogen wurde, war von einem der Hallunken nach dem Farbigen geworfen worden, der seine Rettung vom augenblicklichen Tode nur der Schnelligkeit seines Pferdes zu verdanken hatte. Da ich an jenem Tage noch nichts von den am Morgen stattgefundenen Aufläufen gehört hatte, so konnten wir uns die Anwesenheit dieser fremdartig aussehenden Bande in diesem sonst ruhigen, aristokratischen Stadttheile nicht erklären, bis Einer unter ihnen ausrief: „Dort ist ein Nigger, der seine dreihundert Dollars werth ist!" Nachdem die Hauptschaar vorbeipassirt war, fragte ich einen der Nachzügler wohin sie gingen, und er antwortete: „Nach dem Bureau der Tribune."

Es war eine Schaar von Kerlen, wie ich sie nie vorher gesehen. Ich habe von Kindheit an in New York gelebt und glaubte die verschiedenen Klassen seiner Einwohner wohl zu kennen, aber ich habe nie etwas gesehen, was dieser Bande ähnlich gewesen wäre. Ich weiß bis auf den heutigen Tag nicht, wo diese Menschen herkamen und wohin sie verschwanden. Drei Viertel derselben waren weniger als ein und zwanzig Jahre alt und Viele nicht mehr als vierzehn. Die Knüppel, mit denen sie sich bewaffnet hatten, waren irgendwo aufgelesen

worden. Ihre Kleider hatten nicht diejenige Sorte von Schäbigkeit, die ich in den Straßen von New York gesehen habe. Sie sahen nicht aus, wie die Kleider von Taglöhnern, oder Handwerkern. Ich möchte die Leute für an den Werften und Magazinen umherstreifende Flußdiebe halten, welche Schiffbauhöfe plündern und altes Eisen und Kupfer stehlen.

Es fiel mir ein, daß wenn ich einen Omnibus nehme, ich dieser Bande zuvor und bei Zeiten in die untere Stadt kommen könne, um die Leute auf dem Bureau der Tribune zu warnen. Demgemäß liefen wir eiligst in den Broadway, da aber die Wägen sämmtlich voll waren, so schritt ich so schnell als ich konnte die Stadt hinunter und hatte das große Vergnügen an der zehnten Straße zu sehen, wie diese Bande von Bösewichten zerstreut wurde.

Es hatte sich zufällig getroffen, daß gerade als die Spitze des Zuges in den Broadway drehte, eine Abtheilung von Polizei-Männern auf ihrem Wege nach den Aufläufen in der oberen Stadt herankam.

Diese formirten rasch zwei Linien, welche sich von einem Trottoir zum andern erstreckte und stürzten auf den Haufen los. „Schlagt drauf, was Zeug hält und macht keine Gefangenen!" war die Instruktion. Für einen Augenblick hörte man das Rasseln der Knüppel, ein Dutzend Kerle wurden niedergeschlagen und die Raufbolde zerstreuten sich nach allen Richtungen. In einer Minute war alles geschehen. Die Polizei wendete sich wieder für den Marsch und setzte denselben fort. Die Verwundeten waren alle im Stande, sich aus dem Staube zu machen mit Ausnahme eines Einzigen, der gerade in eine Apotheke taumelte, als ich in einen Omnibus stieg. Er war offenbar am Kopfe verwundet und sein Gesicht war mit Blut bedeckt. Nur einer der Polizeimänner war getroffen worden, jedoch im Stand, mit den Uebrigen weiter zu gehen.

Im Bureau der Tribune hatte Alles so sehr sein gewöhnliches Aussehen, daß ich mich fast schämte, meinen Bericht zu machen. Die Fenster und Thüren standen alle offen. Das Comptoir war beinahe leer und um das Gebäude war keine Menschenmasse zu sehen. Die Reporters und Redacteure waren abwesend, um die Einzelheiten über den Auflauf zu sammeln. Während ich über die Räthlichkeit des Zuschließens des Bureaus als eine Maßregel der Vorsicht sprach, kam auch Herr Gilmore (nicht der berühmte Musiker, sondern ein Kaufmann, der unter dem nom de plume Edmund Kirke als Schriftsteller über die Sklaverei rc. bekannt ist) herein und ihm erzählte ich, was ich gesehen und gehört hatte. Er erkannte sofort, daß die Lage kritisch sei und schlug mir vor, mit ihm zum Chef der Polizei und zum General Wool zu gehen, um zu sehen, was während der Nacht für den Schutz des Verlagslocals und der Druckerei gethan werden kann. Wir gingen und fanden bei dem Hauptquartier der Polizei ein Detachement von mehr als hundert Mann in Linie aufgestellt und man versicherte uns, daß dieselben nach dem Gebäude der Tribune marschiren und dasselbe bewachen werden. Dies schien genügend; um aber doppelt Sicherheit zu erlangen, gingen wir auf Herrn Gilmore's Rath auch zu General Wool, den wir in St. Nicholas-Hotel in Conferenz mit dem Major und von seinen Adjutanten umgeben, antrafen. Herr Gilmore verschaffte sich eine Anweisung auf den Commandanten von Governors Island für hundert Musketen und Munition und eilte sofort nach der Insel, während ich, nun überzeugt, daß das Gebäude der Tribune in Sicherheit sei, gemüthlich dahin wandelte, um meinen Bericht zu machen.

Ich kam dort etwa um sieben Uhr Abends an und fand, daß es sich in der Nachbarschaft bedeutend verändert hatte. Die Thüren und die Fensterladen waren geschlossen. Ein großer Volkshause stand auf dem Platze vor dem Hause und unterhielt sich in kleinen Gruppen, wenn auch nicht sehr aufgeregt. Bei meinem Eintritt fand ich, daß nur zwei oder drei Personen im Bureau anwesend waren, von denen Keiner etwas von der Polizeimannschaft, die zum Schutz des Gebäudes versprochen worden war, gesehen hatte. Die amtliche Stellung dieser Personen verpflichtete sie, auf ihrem Posten zu beharren und hier waren sie nun gänzlich allein und hülflos. Ich lief wieder hinüber auf das Hauptquartier der Polizei und hörte dort, daß in der That hundertundzehn Leute der Polizei dahingekommen, aber auf das Gerücht von erneuten Friedensstörungen in der ersten Ward sofort wieder dahin abgegangen seien. Da Herr Gilmore unmöglich vor dem Verlauf von zwei Stunden von Governors Island zurückkommen konnte, so war die Tribune jetzt nicht sicherer, als vorher.

Ich mischte mich unter die Volksmassen, um den Ton ihrer Unterhaltung zu beobachten. Es gab nichts sonderlich Auffallendes in dem Aussehen der Leute; die Meisten schienen lediglich durch die Neugierde angezogen worden zu sein. Ein ziemlich gutmüthig aussehender Mann mit einem Sternnacken declamirte ein wenig laut: "Wozu schlägt man die „Nigger" todt?" fragte er, „die Nigger haben nichts verbrochen. Die sind nicht von selbst hierher gekommen, nicht wahr? Sie sind friedlich und bekümmern sich um Niemand," dann fuhr er fort, auf die Fenster des Redactionslocals zeigend: „Dort oben sind die Nigger." Noch andere äußerten sich in ähnlicher Weise.

Allmälig sammelte sich eine dichtere Masse dicht vor dem Gebäude. Das Trottoir war noch nicht besetzt, aber von der Gasse bis in die Mitte des freien Platzes stand ein dicht gedrängter Volkshaufen und alle sahen das Gebäude an, welches kein einziges Licht zeigte und unbewohnt schien. Es war noch alles ruhig. Endlich kam eine kleine Rotte gerade

solcher Burschen, wie ich am Nachmittag von der Polizei hatte zerstreuen sehen, von Chatham Street hergezogen und mischte sich unter den Haufen, der von dieser Zeit an mehr Lärmen machte. Mitunter sagte Jemand ein Paar Worte und die Uebrigen lachten, oder riefen „Hurrah." Und von diesem Gelächter und Hurrarufen wurde allmälig eine Aufregung verursacht, die zum Angriff auf das Haus führte. Endlich wurde ein Stein gegen die Fensterladen geworfen und fiel dicht am Hause auf das Pflaster nieder. Dies wurde von einem gellenden Beifallsgeschrei begrüßt, und jetzt zum ersten Mal fühlte ich, daß die Tribune in Gefahr war.

Ich lief eiligst auf die Polizeistation und sagte den wenigen Beamten, die dort anwesend waren: „Das Gesindel fängt an, Steine nach dem Gebäude der Tribune zu werfen. Jetzt können noch fünf Mann das Unheil verhüten, aber in zehn Minuten sind hundert nicht mehr im Stande." Zufällig waren sechs Polizei-Männer da, von denen fünf sofort ihre schwere Knüppel zur Hand nahmen und mit mir gingen. Als wir ankamen, flogen schon zahlreiche Steine gegen das Haus. Gelegentlich wurde ein Fenster eingeworfen und dann brach das Gesindel in ein Triumphgeschrei aus. Die fünf Polizeidiener gingen muthig auf dem Trottoir vorwärts und stellten sich zwischen dem Hause und der Volksmasse auf. Das Steinwerfen hörte für ein Paar Augenblicke auf und das Volk zog sich von den Polizeidienern zurück, und wie es schien, fürchtete es deren Revolver. Allein, bald zeigte sich, daß diese kleine Zahl ganz unzureichend war. Ein dichter Haufen kam heran, und drängte sich auf die Polizeidiener ein, die bald übermältigt und auf die Seite gedrängt wurden. Dann stürzte sich das Volk auf die Fensterladen und Thüren und in einer unglaublich kurzen Zeit wurden unter dem betäubenden und wüthenden Geschrei der Masse die Thüren eingeschlagen und die Menge füllte bald die Zimmer an. Jetzt, dachte ich, alles sei verloren und das Gebäude werde zerstört werden. Allein, in diesem Augenblick hörte man einen Pistolenschuß vor dem Hause und augenblicklich flüchteten sich die Angreifenden und der Platz schien wieder so leer, wie um zwei Uhr Morgens. Ehe die Schufte Zeit hatten sich zu ordnen, kam eine kleine Armee in blauen Uniformen im Geschwindschritt die Nassau Street herauf und die Tribune war gerettet.

Herr Greeley wollte lange nicht glauben, daß dies Volk, welches gegen die Conscription protestirt, ernstliche Absichten gegen die Tribune hatten. Einer seiner Collegen sagte ihm an jenem Morgen: „Wir müssen uns verbarricadiren und bewaffnen. Dies ist nicht ein bloßer Auflauf, es ist eine Revolution."

„Nein," erwiederte Greeley. „Bringt kein einziges Gewehr in das Haus; laßt Sie uns angreifen. Ich habe mein ganzes Leben für die Arbeiter gearbeitet. Wenn sie mir jetzt meine Druckerei anstecken und mich aufhängen wollen, so mögen sie es thun."

Herr Gilmore erzählt über die weiteren Vorgänge Folgendes:

Während dieses an Printing House Square vorfiel, saß der Oberredacteur ruhig in seinem Hause in der oberen Stadt und las die Abend= Zeitungen, ohne eine Ahnung von diesen Vor= gängen zu haben. Sein Abendessen war etwas verzögert worden, weil seine Familie, um ihn von dem Bureau wegzuhalten, solche Speisen bestellt hatte, deren Zubereitung un= gewöhnlich lange Zeit erforderte. Aber endlich hatte er die Mahlzeit beendigt und dieser Mann, der speziell zum Opfer der Volkswuth ausersehen war, erhob sich, um ganz offen nach dem Bureau zu gehen und noch einen andern Leitartikel zu schreiben. Er war schon in Ann Street und die ganze Nassau Street, Printing=House Square und das benachbarte Broadway waren mit aufgeregten Volkshau= fen gefüllt, die immer zuriefen: „Herunter mit der Tribune! Herunter mit dem alten Weiß= rock, der einen Irländer für nicht besser als einen „Neger" hält." Er hätte keine zehn Schritte weiter gehen können, ohne erkannt zu werden, und das hätte seinen augenblicklichen Tod am nächsten Laternenpfahl herbeigeführt. Glücklicherweise war ein Freund (Theodor Tilton) bei ihm, der die Gefahr erkannte. Eine Zeit lang bestand der Redacteur der Tribune darauf, weiter zu gehen, und erklärte, das rebellische Gesindel soll ihn nicht abhalten, allein, schließlich gab er nach; er sah ein, daß unter Umständen Klugheit besser als Tollkühn= heit sei, und willigte dazu ein, nach Hause zu fahren. Eine Kutsche wurde geholt. Die Vorhänge wurden zugezogen und in Beglei= tung seiner zwei Freunde fuhren sie mitten durch den Haufen nach Haus. Sein Leben war mit knapper Noth gerettet worden.

Im Laufe des Abends kehrte Herr Gilmore mit Waffen und Munition zurück und das Gebäude wurde in gehörigen Vertheidigungs= zustand gesetzt.

Als der erste Unterredakteur der Tribune den Broadway hinunterging, hörte er, daß das Gebäude demolirt und niedergebrannt worden sei, ging aber dennoch weiter und kam eben an, als die Polizei die Nachzügler der Aufrührer zusammentrieb. Als er in die unteren Zim= mer trat, bot sich ihm eine unbeschreibliche Scene dar.

In den zwei Minuten, während dem die Aufrührer Besitz von dem Locale gehabt, hatten sie die vollständigste Zerstörung fertig gebracht. Nicht ein einziges Möbel war in seinem Orte, die Gasleuchter waren abgerissen. Thüren und Fenster zerschlagen und in der Mitte des Zimmers zeigten zwei große schwarze Flecken, daß man versucht hatte Feuer zu legen, um das Gebäude niederzubrennen.

Die Rache, welche Herr Greeley an den Ver= leger des Herald nahm, ist von der Art, wie sie in der Bibel beschrieben ist. Er häufte feurige Kohlen auf dessen Haupt. Während des Wahlfeldzugs von 1864 hielten Herr Lincoln und dessen Freunde die Unterstützung des Herald für eine wesentliche Bedingung des Er= folges und diese wurden geradezu durch die an= gebotene Gesandtschaft in Frankreich erkauft. Dieser Handel wurde mehreren Redaktionen republikanischer Blätter mitgetheilt und sie ver= sprachen, denselben nicht angreifen zu wollen. Man bewog Herrn Greeley sogar, einen von einem Andern geschriebenen Artikel aufzuneh= men, in welchem der Verleger des Herald als eine geeignete Person für die Rolle eines Ge= sandten in Frankreich empfohlen wurde. Daß nur Gründe der Vaterlandsliebe Herrn Gree= ley dabei beseelten, darüber bin ich ebenso sicher, als daran, daß das Ganze Unrecht war.

Während des Jahres 1863 fraßen die unge= heuren, durch den Krieg verursachten Auslagen das Einkommen der Tribune beinahe vollstän= dig auf und unter diesen Umständen nahm Herr Greeley den mit liberalem Angebote be= gleiteten Vorschlag der Herren Case & Co. in Hartford an, für den Verlag eine Geschichte des Krieges zu schreiben und während der näch= sten drei Jahre hatte er Arbeit genug für zwei Tage an einem einzigen zu verrichten. Um neun Uhr Morgens schloß er sich mit einem Schreiber in einem Zimmer des Bibel= hauses ein und arbeitete an dieser Geschichte des Krieges bis vier Uhr Nachmittags, dann aß er zu Mittag, ging auf das Bureau und arbeitete an der Zeitung bis elf Uhr Nachts; und als ob dies nicht genug sei, fand er mit= unter noch Zeit, um eine politische Rede zu halten. Das Geschichtswerk wurde im Jahre 1865 vollendet. Hinter dem Titelblatt enthielt es folgende Widmung:

John Bright,

dem Brittischen Volksvertreter und christlichen Staatsmann, dem Freunde meines Landes, weil er ein Freund des ganzen Menschenge= schlechtes ist, widmet diesen Bericht über die Kämpfe und Anstrengungen einer Nation, um aus Dunkelheit und Knechtschaft zur Lust und zur Freiheit vorzuschreiten mit Gefühlen der Hochachtung und Dankbarkeit

Der Verfasser.

Zweiundzwanzigstes Kapitel.

Rekonstruktion.

Jeder Leser dieses Buches weiß, welches Mitgefühl Horace Greeley für das Volk der südlichen Staaten hegte, nachdem der Krieg beendet war. Daß er von freundlichen Ge= sinnungen beseelt war, lag in seinen ursprüng=

lichen Naturanlagen und sein Plan für die Wiederherstellung der Union läßt sich kurz in vier Worten geben, nämlich „allgemeine Amnestie, allgemeines Stimmrecht."

Bei diesem einfachen und doch Alles umfassenden Plane hat er stets beharrt und wir haben jetzt Aussichten, daß derselbe vollständig ausgeführt wird.

In einer im März 1866 gehaltenen Rede, legte er seine Ansicht klar und eindringlich dar.

„Was hat der Krieg entschieden?" Erstens, alle stimmen darin überein, daß der Krieg bei seinem Schluß bestätigte, daß wir nicht einen losen Staatenbund, sondern einen Bundesstaat, eine einheitliche Nation bilden. Das amerikanische Volk, welches auf dem Gebiet der Union wohnt, bildet eine Nation und wir schulden die Pflichten eines Unterthans zunächst der Nation, als solcher, und nicht den Staaten New York oder New Jersey, oder Pennsylvanien oder Virginien ꝛc., wo wir gerade wohnen mögen, sondern dem ganzen Bundesstaat. Ueber diesen Punkt waren wir uns vor dem Krieg nicht einig, aber ich glaube, daß alles dies jetzt als entschieden betrachtet, und daß, welche Meinung Einer auch vorher in Bezug auf Staatenrechte und das Recht der Secession ausgesprochen haben mag, diese Frage definitiv entschieden ist, und daß wir vor allen Dingen eine einheitliche Nation bilden.

Dieser Schluß hat aber eine größere Tragweite als zuerst scheinen mag, denn wenn die Regierung ein Recht auf Ihren und meinen Gehorsam hat, so sind wir auch berechtigt, von ihr Schutz zu erwarten. Wir können uns nicht denken, daß die Union von uns erwarten kann, daß wir die Pflichten gegen sie als die ersten und höchsten anerkennen, während sie selbst uns nicht vollen Schutz angedeihen läßt. Wenn der einzelne Staat mich des Schutzes des Bundes berauben kann, wenn der Staat sich zwischen mich und das Land stellen und sagen darf: „Die Nation beschließt dies, aber trotz der Union werden wir mit Dir thun, was uns beliebt, dann ist es höchst ungerecht, daß die Nation von uns zu gleicher Zeit, wo sie uns ihren Schutz versagt, Unterthanenpflichten beansprucht. Ich denke, Jeder wird mit mir darin übereinstimmen.

Aber der Schluß geht noch viel weiter, als Viele von uns anerkennen möchten; denn, wenn das, was ich gesagt habe, in Bezug auf den Weißen gültig ist, so muß es auch in Bezug auf den Farbigen wahr sein. Ist die Regierung der Union berechtigt, zuerst und vor allen anderen Gewalten von jedem großen und von jedem kleinen Manne, von jedem Unwissenden und von jedem Gelehrten, von jedem Weißen, wie von jedem Farbigen im Lande Unterthanenpflichten zu verlangen, dann ist sie auch verpflichtet, diese Leute in ihren Rechten als denjenigen freier Männer zu beschützen. Und deßhalb, wenn ich gefragt werde: „Wie

beweisen Sie, daß der Congreß das Recht hat, solche Gesetze, wie das über die Errichtung des Bureau's für befreite Farbige und das über Civil-Rechte (namentlich das letztere) zu erlassen?" so antworte ich: „Ich folgere es aus der Thatsache, daß die Regierung (und mit Recht) von diesen Leuten Gehorsam verlangt und deßhalb zu ihrem Schutz verpflichtet ist."

Ich glaube ferner, es ist von Allen anerkannt, daß dieses jetzt ein Land ist, wo nur freie Leute existiren können. Es kann nicht länger aus Hälfte aus freien und zur Hälfte aus Sklaven-Staaten zusammengesetzt sein. Es ist eine Nation von freien Männern. Von „Befreiten" sprechen wir mit Hinblick auf die früheren Sklaven, aber ihre Kinder werden nicht mehr zu den Befreiten, sondern zu den Freigeborenen gerechnet werden.

Dem Rechte nach gibt es heutzutage nur noch freie Leute in diesem Lande, und diesen Punkt müssen selbst Diejenigen, deren Meinungen am weitesten von uns abweichen, zugeben, daß wir eine Nation freier Leute sind und stets bleiben werden."

Jedem ist bekannt, daß dieser Plan für Rekonstruktion durch die Verrätherei Andrew Johnson's als Präsident gegen diejenige Partei, welche ihn erwählt hatte, vereitelt wurde. Herr Greeley war einer Derjenigen, welche das Zerwürfniß zwischen dem Congreß und dem Präsidenten, welches er schon früh vorausgesehen hatte, beizulegen suchte. Ueber diese Versuche berichtete er im September 1866 Folgendes:

„Bald nach unserer letzten Staatswahl und ehe der gegenwärtige Congreß zusammentrat ging ich, nicht ohne Einladung, nach Washington, um einem solchen Zerwürfniß vorzubeugen. Ich hatte eine Conferenz mit dem Präsidenten und rieth ihm, drei der hervorragendsten Vertreter der Ansichten des Volks in den nördlichen Staaten und ebenso drei solche Repräsentanten der Südländer nach Washington einzuladen und sie zu bitten, eine oder zwei Wochen lang im „weißen Hause" zu bleiben, bis sie durch eine freimüthige und freundschaftliche Discussion ein Uebereinkommen ausgearbeitet hätten, durch welches der Norden und Süden nicht nur versöhnt, sondern für immer brüderlicher und harmonirender gemacht würden.

Ich rieth dem Präsidenten, mitunter, wie er gerade Zeit finde, den Sitzungen beizuwohnen und solche Rathschläge zu geben, wie er für gut halte, mehr im Charakter eines Freundes, als einer der Discussion interessirten Partei.

Aufgefordert, solche Leute vorzuschlagen, erwähnte ich Governor Andrew von Massachusetts, Gerritt Smith von New York, und Richter Spalding von Ohio, als drei Personen, welche die die Sklaverei mißbilligende öffentliche Meinung in den nördlichen Staaten repräsentirten, während sie zugleich versöhnliche Gesinnungen gegen den Süden hegten, und ich hoffte, daß diese mit solchen Leuten, wie Robert E. Lee, Alexander M. Stephens ꝛc. zusammentreffen möchten, als mit Leuten, in welche der Süden Vertrauen habe. Aber ich fügte hinzu, daß ich keinen besonderen Wunsch habe, daß diese, oder irgend welche bestimmte Männer hierzu ausgewählt würden und es nur für wünschenswerth halte, daß die zu Wählenden bei jedem betreffenden Landestheile das nöthige Vertrauen genössen.

Etwa zwei Monate später nach dem Zusammentritt des Congresses und nachdem die Aussichten noch dunkler geworden waren, ging ich wieder nach Washington, weil ein gemeinschaftlicher Freund mir angedeutet hatte, daß der Präsident mich zu sehen wünsche. Das gemeinschaftliche Committee für Reconstruction war eben ernannt worden. Ich willfahrte und erhielt bald eine Audienz, in welcher ich dem Präsidenten rieth, dieses Committee nach dem „weißen Hause" einzuladen und mit demselben einen Abend nach dem andern in voller Freundschaft die sämmtlichen Punkte in der wichtigen Aufgabe der Reconstruction mit der ernsten Absicht zu besprechen, die Grundlage für ein Abkommen auszufinden. Ich legte ihm die Umstände vor, die mir für die Ausführbarkeit eines solchen Planes zu sprechen schienen, wenn ein Ausgleich von beiden Theilen überhaupt gewünscht werde; dies schien mir beim Congreß der Fall zu sein. Die unbeschränkte Gewalt in Beziehung auf die Ernennung und Absetzung der Beamten, welche in den Händen des Präsidenten lag, auf der einen, und der Unwillen, mit dem die Mehrheit im Congreß einen ihrer Freunde nach dem andern vom Präsidenten abgesetzt und deren Stellen von bitteren Feinden eingenommen sahen, der bei der herrschenden Partei natürliche Wunsch, mit dem Präsidenten, durch dessen Stimmen gewählt war, in freundlichen Verhältnissen zu stehen, diese und tausend ähnliche Erwägungsgründe machten es sehr wahrscheinlich, daß der Congreß mit dem Präsidenten das Aussöhnung in's Werk setzen könnte, ohne daß von irgend einer Seite ein Prinzip aufgeopfert würde. Ich spreche nur von dem, was ich gesagt, oder vorgeschlagen habe, weil ich keine Erlaubniß und kein Recht habe, weitere Aufschlüsse zu geben. Daß meinen Rathschlägen nicht nachgekommen wurde, weiß leider das Publikum, und sehr widerstrebend kam ich zu der Ueberzeugung, daß der Präsident keine Harmonie mit dem Congresse wünsche und daß er schon entschlossen war, sich gänzlich von der Partei, die ihn gewählt hatte, loszusagen und von der Gunst und der Unterstützung unversöhnlicher Feinde keine Verlängerung seiner Gewalt zu erwarten."—

Es war ein interessanter Augenblick im Leben Horace Greeley's, als er im Mai 1867 nach Richmond ging, um die Bürgschaft für Jefferson Davis zu unterzeichnen, durch welche derselbe nach zweijähriger Einsperrung in der Festung Monroe wieder in Freiheit gesetzt wurde.

„Ich ging nach Richmond und unterzeichnete die Urkunde," sagte er, „einfach, weil der Haupt-Anwalt des Gefangenen es für wichtig hielt. Wenn irgend ein Anderer ebenso gut gewesen wäre, so würde er mich nicht vorgeschlagen haben, denn man hätte leicht Bürgschaft bis zum Betrag von zehn Millionen leisten können, und Alles durch Männer, die ein doppelt so großes Vermögen hatten, als die Summe, für welche sie sich verbürgten, und von denen Jeder es für eine Ehre gehalten hätte. Aber der Anwalt hielt es für entschieden wünschenswerth, einen paar hervorragende Gegner der Rebellion als Bürgen vorzuschlagen, weil sonst die Bitte um Freilassung gegen Bürgschaft mit aller Energie bekämpft worden wäre. Von seinen Gründen weiß ich nichts, nur so viel weiß ich, daß er von mir nicht erwartet haben würde, dieser Sündfluth von Schmähungen zu trotzen, hätte er es nicht für nöthig gehalten. Die Bürgschafts-Urkunde lautete auf hunderttausend Dollars und wurde von zwanzig Personen unterzeichnet, unter welchen wir die Namen von Horace Greeley, John Minor Botts, Augustus Schell, Gerrit Smith und Cornelius Vanderbilt finden.

„Niemals sah Jemand glücklicher aus," sagt ein Augenzeuge, „denn Horace Greeley, als er die Feder ergriff, um als Bürge für die Ehre eines Anderen zu unterzeichnen. Er hatte kaum die Feder niedergelegt und dem Tische des Schreibers den Rücken gekehrt, als Jefferson Davis ihm entgegentrat und, seine Hand ergreifend, einige Worte warmer Dankbarkeit äußerte. Es war ihre erste Begegnung, und Horace Greeley erwiderte den Händedruck und sprach in einigen herzlichen Worten die Hoffnung aus, daß er dem Herrn Davis einen wesentlichen Dienst geleistet habe."

Die Ankündigung des Richters Underwood: „Der Marschall wird hiermit angewiesen, den Gefangenen in Freiheit zu setzen" war das Zeichen zu einer Demonstration des Beifalls und der Freude, für welche sich das anwesende Publikum seit Eröffnung der Gerichtssitzung vorbereitet hatte. Einen Augenblick war der Lärm schrecklich, und keine Ermahnungen des Marschalls konnten etwas helfen. Jefferson Davis wurde umringt, beglückwünscht und sofort aus dem Gerichtssaal auf die Straße gezogen, wo Tausende mit entblößten Häuptern und jauchzend standen, als er erschien und durch sie schritt.

Nachdem Herr Greeley zurückgekehrt vom Süden, fand er daß seine Handlungsweise verschiedenartig kritisirt wurde, und wurden dadurch mehrere Artikel in der Tribune veranlaßt.

Die Capitulation des Generals Lee wurde in New York am 9. April 1865, Nachts 11 Uhr bekannt, und in der Tribune vom nächften Morgen, dem 10. April, in angemessener Weise verkündigt. Gerade an diesem Tage schrieb er einen Leitartikel, betitelt: "Großmuth im Triumph," worin er Folgendes sagte: —

"Wir hören die Leute sagen: "Ja, verzeiht denen, welche verführt worden sind, d. h. den großen Massen, aber bestraft die Verführer, wie sie es verdienen." "Aber," fragen wir, "wie kann in dieser Sache ein klarer Unterschied gemacht werden? Nach welchem Grundsatz soll hierüber entschieden werden? Was ist der Prüfstein für die Verführer? Wir kennen Keinen.

Auch können wir nicht mit denen übereinstimmen, welche die ursprünglichen Agitatoren und Verschwörer bestraft sehen, aber die später, und oft gegen ihren Willen, Bekehrten geschont wissen wollen. Im Gegentheil, wir wünschen gegen keine derselben eine feindselige Stimmung zu erregen und haben noch viel weniger Antipathie gegen die Befürworter der "Beschlüsse vom Jahr 1798," gegen die Schüler von Calhoun und McDuffie, gegen die "nullifiers" von 1832 und "State rights men" von 1850, als gegen solche Leute wie John Bell, Humphrey Marshall und Alexander H. H. Stuart, welche im Glauben an die nationale Einheit ihre politische Erziehung erhielten, und indem sie zu Rebellen und Secessionisten wurden, die feierlichen Erklärungen ihres früheren Lebens und die unbestreitbare logische Folgerechtigkeit, womit sie in früheren Zeiten bewiesen, daß Secession Hochverrath sei, mit Füßen traten. Heutzutage halten wir Jefferson Davis als Hochverräther, für bei Weitem weniger schuldig, als John Bell.

Aber wir halten es nicht für weise, irgend einem Mann das Leben zu nehmen, der sich ergeben hat. Die Hinrichtung eines einzelnen würde von Jedem, der irgendwie die Rebellion unterstützte, als ein ihn schändendes Brandmark angesehen werden. Jeder würde sagen: "Ich bin ebenso schuldig wie er, der einzige Unterschied ist, daß ich im Vergleich zu ihm von wenig Wichtigkeit bin." Ein einziger Rebelle, der zur Hinrichtung geführt wird, würde von einer Million für einen Helden und ruhmreichen Märtyrer gehalten werden. Wir können uns nicht denken, daß es angemessen oder sicher wäre. Sicherlich wäre es nicht großmüthig den unterlegenen Rebellen eine solche Allen wehmüthige und theure Denksäule zu bauen. Würde der Thron des Hauses Hanover fester stehen, wenn Carl Eduard nach der Schlacht bei Culloden gefangen und hingerichtet worden wäre? Ist die Oesterreichische Macht in Ungarn heutzutage stärker, weil Nagy Sandor und seine zwölf Landsleute nach der Uebergabe bei Vilagos aufgehängt wurden?

In diesem Augenblick sind die Volks-Leidenschaften im höchsten Grade aufgeregt und machen das Volk intolerant, während die von

uns vertretene Ansicht die Lehren der Geschichte mancher Jahrhunderte für sich hat. Wir sind für eine Wiederherstellung der Union und gegen alle Maßregeln, welche uns nur eine augenblickliche Befriedigung unserer Rachegelüste gewähren würde, wofür wir durch Jahre des Hasses und der Bitterkeit bezahlen müßten.

Diejenige, welche auf militärische Hinrichtung, selbst wenn nur der Führer, bringen werden, wie wir argwöhnen, unter den Wenigen gefunden, die lange dem Hasse des Südens ausgesetzt waren, weil sie die Sklaverei verabscheuten. Und, was die lange unterdrückten und erniedrigten Sklaven betrifft, welche, wie wir hoffen, bald Mitbürger der Weißen im Süden sein werden, so sind wir überzeugt, daß ihre Stimmen, wollte man sie darüber befragen, einstimmig und entschieden für Milde und Menschlichkeit abgegeben werden würden.

Am nächsten Tag schrieb er noch andere Artikel in demselben Tone, und am 13ten einen sorgfältig ausgearbeiteten Leitartikel unter dem Titel "Friede — Bestrafung," in welchem folgende Stelle zu finden ist:

"Die New York Times beeinträchtigt ihr Renommée Ruf für die Klugheit und Vorsicht in einem charakteristischen Versuch, zwischen Wind und Wasser zu segeln und sagt: "Man hänge Jeff. Davis und schone die Andern." Wir stimmen damit nicht überein. Jeff. Davis war nicht derjenige, welcher den Plan für die Rebellion machte, im Gegentheil, er war einer derjenigen einflußreichen Persönlichkeiten in den s. g. Baumwollenstaaten, welche erst spät und nach vielem Sträuben sich der Rebellion anschlossen. Daß er jetzt der Hervorragendste ist, kommt einzig und allein von seiner officiellen Stellung her und der einzige Grund für seine Hinrichtung würde der sein, daß man dadurch mehr Leute verdammt und an den Pranger stellt, als durch die Hinrichtung irgend eines Andern.

Es gibt keinen Ex-Rebellen, so reumüthig er auch sein möge, der an dem Tage, an welchem der Präsident der Conföderirten aufgeknüpft wird, nicht ein unangenehmes Zucken am Halse verspürt. Und was würde das helfen? Wir bestehen darauf, daß man diese Angelegenheit nicht engherzig betrachten darf. Wir wünschen sehr die Zustimmung des Südens zur Emancipation der Farbigen zu erlangen, nicht diejenige Einwilligung, welche der arme Sünder am Galgen dazu gibt, daß man ihm den Strick um den Hals legt, indem er dem Gefängnißwärter die Hand schüttelt, und ihm für seine Güte dankt, sondern die herzliche Zustimmung, die nur durch Großmuth gewonnen werden kann. Vielleicht würden die Rebellen in ihrer Mehrzahl noch vor einem Jahre ebenso herzlich dafür gestimmt haben, daß der Schreiber dieses Artikels eher als irgend ein Anderer gehängt werde, deßhalb gerade scheint es Diesem von Wichtigkeit, zu beweisen, daß die auf freier Arbeit beruhende Civilisation von einem höheren, menschlichen Typus ist, als diejenige, welche sich auf Sklaverei stützt und wir können nur nicht denken, daß die Befriedigung, welche Einige unserer Freunde beim Aufhängen eines einzigen Mannes, oder von Fünfzig fühlen wird, gegen diese Rücksicht überwiegen sollte."

Am nächsten Tage schrieb ich wieder:

"Wir flehen den Präsidenten an, schnell in der Sache der Großmuth vorzugehen, ohne Rücksicht auf Anfechtungen zu handeln. Die öffentliche Meinung im Süden ist jetzt für Güte empfänglich und mag durch Großmuth electrisirt werden. Er gebe sofort das Versprechen, daß eine allgemeine Amnestie gegeben und keine allgemeine Confiskation vorgenommen werden soll. Wenn auch eine Art der Gnade, so ist es nicht desto weniger durch Rücksichten der Weisheit geboten.

Was wir wünschen ist, daß der Präsident Folgendes durch seine Handlungen ausspreche:

"Nachdem die Sklaverei durch die Rebellion Selbstmord begangen, mögen sich jetzt der Norden mit dem Süden vereinigen, um den Balg zu beerdigen und einander über dem Grabe die Hand zur Versöhnung reichen."

Am Abend jenes Tages erlebten wir das erschütternde Unglück der Ermordung Abraham Lincoln's und dies ließ in einem Augenblicke die Milch menschlicher Gesinnung in Busen von zwanzig Millionen Amerikaner gerinnen. Sogleich wurden niederträchtige Ränke ans Werk gesetzt, um der durch diese Scheußlichkeit hervorgerufenen Wuth durch Verfolgungen gegen mich Ausdruck zu geben, weil ich auf Gnade gegen die Ueberwundenen bestanden hatte. Als ich zufällig am nächsten Samstag in das Clubhaus kam, erhielt ich eine wahre Breitseite von Ihren Blicken und zwar noch ehe wir die läppische Rede eines Pfaffen anhören mußten, der zu beweisen suchte, daß die Vorsehung speziell deßwegen Abraham Lincoln aus dem Weg geräumt habe, weil seine menschlichen Gesinnungen wohlbekannt gewesen seien und zu dem Zwecke einem Nachfolger Platz machen mußte, der den Rebellen ein volles Maß blutiger Gerechtigkeit zukommen lassen werde. Und als einige Tage später, ein nicht zu schlauer Verehrer von mir dem Club mit meinem Porträt ein Geschenk machen wollte, widersetzte sich Ihr damaliger Präsident in einer Rede, dessen starker Ausdruck des Tadels gegen mich nur durch meine Ermahnungen zur Gnade gerechtfertigt wurde.

Sofort brachen die sämmtlichen kleinen Geschöpfe, denen Gott in seinem unergründlichen Rathschlusse erlaubt hat, die Mehrzahl unserer kleinen Blätter zu schreiben, wie auf ein verabredetes Zeichen, in das Gebeul der Denunciation und Wuth gegen mich aus, der sein Echo in dem Geschrei tausender nicht gehörig unterrichteter Leser der Tribune fand, die mir als Abonnenten kündigten.

Ein unverschämter Mensch verlangte, ich solle mich kategorisch erklären, ob ich Jeff. Davis gehangen wünsche, oder nicht; im letzteren Falle bedürfe er meiner Zeitung nicht länger. Viele erklärten, ich trotze der öffentlichen Meinung und die meisten meiner Leser stimmten nicht mit mir überein, gerade, als ob ich bewogen werden könnte, eher das zu schreiben, was sie wünschen, als was sie wissen sollten. Nie vorher verstand ich so sehr das Elend eines Redakteurs in der Stellung, welche ihm das ungebildete Volk erweist. Das Geschrei, welches jetzt gegen mich erhoben wird, ist nichts im Vergleiche mit dem, welches ich damals mit Verachtung anhören mußte. Es ekelt mich, daran zu denken, daß es in der Gewalt solcher Schmeißmücken ist, oder war, mich dadurch zu belästigen, daß sie jetzt vorgeben, mit Erstaunen etwas zu entdecken, was ich Jahre lang öffentlich gepredigt habe.

Ich muß über Vieles, das kurze Erwähnung verdient, hinauseilen, um Ihre Aufmerksamkeit auf die Vorgänge vom letzten November zu richten. Nachdem es den Republikanern durch verzweifelte Anstrengungen gelungen war, gegen eine Combination giftiger Renegaten mit unserem alten Gegnern bei der Staatswahl zu siegen, wurde von verschiedenen Seiten ein Geschrei erhoben, ich wolle gern in den Senat der Vereinigten Staaten gewählt werden. Sogleich schwärmte es um mich von vorsichtigen Freunden, welche mir zuflüsterten: "Sprich nur nichts von allgemeiner Amnestie und deine Erwählung ist sicher." Ich beschloß diesen wohlgemeinten Rath und kam zu der Ueberzeugung, daß ich denselben ohne gegen mich selbst ungerecht zu sein, nicht annehmen könne. Selbst durch keine passive, negative Heuchelei wollte ich mir ein Amt erkaufen. Niemand sollte das Recht haben, wir zu sagen: "Hätte ich vermuthet, daß du auf dieser mißbilligten, verdammten Amnestie-Grille beharrst, so hätte ich dir meine Stimme nicht gegeben." Demgemäß schrieb und veröffentlichte ich am 27ten jenes Monats mein Manifest, betitelt: "Die wahre Basis der Reconstruction," worin ich zunächst den Verdacht zurückwies, ich wolle für die Ex-Rebellen kämpfen, und dann ausdrücklich erklärte:

"Ich bin zu Gunsten allgemeiner Amnestie, so weit sie Straflosigkeit und das Unterlassen der Confiskation betrifft, selbst wenn das allgemeine Stimmrecht für's Erste nicht durchgesetzt werden könnte. Ich hielt es für wünschenswerth, daß Jefferson Davis wegen Hochverraths in Anklage versetzt und darüber gerichtlich entschieden werde, und es scheint mir, daß dies schon vor Monaten hätte geschehen sollen. Aber es geschah damals nicht, und ich glaube, daß es im gegenwärtigen Augenblick mehr Uebel als Gutes bewirken würde. Es würde die alten Leidenschaften wieder anfachen und das Volk im Süden wieder im höchsten Grade aufregen; es würde den Fortschritt der Versöhnung hemmen. Es würde direct eine große Summe kosten und anderweit eine noch größere, und wenn man bei der Auswahl der Geschworenen nicht zu schändlichen Ungesetzlichkeiten Zuflucht nimmt, so könnte man keinen Wahrspruch für „Schuldig" erhalten, und dieselben würden sich gar nicht einigen können. Ich kann mir nicht denken, welchen Nutzen ein solches Verfahren haben könnte, und da ich Jeff. Davis weder für besser, noch für schlechter als Andere halte, so möchte ich ihn wie Andere behandelt sehen."

Ist es denn begreiflich, daß Leute, die lesen können und jene Erklärung lasen — denn die Meisten von Ihnen waren gegenwärtig und klatschten Beifall, als wenige Abende später Senator Feissenden in dem Club meine Ansichten mißbilligte — jetzt vorgeben können, daß meine Theilnahme an den Schritten zur Freilassung von Jeff. Davis etwas Unerhörtes und Unerwartetes sei?

Meine Herren! Ich werde bei Ihrer Versammlung heute Abend nicht zugegen sein, weil ich anderswo zu erscheinen habe. Ich halte Sie nicht für fähig, mich zu beurtheilen, oder selbst nur genau zu verstehen. Sie betrachten mich offenbar als einen schwachen Gefühls-Menschen, der durch verrückte Ideen irre geleitet worden ist. Mir aber erscheinen Sie als beschränkte Menschen, welche gern einer guten Sache helfen möchten, aber nicht wissen, „wie?" Ihr Versuch, eine große und dauernde Partei auf dem Fundament des Hasses und Zornes, welche naturgemäß durch einen langen und blutigen Bürgerkrieg hervorgerufen werden, aufzubauen, kommt mir gerade vor, wie der Plan, auf einem Eisberg, der irgendwie in einen tropischen Ocean geschwemmt worden ist, eine Colonie anzulegen. Ich sage Ihnen hiermit, daß Ihre Kinder aus der Beschreibung eines Lebens, welches den besten Interessen des Menschengeschlechts gewidmet wurde, meine Reise nach Richmond und Bürgschaftsleistung für Jeff. Davis als die weiseste Handlung auswählen und fühlen werden, daß sie mehr für Freiheit und menschliche Gesittung that, als Alle von Ihnen hätten thun können, und wenn sie so alt würden, wie Methusalem.

Von Ihnen verlange ich nur, daß Sie Ihr Ziel auf einer directen, freimüthigen, mannhaften Weise zu erreichen suchen. Machen Sie sich nicht dadurch lächerlich, daß Sie sich mit mildem Tadels begnügen, sondern tragen Sie, wie Ihre Absicht war, auf Ausstoßung an, und wenn ich überhaupt einen Tadel verdiene, dann verdiene ich auch die Ausstoßung. Machen Sie es zu einem ehrlichen Zweikampf und lassen Sie eine namentliche Abstimmung vornehmen. Mir liegt gar nichts daran, wie viele für, wie viele gegen mich stimmen, denn ich bin sicher, daß die Letzteren es binnen drei

Jahre in Sack und Asche bereuen werden. Aber vor allen Dingen nehmen Sie es zur Notiz, daß ich es wage, Ihnen zu trotzen und daß ich die Absicht habe, es auf dem Standpunkt auszufechten, den ich nach Lee's Uebergabe eingenommen habe. So lange irgend ein Mann unsere Nation zu zerstören suchte, war ich sein Feind, von der Stunde an, wo er die Waffen niederlegte, war er für mich ein bekehrter Sünder und Landsmann. So lange irgend ein Herz sich gegen die Einheit der Nation, die Autorität der Bundesregierung oder derjenigen Verwirklichung der Idee der Gleichheit vor dem Gesetz widersetzt, welche thatsächlich mit der Sache der Nation und Loyalität identisch geworden war, so lange werde ich mein Bestes thun, um ihn der Macht zu berauben; wenn er aber diesen Widerstand aufgiebt, so verlange ich seine Wiedereinsetzung in alle Privilegien eines amerikanischen Bürgers und ich kündige Ihnen hiermit an, daß ich auf die Wiederzulassung zum Stimmrecht aller derjenigen dringen werde, welche jetzt wegen Theilnahme an der Rebellion desselben beraubt worden sind, sobald ich das Vertrauen hege, daß diese Maßregel mit der Freiheit der Farbigen und der Einheit der Republik verträglich ist und daß ich die Rückberufung Aller verlangen werte, die lediglich wegen Theilnahme an der Rebellion in Verbannung sind, sobald der Frieden so weit hergestellt ist, daß die Sicherheit nicht durch deren Rückkehr gefährdet wird. Und nun meine Herren, hoffe ich, daß Sie mich künftig etwas besser, als vorher verstehen werden.　　Ihr 2c.

　　　　　　　　　　　　　Horace Greeley.

Die Versammlung des Clubs wurde zu der bestimmten Zeit gehalten und es wurde ein Antrag auf Beschlüsse gestellt, worin nach Recapitulation der Verhältnisse Greeley's Bürgschaftsleistung für Jefferson Davis mißbilligt wurde.

Allein, dieselben wurden nicht angenommen, vielmehr erhielt der folgende Antrag eine Mehrheit der Stimmen:

„Beschlossen, daß die Handlung Horace Greeley's in Bezug auf die Bürgschaftsleistungen für Jefferson Davis nichts enthält, womit sich dieser Club zu befassen hat."

Dreiundzwanzigstes Kapitel.

Seine Nomination.

Die Ereignisse, welche zur Nomination Horace Greeley's für das Amt des Präsidenten führten, sind dem Publikum bekannt und wir brauchen dem Leser nur zur Bequemlichkeit die officielle Urkunde darüber vorzulegen.

Die Convention, welche dies that, trat am

1. März 1872 in Cincinnati zusammen. Das Komite für den Entwurf einer Platform (politischen Glaubensbekenntnisses) berichtete am zweiten Tag folgende Adresse und Beschlüsse:

Adresse an das Volk der Vereinigten Staaten.

„Die jetzige Regierung hat sich eine große Nichtbeachtung der Landesgesetze zu Schulden kommen lassen und Gewalten usurpirt, welche durch die Verfassung nicht bewilligt wurden. Sie hat gehandelt, als ob die Gesetze nur für die Regierten und nicht auch für die Regierung bindend wären. Sie hat den ursprünglichen Grundprincipien der Verfassung, auf welche sich unsere Freiheit stützt, zuwidergehandelt.

Der Präsident der Vereinigten Staaten hat offen seine Gewalt mißbraucht, um dadurch persönliche Vortheile zu erlangen.

Es ist wohlbekannt, daß er corrupte und unwürdige Männer in verantwortlichen Aemtern gehalten hat zum großen Schaden für das Volkswohl.

Er hat den öffentlichen Dienst als eine Maschine zur Corruption und zur Erlangung persönlicher Vortheile benutzt und mit der Anmaßung eines Tyrannen sich in innere Angelegenheiten von Einzelstaaten und Gemeinden gemischt.

Er hat Leuten, welche seine Gunst durch werthvolle Geschenke erworben, Aemter von großer Verantwortlichkeit und bedeutendem Einkommen bewilligt und auf diese Weise durch sein gewöhnliches, hervorragendes Beispiel die Demoralisation in unserem politischen Leben ermuntert.

Er hat sich im beklagenswerthen Grade als für seine große Aufgabe nicht befähigt gezeigt und die große Verantwortlichkeit, die auf ihm ruhte, unberichtet gelassen.

Die Parteigänger der gegenwärtigen Regierung haben sich angemaßt, die republikanische Partei zu vertreten und diese Organisation zu controlliren und zu heben versucht, das Unrecht, welches die Regierung begangen, zu rechtfertigen und Unwesen zu bemänteln, in der Absicht die Fortdauer der Herrschaft ihrer Clique zu sichern.

Sie haben nothwendige Untersuchungen und unerläßliche Reformen verhindert unter dem Vorgeben, daß die gegenwärtige Regierung sich keines wesentlichen Fehlers schuldig gemacht habe und dadurch die Augen des Volkes zu blenden gesucht. Sie haben die Fortdauer der durch den Bürgerkrieg entstandenen Leidenschaften und Bitterkeiten zu bewirken gesucht, nur um dieselben zu ihrem eigenen Vortheil auszubeuten und in direktem Widerspruch gegen das organische Gesetz hat man statt an die besseren Gefühle und den Patriotismus des südlichen Volkes zu appelliren, indem man ihm ihre Rechte, deren Geltendmachung zur erfolgreichen Verwaltung der Interessen der Ge-

meinde, Counties und Staaten unumgänglich nöthig ist, zurückgab, wodurch die Vaterlandsliebe wieder belebt und ein allgemeines Gefühl der Hoffnung erweckt worden wäre, zu Maßregeln tyrannischer Willkür Zuflucht genommen.

Sie haben sich selbst und den Namen ihrer Partei, welche an sich gerechte Ansprüche auf die Dankbarkeit der Nation hat, durch eine elende Speichelleckerei bei dem Vertheilen der Aemter und lutrativen Regierungs-Contrakte geschändet, welches der Bürger einer Republik unwürdig ist; sie haben versucht, gerechte Kritik stumm zu machen, die Moral des Volkes zu verderben und die öffentliche Meinung durch tyrannische Partei-Disziplin zu knechten.

Sie versuchten, sich für eigennützige Zwecke in Macht zu erhalten, und zwar durch den gewissenlosen Mißbrauch von Gewalten, welche dem Gesetze gemäß dem Volke gehören und nur im Interesse des ganzen Landes benutzt werden sollten.

Wir halten dafür, daß eine so geleitete Partei für die besten Interessen der Republik nicht länger von Nutzen sein kann und haben deshalb beschlossen, in unabhängiger Weise an die nüchterne Vernunft, das Gewissen und die Vaterlandsliebe des amerikanischen Volkes zu appelliren.

Beschlüsse.

Wir, die liberalen Republikaner der Vereinigten Staaten, in Cincinnati in einer National-Convention versammelt, verkünden, daß wir folgende Grundsätze als wesentlich für eine gute Regierung ansehen:

1. Wir erkennen die Gleichheit Aller vor dem Gesetz an und halten es für eine Pflicht der Regierung, gleiche und unparteiische Gerechtigkeit gegen Alle, ohne Rücksicht auf Geburtsort, Race, Farbe, oder andere Ansichten, seien sie politischer oder religiöser Natur, zu üben.

2. Wir verpflichten uns, die Union dieser Staaten zu erhalten, die Emancipation und Gleichberechtigung der Farbigen anzuerkennen und uns der Wiederaufnahme des Streites über solche Fragen, welche durch den dreizehnten, den vierzehnten und den fünfzehnten Zusatz-Artikel zur Verfassung entschieden worden sind, zu enthalten.

3. Wir verlangen die sofortige und gründliche Beseitigung aller Hindernisse, welche durch die Rebellion, die vor sieben Jahren mit der Unterwerfung derselben endete, entstanden, und glauben, daß eine allgemeine Amnestie eine vollständige Versöhnung zwischen allen Theilen des Landes bewerkstelligen wird.

4. Oertliche Selbstregierung mit allgemeinem Stimmrecht wird die Rechte aller Bürger besser sichern, als eine centralisirte Gewalt. Das öffentliche Wohlergehen erfordert die Oberherrschaft der bürgerlichen über die militärische

Gewalt und die Sicherung der persönlichen Freiheit durch das „habeas corpus Gesetz." Wir verlangen für den Einzelnen die größte Freiheit, welche sich mit öffentlicher Sicherheit verträgt, und für die Staats= wie für die National=Regierung eine Rückkehr zur friedlichen Methode und zu den verfassungsmäßigen Beschränkungen der Gewalt.

5. Der Civil=Dienst der Regierung ist zu einem Instrument der Partei=Tyrannei, des persönlichen Ehrgeizes und der schmutzigen Habsucht herabgesunken. Er ist ein Standal und ständiger Vorwurf gegen freie Einrichtungen und erzeugt eine Entsittlichung, welcher die Bewegung republikanischer Einrichtungen gefährdet.

6. Wir betrachten eine gründliche Reform des Civil=Dienstes als die dringendste Forderung der heutigen Zeit; wir verlangen, daß einzig und allein Rechtlichkeit, Befähigung und Pflichttreue Ansprüche auf ein öffentliches Amt begründen, daß die Regierungs=Aemter aufhören sollen, ein Gegenstand des willkührlichen Despotismus und der Partei=Gönnerschaft zu sein, damit ein öffentliches Amt wiederum zu einer wahren Ehrenstelle werde. Zu diesem Zwecke ist es absolut nothwendig, daß kein Präsident zum zweiten Male gewählt werden darf.

7. Wir verlangen ein System nationaler Besteuerung, welches nicht in unnöthiger Weise die Privat=Industrie hindert und welches nur bezweckt, die für einen möglichst sparsam einzurichtenden Staatshaushalt, für die Pensionen, die Zinsen der öffentlichen Schuld, sowie für deren allmälige Reduzirung nothwendigen Summen aufzubringen, wobei wir anerkennen, daß unter uns eine ehrliche aber unvereinbare Verschiedenheit in den Ansichten über Schutzzoll und Freihandel besteht, deren Discussion und Lösung wir dem Volke in den verschiedenen Congreß=Distrikten anheimgeben, damit hiernächst der Congreß, unbeeinflußt durch die Regierung, darüber entscheide.

8. Die Aufrechthaltung des öffentlichen Credits muß als eine heilige Pflicht angesehen werden. Wir verdammen die „Repudiation" in jeder Form, oder Maske.

9. Baldige Rückkehr zur Zahlung in hartem Geld wird durch die Rücksichten auf die Interessen des Handels und der öffentlichen Moral gebieterisch verlangt.

10. Wir gedenken mit Dankbarkeit des Heldenmuths und der Opferbereitschaft der Soldaten und Seeleute der Republik und werden nichts thun, was das ihnen gebührende Lob, oder den vollen Lohn für ihre Vaterlandsliebe schmälern könnte.

11. Wir protestiren gegen alle künftigen Landbewilligungen, oder andere Organisationen. Die öffentlichen Ländereien sollten für wirkliche Ansiedler vorbehalten werden.

12. Wir halten dafür, daß es die Pflicht der Regierung in ihren Unterhandlungen mit fremden Nationen ist, sich mit ihnen auf einen friedlichen und freundschaftlichen Fuß der Gleichberechtigung zu stellen, indem man alle gleichmäßig behandelt und es für ebenso unehrenhaft hält, etwas zu verlangen, wozu man nicht berechtigt, als ein uns zugefügtes Unrecht zu ertragen.

13. Für die Verwirklichung und den Erfolg dieser Fundamental=Grundsätze und die Unterstützung der zu nominirenden Candidaten bitten wir herzlich um die Mitwirkung aller patriotischen Bürger ohne Rücksicht auf frühere Parteistellung.

Horace White,
Vorsitzender des Committees für Beschlüsse.

Der Bericht dieses Committees wurde von der Convention einstimmig angenommen.

Nach verschiedenen fruchtlosen Versuchen, einen Candidaten für die Präsidentschaft auszuwählen, erhielt Horace Greeley eine Mehrheit der Stimmen und wurde als der nominirte Candidat erklärt.

Zum Schlusse geben wir unseren Lesern folgendes amtliche Schreiben, wodurch Herr Greeley von der Nomination in Kenntniß gesetzt wurde.

Cincinnati, Ohio, 7. Mai 1872.

Lieber Herr! Die National=Convention der liberalen Republikaner der Vereinigten Staaten hat die Unterzeichneten, den Präsidenten, Vice=Präsidenten und Sekretäre der Convention beauftragt, Sie davon in Kenntniß zu setzen, daß Sie zum Candidaten der liberalen Republikaner für die Würde des Präsidenten der Vereinigten Staaten erwählt worden sind.

Zeigen Sie gefälligst den Empfang dieses Schreibens und der Platform, sowie Ihre demnächstige Entschließung an.

Wir verbleiben Ihre 2c.

C. Schurz, Präsident.
Geo. W. Julian, Vice=Präsident.
W. E. McLean,
John G. Davidson, } Sekretäre.
J. H. Rhodes,

An den Achtbaren Horace Greeley,
New York.

Herrn Greeley's Antwort.

New York, den 20. Mai 1872.

Meine Herren: Ich habe vorgezogen, Ihr Schreiben vom 3. d. Mts. nicht eher zu beantworten, als bis ich über die Art und Weise, mit welcher das Werk Ihrer Convention in allen Theilen dieses großen Landes aufgenommen wurde etwas erfahren hatte und beurtheilen konnte, ob die große Masse unserer Mitbürger sie billige und ratificire. Diese Nachrichten sind mir nun täglich in der Gestalt von Telegrammen, Briefen, in der Bemerkungen unabhängiger nicht durch amtliche Gönnerschaft existirender, weder durch den Beifall noch durch die Drohungen der Gewalt beeinflußter Zeitungen zugekommen und sie beweisen mir, daß die Bewegung, welche in Cincinnati begann, den Stempel der öffentlichen Billigung erhalten hat und von einer Mehrzahl unserer Landsleute als der Vorbote einer besseren Aera für die Republik begrüßt wurde.

Ich lege diese Billigung nicht als ein spezielles Compliment für mich aus, noch für den ritterlichen und mit Recht hochgeehrten Herrn, dessen Namen Sie (und ich danke Ihnen dafür), dem Meinigen zugesellt haben. Ich empfange und bewillkomme sie als die freiwillige und wohlverdiente Anerkennung des bewundernswürdigen politischen Glaubensbekenntnisses, worin Ihre Convention so bestimmt, klar einleuchtend und eindringlich die Ueberzeugungen, welche sie beseelt und die Zwecke dargelegt hat, welche ihre Schritte leiteten, eine Platform, welche das Wrack und den Schutt längst entschiedener Streitfragen und Zänkereien über Board wirft und in allgemeinen, kurzen Worten die Bedürfnisse und Bestrebungen der Neuzeit erklärt. Obgleich Tausende bereit sind, jede Ihrer Handlungen zu kritisiren und zu verdammen, ist Ihre Platform doch nicht mit einer Sylbe angegriffen worden. Das Wesen derselben läßt sich in Folgendem erläutern.

1. Alle politischen Rechte und Privilegien, welche durch den blutigen Bürgerkrieg erworben wurden, müssen und sollen für immer garantirt, erhalten, benutzt, geachtet werden.

2. Alle politischen Rechte und Privilegien, welche durch dieselben verloren worden sind, sollten und müssen sofort wieder hergestellt werden, so daß es künftig keine proscribirte Klasse binnen den Grenzen unseres Bundes mehr gibt, dessen lange einander entfremdete Bevölkerung sich wieder auf der breiten Grundlage der allgemeinen Amnestie und des allgemeinen Stimmrechts versöhnen und fraternisiren soll.

3. Daß unsere innere Politik auf dem Prinzip örtlicher Selbstregierung, natürlich mit Rücksicht der verfassungsgemäßen Verbindlichkeiten, welche die gleichen Rechte aller Bürger garantiren, beruhen, und nicht nach Centralisation streben, daß die Civilgewalt die Oberherrschaft über militärische Autorität haben sollte, daß das Prinzip des Habeas Corpus Akts eifersüchtig, als eine Bürgschaft für persönliche Freiheit bewacht, daß der einzelne Bürger die größte, mit öffentlicher Ordnung verträgliche Freiheit haben und daß die Bundesbehörden sich nicht in die Angelegenheiten einzelner Staaten und Gemeinden mischen sollen, sondern jede der Letzteren das Recht hat, die Rechte seiner oder ihrer Einwohner zu schützen und ihre Interesse zu vertreten, wie das Volk es für's Beste hält.

4. Die Reform im Civildienst soll nicht eine bloß scheinbare, sondern eine wirkliche sein und zu diesem Zweck ist es gänzlich nothwendig, daß der Hauptvertheiler dieser großen Masse von Aemtern, Contracten und

Kundschaft durch ein Gesetz, welches unter allen Umständen seine Wiedererwählung verbietet gegen die Versuchung, seine Gewalt egoistisch auszubeuten, beschützt werde.

5. Daß die Erhebung der Steuern, ob durch Tarif oder sonstwie, als eine das Volk direkt interessirende Angelegenheit angesehen und von ihm durch seine Vertreter im Congreß geregelt, geleitet und in Form gebracht werden soll und daß der Präsident den Congreß in solchen Fragen weder beeinflußen, noch dessen Beschlüsse durch Einlegung des „Veto" zu nichte machen, noch seinen eigenen Wunsch dadurch kund machen lassen soll, daß er nur an diejenigen, welche mit ihm übereinstimmen, Aemter ertheilt, während er sie denen, welche dies nicht thun, abnimmt.

6. Daß wir die heilige Pflicht haben, die öffentlichen Ländereien für die Erwerbung durch wirkliche Ansiedler und Anbauers zu reserviren und sie nicht durch Bewilligung an Eisenbahnen verschwenden, an denen unser Volk gegenwärtig kein Interesse hat, und deren verfrühte Anlage uns jedes Jahr mehr in große Schulden stürzt.

7. Daß die Verwirklichung dieser großen und wohlthätigen Prinzipien von den vereinten Anstrengungen Alles ohne Rücksicht auf frühere Parteistellung angestrebt werden muß.

8. Daß der öffentliche Credit unter allen Umständen aufrecht erhalten werden muß.

9. Daß wir uns der patriotischen Opferbereitschaft und der unschätzbaren Verdienste unserer Mitbürger, welche als Soldaten oder Seeleute die Flagge der Vereinigten Staaten beschützten und die Republik vom Untergang bewahrt haben, dankbar erinnern und sie wie verdient belohnen wollen.

Diese Grundsätze, welche die Platform in so klarer und so eindringlicher Form dargelegt, haben bereits die Aufmerksamkeit einer großen Majorität unserer Landsleute auf sich gezogen und die Zustimmung derjenigen erhalten, welche dieselbe, wie ich selbst, als die Grundlage einer wahren und nationalen Reconstruction, als eine Abrechnung über alte Eifersüchteleien, Fehden und Streitfragen betrachten, welche heutzutage von keiner Wichtigkeit mehr sind. Hierdurch werden wir in ein neues Reich des Friedens, der Brüderlichkeit und gegenseitigen Wohlwollens hinübergeleitet werden. Vergeblich versuchen die Exerziermeister an Fäulniß gerathener Organisationen ihre Stöcke drohend zu schwingen und bestehen zornig darauf, daß sich die Reihen wieder schließen und strecken; vergebens protestiren die Zuchtmeister von Parteien, die einst Lebenskraft hatten, weil sie den Nothwendigkeiten der Zeit Rechnung trugen, gegen Desertion und Anschluß an neue Fraktionen und denunciren Leute, die in keiner Weise unter ihnen stehen, als Verräther und Renegaten und bedrohen sie mit Schimpf, Schande und Verderben.

Ich habe das feste Vertrauen, daß das amerikanische Volk bereits Ihre Sache zur eigenen gemacht hat und entschlossen ist, daß seine kräftigen Arme und muthigen Herzen ihr zum Triumph verhelfen. In diesem Glauben und unter der ausdrücklichen Bedingung, daß ich, wenn gewählt, nicht Präsident einer Partei, sondern des ganzen Volkes sein werde, nehme ich Ihre Nomination an und hoffe, daß die Massen unserer Landsleute im Norden, wie im Süden begierig sind, sich über den blutigen Abgrund die Hände zu reichen, der sie so lange geschieden hat, daß sie vergessen werden, daß sie Feinde gewesen sind und zur freudigen Erkenntniß gekommen sind, daß sie jetzt Brüder sind und es künftig bleiben müssen.

Mit Dankbarkeit   Ihr

Horace Greeley.

In der National-Convention der demokratischen Partei, welche am 9. Juli in Baltimore zusammentrat, wurde nicht allein das politische Glaubensbekenntniß der Cincinnaticonvention im Wesentlichen bestätigt, sondern es wurden auch deren beide Candidaten für die der demokratischen Partei erklärt.

Das Leben
Horace Greeley's.

Nach dem Englischen des James Parton

von

Adolph Nahmer.

Boston:

James R. Osgood u. Comp.

1872.

FRESH NOVELS.

Osgood's Library of Novels.

MESSRS. JAMES R. OSGOOD & CO. would call attention to this series of Novels, which comprises many of the best and most readable of new English and American Works of Fiction. Translations from the best French and German authors are also included.

These Novels are now appearing regularly. They are usually illustrated, and done up in a handsomely-ornamented cover of new and unique design. The prices range from 25 cents to $1.00, according to the number of pages. Copies are also furnished in cloth binding at an addition of 50 cents. The series already includes : —

OSGOOD'S LIBRARY OF NOVELS is for sale by all booksellers and newsdealers, or will be sent, postpaid, by the Publishers,

JAMES R. OSGOOD & CO., Boston.

(Late Ticknor & Fields, and Fields, Osgood, & Co.)